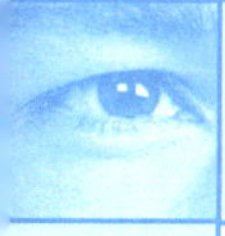

GIESSKANN
MAN

Deutschbuch

Sprach- und Lesebuch

8

Neue Grundausgabe

Herausgegeben von
Bernd Schurf
und Andrea Wagener

Erarbeitet von
Günther Biermann, Friedrich Dick,
Ute Fenske, Josi Ferrante-Heidl,
Andrea Gefeke, Marlene Koppers,
Anna Löwen, Ruth Malaka,
Sabine Matthäus, Andrea Mevissen,
Katja Reinhardt, Toka-Lena Rusnok,
Bernd Schurf, Volker Semmler,
Andrea Wagener und Carolin Wemhoff

Unter Beratung von
Gerhard Eikenbusch

Cornelsen

SPRECHEN · ZUHÖREN · SCHREIBEN · SPRECHEN · ZUHÖREN · SCHREIBEN · SPRECHEN · ZUHÖREN · SCHREIBEN · SPRECHEN · ZUHÖREN · SCHREIBEN · SPRECHEN

6

„Kleider machen Leute“ – Eine Erzählung von Gottfried Keller

7

Menschen in der Stadt – Gedichte untersuchen und gestalten

11

12

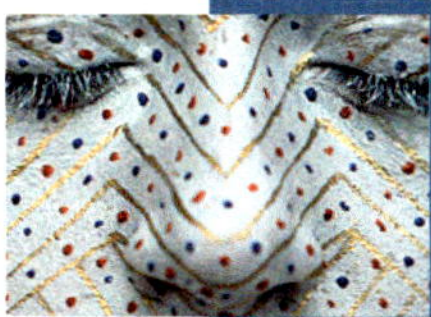

13

Dein *Deutschbuch* auf einen Blick

Vier Lernbereiche ... sind miteinander verbunden:

- SPRECHEN · ZUHÖREN · SCHREIBEN
- LESEN · UMGANG MIT TEXTEN UND MEDIEN
- NACHDENKEN ÜBER SPRACHE
- ARBEITSTECHNIKEN UND METHODEN

Dreischritt Jedes Kapitel besteht aus drei Teilen, z. B.:

1 Helden heute? – Informieren, dokumentieren, appellieren

Hauptlernbereich:

1.1 Helden und Vorbilder – Ein Portfolio erstellen

Ein zweiter Lernbereich kommt hinzu:

1.2 Zivilcourage – Literarische Texte analysieren

Üben und Vertiefen des bisher Gelernten:

1.3 Helden bitte melden! – Appell zum Helfen

Besonders Wissenswertes ... fällt sofort ins Auge:

Argumente und Gegenargumente
Wer seine Meinung überzeugend vertreten will, muss angemessen argumentieren.
Zu einer gelungenen Argumentation gehört
- eine klar formulierte **These** (Behauptung, Bewertung, Forderung),
- welche durch **Argumente** (Tatsachen, Expertenmeinungen, Erfahrungen,

ARBEITSTECHNIK PORTFOLIO ▷ S. 299
Das Portfolio (zu ital. *portafoglio* „Blättermappe") ist eine Mappe mit eigenen und fremden Materialien zu einem Thema wie z. B. „Heldentum".
Dazu kommen
- Bewertungen dieser Materialien,
- Hinweise

TIPP
Plakat und Flyer lassen sich mit PC und dem Programm „Publisher" produzieren.

Wörterlisten

WÖRTERLISTE ▷ S. 298

Bibliothek	Portfolio	Appell	Projekt
Favorit	dokumentieren	Flyer	Zivilcourage
recherchieren	definieren	interviewen	sozial

Aufgaben Piktogramme

- **1** Aufgabe
- Gruppenarbeit
- fächerverbindende Aufgabe
- 5 Zusatzaufgabe
- Rollenspiel
- Partnerarbeit
- Arbeiten mit dem Computer
- Arbeitstechniken

1 Helden heute? – Informieren, dokumentieren, appellieren

1.1 Helden und Vorbilder – Ein Portfolio erstellen

„Ein/e Held/in ist …" – Definieren

Martin Luther King

Sophie Scholl

Marie Curie

Nana Yaa Nyantakyi ▷ S. 10

1 *Ein Held? – Eine Heldin?*
a) Jede/r darf eine/n (oder auch mehrere) nennen.
Sie werden an der Tafel/Pinnwand festgehalten.
b) Begründet, was ihr an eurem Favoriten/eurer Favoritin heldenhaft findet.

2 *Betrachtet die auf Seite 9 abgebildeten Personen/Figuren, die immer wieder als „Held/inn/en" bezeichnet werden, und informiert euch über sie.*
Sind sie auch für euch Held/inn/en? Begründet eure Meinung.

3 *„Gibt es* ***heute*** *noch Helden?"*
a) Antwortet an Stelle der Moderatorin Tanja Mairhofer: ▷ S. 302
Für mich schon. Alle, die ...
b) Vergleicht und besprecht eure Ergebnisse.

4 *Schreibt für ein Jugendlexikon eine Erklärung (Definition) zu dem Stichwort „Held/Heldin".*
a) Untersucht dazu Definitionen in Wörterbüchern und Lexika.
b) Vergleicht eure eigenen Definitionen.
Hängt die drei besten Ergebnisse in Postergröße im Klassenzimmer auf.

5 *Erarbeitet ein* ***Portfolio*** *zum Thema „Heldentum heute – Vorbilder für uns".*
Auf den folgenden Seiten findet ihr Anregungen dazu.

ARBEITSTECHNIK PORTFOLIO ▷ S. 299

Das Portfolio (zu ital. *portafoglio* „Blättermappe") ist eine Mappe mit eigenen und fremden Materialien zu einem Thema wie z. B. „Heldentum".
Dazu kommen
- Bewertungen dieser Materialien,
- Hinweise zum eigenen Arbeitsprozess.

Heldensuche – Recherchieren

Nana Yaa
UNICEF-Juniorbotschafterin des Jahres

Preisverleihung mit Sabine Christiansen und Petra Roth in der Paulskirche

Nana Yaa Nyantakyi ist UNICEF-Juniorbotschafterin des Jahres. Die elfjährige Schülerin aus Leverkusen wurde heute in der Frankfurter Paulskirche mit der begehrten Auszeichnung von UNICEF, dem „Oscar" für Kinderrechte, ausgezeichnet. Nana Yaa hatte nach dem Tsunami[1] Hunderte weiße Ansteckschleifchen genäht und verkauft, um mit dem Erlös die UNICEF-Hilfe für die Kinder in Asien zu unterstützen. *(www.unicef.de/2122.html)*

1 **der Tsunami:** zerstörerische Flutwelle (Dezember 2004)

Mit sechs Jahren Entwicklungshelfer

Für einen zwölfjährigen Jungen hat der Kanadier Ryan Hreljac ziemlich genaue Vorstellungen, wie sein weiteres Leben verlaufen soll: Er will Wasserbau studieren und als Wasser-Ingenieur in Afrika arbeiten.
„Ich möchte arbeiten, bis ganz Afrika sauberes Trinkwasser hat", sagt er. Seit seinem sechsten Lebensjahr engagiert er sich für Brunnenprojekte in afrikanischen Staaten.
Dafür erhielt Ryan, der in Kemptville südlich der kanadischen Hauptstadt Ottawa lebt, viele Auszeichnungen. Kein Wunder – in den vergangenen sechs Jahren hat Ryan 800 000 kanadische Dollar (rund 520 000 €) für den Bau von 70 Brunnen in Uganda, Simbabwe, Kenia, Malawi, Äthiopien, Tansania und Nigeria aufgetrieben. […] Schulen in aller Welt schlossen sich dem Projekt an, das in die Stiftung „Ryan's Well Foundation" umgewandelt wurde.

(Frankfurter Rundschau, 22. 11. 2003)

Auf der Suche nach modernen Held/inn/en für ihr Portfolio sind Schüler/innen auf diese Artikel gestoßen.

1 *Lest die beiden Meldungen.*
Begründet, ob sie gut in ein Portfolio über „vorbildliches, modernes Heldentum" passen.

2 *Überlegt, ob und wie man zum Inhalt der beiden Zeitungsartikel und zu Nana Yaa und Ryan Hreljac weitere Informationen für das Portfolio erhalten kann.*
TIPP: *Gebt „UNICEF-Juniorbotschafter" „Ryan's Well Foundation" in eine Internet-Suchmaschine ein.*

ARBEITSTECHNIK RECHERCHIEREN

Entscheidend für ein gutes Portfolio ist die gezielte Suche (die **Recherche**) nach geeignetem Material.
Wichtig für das erfolgreiche Recherchieren ist zweierlei:

1. **Was** genau wollt ihr erfahren?
   *Etwas über **Held/inn/en** – in der **Gegenwart** – die **Vorbilder** sind.*
2. **Wo**/bei **wem** erfahrt ihr das, was ihr sucht, am besten?
   - ☐ bei Experten/Expertinnen: Lehrer/innen, Eltern, Verwandten, Bekannten,
   - ☐ in Zeitungen und Zeitschriften,
   - ☐ in Büchern aus der Schul-/Stadtbibliothek,
   - ☐ bei öffentlichen Einrichtungen und Ämtern wie Jugendamt, Kirchen,
   - ☐ über Suchmaschinen wie *Google, Blindekuh, Helleskoepfchen, Geolino* im Internet.

3 *a) Überlegt euch sinnvolle Fragen zum Thema „Heldentum heute – Vorbilder für uns“:*
Auf welchen Gebieten gibt es Held/inn/en? - Sport, Film, Politik ...
b) Sucht (recherchiert) bei den im Merkkasten auf S. 11 genannten Personen und Einrichtungen nach Antworten auf eure Fragen.
c) Haltet schriftlich fest, wie ihr bei der Suche (Recherche) vorgegangen seid. Welche Schwierigkeiten hattet ihr dabei? Wie seid ihr damit umgegangen?

4 *Führt eine* ***Umfrage*** *zum Thema „Vorbildliche Held/inn/en heute“ durch: Dadurch bekommt ihr Anregungen und gute Ideen für euer Portfolio.*

ARBEITSTECHNIK UMFRAGE

- Wen wollt ihr befragen?
  Gleichaltrige, männlich/weiblich getrennt ...
- Formuliert eine Einleitung, worin ihr erklärt, wozu die Umfrage dient.
- Notiert alle Fragen zu „modernem Heldentum“, auf die ihr Antworten sucht.
- Gestaltet einen übersichtlichen Umfrage-Bogen mit viel Platz für eure Eintragungen.

Interview mit Held/in

Am Monatsende viele Hungrige

Michael König von der „Soester Tafel“[1]: „Wir merken, dass mehr Leute als sonst kommen.“ Helfer/innen kochen auch für Schüler, deren Magen so knurrt, dass sie sich nicht konzentrieren können

Die Mutter, die kaum Geld hat, aber ihre kleinen Kinder versorgen muss, steht ebenso an, wie die Rentnerin, die arg zu knapsen hat. „Vom Ein-Personen-Haushalt bis zur 13-köpfigen Familie“, beschreibt Tafel-Vorsitzender Michael König die Schlange der Soester, die zweimal die Woche ausharren, um sich für ein paar Cent mit Lebensmitteln einzudecken. Ohne die Tüten würden sie nicht über die Runden kommen. „Es gibt Stammkunden“, sagt er, „aber auch Menschen, die nur manchmal, in großer Notlage, vorbeischauen.“ Und: „Wir merken, dass mehr Leute als sonst kommen.“ […]

Wer hierhinkommt, der gehört zu den Armen in der Stadt. Sie leben von dem, was andere übrig lassen. Viele Menschen sind Tag für Tag froh, dass sie sich am Tresen ein warmes Mittagessen abholen können. Im Speiseraum sitzen vor allem ältere Menschen oder auch Alleinstehende, die auf engstem Raum ohne Kochmöglichkeit leben. Einige haben kein Zuhause. Mancher bleibt lange am Tisch sitzen, denn hier ist er unter Menschen. […]

Wer sich bei der Tafel versorgt, der zahlt einen kleinen Obolus[2]. Fünfzig Cent kostet eine

1 **Soester Tafel:** soziale Hilfseinrichtung in Soest
2 **der Obolus:** Geldspende

Tasche voll Obst, Gemüse, Brot für ein bis zwei Menschen, ab drei Personen berechnen die Helfer einen Euro. „Das Geld brauchen wir aber auch", betont Michael König. Die Mitarbeiter/innen füllen wöchentlich 250 bis 300 Beutel, das kommt dann 700 bis 900 Männern, Frauen, Kindern zugute. Fünfmal die Woche verteilen die Helfer/innen im Gemeindehaus bis zu 60 Essen, die meisten am Monatsende. Das Küchenteam kocht aber auch für eine Schule – seit ein Rektor Alarm geschlagen hat und um Hilfe bat, weil einige Jugendliche vor lauter Hunger große Mühe hatten, dem Unterricht zu folgen.
„Die Tafel soll", so König, „für diejenigen, die wenig haben, eine spürbare Entlastung sein."

- 300–400 kg Lebensmittel sammeln die Helfer/innen täglich,
- 800 000 kg seit Bestehen der Einrichtung.
- 100 000 Mittagessen hat die „Tafel" bisher ausgegeben.
- 105 000 Tüten mit Obst, Gemüse, Brot, Milch, Wurst gingen an Bedürftige.
- 50 000 Euro jährliche Kosten, die der Verein hauptsächlich aus Spenden aufbringen muss.
- 50 Cent kostet ein Essen.

(Soester Anzeiger, 14. 03. 2007)

1 *Auf der Suche nach einem/r modernen Helden/Heldin ist jemand auf diesen Zeitungsbericht gestoßen. Entscheidet, ob ein Verein wie die „Soester Tafel" in ein Portfolio über „Heldentum heute" passt.*

2 *Soziale Aktivitäten wie die „Soester Tafel" gibt es auch in eurer Umgebung. Recherchiert danach*
- ☐ *in einer Tageszeitung;*
- ☐ *beim Sozialamt, bei Kirchen, sozialen Vereinen.*

TIPP

- ☐ Führt ein ▷ **Interview** mit den Verantwortlichen der sozialen Einrichtung, die ihr in eurem Portfolio als „heldenhaft" vorstellen wollt. ▷ S. 164
- ☐ Überlegt euch dazu eine Anfrage per Telefon, ▷ Brief oder E-Mail. ▷ S. 269

Bericht über eine blinde Heldin

Einige Schüler/innen sind durch den spannenden Dokumentarfilm „Blindsight" (2006) über sechs blinde Teenager auf dem Weg zu einem Himalaya-Gipfel auf die Expeditionsleiterin **Sabriye Tenberken** aufmerksam geworden. In ihr sehen sie eine echte „moderne Heldin". Lest selbst:

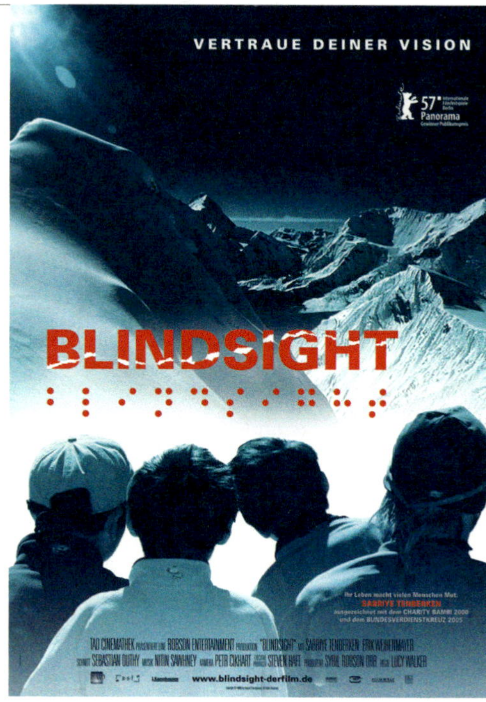

Sabriye Tenberken hat als Kind ihr Augenlicht verloren, nicht aber ihr Vertrauen in das Leben. Als junge Frau gründete sie in Tibet alleine eine Schule für Blinde und entwickelte eine Blindenschrift auf Tibetisch gleich dazu. *Claudia Rometsch-Sandt*

Das Anwesen der tibetischen Adelsfamilie liegt in einer Seitenstraße mitten im Zentrum von Lhasa. Doch seit einigen Jahren residieren hier keine Blaublüter mehr. Stattdessen tönt lautes Geklapper durch das Gebäude. Rund ein Dutzend Kinder sitzen in einem Klassenraum und hacken eifrig auf die Tastatur ihrer Schreibmaschinen. Doch nicht nur das Schulgebäude und die Schreibmaschinen sind ungewöhnlich, sondern auch die Kinder. Denn sie sind alle blind. Uneingeweihte Besucher können das im ersten Augenblick manchmal gar nicht glauben, wenn sie sehen, wie die Schüler im Hof Fußball spielen.

„**Blinde können fast alles**, was Sehende auch können. Das ist eine Frage der Methoden und Techniken", sagt Sabriye Tenberken. Die 32-Jährige, die selbst blind ist, gründete die erste Blindenschule Tibets vor fünf Jahren. „Die Kinder, die zu uns kommen, haben einen unglaublichen Wissensdurst und es ist eine wahre Freude zu sehen, wie schnell sie lernen." Die Schüler üben hier die Blindenschrift sowie Chinesisch und Englisch als Fremdsprachen. Außerdem werden Jugendliche und junge Erwachsene als medizinische Masseure, Physiotherapeuten und Musiker ausgebildet. Seit Neuestem betreibt das Zentrum auch noch eine Käserei. „Heute steht das Projekt in voller Blüte", sagt Sabriye Tenberken. Das hätte vor sechs Jahren wohl kaum jemand für möglich gehalten.

Rückblende: Im Sommer 1997 beschloss die junge deutsche Rucksacktouristin Sabriye Tenberken mitten in Lhasa aus dem Bus zu steigen, der westliche Reisende vom Flughafen zu einem Hotel brachte. Sie wollte sich in der Provinzhauptstadt Tibets lieber selbst eine Bleibe suchen. Plötzlich stand sie mit ihrem Blindenstock alleine mitten im Getümmel. [...] Ohne jemanden in Lhasa zu kennen, ohne Hotelbuchung und Reiseführer hatte sich Sabriye Tenberken auf den Weg nach Lhasa gemacht. Im Gepäck trug sie die tibetische Blindenschrift, die sie selbst entwickelt hatte, und den Plan, sie blinden Menschen in Tibet vorzustellen.

„Ich habe einfach dem Zufall vertraut", erinnert sich Sabriye Tenberken. „Ich bin eine Straße entlanggegangen und habe gedacht, es muss hier irgendwo eine Herberge geben." Und tatsächlich musste sie nicht lange herumlaufen. Sie traf einen Touristen, den sie bereits zu Beginn ihrer Reise in China kennen gelernt hatte. Er brachte sie zu einer Herberge nicht weit von der Straße, in der heute die Blindenschule liegt. Dort wohnten viele westliche Rucksacktouristen, unter anderem Sabriye Tenberkens heutiger Mitarbeiter und Lebensgefährte Paul Kronenberg. Der Niederländer gehörte zu den wenigen Menschen, die ihre Pläne nicht für absurd hielten.

Nicht ernst genommen zu werden, das ist ein Gefühl, das Sabriye Tenberken aus ihrer Kindheit kennt. Von Geburt an litt sie an einer unheilbaren Augenkrankheit. [...] Erst als sie sich dazu entschloss, ein Internat für Blinde zu besuchen, eröffneten sich ihr völlig neue Perspektiven. „Dort habe ich das Blindsein gelernt", erinnert sich Sabriye Tenberken. [...] „Es war unglaublich faszinierend für mich. Ich hatte das Gefühl, es ist eigentlich fast alles möglich. Man muss als blinder Mensch nur die richtigen Techniken und Methoden haben."

Das Selbstvertrauen, das ihr an der Schule vermittelt wurde, ermutigte Sabriye Tenberken schon früh, das scheinbar Unmögliche zu wollen. Bereits in der zehnten Klasse setzte sie sich in den Kopf, in die Entwicklungshilfe zu gehen. [...] In welchem Land sie später einmal arbeiten wollte, das wusste sie zunächst nicht. Der Geistesblitz kam dann beim Besuch einer Ausstellung über Tibet. [...] Danach stand ihr Entschluss fest. Nach dem Abitur begann Sabriye Tenberken an der Universität Bonn Tibetologie[1] zu studieren. Es

war eine gewagte Entscheidung, denn sie war die erste Blinde, die sich an diesem exotischen Fach versuchte. Das Hauptproblem: Wie sollte sie die tibetische Sprache überhaupt lesen und schreiben lernen? Es gab keine tibetische Blindenschrift. Sabriye Tenberken resignierte nicht und entwickelte eine solche Schrift kurzerhand selbst. Als Grundlage diente ihr das Braillesystem, bei dem die Schriftzeichen durch eine Kombination aus sechs Punkten dargestellt werden.

Was lag danach näher, als die Blindenschrift auch in Tibet bekannt zu machen? In der Region gibt es besonders viele Blinde. [...] Als Sabriye Tenberken im Sommer 1997 nach Lhasa kam, hatte sie vor, sich zunächst einmal ein Bild darüber zu machen, wie blinde Menschen in Tibet leben. Durch Zufall lernte sie eine Tibeterin kennen, die als Gesundheitsberaterin für eine westliche Hilfsorganisation arbeitete.
Was sie erlebte, erschütterte Sabriye Tenberken. „Wir haben Kinder getroffen, die zehn oder zwölf Jahre in dunklen Hütten einge-

1 **die Tibetologie:** Wissenschaft über Sprache und Kultur Tibets

sperrt waren und folglich kaum laufen konnten. Andere saßen nur herum und wollten sich gar nicht wegbewegen von ihrem Platz." Sabriye Tenberken erfuhr, dass Blindheit in Tibet auch als Strafe für schlechte Taten im vergangenen Leben gilt. Das ist vermutlich ein Grund, warum es keinerlei Einrichtungen für Blinde gab.

Zurück in Lhasa zögerte Sabriye Tenberken nicht lange. Für sie stand fest: „Ich möchte ein Ausbildungszentrum für Blinde aufbauen, das neben Techniken und Methoden auch noch etwas ganz Wichtiges lehrt, nämlich sich nicht dafür schämen zu müssen, blind zu sein."

Der Start des Projektes war verblüffend einfach und schnell gelungen. Doch dann begannen die Probleme. [...]

Ihre eigene Erfahrung hat Sabriye gelehrt, dass sie als Blinde Dinge erreichen konnte, die ihr kaum jemand zutraute. „Und das gibt einem Mut, über angebliche Grenzen hinwegzusteigen und zu sagen, ich lasse mich nicht von einem Sackgassenschild abschrecken, sondern ich gehe hinein und schaue, ob es nicht doch einen Ausweg gibt."

Bücher von Sabriye Tenberken:
- ▷ Mein Weg führt nach Tibet. Die blinden Kinder von Lhasa.
- ▷ Tashis neue Welt. Ein blinder Junge zeigt uns Tibet.

Kontakt und Informationen:
www.blinden-zentrum-tibet.de

1 *Lest die ▷ Reportage über Sabriye Tenberken.* ▷ S. 293
Warum kann man sie als „moderne Heldin" bezeichnen?

2 *a) Lest die Reportage jetzt ▷ intensiv und ▷ wertet sie aus.* ▷ S. 295
b) Schreibt einen Bericht über S. Tenberken für das Portfolio. ▷ S. 293

!

Ein **Bericht** hat die Aufgabe, über Personen und Ereignisse zuverlässig zu informieren.
- □ Der **Inhalt** orientiert sich an den W-Fragen *Wer? – Was? – Wann? – Wo? – Wie?*
- □ **Aufbau:** Ein Bericht nennt das Wichtigste am Anfang. Dann können Zusatzinformationen folgen.
- □ Der **Stil** ist sachlich. Ein Bericht enthält keine Wertungen oder Gefühle und keine Umgangssprache. Aussagen von Beteiligten werden nicht wörtlich, sondern ▷ indirekt wiedergegeben. ▷ S. 278
- □ Das **Tempus** in einem Bericht ist in der Regel das ▷ Präteritum; ▷ S. 277 Hintergrundinformationen können auch im Präsens stehen.

3 *Überlegt, wo und was ihr noch über S. Tenberken herausfinden und für das Portfolio auswerten könnt:*
- □ *Recherchiert im ▷ Internet; z. B.* ***www.blinden-zentrum-tibet.de*** ▷ S. 301
- □ *Stellt den Dokumentarfilm „Blindsight" oder eins von S. Tenberkens Büchern vor.* ▷ S. 23

„Blinde können fast alles!"

Sabriye Tenberken – eine Heldin von heute
Malte Linnfeldt, 8b

Anfang des Schuljahres beschäftigten wir uns mit dem Thema „Gibt es heute noch Held/inn/en?" Wir bekamen die Aufgabe, dazu ein Portfolio anzulegen. Ich entschied mich für Sabriye Tenberken und das Projekt „Braille without borders". Angeregt hat mich dazu der Film „Blindsight" ...

Das Buch hat so viele interessante Stellen, dass ich erst gar nicht wusste, welche ich auswählen sollte. Schließlich habe ich mich für diesen Ausschnitt entschieden, denn er hat mich sehr betroffen gemacht. Ich finde es ganz schrecklich, dass Blindheit im tibetischen Volksglauben teilweise heute noch als Strafe für schlechte Taten in einem früheren Leben verstanden wird. Ein Kind kann doch nichts dafür, blind zu sein! Und dann wird es auch noch zum Betteln auf die Straße gejagt!

Die Materialbeschaffung für mein Portfolio war gar nicht so schwierig, wie ich erst gedacht hatte. Neben den zwei Büchern von S. T. aus der Stadtbücherei fand ich im Internet eine Menge Berichte, Interviews, Fotos usw. Am schwierigsten war die Frage, welche Materialien ich für mein Portfolio übernehmen und auswerten sollte. Ohne die „Redaktionskonferenzen" mit Filiz und Marek, die das gleiche Thema hatten, wäre alles ...

4 *a) Untersucht an diesem Inhaltsverzeichnis, aus welchen Bestandteilen Malte Linnfeldts Portfolio über Sabriye Tenberken besteht.*
b) Nehmt es als Muster für euer eigenes Portfolio.

1.2 Zivilcourage – Literarische Texte analysieren

Martin Selber

Hanna und Elisabeth

Das folgende Geschehen spielt im Zweiten Weltkrieg in der Nähe von Berlin. Die 15-jährige Hanna Karwig hört heimlich mit an, wie ihr Vater während des Fronturlaubs der Mutter davon berichtet, dass in Polen Juden aus ganz Europa in Konzentrationslagern ermordet werden. Daraufhin nimmt sie sich vor zu helfen und steckt einem jüdischen Mädchen, das sie schon des Öfteren am Bahnhof gesehen hat und das sie bei sich „Lea" nennt, einen Zettel mit ihrer Adresse zu.
Eines Abends klingelt es am Gartentor ...

Hanna schloss die Haustür auf, zog den Schlüsselbund ab und ging auf dem Gartenweg nach vorn. Erst als sie dicht beim Tor war, erkannte sie, dass draußen drei Personen standen. „Ja, bitte?", fragte sie verwundert.
„Guten Abend", sagte zögernd ein Mann und nahm den Hut ab. „Mein Name ist Löwy. Sind Sie das Fräulein, das unserer Tochter den Zettel mit dieser Adresse gegeben hat?"
Lea, dachte Hanna. Sie brachte vor Schreck kein Wort heraus.
„Wir nahmen an, dies war ein Fingerzeig[1]", fuhr der Mann fort. „Oder war es das etwa nicht?"
„Das schon", sagte Hanna. Ihre Stimme klang auf einmal kratzig. Mit fliegenden Fingern schloss sie das Tor auf. „Bitte, kommen Sie doch herein."
Ein Mann, eine Frau, ein junges Mädchen, registrierte sie, alle mit Koffern und Taschen.
„Wir – wir wollen unsere Tochter bringen", sagte der Mann stockend. „Heute Nachmittag kam Bescheid, wir müssen uns morgen früh stellen."
„Deportation[2]!" Das erste Wort dieser fremden Frau, ihre Stimme bebte vor Angst. Hanna schloss ab.
Lea berührte ihren Arm. „Dies ist doch ein ehrliches Spiel?", hörte sie sie fragen. „Oder – eine Falle?"
„Aber nein", sagte Hanna. „So etwas kann man doch nicht machen."
„Mit uns kann man alles machen", entgegnete die Frau.
„Ich bin Hanna Karwig. Bitte entschuldigen Sie – ich bin nur so verwirrt, weil meine Mutter von gar nichts weiß."
„Ach so", der Mann setzte den Hut wieder auf. „Verstehe, wir sind ungelegen. Nun – so fahren wir wieder in die Stadt."
„Nein", sagte Hanna entschlossen. „Jetzt kommen Sie erst einmal mit herein. Nur, dass Sie sich drin nicht wundern. Ich muss es ihr behutsam beibringen. Lassen Sie mich vorangehen."
Ganz langsam tappte sie auf das Haus zu, wünschte, der Weg würde sich endlos dehnen, Worte würden ihr zufließen, ein Wunder geschehen. Es war, als lauerte etwas Drohendes über ihr, stürzte sich herab, riss sie mit sich fort, drehte sie um und um wie in einem Strudel, dem man nicht entkommt, so wild man sich auch dagegen wehrt.
Da war schon die Haustür, die Klinke ging schwer. Hanna öffnete, trat unschlüssig ein, die Gäste draußen zögerten immer noch. „Wer war es denn?", rief die Mutter von der Küche her. Hanna winkte den Leuten zu, rasch hereinzukommen, sie stand im Licht, es blendete, tat weh; nun die Mutter mit ihrer Frage – was

1 **der Fingerzeit:** Hinweis, Angebot

2 **die Deportation:** Verschleppung

sollte Hanna antworten? Lea mit ihren Eltern? Freue dich, es kommt lieber Besuch? „Warum antwortest du denn nicht?“ Frau Karwig kam aus der Küche, sie erschrak über die Blässe im Gesicht der Tochter, schaute erstaunt auf die fremden Menschen, die so angstvoll in die Diele traten.

„Mutti, setz dich“, sagte Hanna. „Diese Leute brauchen unsre Hilfe. Ich hab dem Mädchen meine Adresse gegeben, hab nicht gewusst, dass es so rasch sein würde, verstehst du? Du darfst mir jetzt nicht böse sein; aber wir müssen etwas für sie tun, wir müssen!“

„Ausgebombte?“, fragte die Mutter.

„Nein, Juden“, sagte Lea.

„Großer Gott, Mädchen!“ Jetzt setzte sie sich doch, rang die Hände, schaute die Tochter fassungslos an. Hanna presste ihr die Hand auf die Schulter. „Morgen früh sollen sie deportiert werden“, sagte sie. „Du weißt, was das bedeutet. Vati hat es dir erzählt, ich hab alles mit angehört damals. Das Mädchen kenne ich schon eine ganze Weile.“ In plötzlichem Entschluss ging sie auf Lea zu, nahm ihre Hand und sagte: „Ich bin Hanna, schönen guten Abend.“

„Ich heiße Elisabeth.“

Elisabeth? Nicht Lea oder Rachel oder Rebekka? Gut, dann Elisabeth. „Aber nun bleiben Sie nicht stehen“, fuhr sie eilfertig fort. „Legen Sie ab, setzen Sie sich hin, ich brühe uns einen Tee auf.“

„Wir wollen nur unsre Tochter bringen“, sagte Herr Löwy. „Es ist ganz unmöglich unterzutauchen, wenn man nicht gute Bekannte hat. Wir kennen niemanden, dem wir das zutrauen könnten. Also haben wir uns entschlossen, den dunklen Weg zu gehen, wenn er nur unserer Tochter erspart bleibt.“

Die Frau streichelte Elisabeth die Wangen. „Sie ist so jung, so hübsch“, sagte sie leise. „Wenn man ein Herz hat, kann man doch so ein Kind nicht zur Deportation bringen.“

„Sie wird nicht deportiert“, sagte Hanna.

Frau Karwig sah mit gequältem Blick zu ihrer Tochter auf. „Weißt du eigentlich, was du getan hast?“, fragte sie bebend. „Was da über uns kommt, was sie mit uns machen, wenn das offenbar wird?“

„Ich kann's mir denken“, sagte Hanna.

„Nein, das kannst du nicht! Dazu bist du noch zu jung, zu unerfahren. Diese Zeit ist grausam, wenn man sich gegen sie stemmt. Was zählt heute ein Menschenleben? Man wird uns fortschaffen, ins Konzentrationslager sperren. Das hier bleibt doch nicht geheim, wir haben Nachbarn, der Luftschutzwart kommt ins Haus; und wovon wollen wir jemanden, den wir verstecken, ernähren? Und wie lange wird das dauern? Doch mindestens bis zum Kriegsende. Kind, Kind, das ist eine Tortur[3]!“

Herr Löwy drückte Hannas Hände. „Ihre Mutter hat Recht“, sagte er. „So nehmen wir den guten Willen für die Tat. Danke, danke vielmals. Es hat wohl getan, zu erfahren, dass jemand Anteil nimmt, der das eigentlich nicht brauchte. Entschuldigen Sie die Umstände, ich wünsche Ihnen und Ihrer Familie alles Gute.“ Er nahm die Koffer auf.

3 **die Tortur:** Qual

1 *Worum geht es in diesem Auszug aus der Erzählung „Hanna und Elisabeth"? Gebt den Inhalt mit eigenen Worten in wenigen Sätzen wieder:*
Die Erzählung handelt von … *Die Geschichte spielt …* *Im Mittelpunkt …*

2 *Beschreibt die fünf Figuren näher:*
- *allgemeine Angaben (Name, Alter …)*
- *Lebensumstände (Familie, Beruf; gesellschaftliche Stellung …)*
- *Eigenschaften, Verhalten (Vorlieben, Abneigungen, Verhältnis zu Mitmenschen …)*

3 *Erklärt die Äußerungen von Herrn Löwy:*
- *„Also haben wir uns entschlossen, den dunklen Weg zu gehen, …" (Z. 97 f.)*
- *„So nehmen wir den guten Willen für die Tat." (Z. 123 f.)*

4 *Stellt Vermutungen an, wie die Geschichte weitergeht.*

„Nein", sagte Hanna, „Sie werden nicht gehen. Meine Mutter hat nicht das Herz, jemanden auf die Straße zu schicken, der Hilfe suchend bei uns anklopft. Mutti – wie oft hast du gesagt: Die vielen armen Leute! Das sagt sich leicht, wenn man nicht betroffen ist. Jetzt sind wir betroffen, jetzt werden wir uns stark machen, hörst du, ganz stark. Wir werden miteinander nachdenken, was zu tun ist."
Frau Karwig stand langsam auf, sie atmete tief. „Bitte legen Sie ab", sagte sie, „kommen Sie in die Wohnstube."
Zögernd zogen Löwys die Mäntel aus, erst jetzt bemerkte Hanna, dass keine gelben Sterne[4] mehr daran waren. Eine jüdische Familie in der Dunkelheit mit Koffern unterwegs, das wäre wohl auch zu auffällig gewesen. Sie setzten sich um den Wohnzimmertisch. Hanna nahm eine Flasche Obstwein aus dem Schrank und stellte Gläser auf den Tisch. Es war eine eigenartige Situation, sie tranken sich verlegen zu.
Herr Löwy wirkte wohltuend väterlich, hatte in seinem Wesen viel Beruhigendes, auch wenn die Sorgen manche Spur in sein Gesicht gegraben hatten. Die Frau war im Gegensatz dazu flatternde Angst. In ihren gewiss einst schön gewesenen Augen hockte das Entsetzen. Was mochte sie alles durchgemacht haben, wie viele Nächte ohne Schlaf, wie viel Demütigungen und Drohungen. Neben ihr saß still das Mädchen Lea, das schlicht Elisabeth Löwy hieß. Sie war Hanna ganz nah, nicht mehr durch Bahngleise und den gelben Stern getrennt. Hanna griff ihre Hand. „Wollen wir Freundinnen sein?", fragte sie. Elisabeth nickte.
Später legte sich die Beklemmung. Löwys begannen zu erzählen. Das waren entmutigende Jahre gewesen, schrittweise wurde man aus der Gesellschaft hinausgedrängt, aus der heimatlichen Umgebung. Immer mehr Bekannte zogen sich zurück. Nachbarn wagten nicht mehr zu grüßen. Dann beim Spazierengehen durch den Park am Gartenlokal zum ersten Mal das Schild: „Juden unerwünscht!" Kein Theater mehr, kein Konzert, keine Urlaubsreise.
„Aber Sie konnten doch nicht jahrelang nur zu Hause sitzen", sagte Frau Karwig.
„Nein", antwortete die Frau. „Immerhin blieben die Verwandten, außerdem gab es noch den jüdischen Kulturbund; aber das war etwas ganz Deprimierendes, lauter Kranke unter sich. Allmählich mussten wir selber glauben, dass wir keine Deutschen sind, sondern irgendwas Minderwertiges. Und nun seit vielen Monaten diese Deportationen."

4 **gelbe Sterne:** Im nationalsozialistischen Deutschland mussten Juden einen gelben Stern mit der Aufschrift „Jude" an ihrer Kleidung tragen.

„Haben Sie nie etwas von denen gehört, die weggeschafft wurden?“

„Wenige Lebenszeichen aus Theresienstadt“, sagte die Frau. „Meine Eltern sind dort. Sie dürfen aber nicht offen schreiben, lediglich, dass sie zum Absendetermin noch nicht gestorben waren. Aber was sonst über die Lager geflüstert wird, ist niederschmetternd. Es ist ja auch noch nie jemand zurückgekommen.“

„Und Sie haben nicht daran gedacht, wegzugehen, solange noch Zeit war?“

„Gute Frau“, sagte Herr Löwy, „können Sie ermessen, was es heißt, mittellos ins Ausland zu flüchten? Man ist da so unerwünscht wie hier. Außerdem, ich bin Archivar[5], deutschsprachige Dokumente sind mein Betätigungsfeld, im Ausland wäre ich ein ungelernter Arbeiter, und davon hat die Welt draußen genug.“

„Wir sind Kehricht[6]“, sagte die Frau. „Man hat uns dafür reif gemacht, wie man Sie für den Krieg reif gemacht hat.“

Frau Karwig stand auf. „Ich mache Ihnen die Couch zurecht“, sagte sie. „Ihre Tochter kann in Hannas Bett schlafen. Hoffentlich gibt es keinen Fliegeralarm, da kommt nämlich der Luftschutzwart ins Haus.“

„Das heißt, Sie wollen uns alle drei hier behalten?“ Herr Löwy öffnete die Hände, es war eine Geste hilfloser Ergebenheit.

„Für heute bleiben Sie da, morgen sehen wir weiter.“

„Das kann Ihnen niemand vergelten, gute Frau. Wir haben noch Lebensmittelkarten für zwei Wochen, unsere Ersparnisse und etwas Schmuck – aber dann?“

„Lassen Sie uns schlafen gehen. Zum Grübeln bleibt noch Zeit genug.“

Viel Schlaf fand niemand in dieser Nacht. [...]

5 **der Archivar:** Archivmitarbeiter
6 **der Kehricht:** Schmutz, Dreck

5 *Wie wirkt die Fortsetzung der Geschichte auf euch? Habt ihr das erwartet? Begründet eure Meinung.*

6 *„Löwys begannen zu erzählen. Das waren entmutigende Jahre gewesen, …“ (Z. 168f.)*
a) Was erfahrt ihr hier über das Schicksal der jüdischen Bevölkerung im nationalsozialistischen Deutschland nach 1933?
b) ▷ Recherchiert weitere Informationen und haltet einen ▷ Kurzvortrag dazu. ▷ S. 301, 23

7 *Wie beurteilt ihr das Verhalten von Hanna Karwig und ihrer Mutter?*
mutig – leichtsinnig – unüberlegt – heldenhaft – gefährlich – naiv – vorbildlich …
Begründet eure Entscheidung.

8 *Fasst den Inhalt dieses Teils der Geschichte kurz zusammen und nehmt persönlich Stellung zum Verhalten der Hauptfiguren.*

9 *„Viel Schlaf fand niemand in dieser Nacht.“ (Z. 225)*
Versetzt euch in eine der fünf Figuren und schreibt einen Tagebucheintrag.

Wolf Biermann

Die Ballade vom Briefträger William L. Moore aus Baltimore

Der im Jahre 63 allein in die Südstaaten wanderte.
Er protestierte gegen die Verfolgung der Neger.
Er wurde erschossen nach einer Woche.
Drei Kugeln trafen ihn in die Stirn.

Gegen Rassentrennung. Washington, 28.08.1963

SONNTAG
Sonntag, da ruhte William L. Moore
von seiner Arbeit aus.
Er war ein armer Briefträger nur,
in Baltimore stand sein Haus.

MONTAG
Montag, ein Tag in Baltimore,
sprach er zu seiner Frau:
„Ich will nicht länger Briefträger sein,
ich geh nach Süden auf Tour (that's sure)."
BLACK AND WHITE UNITE! UNITE!
schrieb er auf ein Schild
White and Black – die Schranken weg!
Und er ging ganz allein.

DIENSTAG
Dienstag, ein Tag im Eisenbahnzug,
fragte William L. Moore
manch einer nach dem Schild, das er trug,
und wünscht ihm Glück für die Tour.
BLACK AND WHITE UNITE! UNITE!
[...]

MITTWOCH
Mittwoch, in Alabama ein Tag,
ging er auf der Chaussee,
weit war der Weg nach Birmingham,
taten die Füße ihm weh.
BLACK AND WHITE UNITE! UNITE!
[...]

DONNERSTAG
Donnerstag hielt der Sheriff ihn an,
sagte: „Du bist doch weiß!"
Sagte: „Was gehn die Nigger dich an?
Junge, bedenke den Preis!"
BLACK AND WHITE UNITE! UNITE!
[...]

FREITAG
Freitag lief ihm ein Hund hinterher,
wurde sein guter Freund.
Abends schon trafen Steine sie schwer –
sie gingen weiter zu zweit.
BLACK AND WHITE UNITE! UNITE!
[...]

SONNA'MT
Sonna'mt, ein Tag, war furchtbar heiß,
kam eine weiße Frau,
gab ihm ein' Drink und heimlich sprach sie:
„Ich denk wie Sie ganz genau."
BLACK AND WHITE UNITE! UNITE!
[...]

LAST DAY
Sonntag, ein blauer Sommertag,
lag er im grünen Gras –
blühten drei rote Nelken blutrot
auf seiner Stirne so blass.
BLACK AND WHITE UNITE! UNITE!
steht auf seinem Schild
White and Black – die Schranken weg!
Und er starb ganz allein.
Und er bleibt nicht allein.

1 *a) Lest die Ballade.*
b) Welcher der vier folgenden Sätze benennt das Thema der Ballade am genauesten? Sie handelt von
- ☐ *einem Schwarzen, der sich gegen die Rassentrennung auflehnt.*
- ☐ *einem Briefträger, der sich für unterdrückte Schwarze einsetzt.*
- ☐ *einem weißen Briefträger, der seinen Protest gegen die Rassentrennung in den USA mit dem Leben bezahlt.*
- ☐ *einem weißen Briefträger, der einen Marsch durch die Südstaaten gegen die Rassentrennung unternimmt.*

2 *Wolf Biermanns Ballade handelt von einem wirklichen Vorfall 1963 in den USA.*
a) Verfolgt den Weg von William L. Moore auf einer Landkarte.
b) ▷ Informiert euch über die Rassentrennung in den USA (um 1960) und haltet einen Kurzvortrag darüber. ▷ S. 301

3 *Haltet ihr William L. Moore für einen Helden? – Diskutiert darüber.*

4 *Untersucht die Ballade genauer:*
- ☐ *Gebt strophenweise den Inhalt wieder.*
- ☐ *Geht auf sprachliche Besonderheiten ein (z. B. den Refrain).*
- ☐ *Fasst die Hauptaussage zusammen und nehmt Stellung dazu.*

5 *Formt die Ballade in einen ▷ Zeitungsbericht um.* ▷ S. 271

6 *a) „Er protestierte gegen die Verfolgung der Neger." (Z. 2)*
Lest die Erklärung (Definition) von „Neger" in einem möglichst neuen Wörterbuch oder Lexikon. Wie beurteilt ihr die Bezeichnung „Neger"?
b) Bespricht auch die Bezeichnung „Nigger" (Z. 34).

ARBEITSTECHNIK KURZVORTRAG

- ☐ Einleitung
  Nennt das Thema und macht das Publikum neugierig mit einer Frage dazu, einer überraschenden Einzelheit, einem interessanten Zitat.
  Erlaubt ausdrücklich Fragen und Bemerkungen (am Ende des Vortrags).
- ☐ Hauptteil
  Achtet beim Vorstellen der Informationen auf eine gut verständliche Reihenfolge (z. B. zeitlich geordnet; oder das Wichtigste zum Schluss).
- ☐ Schluss
  Fasst die einzelnen Informationen des Hauptteils kurz zusammen.
  Nehmt persönlich Stellung.
- ☐ Schreibt Einleitung – Hauptteil – Schluss auf nummerierte DIN-A6-Karteikarten in drei verschiedenen Farben.
  Beschreibt nur eine Seite der Karteikarte.
  Notiert kurze Sätze oder nur Satzteile, Stichpunkte.
- ☐ Blickt das Publikum an, sprecht langsam und deutlich.

„Helden der City“

... das sind die 14-jährige Vivi und ihre Clique. Hier haben sie sich für die Disco verabredet:

Endlich kommen die anderen, Mone, Metan, Hendrik und Olli. Sven hat Kopfschmerzen, na ja, er sieht sowieso noch so jung aus, dass die Türsteher ihn manchmal gar nicht reinlassen wollen.

„Hey, Vivi, alles klar?!“ Sie begrüßen mich und augenblicklich wird mir wohl und wärmer. Ich finde es äußerst unangenehm, abends allein auf einem zugigen Bahnsteig rumzuwandern. Wenigstens war nachher noch eine Frau da, aber zu zweit fühlt man sich auch nicht sicher.

Die S-Bahn naht, ich sehe die drei Scheinwerfer schon von Weitem, dann rollt der orangefarbene Zug in den kleinen Bahnhof ein, die Türen öffnen sich mit einem Fiepen und wir stürmen hinein. [...]

Das Mädchen ist am anderen Ende des Wagens eingestiegen, sitzt mit dem Rücken zu uns, sonst ist die Bahn leer, wie immer um diese Zeit. „Hoffentlich ist der nette DJ wieder da“, freut sich Mone. „Wisst ihr noch, der von letzter Woche, der war klasse, wie hieß der noch?“

„Ja, der war gut“, stimme ich ihr zu und rätsele mit ihr über den Namen, als die Bahn an der nächsten Station hält und drei Typen einsteigen.

Ich sehe, dass Metan, der mir gegenübersitzt, sich umdreht und aus den Augenwinkeln hinter ihnen herlinst, während die Bahn wieder fiept und mit ’nem Zischen die Türen zumacht. [...]

Die drei Typen setzen sich zu dem Mädchen, das fällt mir sofort auf, weil ich das kenne und es mir auch immer auf die Nerven geht. Die Bahn kann völlig leer sein, aber sitzt du mit ’ner Freundin drin und es kommt ein Mann rein, pflanzt er sich zu euch. Das ist der Trieb bei denen, ätzend.

Jetzt höre ich sie laut „Hallo, hallo!“ und „Ist hier noch frei?“ fragen und lasse mir gleichzeitig von Mone einen Kaugummi in den Mund stecken.

„Echt gut, dass wir uns nicht erst vor der Disco verabredet haben“, raunt sie mir zu, „stellt dir mal vor, Vivi, wir säßen hier alleine.“

Unauffällig versuche ich mir die drei Kerle genauer anzusehen.

Große Männer in Lederjacken und Stiefeln, offensichtlich älter als wir.

Gut, dass die nicht schon vorhin auf dem Bahnsteig waren!

Ich verdrehe die Augen, Olli sagt nichts, Hendrik zuckt mit den Schultern, aber Metan flüstert: „Die sind schon knallevoll. Habt ihr das gerade nicht gerochen? Die haben jeder schon einen Kasten Bier intus [...].“

Die drei Typen sehen wirklich unangenehm aus. Bullige Gesichter, breite Rücken, kurze Haare. Jetzt lachen sie hässlich laut und aggressiv, das Mädchen ist auch manchmal zu hören, mit Panik in der Stimme: „Ich hab gesagt, ihr sollt mich in Ruhe lassen!“

„Glotzt da nicht so hin, Leute. Vivi, Metan, glotzt nicht so!“, zischt Hendrik.

„Glaubt ihr, ich will die hier haben? Da haben wir nichts mit zu tun, das geht uns nichts an!“

„Die betatschen die“, höre ich Mone sagen. Drüben ist jetzt Gerangel, das Mädchen will aufstehen, aber einer der Typen zieht sie auf den Sitz zurück, zieht sie auf seinen Schoß und dann stellt sich ein anderer davor, sodass ich nichts mehr sehen kann. [...]

„Packt mich nicht an!“, schreit sie. Ein Hilfeschrei.

1 *Lest den Romanauszug.*
a) Sprecht darüber, was hier geschieht.
b) Habt ihr von ähnlichen Vorfällen gehört, etwas Derartiges erlebt? Berichtet davon.

2 *Untersucht die Gedanken, Gefühle und das Verhalten der fünf Cliquen-Mitglieder genauer:*
a) Macht euch zu jeder Figur Notizen.
b) Beurteilt das Verhalten von Vivi, Mone und ihren Freunden.

3 *a) Macht Vorschläge, wie sich die Clique verhalten sollte.*
b) Überprüft eure Vorschläge kritisch.

[...] jedenfalls geht das üble Spielchen da vorne weiter. Ein Poltern und Lachen und manchmal unterdrücktes Schreien, Mone konzentriert sich darauf, ihr Kaugummipapierchen in kleine Fetzen zu zerreißen, Olli knibbelt an seinen Fingernägeln und Hendrik hält Metan fest.
„Wir sind fünf gegen drei“, flüstere ich. „Wir sind nur Vierzehnjährige, ja, aber wir sind trotzdem in der Überzahl.“ [...]
„Eben, ich mach jetzt was.“ Metan reißt sich los, steht auf. Ich bewundere ihn dafür, könnte ihn küssen, so froh bin ich.
„Nicht, ich kenn die!“, bittet Hendrik, er hat Angst. Große Angst. Sie sitzt in seinen Augen und springt sofort auf mich über.
Warum habe ich das nur gesagt? Metan, setz dich doch wieder hin! Nicht, dass die dich sehen! Du bist toll, Metan, so mutig, aber ich, ich kann nur, wenn wir alle, wenn wir alle gehen, alle fünf, fünf gegen drei ...
„Ja, gerade, weil du sie kennst! Dann hast du doch was gegen sie in der Hand. Außerdem sind es nur noch zwei Haltestellen bis zum Bahnhof. Da steigen bestimmt Leute ein. Los! Wir können doch hier nicht sitzen und zugucken! Was ist jetzt, ich dachte, ihr seid so tolle Cracks, so Extremis!“
Metan wendet sich ab, geht auf die Typen zu, langsam natürlich, abwartend, wann wir denn endlich kommen, und ich muss hoch und ihm nachlaufen, aber meine Beine sind schwer wie Blei, wie in den Albträumen krieg ich sie kaum vom Boden los, doch dann stehe ich, bin hinter ihm und bevor die Typen Metan mit einem „Verpiss dich, Kanake!“ abspeisen können, bin ich bei ihm und mein Mund sagt: „Meine Freunde kennen euch. Die Namen und so. Lasst die Frau in Ruhe, sonst gehen wir zur Polizei!“
Einen Moment glotzen sie uns fassungslos an. [...]

4 *a) Beschreibt und beurteilt das Verhalten von Metan und Vivi.*
b) Vergleicht es mit euren Vorschlägen (Aufgabe 3).

5 *„Zivilcourage“ – Schlagt das Wort im Wörterbuch nach und erklärt es am Beispiel von Metans und Vivis Verhalten.*

6 *Untersucht Sprache und Stil des Romanauszugs:*
a) Aus welcher Sicht (▷ Perspektive) wird erzählt? ▷ S. 288
Welche Wirkung hat diese besondere Sicht? Nennt Textbeispiele.
b) „... bin ich bei ihm und mein Mund sagt: ‚Meine Freunde ...‘“ (Z. 111 ff.)
Erklärt, was diese Formulierung bedeutet.

7 *Wie endet wohl die Szene in der S-Bahn?* ▷ S. 302

1.3 Helden bitte melden! – Appell zum Helfen

Einmal im Jahr steht für viele Schüler/innen „Helfen“ auf dem Stundenplan: Einen „Sozialen Tag“ lang tauschen sie die Schulbank gegen einen Arbeitsplatz – z. B. Nachbars Garten, die Bäckerei von nebenan – und spenden ihren Lohn für Jugendprojekte in Südosteuropa.

1 *Informiert euch über die Aktion www.sozialertag.de.*

2 *Eure Klasse/Schule will sich am nächsten „Sozialen Tag“ beteiligen.*
Werbt dafür mit einem ▷ Plakat: ▷ S. 300
- ☐ *Welche/s Foto/s oder Zeichnungen sind geeignet? Welche Piktogramme?*
- ☐ *Welcher ▷ Slogan passt gut?* ▷ S. 173 f.
- ☐ *Welche Informationen zur Aktion müssen genannt werden?*
- ☐ *Welche Farben, Schriftgrößen sind wirkungsvoll?*

3 *Verfasst für Eltern, Nachbarn, Geschäftsleute einen Handzettel oder einen mehrteiligen ▷ „Flyer“, um sie als „Arbeitgeber/innen“ am „Sozialen Tag“ zu gewinnen.* ▷ S. 300

TIPP

Plakat und Flyer lassen sich mit PC und dem Programm „Publisher“ produzieren.

WÖRTERLISTE ▷ S. 298

Bibliothek	Portfolio	Appell	Projekt
Favorit	dokumentieren	Flyer	Zivilcourage
recherchieren	definieren	interviewen	sozial

2 Ich esse, was mir schmeckt – Einen Standpunkt vertreten

2.1 Über Geschmack lässt sich nicht streiten? – Meinungen begründen

Jede/r isst anders – Einen Standpunkt einnehmen

1 *Was würdet ihr gerne bei einem Klassenfrühstück essen und trinken? – Warum?*

2 *Worauf könnt ihr verzichten? – Begründet.*

Wurst *und* Käse – Fair diskutieren

Ich finde Wurst und Schinken eklig, können wir das nicht weglassen? Brrr …!

Ist mir doch egal, wenn du keine Wurst isst, dann lässt du's eben. Ich will aber welche haben.

Das bringt doch nichts. Ich schlage vor, wir kaufen für alle etwas ein, also Wurst und Käse.

Genau, das ist ein guter Kompromiss, dann kriegen alle, was sie wollen.

1 *Thema: „Klassenfrühstück"*
a) Stellt diesen Meinungsaustausch möglichst realistisch dar.
b) Kommentiert die Schülerbeiträge.

TIPP ZUR DISKUSSIONSKULTUR

Eine Diskussion kann man durch sein Verhalten fördern oder hemmen. Dazu ist es wichtig, nicht nur das eigene Verhalten im Blick zu haben, sondern auch darauf zu achten, dass die Mitschüler/innen mit ins Gespräch einbezogen werden oder an die Einhaltung von Regeln erinnert werden. So entsteht eine „Diskussionskultur".

2 *Macht euch die bekannten Gesprächs- und Diskussionsregeln noch einmal bewusst.*

3 *Besprecht folgende Verhaltensregeln.*
Nennt Beispiele. Stellt sie im Rollenspiel dar.

Ich beziehe andere aktiv in die Diskussion ein.

Ich fordere Diskussionsregeln angemessen ein.

Ich beobachte mich selbstkritisch.

Ich wende mich dem Gesprächspartner direkt zu.

Ich beobachte die anderen.

4 *Diskutiert über ein „Klassenfrühstück". Beachtet dabei diesen …*

Beobachtungsbogen zur Diskussionskultur

Darauf ist zu achten	Gelingt gut	Gelingt nicht immer	Muss geübt werden
die/den Gesprächspartner/in anschauen			
freundlich gucken			
keine abwertenden Handbewegungen machen			
aufmerksam zuhören			
sich beteiligen			
in angemessener Lautstärke sprechen			
die anderen ausreden lassen			
andere Beiträge aufgreifen			

jemanden für eine Idee loben			
Gesprächsregeln angemessen einfordern			
Kritik äußern, ohne zu kränken			

5 *„Wenn Menschen zusammenleben, die Unterschiedliches essen, kann das problematisch sein." Diskutiert diese Behauptung im Kreisgespräch.*

ARBEITSTECHNIK KREISGESPRÄCH

- Bildet aus der Hälfte der Klasse einen Sitzkreis, der die Diskussion führt.
- Die zweite Klassenhälfte formt einen Außenkreis.
- Jede/r im Außenkreis beobachtet jemanden im Innenkreis und kommentiert das Verhalten schriftlich (z. B. auf einer Overlay-Folie).
- Nach der Diskussion erhält der/die Beobachter/in eine angemessene Rückmeldung im Partnergespräch.

Wenn schon Milch und Eier, dann … – Argument und Gegenargument

Ich bin der Meinung, am Schulkiosk sollten nur Bioprodukte angeboten werden, denn in vielen behandelten Lebensmitteln stecken Schadstoffe. Laut Fachzeitschriften werden Tiere zum Beispiel oft mit Antibiotika behandelt oder bekommen Wachstumshormone, damit sie schneller groß werden und früher geschlachtet werden können. Auch Obst und Gemüse sind häufig belastet: Gegen Käfer oder Pilze spritzen viele Bauern „Pestizide", eine echte Chemiekeule! Diese werden nicht vollständig abgebaut und für uns Menschen sind sie ungesund, davon kann man müde werden, sich schlecht konzentrieren oder Allergien bekommen. Bioprodukte sind zwar etwas teurer, aber sie sind auch viel gesünder, denn sie enthalten noch alle Vitalstoffe.

Am neuen Schulkiosk sollte nur Wurst aus Geflügel angeboten werden. Moslems wie ich dürfen nämlich kein Schweinefleisch essen. Und in Wurst ist fast immer Schweinefleisch, in Leberwurst zum Beispiel oder in Fleischwurst. Lest euch mal die Angaben auf der Packung durch! Außerdem sieht man der Wurst nicht an, ob Schweinefleisch drin ist. Geflügelsalami sieht genauso rosa aus wie Salami aus Schweinefleisch. Die Lösung heißt: Es wird am Schulkiosk nur Wurst und Salami aus Geflügel angeboten, dann kann sich niemand vertun und jeder bekommt etwas Leckeres zu essen.

Ich esse total gern Pizza und Pommes. Auch Bockwurst mit Brot oder belegte Brötchen find ich gut. Ich bin der Meinung, das ist okay so. Die Deko aus Tomatenscheibe und Salatblatt kann doch wohl wegfallen. Wichtig ist für mich, dass in der Pause genug Essen da ist, damit wir nicht lange warten müssen und Zeit haben, unser Brötchen zu essen. Danach spielen wir doch sowieso Fußball, da macht die Pizza auch nichts aus.

Niklas

Lea

Ich bin für einen vegetarischen Schulkiosk. Ich bin selber Vegetarierin, Fleisch und Wurst mag ich einfach nicht. Außerdem leiden die Tiere, die in Massentierhaltung leben müssen. Die werden mit billigem Futter vollgestopft und können sich kaum bewegen. Man sollte auch regelmäßig Obst essen. Ein Apfel in der Pause und Mandarinen im Winter bieten viel gesundes Vitamin C. Das stärkt auch die Abwehrkräfte. Käse auf dem Brötchen, das ist doch auch lecker! Und wenn schon Milch- und Eier, dann aber bitte von glücklichen Kühen und Hühnern, die in Freilandhaltung leben.

1 *Untersucht die Wünsche der Jugendlichen zu der Versorgung am Schulkiosk. Welcher Einschätzung würdet ihr euch anschließen, welcher nicht? Begründet eure Position.*

2 *Aileen fordert: Nur Bioprodukte am Schulkiosk! Untersucht, wie sie diese Forderung „untermauert“. Berücksichtigt dabei den Merkkasten:*

!

Argumente und Gegenargumente

Wer seine Meinung überzeugend vertreten will, muss angemessen argumentieren. Zu einer gelungenen Argumentation gehört

- eine klar formulierte **These** (Behauptung, Bewertung, Forderung),
- welche durch **Argumente** (Tatsachen, Expertenmeinungen, Erfahrungen, Einstellungen) begründet wird.

Die Argumente werden durch **Beispiele, Belege** und **Zitate** gestützt. Dadurch wird die gesamte Argumentation anschaulich und gut nachvollziehbar. Wenn ihr besonders geschickt seid, nehmt ihr einen möglichen **Einwand,** ein Gegenargument vorweg und entkräftet es mit einem eigenen Argument (und Beispiel). Damit nehmt ihr eurem „Gegner“ sozusagen „den Wind aus den Segeln“:

Argumentation

These	**Einwand**
Bioprodukte sind besser, ...	*Bioprodukte sind zwar teurer, ...*
Argument	**entkräftendes Argument**
... denn in vielen behandelten Lebensmitteln stecken Schadstoffe.	*... aber sie sind auch viel gesünder, ...*
Beispiel	**Beispiel**
Laut Fachzeitschriften werden Tiere zum Beispiel mit Antibiotika behandelt.	*... denn sie enthalten noch viele Vitalstoffe.*

3 *Untersucht die Argumentation von Umut, Niklas und Lea:*
a) Schreibt These, Argumente und Beispiele auf verschiedene Kärtchen und legt sie geordnet aus.
b) Vergleicht und bewertet eure Argumentationen: Sind sie vollständig, überzeugend?

4 *Diskutiert das Thema „Schulkiosk".*
a) Entscheidet euch klar für eine Position und bringt zwei neue Argumente mit Beispielen.
b) Überlegt euch einen Einwand, ein mögliches Gegenargument und entkräftet es.

Süßigkeiten am Schulkiosk? – Notieren und protokollieren

1 *Wie steht ihr zu „Süßigkeiten am Schulkiosk"?*
Tauscht euch in „Verabredungen" darüber aus und notiert die Meinung eures Gegenübers.

ARBEITSTECHNIK VERABREDUNGEN TREFFEN

- ☐ Schreibt drei Uhrzeiten – z. B. 10.00 Uhr – 10.15 Uhr – 10.30 Uhr – auf drei verschiedene DIN-A5-Zettel.
- ☐ Auf ein Startsignal verabredet ihr euch mit drei Mitschüler/inne/n. Schreibt ihren Namen neben die jeweilige Uhrzeit.
  Achtung: Nur **einmal** pro Uhrzeit verabreden!
- ☐ Trefft euch zur vereinbarten Zeit mit euren drei „Verabredungen"; Dauer: vier Minuten. Tauscht eure Meinung zum Thema „Süßigkeiten am Kiosk?" aus.
  Wer zuhört, macht sich kurze Notizen.

2 *Wertet die Notizen aus, die über eure Meinungsäußerung niedergeschrieben wurden:*
Wird eure Meinung richtig, vollständig und geordnet wiedergegeben?

TIPP

Bei Vorträgen, Gesprächen und Diskussionen sind **Notizen** von Bedeutung: Sie dienen als Gedächtnisstütze und erleichtern etwa die Anfertigung eines Protokolls. Um schnell mitschreiben zu können, notiert man nur Stichpunkte (keine Sätze) und verwendet Abkürzungen.
Schreibt mit großem Wort- und Zeilenabstand. Achtet auf die richtige Reihenfolge.

3 *Besprecht die Frage „Süßigkeiten am Schulkiosk?"*
a) in einer ***gelenkten Diskussion*** *mit*
- ☐ ***D****iskussions****l****eitung (DL)*
- ☐ ***P****ro- und* ***K****ontra-Gruppe*
- ☐ ***B****eobachtenden*

b) Die Beobachtergruppe macht sich Notizen zu den verschiedenen Diskussionsbeiträgen.

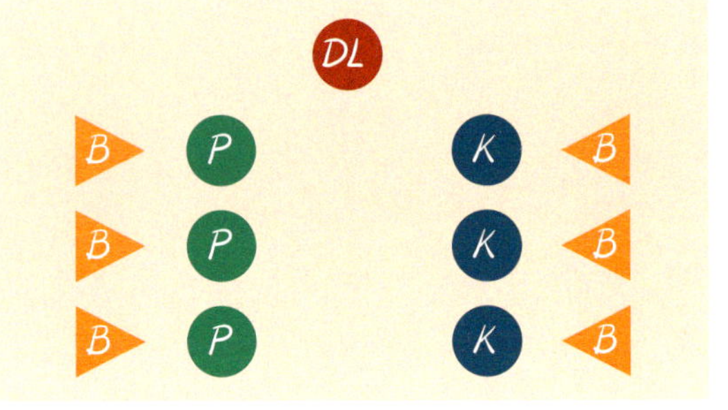

4 *Verwendet eure Notizen für ein Ergebnisprotokoll nach folgendem Muster:*

ARBEITSTECHNIK ERGEBNISSE PROTOKOLLIEREN

Protokollieren ist eine Art von Berichten.
Im **Ergebnisprotokoll** werden die verschiedenen Aussagen nach Themen zusammengefasst – auch wenn sie in der Diskussion zeitlich getrennt voneinander geäußert wurden – und nach so genannten Tagesordnungspunkten (TOPs) gegliedert:

Ergebnisprotokoll/gelenkte Diskussion

Klasse 8a
12.05.2XXX, 4. Stunde, Deutsch bei Frau Kruse

Thema: „Süßigkeiten am Schulkiosk?"

TOP 1 Begrüßung
TOP 2 Meinungen der Vertreter/innen
TOP 3 Abstimmung

Zu TOP 1
Frau Kruse begrüßt als Diskussionsleiterin die Anwesenden und informiert über den zeitlichen und inhaltlichen Ablauf der Diskussion.

Zu TOP 2
Pro-Positionen: Justin spricht sich für Süßigkeiten am Kiosk aus. Er meint, die Schüler/innen würden sie sowieso essen. Annika unterstützt dies und schlägt vor, Schokoriegel am Kiosk zu verkaufen, damit diese nicht mehr in der Schultasche zerbröselten. […]

Kontra-Positionen: Esther informiert, dass zu viele Schüler/innen in Deutschland übergewichtig seien. Ein Grund sei die ständige Verfügbarkeit von Süßigkeiten. [...]

...

Essen, 14. 05. 2XXX, Theresa Dirks

a) Wie ist das Protokoll gegliedert? – Welches Tempus wird verwendet? – Wie werden die ▷ wörtlichen Reden der Diskutierenden wiedergegeben? ▷ S. 278

b) Schreibt und überarbeitet das Protokoll.

Hotel oder Selbstversorgung? – Eine Diskussion moderieren

Welche Form der Unterbringung würdet ihr für die nächste Klassenfahrt wählen?

1 *Tauscht euch im Kugellagergespräch über eure Wünsche aus.*

ARBEITSTECHNIK KUGELLAGER

Teilt die Klasse in zwei Hälften und stellt euch paarweise in einem Innen- und Außenkreis gegenüber.

- Der Außenkreis beginnt damit, dem Innenkreis seine Wünsche **begründet** mitzuteilen.
- Dann stellt der Innenkreis seine Position ebenfalls **begründet** dar.
- Wenn alle fertig sind, rückt der Innenkreis zwei Personen weiter nach rechts.
- Nun beginnt der Austausch mit anderen Partner/inne/n erneut.

2 *Sammelt die verschiedenen Meinungen **pro** und **kontra** Hotel oder Selbstversorgung auf einzelnen **Argumentkarten:***

Man kann länger schlafen.	Man muss Rücksicht auf andere Gäste nehmen.	Wenn etwas fehlt, wird es besorgt.
Weniger Zeit für Ausflüge.	S. ist günstiger.	Gemeinsames Kochen fördert Teamgeist!

3 *„Hotel oder Selbstversorgung?" Stimmt ab und haltet das Ergebnis fest.*

ARBEITSTECHNIK DISKUSSIONEN MODERIEREN

Um den Diskussionsverlauf zu regeln, wird eine **Moderatorin**/ein **Moderator** bestimmt:
- Sie eröffnen die Diskussion und informieren über den zeitlichen Ablauf.
- Sie erteilen das Wort und ermuntern allzu ruhige Teilnehmer/innen, ihre Meinung zu äußern.
- Sie achten darauf, dass beide Parteien in gleicher Weise zu Wort kommen.
- Sie achten auf die ▷ Diskussionskultur und erinnern gegebenenfalls freundlich an die Einhaltung der Gesprächsregeln. ▷ S. 28
- Sie fassen zwischendurch Beiträge zusammen, wenn Wichtiges gesagt worden ist.
- Wenn die Diskussion ins Stocken gerät, sollten die Moderatoren einen Anstoß geben; zum Beispiel das Gespräch mit einer herausfordernden Frage voranbringen.
- Die Moderatoren bleiben inhaltlich aber neutral, sie äußern ihre eigene Meinung nicht.
- Sie fassen die Diskussionsergebnisse am Schluss kurz zusammen.

Ihr könnt die moderierte Diskussion z. B. im ▷ **Kreisgespräch** durchführen. ▷ S. 29

4 *Erörtert das Thema „Wir fahren in ein Selbstversorgerhaus" in einer moderierten Diskussion; besetzt dazu die Rollen*
- *des/der Moderierenden,*
- *der Pro-/Kontra-Diskutierenden,*
- *der Beobachtenden.*

Beobachtungsbogen zur moderierten Diskussion

Name:	++	+	+–	–	
Hat gute Sachkenntnis.					Inhaltlich schlecht vorbereitet.
Bleibt beim Thema.					Weicht vom Thema ab.
Bringt die Meinung sachlich vor.					Redet gefühlsbetont.
Nennt passende Beispiele/Belege.					Fügt keine/unpassende Beispiele an.
Ergänzt eine andere Meinung durch ein neues Beispiel.					Schließt sich anderen nur an.
Bringt Gegenargumente ein.					Keine Gegenargumente.
Entkräftet eine Aussage.					Kann keine Aussage entkräften.
Kritisiert sachlich.					Kritisiert unsachlich, persönlich.
...					...

5 *Entwickelt einen Beobachtungsbogen für das Moderatoren-Paar.*

6 *Haltet die Diskussion in einem ▷ Ergebnisprotokoll fest.* ▷ S. 32

7 *Stimmt erneut über „Hotel oder Selbstversorgung?" ab.*
Hat sich das Ergebnis gegenüber dem vor der Diskussion (▷ Aufgabe 3, oben) verändert?

2.2 „Gut drauf" mit Fastfood? – Schriftlich Stellung nehmen

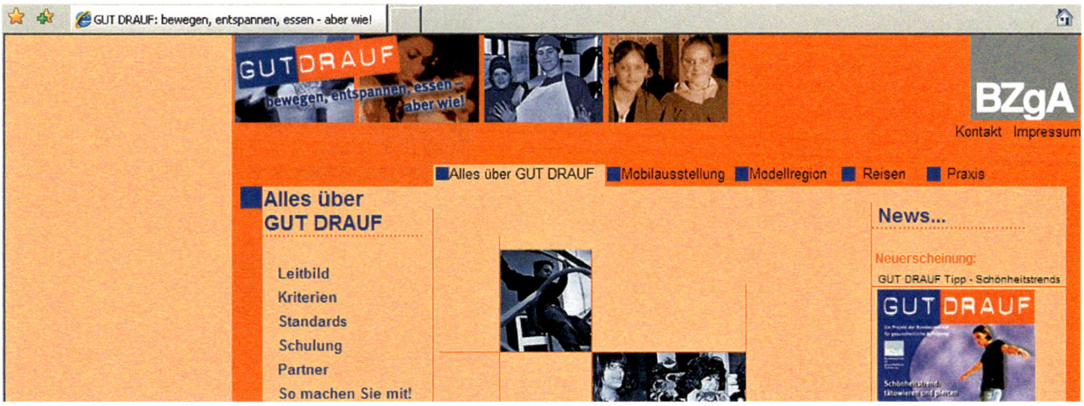

Kennt ihr das Projekt „GUT DRAUF-Schule" des Gesundheitsministeriums?
Jugendliche lernen hier, wie sich gesunde Ernährung, ausreichende Bewegung und Stressbewältigung positiv auf das ganze Leben auswirken.
Ihr interessiert euch für das Projekt und möchtet, dass sich eure Schule dafür bewirbt? Dann solltet ihr auf der nächsten SV-Sitzung mit einer schriftlichen Stellungnahme zu gesunder Ernährung und Bewegung dafür werben!
Auf den folgenden Seiten leiten euch mehrere Schritte zu dieser Stellungnahme.

Schritt 1 Informationen sammeln und verarbeiten

Kalorien-Tabellen

Kalorien/Tag

	Jungen	Mädchen
7–9 Jahre	1900	1700
10–12 Jahre	2300	2000
13–14 Jahre	2700	2200
15–19 Jahre	3100	2500

1 *a) Welche Informationen könnt ihr der Tabelle links entnehmen?*
b) Wie hoch ist euer persönlicher Kalorienbedarf pro Tag?

2 *Versucht die Tabelle in die daneben angedeutete Grafik umzusetzen.*

3 *Stellt mit Hilfe der folgenden Tabelle die Speisen und Getränke zusammen, mit denen ihr euren täglichen Kalorienbedarf erreicht.*

Speisen und Getränke	**Kalorien**
Spaghetti Napoli	310
Pizza mit Salami	770
Gemischter Obstteller	230
Cheeseburger	305
Portion Pommes	400
Schoko-Donut	322
Schoko-Eis	191
Cola (200 ml)	122
Apfelsaft (200 ml)	95
Kakaotrunk (200 ml)	262

4 *a) Sucht in Kochbüchern, Ernährungsratgebern oder im ▷ Internet nach weiteren Speisen- und Kalorientabellen.* ▷ S. 301

b) Stellt mit ihrer Hilfe Listen mit Speisen und Getränken zusammen,

- *die ihr gerne esst: Wie viele Kalorien kommen dabei heraus?*
- *die ihr laut täglichem Kalorienbedarf essen dürft.*

c) Fasst das Ergebnis in einem kurzen Informationstext zusammen.

5 *Beschreibt, welche Informationen diese Tabelle liefert:*

Kalorienverbrauch bei verschiedenen Tätigkeiten

Tätigkeit	**Kalorienverbrauch** pro 30 Minuten
Gehen	156
Sitzen	42
Putzen	120
Kochen	88
Basketball	270
Fußball	260
Badminton	190

6 *Versucht die Tabelle in Form eines Balkendiagramms darzustellen.*

7 *Welchen Tätigkeiten, Sportarten usw. geht ihr nach? Versucht euren täglichen Kalorienverbrauch zu ermitteln.*

8 *„Essen und trinken – Kalorien – sich bewegen“*
a) Schreibt einen kurzen Informationstext dazu.
b) Vergleicht eure Texte.

Pro und kontra Fastfood

Text 1

Die Vorteile von Fastfood sind nicht von der Hand zu weisen.
Es ist schnell zubereitet und beinahe überall zu haben. Man kann sich an der Ecke einen Hamburger kaufen oder im eigenen Ofen eine Tiefkühlpizza aufbacken.
In den bekannten amerikanischen Schnellrestaurants oder klassischen Imbissbuden mit deutschen, griechischen, türkischen oder asiatischen Spezialitäten steht für den hungrigen Esser ein breites Angebot bereit. Hähnchen, Hamburger oder Döner lassen sich mit Pommes, Potato Wedges, Salaten oder anderen Beilagen frei kombinieren. Auf diese Weise kann jeder Kunde seine Mahlzeiten nach Lust, Laune und Appetit selber zusammenstellen.
Häufig werden aber auch ganze Menüs, bestehend aus einem Gericht und einer Cola oder Limonade – so genannten Softdrinks –, zu einem besonders günstigen Preis angeboten. Die Mahlzeiten werden direkt vor Ort verzehrt oder können als „take away“ mit nach Hause genommen werden. Dort können sie bequem vom Einweggeschirr verspeist werden.
Der tägliche Abwasch reduziert sich so auf ein bisschen Besteck und einige Gläser.

1 *Wenn ihr den Text aufmerksam gelesen habt, könnt ihr die folgenden Sätze bestimmt ergänzen:*
In der Imbissbude kann jeder seine Mahlzeit nach Belieben zusammenstellen, weil ...
Besondere Menüangebote lohnen sich, da ...
Der Konsum von Fastfood erleichtert die Hausarbeit, denn ...

2 *„Fastfood“, „Hamburger“, „Pommes“ ...*
a) Sammelt alle Wörter rund ums Essen, denen ihr täglich begegnet.
b) Ordnet sie tabellarisch: deutsch – Fremdwort – Wortarten
c) Sprecht über Herkunft, Bedeutung und Rechtschreibung der Wörter.

3 *An welchen Wörtern in Text 1 erkennt ihr besonders gut, dass es sich um eine Pro-Fastfood-Argumentation handelt? Nennt diese Schlüsselwörter.*

4 *Wie wird in dem Text argumentiert?*
Formuliert die These, nennt Argumente und Beispiele:

These	Argumente	Beispiele
	schnell zubereitet und überall zu haben	Fast an jeder Ecke kann man sich einen Hamburger kaufen.

Text 2

Umweltschützer beklagen, dass durch die Einwegverpackung aus Pappe, Styropor oder Aluminium, in die jede einzelne Speise verpackt ist, sehr viel Müll anfällt.
Auch Ernährungswissenschaftler und Ärzte zeigen sich skeptisch und warnen vor dem regelmäßigen Genuss von Fastfood. Häufig sind die Produkte zu fett, zu salzig oder zu süß. In einer einzigen Flasche Ketschup können bis zu 45 Stück Würfelzucker stecken! Fast alle Produkte liefern große Mengen an Kalorien, ohne den Körper umfassend mit allen wichtigen Nährstoffen zu versorgen. Auf diese Weise wird der tägliche Kalorienbedarf sehr schnell überschritten. Ein einziges XXL-Menü, das von einer Hamburgerkette beworben wird, liefert über die Hälfte der durchschnittlichen Energie, die der Körper eines 14-Jährigen täglich verbraucht.
Eine Studie des Robert-Koch-Instituts aus dem Jahr 2007 stellt fest, dass sich in Deutschland die Zahl der übergewichtigen 0- bis 17-Jährigen seit den 90er Jahren verdoppelt hat. Das bedeutet, dass mittlerweile fast 2 Millionen Mädchen und Jungen zu dick sind.
„Es ist aber nicht das Essen von Fastfood allein, das zur Gewichtserhöhung beiträgt", sagt der Ernährungsexperte Arne Astrup. Als weiterer Grund wird vor allem Bewegungsmangel genannt.

5 *Ergänzt die folgenden Sätze:*
Obwohl Fastfood dem Körper viele Kalorien gibt, ...
Fastfood-Menüs liefern viele Kalorien, sodass ...
Immer mehr Kinder und Jugendliche sind dick, weil ...
Experten lehnen Fastfood nicht grundsätzlich ab, sondern ...

6 *Nennt die Schlüsselwörter, an denen ihr erkennt, dass es sich bei dem Text um eine Kontra-Fastfood-Argumentation handelt.*

7 *Wie wird in diesem Text argumentiert?*
Schreibt die These, Argumente und Beispiele in eine Tabelle wie in Aufgabe 4.

8 *a) Sammelt weitere Texte und Tabellen zum Thema „Gesund essen – gesund leben".*
b) Listet alle Pro-Argumente mit Beispielen in einer Tabelle auf.
Stellt auch Einwände, Bedenken, Schwierigkeiten und Probleme mit der Ernährung zusammen („Gegenargumente").

Schritt 2 Argumente ordnen und gliedern

GUT DRAUF

Bewegen, entspannen, essen - aber wie!

Eine Jugendaktion der Bundeszentrale für gesundheitliche Aufklärung, Köln

Was heißt „gut drauf“?
Wollt ihr dazu schriftlich Stellung nehmen, müsst ihr euer gesammeltes Material, eure Argumente, Belege und Beispiele, zunächst einmal in eine sinnvolle Ordnung bringen und gliedern.

1 *Versucht eure Argumente und Beispiele, die ihr in Aufgabe 8, S. 38, zusammengestellt habt, in dieses Schema einzuordnen.*

Was heißt „gut drauf“?

Einleitung

Hauptteil

These:
Pro-Argumente:
...
Kontra-Argument entkräften:
...

Schluss

!

Steigernde Argumentation

In der **Einleitung**
- nennt ihr das Thema und seine Bedeutung,
- erläutert die Fragestellung,
- stellt einen aktuellen Bezug her.

Im **Hauptteil**
- formuliert ihr klar die eigene Meinung/**These** zum Thema,
- führt **Argumente** für die These nach ihrer Wichtigkeit auf,
- stützt die Argumente mit **Beispielen.**
- könnt einen Einwand, ein **Gegenargument** vorbringen, das aber entkräftet wird.

Am **Schluss**
- fasst ihr die Ergebnisse zusammen,
- formuliert ein abschließendes Urteil
- und einen Ausblick (oder einen Appell, eine Mahnung).

Schritt 3 Schriftlich Stellung nehmen

Was heißt „gut drauf"? – Der gut gebaute Hauptteil

Meine These lautet: ...

„Gut drauf" heißt für mich, ...

Auf die Titelfrage habe ich eine eindeutige Antwort: ...

Ich beginne den Hauptteil mit meiner These: ...

„Was heißt ‚gut drauf'?" – Dazu habe ich eine klare Meinung: ...

1 *a) Vergleicht diese verschiedenen Möglichkeiten, den Hauptteil der Stellungnahme zu beginnen.*
b) Schreibt den Anfang des Hauptteils eurer Stellungnahme und formuliert eure These.

2

Fastfood lässt sich bequem vom Einweggeschirr essen. Das Geschirrspülen beschränkt sich auf Messer, Gabel und ein Trinkglas.

Fastfood lässt sich bequem vom Einweggeschirr essen, sodass sich das Geschirrspülen auf Messer, Gabel und ein Trinkglas beschränkt.

a) Worin unterscheiden sich diese beiden Formulierungen?

b)

Auch Ernährungswissenschaftler sind skeptisch und warnen vor dem regelmäßigen Genuss von Fastfood. Häufig sind die Produkte zu fett, zu salzig oder zu süß.

Versucht diese beiden Sätze zu verknüpfen.

TIPP

Macht den gedanklichen Zusammenhang zwischen zwei Sätzen deutlich, indem ihr sie mit passenden „Binde-/Gelenkwörtern" verbindet (▷ Konjunktionen, Adverbien):
außerdem, auch, demnach, daher, folglich, denn, da, weil, wenn, falls, trotzdem, dennoch, obwohl

▷ S. 276

3

Manchmal wird zwar ... | Die Schlussfolgerung muss also lauten: ... | Daraus folgt ...

Daran anschließend muss ... | Zum Zweiten gilt ... | Zu Beginn muss erwähnt werden ...

Obwohl immer wieder ... | Noch wichtiger ist aber ... | Im Übrigen ist festzustellen, ...

Letztendlich heißt das ... | Zunächst ist zu beachten ... | Als Erstes ist zu bedenken ...

Zwar hört man nicht selten ... | Schließlich aber ... | Am schwersten wiegt jedoch ...

Mit solchen Formulierungen kann man seine Argumente geschickt einleiten und ordnen. Tragt sie in folgende Tabelle ein:

Beginn der Argumentation	Fortführung der Argumentation	Schluss der Argumentation	Einwände Gegenargumente
Als Erstes ist zu bedenken	...	...	...

4 *Schreibt nun den Hauptteil eurer Stellungnahme zur Frage:*

- ☐ ***Was heißt „gut drauf"?***
- ☐ *Beginnt mit eurer These.*
- ☐ *Nennt eure Argumente und Beispiele; das wichtigste zuletzt.*
- ☐ *Geht auf einen Einwand, ein Gegenargument ein; entkräftet es.*

Einleitung (E) und Schluss (S) – Einen Rahmen setzen

1

E Jeder hat bestimmt schon einmal Fastfood gegessen. Darum ist es für alle ein interessantes Thema. Ich erörtere jetzt einige Punkte.
[...]

[...]
S Also: Wer sich viel bewegt und darauf achtet, sich vielseitig zu ernähren, der kann ruhig auch mal einen Hamburger essen. Hauptsache, man tut es nicht ständig.

2

E Wir wollen GUT DRAUF-Schule werden. Das geht nur, wenn wir uns Gedanken machen über Essen und Trinken und wie wir uns richtig bewegen. Dazu einige Gedanken.
[...]

[...]
S Wenn man all das überlegt, dann merkt man: Es ist gar nicht so einfach, „gut drauf" zu sein! Deshalb empfehle ich unsere Teilnahme am GUT DRAUF-Projekt. Dadurch bekommen wir wichtige Unterstützung.

3

E *Es schmeckt fast allen: Fastfood, das schnelle Essen, die Fertignahrung in den bunten Verpackungen. Als Hamburger, Pommes, Pizza oder Döner findet es sich mehrmals wöchentlich auf dem Speiseplan unzähliger Schülerinnen und Schüler.*
[...]

[...]
S *Meine Meinung: Mir ist das mit dem ganzen Fett und den wenigen Vitaminen egal. Hamburger finde ich lecker und darum esse ich sie, sooft ich kann. Außerdem möchte ich noch sagen, dass auch nicht alle so gut kochen können.*

1 *Dreimal Einleitung und Schluss zur Stellungnahme auf die Frage* ***Was heißt „gut drauf"?*** *Vergleicht sie miteinander. Nennt Vorzüge und Nachteile, Fehler.*

TIPP

- Die **Einleitung** führt in das Thema ein („Worum geht es?") und weist auf seine Wichtigkeit hin („Warum ist das Thema interessant?").
- Am **Schluss** fasst ihr die Argumente aus dem Hauptteil zusammen und stellt eure eigene Meinung dar. Fasst euch kurz und bringt keine neuen Argumente.

2 *Schreibt nun eine vollständige Stellungnahme zur Frage* ***Was heißt „gut drauf"?*** *– bestehend aus Einleitung – Hauptteil – Schluss.*

Schritt 4 Die eigene Stellungnahme überarbeiten

1 *Überarbeitet eure Stellungnahme mit Hilfe der folgenden*

CHECKLISTE

- ☑ Einleitung, Hauptteil und Schluss sind deutlich erkennbar.
- ☑ Die Einleitung macht das Thema und seine Wichtigkeit klar.
- ☑ Die Argumente im Hauptteil steigern sich.
- ☑ Die Argumente sind durch Beispiele belegt.
- ☑ Die Reihenfolge kommt sprachlich gut zum Ausdruck: *zuerst - anschließend - zum Schluss*
- ☑ Wortwahl und Satzbau sind abwechslungsreich.
- ☑ Grammatik, Rechtschreibung und Zeichensetzung stimmen.

2 *Ihr könnt die Überarbeitung auch in einer ▷ Schreibkonferenz erledigen.* ▷ S. 297

Der Projekt-Auftrag – Ein Formular ausfüllen

Ihr habt die Schulkonferenz/den Schulvorstand mit eurer Stellungnahme überzeugt: Eure Schule möchte am GUT DRAUF-Projekt teilnehmen.

Der Auftrag erfolgt über dieses elektronisch erhältliche Formular (www.gutdrauf.net):

GUT DRAUF

Bewerbung zum GUT DRAUF- Projektpartner

Mit dieser Bewerbung meldet unsere Organisation Interesse als Projektpartner von GUT DRAUF an. Das GUT DRAUF-Leitbild und die GUT DRAUF-Kriterien sind uns bekannt und werden inhaltlich umfassend von uns unterstützt.

Allgemeine Angaben	
Name und Rechtsform d. Organisation:	
Adresse:	
Telefon:	Fax:
Email:	Internet:
Ansprechpartner für GUT DRAUF:	
Telefonische Durchwahl des Ansprechpartners:	

Kurzbeschreibung der Organisation
Bitte beschreiben Sie kurz, wer Sie sind, was Sie machen, welche Ziele Sie verfolgen, wie viele Mitarbeiter/innen Sie haben, welche Kompetenzen diese mitbringen und weitere wichtige Informationen. Gegebenenfalls können Sie bereits vorhandene Darstellungen durch Flyer, Prospekte oder Ähnliches beilegen.
Bisherige Vorerfahrung mit GUT DRAUF?

Umsetzung von GUT DRAUF in unserer Organisation
Welche Ziele und Ideen möchten wir mit GUT DRAUF verfolgen? Was ist uns besonders wichtig? Wo sehen wir Bedenken bzw. Hindernisse? Was sind unsere Stärken in Hinblick auf GUT DRAUF?
Weitere Anmerkungen bzw. Fragen:

Terminplanung
Für die GUT DRAUF- Erstberatung passt uns folgender Monat am besten:
Mit der Umsetzung von GUT DRAUF möchten wir beginnen ab:

Ort, Datum　　　　Unterschrift, ggf. Stempel

Bitte zurückschicken an: **transfer e.V. Grethenstr. 30, 50739 Köln**

1 *Besorgt euch das Formular und füllt es (zusammen mit eurem/eurer Lehrer/in) aus.*

2.3 Das perfekte Dinner? – Einen Forumsbeitrag schreiben

Vera kocht gern und stöbert auch im Internet nach Rezepten. Dabei stößt sie auf ...

VOX PRESSEZENTRUM

NEWS HIGHLIGHTS PRESSEMAPPEN VORSCHAU ÄNDERUNGEN STARS DOWNLOAD SENDER SENDUNGEN

Das perfekte Dinner

Fünf Hobbyköche suchen den besten Gastgeber

Wer ist der beste Gastgeber? In der Koch-Doku „Das perfekte Dinner" laden sich fünf Hobbyköche, die sich nicht kennen, gegenseitig zum Essen ein. Jeder Kandidat serviert bei sich zu Hause ein Drei-Gänge-Menü und die Gäste schauen ihm dabei auf die Finger. Am Ende eines jeden Abends müssen sie Noten vergeben.

Bis zu 10 Punkte kann jeder Gast vergeben

Dabei geht es nicht nur ums Essen. Die vier Mitstreiter bewerten den gesamten Abend – von der Dekoration bis zur Menüauswahl. Auch den Gastgeber prüfen sie auf Herz und Nieren: Hat er rechtzeitig nachgeschenkt? Kann er seine Gäste bei Laune halten? War er angemessen gekleidet? [...]

Geheime Abstimmung

Wie viele Punkte ein Gastgeber bekommt, wissen nur die Zuschauer. [...]
Dem Sieger winkt ein Gutschein in Höhe von 1.500 Euro.

Erlaubt ist, was gefällt

Bei der Auswahl des Menüs haben die Hobbyköche freie Hand: Von der Currywurst bis zur gefüllten Wachtel geht alles. [...]

Gute Vorbereitung ist alles

Wenn es schellt, muss alles perfekt sein. Denn jeder Kandidat kämpft um den Titel des besten Gastgebers.

1 *Kennt ihr „Das perfekte Dinner"? – Diskutiert darüber.*

2 *a) Was gehört eurer Meinung nach zu einem perfekten Dinner?*
b) Vergleicht mit dem oben beschriebenen Fernseh-Dinner.
c) „Das perfekte Dinner" – Schreibt eine Top-Ten-Liste: Was darf dabei nicht fehlen?

1. nette Gäste
2. alles eigenhändig gekocht
3. ...

Vera hat sich die Sendung „Das perfekte Dinner“ einige Male angesehen. Als Reaktion auf die Sendung eröffnet sie im Internetforum der Sendung den ▷ *Thread* ▷ S. 46

„Das perfekte Dinner“ – wirklich?

Sehr geehrte Forumsmitglieder,
als Hobbyköchin und Genießerin möchte ich meinen Unmut über „Das perfekte Dinner“ äußern. Es gibt einige Dinge, die mich an der Sendung stören.
Zum einen ist es der immerwährende Wettbewerb. Es ist doch viel schöner, gemeinschaftlich mit der Familie und Freunden ein gutes Essen zu genießen, als sich gegenseitig übertrumpfen zu wollen. Für jemanden kochen heißt doch auch, Freude zu schenken. Wenn man sich aber nur Mühe gibt, um am Ende als Bester dazustehen, geht dieser Gedanke verloren.
Zum anderen gibt es meiner Meinung nach schon genug Kochsendungen. Zur schönsten Abendbrotzeit sitzen nun immer mehr Menschen vor dem Fernseher, womöglich noch mit einer Tüte Chips, anstatt sich selber ein schönes Essen zu kochen.
Sie tun mit der Sendung also nichts für den guten Geschmack, sondern zerstören die Esskultur!!!

Vera Schäfer, Düsseldorf

1 *Was veranlasst Vera dazu, den Forumsbeitrag zu schreiben?*

2 *Welche Einstellung hat Vera zu der Sendung „Das perfekte Dinner“?*

3 *Welche Argumente und Beispiele führt sie an?*

4 *Wird deutlich, wie sich Vera ein perfektes Dinner vorstellt?*

Kurz nachdem Vera den *Thread* im Forum eröffnet hat, bekommt sie schon eine erste Reaktion:

VORSICHT FEHLER!

Hey Vera ich weiß gar nicht was du hast. Ist doch echt hammer, diese neue Kochsendung!! Da muss ich allen die da mitmachen mal mein großes Kompliment aussprechen. Ich gucke die Sendung so oft ich kann und habe dabei schon viele tolle neue Rezepte kennen gelernt. In einer Sendung hat mal einer was mit Huhn und Honig oder so gemacht. Verrückt! Wär ich nie drauf gekommen. Du etwa Vera?? Das muss man sich mal vorstellen: Huhn und Honig! Das habe ich dann aber nachgekocht, weil die Kandidaten so begeistert waren. Ich muss zugeben, ich fand das auch total lecker. Und überhaupt die Kandidaten. Die sind auch immer super nett. Na ja, wenigstens meistens ; –) Mit ein paar Freunden und Freundinnen wollen wir die Sendung jetzt nachspielen. Das wird bestimmt klasse! Wir müssen dann zwar eine Woche im Fernsehen ausfallen lassen, aber das ist es uns echt wert. Also ich kann nur sagen: Danke für die geile Sendung!! LG, SuKa91

5 *Welche Meinung vertritt Forumsteilnehmer SuKa91?*

6 *Wie unterscheidet sich dieses **Posting** von dem Veras – inhaltlich, sprachlich, der Form nach?*

7 *Wie wirken die beiden Beiträge auf euch? Welchem schließt ihr euch an? Begründet.*

!

Ein **Internetforum** ist ein Computer-Raum (ein „virtueller Ort") zum Meinungsaustausch über bestimmte Themen. Dazu verfassen die Teilnehmer/innen schriftliche Beiträge, so genannte **Postings,** die von anderen Forumsgästen gelesen und beantwortet werden können.
Mehrere Beiträge zum selben Thema werden als **Thread** bezeichnet.
Mit dem Eröffnen eines neuen Threads kann ein neuer Aspekt zur Diskussion gestellt werden.
Internetforen werden von Moderator/inn/en betreut. Sie können in die Diskussion eingreifen und haben das Recht, Beiträge zu löschen, zu überarbeiten oder bestimmte Teilnehmende zu sperren.

8 *Schreibt einen Forumsbeitrag „Das perfekte Dinner – wirklich?":*

- ☐ ***Planen***
  *Welche **Haltung** habt ihr? – Zustimmen, ergänzen, widersprechen ...?*
  *An welche **Adressaten** denkt ihr? – An niemand Bestimmtes, an die Redaktion, an Gleichaltrige, an eine/n bestimmten Teilnehmer/in ...*
- ☐ ***Schreiben***
  Grundsätzlich soll euer „virtuelles Posting" genauso aufgebaut sein wie eine ▷ steigernde Argumentation auf Papier. ▷ S. 39
- ☐ ***Überarbeiten***
  Das könnt ihr mit Hilfe der ▷ Checkliste auf S. 42 erledigen.

WÖRTERLISTE ▷ S. 298

Begründung	zustimmen	Formular	Kontra-Argument
Einwand	widersprechen	Kalorien	Forumsbeitrag
Ergänzung	hinzufügen	Notiz	Thread
perfekt	Moderator	Kompromiss	Posting
entkräften	Diskussionskultur	Pro-Argument	Internetforum

3 Lebensstationen – Beschreiben, erzählen, schildern

1 *Betrachtet die Fotos und beschreibt sie. Welche Lebensstationen und -situationen sind jeweils dargestellt?*

2 *Wählt die Bilder aus, die euch an ähnliche Situationen in eurem Leben erinnern. Erzählt.*

3 *Haltet fest, wie euer bisheriges Leben verlaufen ist.*
Legt dazu einen Zeitstrahl an mit wichtigen Stationen von eurer Geburt bis heute.
Ergänzt ihn um Fotos, (Kopien interessanter) Dokumente, eigene und fremde Erzählungen, Berichte, Interviews, Meinungsäußerungen …

3.1 Bilder vom Ich – Porträts entwerfen

Im Spiegel – Sich selbst und andere beschreiben

1 *Katrin und Luca betrachten sich im Spiegel.*
Überlegt, welche Gedanken ihnen wohl durch den Kopf gehen.

2 *Setzt oder stellt euch vor einen Spiegel.*
a) Verfasst eine Beschreibung nicht nur von eurem Äußeren: Beschreibt auch eure Hobbys, eure Fähigkeiten, Vorlieben, Wünsche und Pläne.
b) Sammelt die (anonymen) Beschreibungen ein und lasst sie vorlesen.
c) Erratet ihr die Beschriebenen? Woran sind sie zu erkennen?

3 *Macht gegenseitig Fotos von euch. Teilt die Fotos aus und verfasst Beschreibungen, die nicht nur die äußeren Merkmale festhalten:*
Ergänzt sie z. B. um besondere Eigenschaften eurer Mitschüler/innen, die euch bekannt sind.

Das bin ich

Ich habe kurzes, gelocktes Haar. Um den Hals trage ich eine Kette mit einem silbernen Anhänger. Die hat mir meine Oma im letzten Jahr geschenkt. An meiner rechten Hand steckt ein goldener Ring – ein Konfirmationsgeschenk meiner Eltern. Meine Augen sind blau. Wenn ich lache, sind zwei Grübchen in meinem Gesicht zu sehen. Ich habe ein blaues Kapuzen-Sweatshirt und eine schwarze Jeans an. Zu meinen dunkelblauen Turnschuhen gehören weiße Schnürsenkel. Ich bin eher ein stiller Typ, mich kann nichts aus der Ruhe bringen. Ich kann gut Klavier spielen und liebe Krimis. Mein größtes Hobby ist Fußballspielen.

4 *Diese Selbstbeschreibung hat ein/eine Vierzehnjährige/r von sich selbst verfasst.*
a) Junge oder Mädchen? – Begründet eure Meinung.
b) Versucht die Person anhand der Beschreibung zu zeichnen.
Vergleicht eure Zeichnungen.

5 *a) Ersetzt die unterstrichenen Adjektive, Nomen und Satzteile durch andere passende Wörter.*
b) Vergleicht eure Ergebnisse.
Diskutiert, wie wichtig genaue Details für Beschreibungen sind.

6 *Ändert die Beschreibungen so, dass eindeutig ein Mädchen/ein Junge dargestellt wird.*

7 *a) Verteilt eure Selbstbeschreibungen (Aufgabe 2) und lasst Zeichnungen dazu anfertigen.*
b) Gebt an, welche Beschreibungen an welchen Stellen genauer werden müssen.
c) Verbessert eure Beschreibungen mit Hilfe der folgenden …

ARBEITSTECHNIK SATZPROBEN

▷ S. 296

- Erweiterungsprobe:

  Ich trage einen Ring ← *kleinen*

  ↑ *goldenen* ↖ *am linken Finger*

- Ersatzprobe:

  Ich habe ein blaues Hemd an.

  ↑ *trage* ↑ *Kapuzen-Sweatshirt*

- Umstellprobe:

  Meine Haare sind blond. Meine Augen sind blau. Meine Gesichtsfarbe ist blass.

  ↓

  Meine Haare sind blond. Blau sind meine Augen, und im Gesicht bin ich meist blass.

Das letzte Beispiel zeigt, dass man die verschiedenen Proben kombinieren kann, um seinen Text zu verbessern.

Hinter dem Spiegel – Sich und andere charakterisieren

DAS FINDE ICH GUT AN MIR	DAS IST VERBESSERUNGSFÄHIG
- *Ich glaube, ich bin zuverlässig. Man kann sich auf mein Wort verlassen.*	- *Ich bin jähzornig. Ich werde in manchen Situationen zu schnell wütend.*
- *Ich meine, dass ich ehrlich bin.*	- *Ich kann nicht gut …*
- *Ich bin hilfsbereit, wenn andere …*	- *Du darfst andere nicht immer so schnell unterbrechen, wenn sie …*
- *Mir gefällt an dir, dass du …*	

Zu dir gehört nicht nur das, was du im Spiegel siehst: dein äußeres Erscheinungsbild, sondern auch deine Hobbys, Vorlieben und Charaktereigenschaften. Jeder Mensch hat Stärken und Schwächen!

1 *a) Tragt auf einem großen Bogen Papier eure guten und eure weniger guten Eigenschaften zusammen.*
b) Bittet eure/n Klassenkameraden um Ergänzungen aus seiner/ihrer Sicht.

2 *a) Verfasst mit Hilfe der verschiedenen äußeren und inneren Informationen über euch ein ausführliches Selbstporträt.*
b) Besprecht und überarbeitet euer Selbstporträt.

ARBEITSTECHNIK (SELBST-)PORTRÄT

Beobachtet die zu beschreibende Person genau:
- ☐ Wie ist ihr äußeres Erscheinungsbild?
- ☐ Welche Eigenschaften (äußere, innere) zeichnen sie aus?
- ☐ Wie verhält und bewegt sie sich?
- ☐ Welche besonderen Kennzeichen und Fähigkeiten hat sie?

Sprachliche Gestaltung
- ☐ Verwendet beschreibende Adjektive,
- ☐ treffende Nomen und Fachbegriffe,
- ☐ unterschiedliche Verben.
- ☐ Die Zeitform der Beschreibung ist das Präsens.

Aufbau
- ☐ Benennt in der **Einleitung,** welche Person ihr beschreibt, und macht, soweit bekannt, Angaben zu den Personalien (Name, Alter, Wohnort, Beruf …).
- ☐ Im **Hauptteil** geht ihr nach einer Beschreibung der wichtigsten äußeren Merkmale auf die Eigenschaften, Fähigkeiten, besonderen Kennzeichen und das Verhalten der Person ein.
- ☐ Am **Schluss** könnt ihr eure persönliche Beziehung zu der Person beschreiben, ihre Bedeutung hervorheben oder beim Selbstporträt auf eure Zukunft eingehen.

3 *Schreibt von einer Person, die ihr besonders mögt, ein ausführliches Porträt.*

In 15 Jahren – Lebensentwürfe gestalten

1 *Zeichnet euren Fuß- oder Handumriss auf Papier. Notiert darin Ziele, die ihr in 15 Jahren erreichen wollt.*

Ich bin in 15 Jahren eine berühmte Pianistin, die viel in der Welt herumreist und Konzerte gibt. Ich habe lange Musik studiert. Ich liebe Musik über alles! Meine beiden Kinder, die 3 und 5 Jahre alt sind, werden deshalb von einem Kindermädchen betreut. Wir wohnen in einem Haus am Stadtrand in der Nähe eines Waldes. Wir haben einen Hund und zwei Katzen. Mein Mann arbeitet halbtags als Programmierer. Er kümmert sich nachmittags um unsere Kinder und ist Hausmann. Er akzeptiert meinen Beruf. Ich entspanne mich abends im Fitnessstudio. Die Ferien verbringen wir meist in unserer Ferienwohnung auf einer Nordseeinsel. Manchmal gebe ich dort auch Konzerte.

In 15 Jahren werde ich glücklich mit La Fee verheiratet sein. Wir haben zwei Kinder: Dave, zwei Jahre, und Lisa, fünf Jahre. Wir werden in Madrid leben, ich spiele bei Real und bin der bestbezahlte Fußballer der Welt. Meine Werbeeinnahmen gehen in die Millionen. Zweimal im Monat werde ich mit La Fee zu ihren Eltern fliegen. Ich wurde gerade zum besten Fußballspieler der Welt gewählt. Jedes Wochenende unternehmen wir etwas. La Fee ist eine sehr attraktive Frau. Bevor ich sie kennen lernte, war es viel ruhiger in meinem Leben. Ich gewann zwar einen Modelwettbewerb nach dem anderen, wurde schönster Mann der Welt usw., aber mit 22 begann ich, bei Bayern München Fußball zu spielen. Später wechselte ich zu Real und lernte La Fee kennen. Das ist die eine Möglichkeit. Aber vielleicht werde ich auch ganz normal bleiben, wie viele andere einen ganz normalen Beruf haben, also Kfz-Mechaniker, Elektriker oder Bäcker. Einen anderen Beruf außer Fußballspieler wüsste ich jetzt allerdings nicht. Ich habe keinen Berufswunsch, der realistisch ist.

2 *Vergleicht die beiden Zukunft-Porträts:*
- ☐ *Gemeinsamkeiten – Unterschiede? Was ist typisch männlich – typisch weiblich?*
- ☐ *Wie gefällt euch die Sprache: Wortwahl, Satzbau, Wiederholungen …? Welches ▷ Tempus wird verwendet?* ▷ S. 277
- ☐ *Kann man die Reihenfolge der Ereignisse nachvollziehen?*
- ☐ *Vermisst ihr etwas?*

3 *Schreibt von euch ein Zukunft-Porträt in 15 Jahren. Verwendet auch das Futur.*

Ich kann fliegen! – Beschreiben und schildern

1 *Der Sänger hatte schulterlanges, schwarz gefärbtes Haar. Seine braunen Augen waren so stark geschminkt, dass er wie ein Mädchen aussah. Wenn er sang, konnte man sein Zungenpiercing deutlich erkennen. Um den Hals trug er eine goldene Kette. Seine Kleidung war hauptsächlich schwarz. Die schwarze Lederhose war an den Seiten geschnürt. Seine Füße steckten in schwarzen Springerstiefeln.*

2 Das Konzert war einfach super! Ich bin jetzt noch ganz begeistert von der Stimmung. Schon als die Jungs die Bühne betraten, bekam ich weiche Knie. Die Jungs sahen atemberaubend aus. Alle jubelten. Dann ertönte der erste Ton. Ich wurde gleich mitgerissen von der Musik. Die Musik war rockig und fetzig. Alle nahmen die Arme hoch, klatschten und sangen mit. Glücklich sang ich auch mit. Die Texte konnte ich alle mitsingen.
Die vielen silbernen Lampen auf der Bühne erzeugten ein tolles Lichterspiel, das die Musiker immer wieder in andere Farben tauchte. Durch die Nebelmaschine wurden weitere Lichteffekte erzeugt.
Die Stimmung war einfach überwältigend. Mich durchfuhr ein tolles Glücksgefühl. Ich fühlte mich frei und sorglos. Ich genoss den Abend in vollen Zügen. Ich werde an dieses Konzert noch lange denken!

3 Neulich habe ich S. auf ein Rockkonzert begleitet. Hätte ich mich bloß nicht dazu überreden lassen! Schon als die viel zu dunkel gekleideten Musiker die Bühne betraten, fing das Gekreische an, dass es einem durch Mark und Bein ging.
Das Outfit der Musiker wirkte gleich abstoßend auf mich. Bereits das erste Stück war mir viel zu laut. Der Sänger sang nicht, er schrie. Es klang in meinen Ohren wie eine laute Kreissäge. Ich bekam sofort schlechte Laune und wäre am liebsten sofort gegangen. Die Lampen auf der Bühne machten durch ihr wildes Geflacker ein aggressives, grelles Licht. Es machte mich nervös. Die Musik war hektisch und viel zu rockig. Ich musste mir fast den ganzen Abend die Ohren zuhalten. Ich kam nach Hause und hatte ich das Gefühl, als hätte ich die grässliche Musik immer noch in den Ohren. Ich war sehr wütend.
Ich ärgere mich sehr, für diese Konzertkarte Geld ausgegeben zu haben.

1 *Ein Konzert – drei Kommentare!*
Untersucht, worin sich die Texte unterscheiden:
- *in der persönlichen Haltung/der inneren Einstellung der drei Konzertbesucher/innen;*
- *inhaltlich: Worüber schreiben sie?*

2 *Untersucht die Sprache der drei Texte.*
a) Tragt auffällige Wörter, Wendungen, Vergleiche, Bilder in eine 3-teilige Tabelle ein.
b) Gibt es Formulierungen, die euch nicht gefallen?
Nennt und verbessert sie.

!

Beschreiben und schildern
Anders als in einer **Beschreibung,** die neutral, genau und sachlich informieren soll, kommt es bei einer **Schilderung** darauf an, eine Situation oder ein Geschehen
- aus persönlicher Sicht,
- mit eigenen Worten, passenden Vergleichen und Bildern so darzustellen, dass Gefühl und Fantasie der Lesenden angeregt werden.

3 *Bei welchem der drei Konzerttexte handelt es sich um eine Beschreibung, bei welchem um eine Schilderung?*
Belegt eure Meinung mit Textbeispielen.

Wenn ich gestresst bin, greife ich am liebsten zu meiner geliebten E-Gitarre. Sobald sich meine Finger flink über die harten Saiten bewegen …

Stehe ich auf dem Surfbrett und der Wind weht durch meine Haare, dann vergesse ich alles um mich herum! Meine Probleme zählen nicht mehr. Ich sause durch die schäumende Brandung, höre das Rauschen der Wellen, atme und rieche die herrliche, salzige Luft und spüre die wohlige Wärme in meinem Anzug. Ich kann fliegen! …

4 *Vergegenwärtigt euch eine Situation, in der ihr euch besonders wohl gefühlt habt.*
a) Legt ein ▷ Cluster dazu an: ▷ S. 294
- *Schreibt die Situation als Stichwort in die Mitte eines Papierbogens.*
- *Notiert rundum alle Wörter, Gefühle, Stimmungen, Vergleiche, Gerüche, Geräusche …, die euch dazu einfallen.*
- *Welche Notizen passen zueinander? Verbindet sie untereinander oder schreibt sie geordnet heraus.*

b) Schildert die Situation aus eurer persönlichen Sicht:
- *Achtet auf eine sinnvolle Reihenfolge.*
- *Schreibt abwechslungsreich in Wortwahl und Satzbau.*
- *Verwendet Vergleiche und Bilder, Fragen, Ausrufe, wörtliche Rede.*
- *Verbessert mit verschiedenen ▷ Satzproben eure Formulierungen.* ▷ S. 296

3.2 Wie eine Lichtung aus einem Traum – Literarische Schilderungen

*Es ist, als seien alle um **Steppo** herum nur mit sich selbst beschäftigt: Da ist **Dick**, der unbedingt in einer Band mitspielen will, aber keine Gitarre hat und sowieso die falschen Klamotten trägt. Da ist der Draufgänger **Hakan**, der jeden Blödsinn macht, um seinem großen Bruder zu imponieren. Und da ist die schöne **Tahsin**, in die Steppo verliebt ist, die aber selbst mehr auf Ältere steht. Bliebe fast nur **Eva**, die „Amöbe“, aber die zählt nicht. Wenn er sich mit ihr einlässt, ist er für die andern erledigt. Stress!*

„Warum scheint der Mensch die Religion zu brauchen? Eva, du weißt bestimmt eine gute Antwort.“

Alle drehten sich um und starrten Eva an. Sie errötete und sah auf ihren Tisch. Eva war die Einzige, die ganz hinten links alleine saß. Diesen Platz wählte sie in jedem Unterrichtsraum. Alle andern saßen zu zweit. Manche auch zu dritt. Aber Eva saß alleine und das seit vier Jahren. Sie war hässlich und überhaupt das Letzte. Einmal, in der zweiten Klasse, hatte sie während des Unterrichts in die Hose gemacht. [...] Die Klasse sorgte dafür, dass die Piss-Amöbe an ihrem Platz blieb. Dort

wurde sie gebraucht, irgendjemand musste den untersten Rang einnehmen. Das war genauso selbstverständlich wie dass Åsa den obersten innehatte.

Die Pausen verbrachte Eva in der Bibliothek.

1 *Notiert in Stichpunkten, was ihr in diesem kurzen Romanauszug über Eva und ihre Rolle in der Klasse erfahrt:*
- ☐ *Was hält die Lehrkraft von ihr?*
- ☐ *Wie denken ihre Klassenkamerad/inn/en über sie?*

2 *Versetzt euch in Eva, „ganz hinten links alleine“ (Z. 6), und schreibt auf, was ihr durch den Kopf geht, wenn sie an sich und die Klasse denkt.*

In der letzten Unterrichtsstunde des Tages hatten sie Mathematik. Der blonde, blauäugige Vertretungslehrer half Åsa. Dick streckte und wedelte vergeblich um Hilfe. Er wurde stinkwütend auf den Mathelehrer.

Und eifersüchtig.

Steppo legte den Kopf auf die Arme und sah zu Eva hinüber. Sie war schon immer hässlich gewesen, seit der Ersten, dicklich, plump und hässlich. Doch während er sie ansah, machte er eine unglaubliche Entdeckung. Sie war gar nicht hässlich. Ihre Brille war hässlich. Ihr

strähniges braunes Haar war unmöglich geschnitten und ihre altmodische Kleidung schien selbstgenäht zu sein. Aber hässlich war Eva nicht.
Steppo schaute sich in der Klasse um. Garantiert war er der Einzige, der diese Entdeckung gemacht hatte. Er sah Eva noch einmal an. Und dann Åsa, Helen, Tahsin und die anderen Mädchen. Eva sah gut aus. Wie war das passiert? Und wann?
Eva merkte, dass er sie beobachtete. Steppo drehte rasch den Kopf und legte die Stirn auf die Bank. Dick kam, nahm sich einen Stuhl und setzte sich neben ihn. Er warf das Mathebuch auf den Tisch und zeigte auf seine Aufgabe.
„Hilfe."
Zuerst wollte Steppo von seiner Entdeckung berichten. Den anderen sagen, dass Eva vielleicht das hübscheste Mädchen der Klasse sei. Man brauche bloß genau und mit ein bisschen Fantasie hinzuschauen. Aber eine solche Behauptung würde ihn komplett lächerlich machen. Er konnte sich nur zu gut vorstellen, wie sie ihn von da an für den Rest des Schuljahres nennen würden, womöglich für den Rest seines Lebens. Aus diesem Abgrund würde er nie wieder herauskommen.
Er schwieg.

3 *„Eva sah gut aus. Wie war das passiert? Und wann?" (Z. 40 f.)*
Beantwortet diese Fragen mit Hilfe des Textes.

4 *„Sie war hässlich ..." (Z. 10) – „Sie war gar nicht hässlich." (Z. 30 f.)*
Welche Aussage trifft zu? Begründet eure Auffassung.

5 a) *„... dass Eva vielleicht das hübscheste Mädchen ... **sei.** Man **brauche** bloß ..." (Z. 50 ff.).*
Welche ▷ Verbformen werden hier verwendet? Erklärt, warum. ▷ S. 278
b) *„... eine solche Behauptung **würde** ihn komplett lächerlich machen ... **würde** er nie wieder herauskommen." (Z. 53 ff.)*
Um welche ▷ Verbformen handelt es sich hier? Warum werden sie verwendet? ▷ S. 278

„Kommst du mit?", fragte sie und sah Steppo in die Augen.
Er wusste nicht, was er antworten sollte. Mit Eva irgendwohin gehen? Konnte er das? Wie würden ... was würden die andern sagen? Er sah sie an. Ihre Brille saß schief. Freundliche braune Augen hinter den Gläsern. Und da war noch etwas – eine erstaunliche Wärme. Einen solchen Blick hatte er noch nie von einem Mädchen bekommen.
„Ich geh allein", sagte sie.
„Nein, warte", sagte Steppo.
„Habt ihr denn keinen Unterricht?", fragte der Biologielehrer.

Sie führte ihn zum Schlosspark von Stora Frösunda. Das Schloss lag verlassen inmitten des zugewucherten Parks. Riesige Eichen bildeten einen Kreis um einen kleinen Teich. Auf dem tiefschwarzen Wasser segelte Herbstlaub. Ein vergessener Ort, abseits und leer. Keine Straßen, keine Hochhäuser. Wie eine Lichtung aus einem Traum mitten im Vorort. Nur das schwache Rauschen des Verkehrs von der Schnellstraße. Zwei Eichhörnchen jagten einen Baumstamm hinauf. Ein Specht trommelte. Neben dem Teich stand eine Bank aus groben Steinblöcken. Sie setzten sich.
„Du hast Angst", sagte Eva.
„Nein."
Sie schwiegen und blickten auf das schwarze Wasser des Teichs. Die Eichhörnchen flitzten schnalzend um die Baumstämme. Der Wind strich durch die Eichen. Laub schwebte aufs Wasser hinab.
„Du hast dich getraut mitzukommen."

Steppo sagte nichts.
„Ist doch schön hier, oder? Ich sitze oft hier und mache meine Hausaufgaben. Natürlich nicht, wenn es zu kalt ist. Ich sage meiner Mutter immer, ich würde bei irgendeiner Freundin aus der Klasse Hausaufgaben machen und was mit ihr unternehmen. Aber in Wirklichkeit sitze ich hier. Wenn sie das wüsste, wäre sie traurig. Aber ich hab diesen Platz gern und dich hab ich auch gern.“

Überrascht und erstaunt sah Steppo sie an.
„Warum das denn?“
Sie lächelte und sagte: „Komm, wir legen den Vogel hier ins Laub, dann laufen wir zurück und sind rechtzeitig wieder in der Schule.“

Als sie sich der Schule näherten, war Pause und der Hof voller Schüler. Steppo blieb stehen.
„Ist okay“, sagte Eva. „Ich verstehe. Geh schon mal voraus, dann komm ich später aus einer anderen Richtung. Aber ich bin froh, dass ich es dir zeigen durfte. Ist doch schön, oder?“
„Ja.“
„Wir könnten uns doch treffen, wenn niemand es sieht?“
„Ich weiß nicht“, sagte Steppo.
„Geh jetzt.“
Steppo nickte und sah auf den Asphalt. Er begab sich zum Schulhof und fühlte sich dabei abscheulich feige. Eva war in Ordnung. Vielleicht war Eva die Einzige, die in Ordnung war. [...]
Steppo überquerte rasch den Hof und trat ins Schulgebäude. Etwas war in ihm aufgeleuchtet, etwas leicht Flackerndes. Er fühlte ein kleines, glückliches Licht in der Brust und nahm die Treppe nach oben mit ein paar wenigen Sätzen.

6 *a) Lest diesen Abschnitt ausdrucksvoll mit verteilten Rollen.*
b) Was stellt ihr dabei über die Rolle der beiden fest (aktiv – passiv)?

7 *Lest noch einmal die beiden Abschnitte Z. 75–87 und Z. 90–94.*
Benennt, was das Besondere an diesen ▷ schildernden Sätzen ist. ▷ S. 53
Achtet auf
- ☐ *Adjektive und Verben,*
- ☐ *Satzbau und Satzlänge,*
- ☐ *Vergleiche, sprachliche Bilder (Metaphern).*

8 *Versetzt euch in die Rolle von*
- ☐ *Eva,*
- ☐ *Steppo*

und stellt dar, wie sie das Zusammensein im Park und den Rückweg zur Schule erlebt haben.

Die Schlange vor der Essensausgabe war lang, unruhig und laut. Ein paar aus Steppos Klasse drängelten sich weiter vorn an den andern vorbei. Plötzlich stand Eva vor ihm. Dick und Dembo drängelten von hinten.
„Los, geh an ihr vorbei!"
„Warum eigentlich?", fragte Steppo.
„Blickst du's nicht ganz, oder was? Weil wir das schon immer so machen."
Eva trat auf die Seite, um Steppo und die andern vorbeizulassen. Aber Steppo schob sie wieder vor sich in die Reihe zurück.
„Mensch, was soll das?", sagte Dick.
„Sie steht jetzt vor mir, okay."
„Dann ist es also wahr", sagte Dick.
„Was?"
„Das ganze Gerede über dich und die Piss-Amöbe."
Steppo starrte Dick an. Er sah einen rothaarigen Blödian in einer Kunstlederjacke. Dick, sein Freund seit frühester Kindheit. Sein Freund, mit dem er viel Spaß gehabt hatte. Sein Freund, dem er die Nase hätte einschlagen können.
„Nichts ist wahr, und was soll das überhaupt für ein beschissenes Gerede sein!"
„Na, rate mal."

Steppo musste alleine sitzen. Dick setzte sich zu Jocke. Dembo saß bei den kurdischen Vettern. Steppo sah sich verwirrt und erstaunt um. Er hatte eine Grenze überschritten. Die Bissen quollen in seinem Mund. Auf dem Teller ringelten sich die zerkochten Spaghetti wie dicke, weiche Würmer.
Hatte er soeben den größten Fehler seines Lebens begangen?

9 *a) Spielt diese Romanszene im Rollenspiel.*
b) Besprecht eure Rollenspiele. Spielt die Szene erneut.

10 *a) Lest noch einmal Z. 152–157.*
b) Vergleicht mit Z. 26–35 auf S. 54f.: Was stellt ihr dabei fest?

11 *„Hatte er soeben den größten Fehler seines Lebens begangen?" (Z. 168f.)*
Antwortet auf Steppos Frage.

12 *„Die Bissen quollen … wie dicke, weiche Würmer." (Z. 164ff.)*
Wie wirken diese Sätze auf euch? Tauscht euch darüber aus.

13 *Habt ihr selbst schon eine Situation erlebt, in der ihr euch nicht getraut habt, eure wahre Meinung zu sagen?*
Erzählt das Erlebnis möglichst anschaulich, mitsamt Gedanken und Gefühlen.

Mit 16 kehrt das Waisenmädchen ***Winter*** *in ihr Elternhaus zurück. Endlich will sie ein neues, selbstbestimmtes Leben beginnen. Doch ein dunkles Geheimnis liegt über der verlassenen Farm ...*

Zum Glück war es ein schöner Morgen, als ich die Augen aufschlug, denn sonst wäre ich angesichts der kahlen Wände und verstaubten Fußböden wahrscheinlich ziemlich mutlos geworden. So aber strich ich mir die Haare aus dem Gesicht und ging ins Bad, um zu sehen, ob es heißes Wasser gab. Die Mühe hätte ich mir sparen können. Es war eiskalt.
Die Uhr zeigte kurz vor sieben. Ich schlüpfte in eine alte Militärhose und zog ein Sweatshirt an, das wir letztes Jahr für die Schulschlussfeier im Internat bedruckt hatten. Dann verließ ich das Haus durch die Vordertür, stieg den Hang hinab und überquerte die Einfahrt, auf der ich gestern Abend mit Ralph gekommen war. Der alte Brunnen war zwar noch da, aber ich erinnerte mich auch an die Statue einer Frau mit einem Regenschirm. Sie war verschwunden, hatte vielleicht ihren Regenschirm abgespannt und sich heimlich eine neue Bleibe gesucht, wo es ein Kind gab, das zu ihren Füßen im Wasser planschte und zwischen ihren Beinen nach Kaulquappen suchte.
An den Ufern des Bachs wuchsen grüne, gefiederte Farnblätter, die aber fast vollständig unter den überall wuchernden Brombeeren verschwanden. Die Brombeeren waren so dicht und allgegenwärtig, dass ich nicht einmal in die Nähe des vor sich hin plätschernden, murmelnden, gurgelnden und schäumenden Wassers kam. Dann entdeckte ich auf der anderen Seite einen Pfad. Er war zwar auch verwildert, aber ich suchte mir einen Weg an den zu Boden gegangenen Baumstämmen und den hohen Grasbüscheln vorbei.
Die ganze Zeit spielte mir der leise trällernde Bach seine Musik vor. Das, so spürte ich immer stärker, war mein eigentlicher Willkommensgruß. Der Bach flüsterte mir zu: „Schön, dass du wieder da bist, Winter. Wir haben dich vermisst. Du gehörst hierher."
Nach vielleicht einem Kilometer schien sich der Fußpfad allmählich zu verlieren. Ein Abschnitt war fortgeschwemmt und dann verschwand er ganz im dichten Gestrüpp der Brombeerstauden. Nur wenige Meter zu meiner Linken befand sich jedoch ein Güterweg, eine schmale Piste, die dem Bach folgte. Also ging ich dort weiter und verscheuchte den Gedanken, dass ich mich langsam auf den Rückweg machen sollte.

1 *Die 16-jährige Ich-Erzählerin heißt „Winter". Welche Empfindungen und Gedanken über die Namensträgerin löst das bei euch aus?*

2 *a) Sucht Textstellen, die deutlich machen, wie Winter ihre Heimkehr erlebt und welche Beziehung sie zu ihrer Heimat hat.*
b) Fühlt sie sich wohl – unwohl?

3 *Belegt am Text, dass Winter ihre Umgebung nicht nur nüchtern ▷ beschreibt, sondern anschaulich ▷ schildert.* ▷ S. 53

4 *Welche Lieblingsplätze habt ihr?*
- ☐ *Klebt ein Foto davon auf ein Blatt Papier und schildert so anschaulich wie möglich eure Beobachtungen und Empfindungen, die Geräusche und Gerüche …*
- ☐ *Schreibt eine Erzählung, die an eurem Lieblingsplatz spielen könnte.*
- ☐ *Ihr könnt mit dem Fach Musik zusammenarbeiten und eure Texte musikalisch „untermalen“.*

! Durch das anschauliche ▷ **Schildern** des Handlungsortes, der Gefühle und Einstellungen der Hauptfiguren werden eine Erzählung, ein Roman lebendig. Auf diese Weise können sich die Lesenden gut in die Figuren hineinversetzen und der Handlung folgen. ▷ S. 53

Der Morgen war einfach zu schön. Nach einer Weile fiel mir ein Lied ein, das ich erst vor Kurzem von meiner Gesangslehrerin Mrs Scanelli gelernt hatte, und ich fing an zu singen:

Ich wandere allein und einsam,
Den Blick nach vorne gewandt,
Den Weg kenn ich nicht, doch ich fürchte
Nur das, was hinter mir liegt.
Ich weiß, an der nächsten Biegung
Meines Lebens, irgendwo ganz nah,
Find ich meine Zukunft im Dunkeln,
Wenn nur mein Licht hell genug strahlt.

5 *Beschreibt, was dieses Lied über Winters Einstellung zum Leben ausdrückt. Findet ihr, dass es zu ihrem Namen passt?*

6 *a) Versucht eine Melodie für das Lied zu finden, die zu seiner Stimmung passt.*
b) Fertigt eine eigene Zeichnung zu Winters Lied an.

Ich blieb ein paar Minuten stehen und sah mir die Aussicht an. Mag sein, dass das merkwürdig war, denn ich stand ja im Begriff, zum ersten Mal seit zwölf Jahren meinen Eltern nahe zu sein, aber ich war einfach zu nervös und auf einmal gar nicht mehr sicher, ob ich wirklich so viel Mut hatte, wie ich dachte. [...]

Dann geschah jedoch etwas Seltsames. Als ich mich umdrehte, um nach den Gräbern zu suchen, wusste ich instinktiv, wo sie sich befanden. Ich wandte mich nach rechts, hielt mich ungefähr in einem 45-Grad-Winkel zum Aussichtspunkt und stapfte durch Gebüsch und Gras und dichtes Unterholz einen kleinen Hang hinauf. Auf einer schmalen Lichtung am höchsten Punkt fand ich sie.

Meine Eltern lagen unter einem riesigen Schwarzholz-Eukalyptus, dessen dunkler Stamm wie eine Trauersäule aussah. Die Gräber selbst waren von Unkraut überwuchert und mit Rinde und Reisig bedeckt. Es hätte mir nichts ausgemacht, wenn sie von einheimischen Pflanzen und kleinen Wildblumen bewachsen gewesen wären, aber dieses Zeug war reinstes Unkraut, voller Dornen und potthässlich. Jedes der beiden Gräber hatte einen eigenen Grabstein. Ich strich die hohen Halme vor dem linken zur Seite und las die verwitterte Inschrift:

IN LIEBENDEM GEDENKEN AN
PHILIP EDWARD DE SALIS
GEBOREN AM 15. MAI 1945
GESTORBEN DURCH ERTRINKEN
AM 27. DEZEMBER 1988
DER HERR GIBT UND DER HERR NIMMT

Zum ersten Mal erfuhr ich ihren Todestag. Das war einer der Gründe gewesen, warum ich nach Warriewood zurückgekehrt war.

Ich legte den zweiten Grabstein frei und las:

IN EWIGER ERINNERUNG AN
PHYLLIS ANTONIA ROSEMARY DE SALIS
GEBOREN AM 12. NOVEMBER 1945
GESTORBEN AM 9. JULI 1989

[...] Ich hockte mich auf meine Fersen. Ich spürte einen Schock in der Wirbelsäule, der meinen Rücken hinaufwanderte und meine Haare im Nacken zu Berge stehen ließ. Sie waren nicht am selben Tag gestorben.

Nicht am selben Tag. Unter meiner Haut kribbelte es, als stünde ich innerlich unter Strom. Das stimmte doch gar nicht. Ich hatte das ganz anders verstanden. Irgendwann musste ich alles schrecklich durcheinandergebracht haben.

Ich stand auf, setzte mich mit dem Rücken an den Baum und starrte auf die Inschrift. Nicht am selben Tag. Meine Mutter hatte nach dem Tod meines Vaters noch über ein halbes Jahr gelebt. Dann war sie auch gestorben. Aber wie? Bei einem Unfall? Davon war keine Rede. Nur eines war sicher: Ertrunken war sie nicht. Sonst hätten sie das auch auf ihren Grabstein geschrieben, passend zum anderen.

Wenn sie nicht ertrunken war, dann stimmte die Geschichte in meinem Kopf nicht, dann war alles, womit ich all die Jahre gelebt hatte, falsch. Dann war die Geschichte meines Lebens falsch. Dann hatte ich mein Leben auf einer Geschichte aufgebaut, die eine Lüge war. [...]

Ich zitterte am ganzen Körper.

7 *Winter erlebt etwas, womit sie nicht gerechnet hat. Was schockiert sie?*

8 *Schreibt die Wörter und Textstellen heraus, in denen Winter ihre Gedanken und Gefühle anschaulich schildert.*

9 *Erinnert ihr euch an ein Erlebnis, eine Situation, die euch tief beeindruckt hat?*
a) Versucht sie möglichst anschaulich zu schildern.
b) Überarbeitet eure Schilderung; am besten in einer ▷ Schreibkonferenz. ▷ S. 297

3.3 Das Betriebspraktikum – Eine wichtige Lebensstation

Euer Betriebspraktikum müsst ihr zwar erst im nächsten Schuljahr absolvieren. Damit ihr aber gut darauf vorbereitet seid, wollen wir uns schon heute damit beschäftigen.

„Betriebspraktikum absolvieren" – Was heißt das denn? Was ist überhaupt ein Betriebspraktikum? Und wozu soll das gut sein?

1 *Tauscht euch in der Klasse darüber aus, was am Betriebspraktikum wichtig ist und wie man sich darauf vorbereiten kann:*
- ☐ *Dauer, Zeitpunkt?*
- ☐ *Zweck?*
- ☐ *...*

2 *Macht euch Gedanken darüber, in welchem Arbeitsbereich ihr am liebsten ein Praktikum durchführen möchtet.*
a) Befragt Klassenkamerad/inn/en, die bereits Praktikumspläne haben.
b) Füllt folgende Tabelle aus:

Was kann ich besonders gut? Womit beschäftige ich mich gern?	Was mache ich ungern? Wobei langweile ich mich?	Passende Berufe	Passende Praktikumsbetriebe i. d. Umgebung
...	...	...	...

c) Lest Spalte 1 und 2 vor und fragt in der Klasse, welche(r) Beruf(e) dazu passen könnte(n).

Was macht man als Forstwirt/in? – Erste Berufsinformationen

Bevor ihr euch bei einem bestimmten Betrieb um einen Praktikumsplatz bewerbt: Informiert euch so gut wie möglich über den Beruf! So werdet ihr am sichersten vor Enttäuschungen bewahrt.
Natalie engagiert sich für Natur- und Umweltschutz, ist körperlich fit und gern im Freien. Im Internet ist sie bei www.alleBerufe.de auf diese Seite gestoßen:

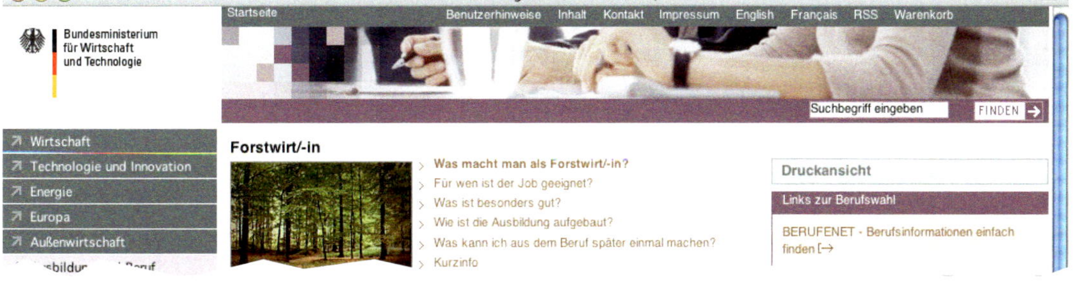

- → Ausbildung und Beruf
  - › Ausbildungspakt
  - › Ausbildungsberufe
    - › Ausbildungsordnungen
  - › Integration durch Ausbildung
  - › Weiterbildung
  - › Gleichstellung ausländischer Prüfungszeugnisse
  - › Bewerbungstipps
- ↗ Mittelstand
- ↗ Ministerium
- ↗ Presse
- ↗ Service

Ausbildungsordnungen

Recherche in den PDF-Dokumenten

Suchbegriff eingeben

FINDEN

Pressemitteilungen

Suchbegriff eingeben

Kategorie:
Ausbildung und Beruf

FINDEN

© Photocase

› Kurzinfo

Was machen Forstwirte?

Der Wald erfüllt für Mensch und Umwelt wichtige Aufgaben: Bäume binden z. B. das Treibhausgas Kohlendioxid und leisten daher einen wichtigen Beitrag für den Klimaschutz. Darüber hinaus filtern Wälder Schadstoffe und sorgen damit für saubere Luft. Vielen gestressten Stadtmenschen bietet er Erholung. Vor allem aber bieten Wälder vielen Tieren und Pflanzen einen wichtigen Lebensraum. Für die Forstwirtschaft spielt die Holznutzung eine besonders wichtige Rolle: Der nachwachsende Rohstoff Holz sichert Arbeitsplätze in der Forst- und Holzwirtschaft. Forstwirte sorgen dafür, dass der Wald all diese verschiedenen Aufgaben bewältigen kann. Sie pflegen und erhalten ihn und legen z. B. neue Waldbestände an, kümmern sich um erkrankte Pflanzen und Tiere, ernten Holz und vermarkten es. Forstwirte sind Spezialisten in Sachen Naturschutz. Sie wissen aber, dass sie wirtschaftliche Interessen und Naturschutz gleichermaßen berücksichtigen müssen.

Forstwirte ...

- planen und bereiten Arbeitsgänge vor und kontrollieren den Arbeitsablauf
- beobachten natürliche Vorgänge, wie z. B. Wetter-, Pflanzen- Bodenänderungen
- erledigen betriebs- und marktwirtschaftliche Aufgaben und holen z. B. Preisangebote ein, vergleichen und bewerten sie, wirken bei der Vermarktung forstlicher Produkte mit
- bereiten Kulturflächen vor, pflanzen Bäume und Sträucher, schützen und pflegen Waldbestände
- erhalten, schützen und entwickeln natürliche Lebensräume
- legen Schutzeinrichtungen an und pflegen sie
- ernten Holz, bereiten Forsterzeugnisse auf und sortieren, messen und lagern z. B. Holz
- warten Maschinen und Geräte und setzen sie Instand
- be- und verarbeiten Holz und andere Werkstoffe mit Werkzeugen und Maschinen

Forstwirte arbeiten für ...

- private und kommunale Forstbetriebe
- Landesforstbehörden

Dort werden sie in der Regel auch ausgebildet.

KURSNET - Datenbank für Aus- und Weiterbildung der Bundesagentur für Arbeit [→

BIBB Berufsinformationen - Suche nach Berufen [→

Weiterführende Informationen

Deutscher Forstwirtschaftsrat [→

Deutscher Forstverein e.V. [→

Fachverband Forst e.V. [→

Deutscher Forstunternehmer-Verband [→

Fertig

1 *Schaut euch die Seite genau an:*
- ☐ *Erfährt Natalie alles Wichtige über den Beruf „Forstwirt/in"?*
- ☐ *Abgesehen von den Angaben zu „Forstwirt/in": Welche Informationen und Hinweise stehen sonst noch auf dieser Internetseite?*
- ☐ *Untersucht ihren Aufbau.*
- ☐ *Worin unterscheidet sich eine Internetseite von einer Buchseite?*

! Die Texte auf Internetseiten sind **Hypertexte** (sprich „heiper"), die per Mausklick auf markierte Wörter, sog. „(Hyper-)Links", mit anderen Texten in Verbindung stehen. Auf diese Weise „navigiert" oder „surft" man im Internet von Dokument zu Dokument.

2 *Tragt möglichst viele Informationen aus dem ▷ Internet über einen interessanten Beruf zusammen. Stellt ihn in einem ▷ Kurzvortrag vor.* ▷ S. 301 ▷ S. 23

TIPP

Interessante Berufe-Adressen im Internet sind neben www.alleBerufe.de und www.arbeitsagentur.de etwa www.aubi-plus.de/berufsbilder, www.allesklar.de/berufsbilder, www.berufe-lexikon.de, www.ausbildungsplus.de, www.bildungsserver.de und www.jaau.de

Natürlich könnt ihr euch auch persönlich/per Brief/per E-Mail bei eurer örtlichen „Arbeitsagentur" nach Berufsinformationen erkundigen.

Rund um den Praktikumsplatz

An vielen Schulen ist es üblich, dass die 9. Klassen ihre Erfahrungen mit dem Betriebspraktikum auf einer Informationsveranstaltung weitergeben.

1 *Besucht diese Veranstaltung. Notiert in eurem Heft (stichpunktartig) alle wichtigen Informationen rund ums Betriebspraktikum:*
- ☐ *Adressen/Telefon/E-Mail von Praktikumsbetrieben*
- ☐ *Einzelheiten über interessante Berufe*
- ☐ *...*

2 *a) Erarbeitet einen Fragebogen mit den euch interessierenden Fragen zum Betriebspraktikum:*

> 1. Was hast du alles unternommen, um deinen Praktikumsplatz zu finden?
> 2. Welche guten/schlechten Erfahrungen hast du gemacht?
> 3. ...

b) Legt den Fragebogen den 9.-Klässler/inne/n vor.

> **TIPP**
> An jeder Schule gibt es eine/n **Praktikumslehrer/in,** an die ihr euch mit allen Fragen rund ums Betriebspraktikum wenden könnt.

Praktikumsplatz-Bewerbungen

Wenn ihr euch einen oder sicherheitshalber mehrere Betriebe ausgesucht habt, in denen ihr gern das Praktikum absolvieren würdet, dann müsst ihr euch anschließend dort bewerben:

Per Telefon

Stellt euch vor, ihr ruft bei eurem Wunsch-Betrieb an und am Telefon meldet sich
- ☐ die Sekretärin,
- ☐ der/die Chef/in persönlich.

1 *a) Überlegt euch, wie das Gespräch mit der Sekretärin ablaufen könnte. Macht euch Notizen. Spielt das Gespräch vor.*
b) Wertet die Gespräche aus:
- ☐ *Sind sie inhaltlich in Ordnung?*
- ☐ *Sind sie ▷ adressatengerecht?*

▷ S. 69

2 *Die/Der Chef/in hat keine Zeit für ein persönliches Bewerbungsgespräch, sondern stellt alle nötigen Fragen gleich am Telefon.*
a) Überlegt, wonach der/die Chef/in wohl fragt. Notiert eure Antworten in Stichpunkten.
b) Führt das Telefongespräch im Rollenspiel durch.
c) Besprecht und verbessert eure Gespräche.

Das Bewerbungsgespräch

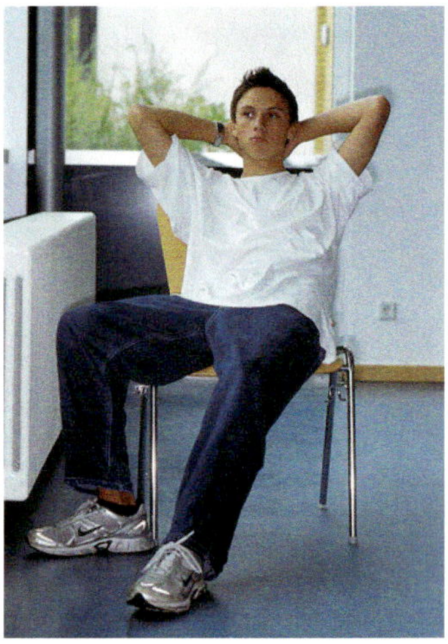

Ihr werdet zu einem persönlichen Bewerbungsgespräch eingeladen!

1 *Stellt euch vor, ein Schüler sitzt in dieser Haltung und Kleidung der/dem Chef/in gegenüber.*
Wie beurteilt ihr das?

2 *a) Überlegt, wonach der/die Chef/in wohl fragt. Notiert eure Antworten in Stichworten.*
b) Führt das Bewerbungsgespräch im Rollenspiel (und mit einer Kamera) durch.
c) Besprecht eure Rollenspiele.

TIPP

Ein **Bewerbungsgespräch** sollt ihr selbstsicher mitgestalten.
- Überlegt euch deshalb überzeugende Antworten auf die zu erwartenden Fragen.
- Vielleicht werdet ihr aufgefordert, frei über euch zu sprechen: „Erzählen Sie ein wenig über sich!“
  Bereitet für diesen Fall einen kurzen Text vor, in dem ihr von euren Interessen, Fähigkeiten und Vorbereitungen auf das Praktikum sprecht.
- Seid pünktlich, höflich und freundlich.
- Achtet auf angemessene Kleidung.
- Blickt eure/n Gesprächspartner/in an.
- Hört aufmerksam zu, fallt niemandem ins Wort, aber bittet auch um Auskünfte.
- Vergesst nicht die Bewerbungsunterlagen.

Informationen zu **Bewerbungsschreiben** und **Lebenslauf** ▷ S. 231, 234

WÖRTERLISTE ▷ S. 298

Adressat	Melodie	Schilderung	Hypertext
Agentur	Station	Hobby	absolvieren
Charakter	Situation	typisch	navigieren
Fantasie	Praktikum	anonym	surfen

SPRECHEN · ZUHÖREN · SCHREIBEN

4 Respekt, Respekt – Adressatengerecht sprechen und schreiben

4.1 Wie sag ich's bloß? – Vom richtigen Reden und Zuhören

Miteinander sprechen; mündlich, aber auch schriftlich – „kommunizieren" –, das ist so selbstverständlich wie atmen, essen, schlafen.

1 *Tragt zusammen (▷ Brainstorming), wie, wo und mit wem ihr im Lauf eines Tages, einer Woche „kommuniziert".* ▷ S. 294

2 *Ordnet die verschiedenen Kommunikationssituationen sinnvoll:*
mündlich/schriftlich - privat/offiziell - einzeln/in der Gruppe - häufig/selten ...

3 *Welche Kommunikationssituationen sind euch eher angenehm, welche eher unangenehm? Überlegt, woran das liegt.*

Cartmann aus München und Wuchtbrumme aus Berlin haben sich im Chat kennen gelernt und ineinander verliebt. Einziger Nachteil: Sie haben sich im richtigen Leben noch nie gesehen. Aber das soll sich ändern. Cartmann nimmt einen Zug nach Berlin, um seine Wuchtbrumme zu überraschen.

München-Passing, 9:04

„Na, das haben wir ja gerne!“, polterte eine Stimme in meiner näheren Umgebung und reißt mich aus dem tiefen Schlaf. „Und dann auch noch so tun, als würde man schlafen!“, bellt die Stimme weiter. „Darauf falle ich schon lange nicht mehr rein!“

Wie bitte, was? Wo bin ich? Ich öffne mühsam die Augen. Ach ja, stimmt, ich sitze im Zug nach Berlin. Aber der Zug fährt nicht mehr. Bin ich am Ende vielleicht schon da? Kann es sein, dass ich so lange geschlafen habe? Ich schaue blinzelnd aus dem Fenster. Ach so, das ist nur eine Haltestelle, ich bin immer noch in Bayern, hätte mich auch gewundert.

„Hallo?“, bellt die Stimme erneut. „Sie brauchen gar nicht so zu tun, als würden Sie mich nicht bemerken! Unverschämtheit! Sie glauben wohl, nur weil Sie jung sind, können Sie sich alles erlauben!“

Ich drehe meinen Kopf zur Seite, um nachzuschauen, wer zum Teufel da so rumkrakeelt. Direkt neben meinem Sitz steht ein verkniffen dreinblickender älterer Mann in einer braunen Strickjacke und schaut auf mich hinunter.

„Ja, genau Sie meine ich!“, schimpft er. „Sie schämen sich wohl gar nicht, was?“

Ich? Nein. Warum sollte ich. Ich habe doch gar nichts gemacht, wofür ich mich schämen müsste. Oder etwa doch? Im Schlaf vielleicht? Kann man im Schlaf furzen oder so? Das wäre jetzt das Einzige, was ich mir vorstellen kann, warum mich dieser Mann so anpflaumt. Ich schnüffele kurz in die Luft, ob ich irgendetwas Verdächtiges riechen kann, aber Fehlanzeige.

„Sie brauchen gar nicht so die Nase zu rümpfen!“, schimpft der Mann weiter. „Sie glauben wohl, Sie sind was Besseres!!“

Hä? Das wird ja immer seltsamer. Ich kapiere gerade mal überhaupt nichts. Was zur Hölle will dieser Mensch von mir? Ich lege mein unschuldigstes Gesicht auf und zucke mit den Schultern.

„Na, das wird ja immer schöner!“, pflaumt er mich an. „Jetzt auch noch den Unwissenden spielen! Tun Sie mal nicht so! Sie wissen ganz genau, dass Sie auf meinem Platz sitzen! Ich habe reserviert!“

Ach so, darum geht es. Woher soll ich das denn wissen? Das hätte er auch gleich sagen können.

Und zwar in aller Ruhe. Ist doch kein Grund hier so rumzuschreien.

„Oh, Entschuldigung!“, sage ich und stehe auf. „Das wusste ich nicht.“

„Ja, ja, von wegen!“, motzt er weiter und zeigt auf ein kleines Schildchen neben dem Sitz. „Da steht es doch ganz deutlich!“

Ich werfe einen Blick darauf. Tatsache. Da steht, dass dieser Platz reserviert ist.

„Entschuldigung“, wiederhole ich, während

ich meine Tasche aus der Ablage ziehe. „Das wusste ich wirklich nicht. Ich fahre heute zum ersten Mal ICE.“

„Ach, sparen Sie sich Ihre faulen Ausreden!“, drückt er sich rabiat an mir vorbei auf seinen Sitz, während der Zug wieder anfährt. „Diese Generation hat einfach vor nichts mehr Respekt, so ist es doch! Eine Bande von Rüpeln, allesamt!“

Okay, das reicht. Ich habe mich zweimal in aller Form entschuldigt und er kackt mich immer noch an? Was ist nur los mit den Leuten in diesem Zug? Erst die Blumenstrauß-Zicke und jetzt dieser frustrierte alte Sack. Ist das bloß Zufall oder macht Zugfahren irgendwie aggressiv?

„Also“, sage ich und knalle meine Tasche vor ihm auf den Tisch. „Der einzige Rüpel, den ich hier sehe, sind Sie. Hätten Sie mich in aller Ruhe und mit der unter zivilisierten Menschen üblichen Höflichkeit darauf hingewiesen, dass ich auf Ihrem Platz sitze, könnte ich jetzt eventuell so etwas wie Respekt für Sie empfinden. Aber Respekt kriegt man nicht automatisch zum sechzigsten Geburtstag, den muss man sich verdienen. Und das Einzige, was Sie verdient haben, ist die Hämorriden-Kolonie, die in Ihrem reservierten Hintern hoffentlich für den Rest der Fahrt eine wilde Party feiern wird. Schönen Tag noch.“

Der Kerl guckt mich an, als wollte er etwas sagen, aber es scheint ihm keine passende Antwort einzufallen, sehr gut. Um mich herum ertönt Applaus von einigen Sitzen. Hey, coole Sache! Gut zu wissen, dass es auch normale Leute in diesem Zug gibt.

Ich schultere meine Tasche, verbeuge mich noch breit grinsend vor den Applaudierenden und ziehe los in Richtung des nächsten Wagens.

1 *Tauscht eure Eindrücke aus: Wie empfindet ihr die Situation im Zugabteil?*

2 *Lest/Spielt die Szene mit verteilten Rollen.*

3 *Welche Formulierungen in dem Gespräch zwischen den beiden erscheinen euch unhöflich bzw. unangemessen?*
Zitiert aus dem Text und begründet eure Meinung.

4 *Wie wäre der Konflikt vermeidbar gewesen? Stellt eure Lösungen im Rollenspiel dar.*

5 *Sollte man zu Älteren/Erwachsenen höflicher sein als untereinander?*
Begründet eure Einstellung.

6 *Aus welcher ▷ Perspektive wird das Geschehen im Zugabteil dargestellt?* ▷ S. 288
Stellt die Szene aus neutraler Sicht/aus der Sicht des älteren Reisenden dar.

Hey, Alter ...! – Auf die Adressaten achten

Versetzt euch in die Lage von Max Cartmann und stellt euch vor, er ruft seinen Freund Thorsten an, um ihm von dem Vorfall im Zugabteil zu erzählen. Am Telefon meldet sich aber nicht Thorsten, sondern sein Bruder Mike, der in die 5. Klasse geht:

1 *a) Welchen dieser fünf Sätze würdet ihr zu Mike sagen, welche(n) nicht? Begründet.*
b) Spielt die verschiedenen Dialog-Möglichkeiten.

Stellt euch nun vor, es meldet sich nicht Mike, sondern die Mutter von Thorsten, Frau Meissner:

2 *Beschäftigt euch mit diesen fünf Äußerungen wie in Aufgabe 1.*

3 *Versetzt euch in die Rolle von Max und erzählt sein Zugerlebnis*
- ☐ *Thorsten*
- ☐ *Thorstens jüngerem Bruder Mike*
- ☐ *Thorstens Mutter*

a) Macht euch dazu Redenotizen.
b) Spielt die Dialoge mehrmals. Stellt die Unterschiede heraus.

Adressatengerechtes Sprechen bedeutet,
- eine angemessene Anrede für den/die Gesprächspartner/in zu finden,
- ihnen höflich und freundlich zu begegnen,
- sich einer respektvollen Sprache nicht nur bei Wünschen oder Fragen zu bedienen,
- sondern die Achtung des Gegenübers auch durch Gesten auszudrücken,
- durch Zuhören und durch Ausredenlassen.

Bestimmt in der Sache, höflich im Ton – Sich beschweren, sich entschuldigen

Hi, Herr Walter,

irgendwie kriege ich leicht die Krise – echt krass! Obwohl wir am nächsten Freitag bei Ihnen die Deutscharbeit schreiben und ich dafür noch irre viel lernen muss, kriegen wir von Ihren werten KollegInnen jede Menge Hausaufgaben.

Das finde ich nicht in Ordnung! Man kann mit Lehrern einfach nicht reden. Die mit ihrem Tunnelblick und Sprüchen wie: Schule ist nun mal keine Spaßveranstaltung. Erst die Arbeit, dann das Vergnügen. Geht mir echt auf den Wecker!

Ich sitze den ganzen Nachmittag an den blöden Aufgaben. Ich finde das echt eine Zumutung. Erstens besteht das Leben auch noch aus ein bisschen Freizeit, ich habe zweimal die Woche Fußballtraining. Zweitens müssen wir ja auch noch für die Klassenarbeit üben.

Ich werde die Hausaufgaben nicht machen.

Benny, Carsten und Tina denken auch so. Das können Sie Ihren Kollegen und vor allem einer bestimmten Kollegin mitteilen! So nicht mit uns!!

Danke
Ronja

1 *Bewertet diesen Brief.*
a) Was haltet ihr von Ronjas Anliegen? Begründet.
b) Welche Formulierungen findet ihr unhöflich oder nicht angemessen?

2 *Nachdem Herr Walter den Brief gelesen hat, bittet er Ronja zu einem Gespräch. Spielt dieses Gespräch: Wie kann sich Ronja angemessen in Ton und Wortwahl, aber bestimmt in der Sache beschweren? Wie kann Herr Walter aus seiner Sicht argumentieren?*

3 *Überarbeitet den Brief von Ronja nach Form und Inhalt.*

Alex wird zur Rede gestellt, weil er am Wochenende eine leere Getränkeflasche auf dem Schulvorplatz zerschlagen hat. Anfangs versucht er alles abzustreiten. Als ihm klar wird, dass ihn jemand dabei beobachtet hat, sagt er: „Kann sein, dass ich es war. Ich erinnre mich aber nicht mehr so genau."

Die Lehrerin reagiert positiv: „Gut, dass du es zugibst. Das spricht für dich. Ich weiß es zu schätzen, dass du zu dem stehst, was du getan hast und dafür die Verantwortung übernimmst." „Wieso, dafür muss ich doch nachsitzen oder so?", fragt Alex verblüfft. „Nicht automatisch", ist die Antwort, „da du die Verantwortung für deine Tat übernimmst." „Was soll denn das bedeuten, dass ich die Verantwortung übernehmen?! Dass ich es zugebe? Reicht das etwa schon?", wundert sich Alex.

„Nicht ganz, aber das ist schon ein guter Anfang. Du solltest aber auch noch sagen können, warum das, was du gemacht hast, falsch war, und dich entschuldigen."

4 *Notiert und spielt ein Gespräch zwischen Alex und seiner Lehrerin, an dessen Ende sie sagt: „Schön, Alex, unter diesen Umständen können wir die Sache einfach vergessen."*

!

Sich entschuldigen heißt:

- Keine Ausreden suchen: Wenn es einen Grund gibt, dich zu entschuldigen, dann sprich die Entschuldigung auch aus.
- Verantwortung übernehmen: Mache nicht andere für deinen Fehler verantwortlich. Steh zu dem, was du gemacht oder gesagt hast.
- Um Verzeihung bitten: Bekenne dich nicht nur zu deinem Fehler. Sage, dass es dir leidtut.
- Aus Fehlern lernen: Wer sich entschuldigt, beweist nicht nur Mut. Er ist auch bereit, sich in Zukunft anders zu verhalten.

Verstehst du mich? – Aktiv zuhören

1 *Worum geht es in diesem Cartoon? Formuliert eine Überschrift, einen Titel dazu.*

2 *Untersucht, warum dieser kurze Dialog misslingt:*
- *Würdet ihr den Mann als „schlechten Zuhörer" bezeichnen?*
- *„An einem misslungenen Gespräch sind mindestens zwei beteiligt."*
- *Beachtet auch die Körperhaltung(en).*

3 *Formuliert und spielt die Szene so, dass sie „glückt".*

!

Aktiv zuhören

Ein Gespräch misslingt in der Regel, wenn
- das, was jemand *sagt*, und
- das, was jemand *versteht*,

nicht übereinstimmen.

Deshalb sollten die Sprechenden
- Blickkontakt halten:
  Ich schaue den/die Redende/n an.
- aufmerksam sein:
  Ich konzentriere mich darauf, was und wie es gesagt wird.

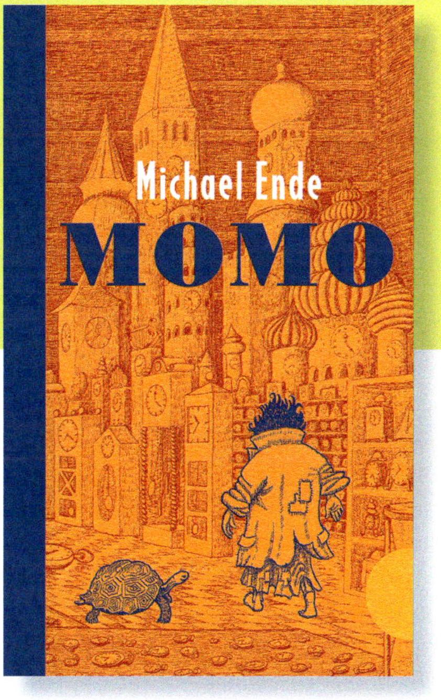

Was die kleine Momo konnte wie kein anderer, das war: zuhören. Das ist doch nichts Besonderes, wird nun vielleicht mancher Leser sagen, zuhören kann doch jeder. Aber das ist ein Irrtum. Wirklich zuhören können nur ganz wenige Menschen. Und so wie Momo sich aufs Zuhören verstand, war es ganz und gar einmalig.

Momo konnte so zuhören, dass dummen Leuten plötzlich sehr gescheite Gedanken kamen. Nicht etwa, weil sie etwas sagte oder fragte, was den anderen auf solche Gedanken brachte, nein, sie saß nur da und hörte einfach zu, mit aller Aufmerksamkeit und aller Anteilnahme. Dabei schaute sie den anderen mit ihren großen, dunklen Augen an, und der Betreffende fühlte, wie in ihm auf einmal Gedanken auftauchten, von denen er nie geahnt hatte, dass sie in ihm steckten. Sie konnte so zuhören, dass ratlose oder unentschlossene Leute auf einmal ganz genau wussten, was sie wollten. Oder dass Schüchterne sich plötzlich frei und mutig fühlten. Oder dass Unglückliche und Bedrückte zuversichtlich und froh wurden. Und wenn jemand meinte, sein Leben sei ganz verfehlt und bedeutungslos und er selbst nur irgendeiner unter Millionen, einer, auf den es überhaupt nicht ankommt, und er ebenso schnell ersetzt werden kann wie ein kaputter Topf – und er ging hin und erzählte alles das der kleinen Momo, dann wurde ihm, noch während er redete, auf geheimnisvolle Weise klar, dass er sich gründlich irrte, dass es ihn, genau so, wie er war, unter allen Menschen nur ein einziges Mal gab und dass er deshalb auf seine besondere Weise für die Welt wichtig war. So konnte Momo zuhören!

1 *Vergleicht den „Zuhörer" im Cartoon von S. 71 mit Momo:*
Worin unterscheiden sich die beiden?
Beschreibt, was an Momos Zuhören besonders ist.

2 *„Wirklich zuhören können nur ganz wenige Menschen". (Z. 5 f.)*
Diskutiert über diese Behauptung. Nennt Gründe, führt Beispiele an.

3 *„Beim Zuhören bekommen die Augen Ohren."*
Wie versteht ihr diese chinesische Weisheit?

ARBEITSTECHNIK KONTROLLIERTER DIALOG

Bildet Dreiergruppen mit den Rollen A, B und C:

- A trägt ihre/seine Meinung zu einem bestimmten Thema vor, nennt Gründe und Beispiele.
- B gibt die Auffassung von A mit ihren/seinen Worten wieder: *Du bist der Meinung, dass ...*
- C stellt fest, ob die Wiedergabe von B zutrifft, wenn nicht, korrigiert sie/er.

Wechselt die Rollen.

4 *Führt einen „kontrollierten Dialog" über ein interessantes Thema; z. B.: „Soll man eine Quote für deutsche Musik im Radio einführen?"*

5 *Sammelt eure Ideen in einem ▷ Cluster und übertragt ihn anschließend auf ein Plakat.* ▷ S. 294

4.2 Respekt dem Respekt – Wortbedeutungen erschließen

Dies ist das Plakat zu der „Respekt“-Kampagne www.respekt-kampagne.de

1 *In welchen verschiedenen Sprachen ist „Respekt“ auf dem Plakat gedruckt? Wie könnt ihr vorgehen, welche Hilfsmittel gibt es?* ▷ S. 302

2 *Habt ihr es bemerkt? –* ***Eine*** *Schreibung von „Respekt“ gilt gleich für mehrere Sprachen. Habt ihr dafür eine Erklärung? Beachtet:*

Respekt, *der* wurde im 16. Jh. übernommen aus franz. *respect,* das auf latein. *respectus* („das Zurückschauen, die Rücksicht“) zurückgeht. *Herkunftswörterbuch*

3 *„Respekt bedeutet für mich …“*
a) Vervollständigt diesen Satz auf einem Zettel/einer Karteikarte.
b) Hängt eure Definitionen zunächst ungeordnet an die Tafel/Pinnwand.
c) Sortiert sie nach inhaltlichen Gesichtspunkten (unter ▷ Oberbegriffen). ▷ S. 280
d) Tauscht euch über eure Definitionen aus.

!

Sprachbezeichnungen wie *deutsch, finnisch, italienisch* schreibt man als Adjektive klein; meistens kann man sie mit „wie?“ erfragen:
Zu Hause spricht er (wie?) *italienisch.*
Die Sprachbezeichnungen *Deutsch, Finnisch, Italienisch* usw. im Sinne von „die deutsche/finnische/italienische Sprache“ schreibt man dagegen groß; meistens kann man sie mit „was?“ erfragen: *Dein* (was?) *Italienisch ist hervorragend!*
Immer groß schreibt man, wenn die Präposition **in** bzw. **auf** vorangeht:
Die Postkarte ist ja auf Polnisch geschrieben.

Bas Böttcher

Respekt dem Respekt

Achtung! Werte Leute!
Ich verdeutlich euch heute
Mal meine Mikrofon-Aktion
über die Achtung der Person:
In meinem Umfeld in der Hip-Hop-Welt
fällt
so hab ich festgestellt
oft der Begriff „Respekt“ – ohne Effekt!
Wenn Rapper Frauen verachten,
die sie in Clips anschmachten,
sich mit Kollegen anlegen
und Gangster-Images pflegen,
wird Respekt, den manche MCs ewig predigen,
schnell zu ner kurzlebigen
Phase oder Sprech-blabla-Blase.

Der Widerspruch steckt im komplexen Konflikt drin.
Wie Gimmicks inner Cornflakes-Box.
Voll paradox!
Denn es kostet nur ne Kleinigkeit.
Als Basis bei Streitigkeit.
Respekt beruht auf Gegenseitigkeit!
Und darum acht ich die Achtung.
Egal, wer vor mir steht.
Ich ächte ungerechte Ächtung,
die aus Vorurteiln hervorgeht.
Ich diss das Dissen, weil es Eigenlob bezweckt!
Die Basis jedes Spaßes is Respekt!

1 *a) Lest diesen Rap. Klärt unbekannte Wörter.*
b) Versucht ihn möglichst wirkungsvoll vorzutragen.

2 *a) Untersucht, welche Wörter Bas Böttcher mit einer ähnlichen Bedeutung wie* ***Respekt*** *und* ***respektieren*** *verwendet.*
b) Und mit welchen Wörtern drückt er das Gegenteil von ***Respekt/respektieren*** *aus?*

Respekt, respektieren	Gegenteil
...	...

3 *Fasst die Aussage von B. Böttchers Rap in einem oder zwei Sätzen zusammen.*

Haben wir den Respekt verloren?

[...] Auf Sportplätzen herrscht Respektlosigkeit pur. Farbige Sportler werden rassistisch beschimpft, der Schiedsrichter ist zum Freiwild geworden. In der Schule sind Pöbeleien von Schülern untereinander und gegen die Lehrer an der Tagesordnung.
Das fürchterliche Gequatsche der nachmittäglichen Talkshows wird von den Moderatoren noch unterstützt. Auch in der Familie werden keine Werte mehr vermittelt, an denen sich Kinder orientieren können.
Wenn man sich wieder auf Respektspersonen besinnt, dann lässt sich auch der Respekt finden!

Peter M., Darmstadt

4 *a) Wie beantwortet Peter M. die Frage in seinem ▷ Leserbrief?* ▷ S. 270
b) Teilt ihr seine Meinung?
Nennt Gründe und Beispiele.

5 *Vor welchen Personen habt ihr Respekt?*
Was charakterisiert diese Personen, dass ihr Respekt vor ihnen habt?

Rezept für mehr Respekt

Junge Reporter besuchen die Werner-Stephan-Schule: Streitschlichter sorgen dort für ein gutes Klima.

Im Interview mit der Konrektorin und den Schülern zum Thema „Respekt“ haben wir sehr interessante Sachen über die Schule erfahren. „Bei uns gibt es keine Strafen, sondern Gespräche“, sagt Ruth Jordan, die Konrektorin der Tempelhofer Werner-Stephan-Oberschule. [...]

Als wir in der Schule ankamen, wurden wir von Lehrern und Schülern höflich und mit einem Lächeln begrüßt. Uns fiel auf, dass körperlich und geistig behinderte Schüler nicht ausgegrenzt werden. Ruth Jordan versteht unter Respekt, dass man sich gegenseitig achtet, anerkennt und sich auf der gleichen Ebene begegnet. Die Schüler meinen noch, dass alle Nationalitäten akzeptiert werden sollten.

Von der ersten Klasse an werden die Schüler respektvoll behandelt: So lernen sie jeden so zu behandeln, wie sie selbst behandelt werden möchten. Und wie schaffen es die Lehrer, dass die Schüler Respekt vor ihnen haben? Dazu sagte Ruth Jordan: „Wir behandeln sie einfach auch mit Respekt.“ [...]

Berliner Morgenpost 24. 06. 2007

6 *„Rezept für mehr Respekt“.*
Welche „Rezepte“ werden in dem Zeitungsbericht genannt?

7 *Respektvoller Umgang in der Schule: Welche Erfahrung macht ihr damit? Nennt Beispiele.*

8 *a) Welche Wörter mit ähnlicher Bedeutung wie* ***Respekt****,* ***respektieren*** *findet ihr in dem Leserbrief und dem Zeitungsbericht oben?*
Welche Wörter drücken eher das Gegenteil aus?
b) Tragt sie in die Tabelle von Aufgabe 2 ein.

9 REZEPT FÜR MEHR RESPEKT

Gestaltet ein ▷ Plakat/einen Flyer oder schreibt einen Rap, womit ihr für (mehr) Respekt in der Klasse oder der Schule werbt. ▷ S. 300
Veranstaltet dazu ein ▷ Brainstorming zu „Respekt“ und „Respektlosigkeit“. ▷ S. 294

!

Für das Fremdwort „Respekt“ kann man je nach Situation Wörter wie „Achtung“, „Bewunderung“, „gutes Benehmen“ einsetzen.
Diese Wörter sind mehr oder weniger bedeutungsgleich **(synonym),** sie sind **Synonyme.**

Dagegen nennt man Wörter mit gegensätzlicher Bedeutung wie „Respektlosigkeit“, „Verachtung“ **antonym,** es sind **Antonyme** zu „Respekt“ oder „Achtung“.

4.3 Chat und E-Mail – Sprechweisen in den neuen Medien

Der Chatroom – Ein besonderer Raum

> Sunny 13: ich finds echt supi! Da können wir doch auch mal planen was wir bei einer fahrt gerne möchten, nicht immer nur museum, kirche, museum :-D

> frodo4ever: ☺☺☺

> Boogie: ey grad da gibts doch schon mega probleme ne hütte zu finden wo alle hinwollen ☹

> Sunny 13: DENK ICH NICH – WIESO??????????????????????

> frodo4ever: kann der lehrer doch 3 städte vorschlagen über die abgestimmt wird … geht doch vor allem um programm un was man son ganzen tag macht

> Boogie: :-] Oh, NEE :-(dann gibt der lehrer städte an > da ist nur tote hose ***grins***

> frodo4ever: warste schon mal in berlin???? :))

1 *Was ist das Thema dieses kurzen Chat-Auszugs? (Zur Chat-Sprache siehe S. 78)*

2 *Wie funktioniert das Chatten?*
- ☐ *Wie kann man an einem Chat teilnehmen?*
- ☐ *Wer hat schon gechattet, ist Stammgast in einem Chat?*
- ☐ *Was sind die typischen Chat-Themen?*

Berichtet darüber.

Auch über Gefühle wird offen gesprochen

Das Chatten ist unter Schülern weit verbreitet und ersetzt immer öfter das persönliche Gespräch
Interview mit Andreas Arnemann, Jugendkoordinator beim LKA[1]

Ist das Unterhalten im virtuellen Raum[2], dem Chatroom, unter Schülern weit verbreitet?
A. A.: Absolut. Wir Erwachsene müssen langsam akzeptieren, dass die neuen Medien auch neue Sozialisationsräume[3] schaffen und neue Möglichkeiten der Kommunikation. Und da ist

1 **LKA:** **L**andes**k**riminal**a**mt Hessen
2 **virtueller Raum:** der elektronische Raum des Internets
3 **Sozialisationsraum:** ein Ort, an dem man Lebenserfahrungen macht

gerade der Chatroom ein ganz besonderer Raum, in dem sich Kinder und Jugendliche unterhalten – was im Grunde positiv ist.

Was gibt es für Themen in den Chatrooms?

A. A.: Alles Mögliche. Wenn wir mit Kindern und Jugendlichen darüber sprechen wollen, müssen wir uns auch mit ihren Chatmöglichkeiten auseinandersetzen. Verbote werden von den Kindern nicht akzeptiert, wenn der, der die Verbote erteilt, keine Ahnung hat.

Was raten Sie also Eltern?

A. A.: Guckt mal mit den Kindern in den Chat hinein! Internet ist nun mal eine Jugendkultur, wird von den Jugendlichen selbstverständlich genutzt. Sie sprechen dort nicht ständig mit schlechten Menschen. Heutzutage fährt jeder nach Schulschluss in eine andere Ortschaft. Man hat nachmittags nicht mehr die Zeit, sich zu treffen. Dann geht man halt an den PC, um das zu erledigen. Was man früher im persönlichen Gespräch nachmittags auf dem Bolzplatz gemacht hat, wird heute in der virtuellen Welt durchgeführt.

Wann wird Chatten gefährlich?

A. A.: Das große Problem ist, dass ich nicht sehe, wer mir gegenübersitzt. In […] Chats wie Knuddel.de halten sich entsprechend oft Pädophile[4] auf. Eltern, die ihren Kindern ein solches System im Zimmer einrichten, müssen sie auch auf die Gefahren hinweisen. Nachfragen, was sie im Chat machen, was sie daran fasziniert, ob sie von fremden Leuten angesprochen werden, sich mit ihnen treffen.

Frankfurter Rundschau, 17. 11. 07

4 **der/die Pädophile:** Person, die Kinder sexuell missbraucht

3 *Vergleicht die Aussagen A. Arnemanns mit euren eigenen Beobachtungen und Erfahrungen beim Chatten.*

TIPP

In jedem .de-Chatforum gibt es eine/n Jugendschutzbeauftragte/n (Scout), erreichbar über die „Kontaktleiste". Dort solltet ihr Auffälligkeiten melden.
Weitere Informationen unter www.polizei.hessen.de (Stichwort „Café Blaulicht") oder www1.polizei-nrw.de

Chat-Kommunikation – Getippte Gespräche?

Die Chat-Kommunikation ist auch **sprachlich** interessant.

1 *Was ist das Besondere an der Chat-Sprache?*
Berücksichtigt dabei eure eigenen Erfahrungen und den Chat-Auszug auf S. 77:

- ☐ *Rechtschreibung, Zeichensetzung, Satzbau*
- ☐ *Sprachstil, Wortwahl*
- ☐ *Sonderzeichen*

!

Die Chat-Kommunikation ist eine Abweichung, eine **Sprachvariante** zur offiziellen **Standardsprache** (Hoch-, Schriftsprache) in den Bereichen ▷ S. 267

- Rechtschreibung: oft keine Groß-/Kleinschreibung, „schreiende“ Großbuchstaben
- Zeichensetzung: Vernachlässigung von Kommas, Häufung von !!! und ??? oder ?!?
- Satzbau, Wortschatz: gesprochene Sprache, Jugendsprache, Anglizismen (englische Fremdwörter)
- Emoticons, Abkürzungen, Smileys: :-(*s* ☺

Chattest du noch oder mailst du schon? :-)

Berlin - Berlin wir fahren nach Berlin!!

An: Jugendhaus@berlin.de

Blindkopie: xxx-Realschule@**.de

Betreff: Berlin - Berlin wir fahren nach Berlin!!

Hallööchen, leider haben wir immer NOCH NICHTS!!! von ihnen gehört :-(. Wir haben doch schon letzte woche eine E-Mail geschrieben dass wir DRINGEND UNTERLAGEN für unsere Berlinreise brauchen, um das Programm für unsere Klassenfahrt zusammenzustellen. Vielleicht ist die Mail nicht angekommen, also hier noch mal, was wir brauchen: Insgesamt sind wir 26 Schüler, was kann man so machen in Berlin, vor allem abends: disco und so!!!!!!!! Was gibt es zu besichtigen? Aber nicht nur Denkmäler und Kirchen!! Es brennt uns sehr, bitte bald das Material schicken. Wichtig wäre auch zu wissen was der Aufenthalt sooo in etwa kostet – nächster Elternabend steht an :). Wenn Sie noch Fragen haben, können Sie uns auch anrufen, (0172 346789) oder (0160 43321), aber bitte nicht zwischen 15 und 17 Uhr da laufen unsere Lieblingssoaps!!
Wir hoffen bald von ihnen zu hören :-)

Kathrin und Erkan aus der 8a

Die Klasse 8a möchte ihre einwöchige Klassenfahrt in Berlin verbringen. Kathrin und Erkan haben es übernommen, sich beim dortigen Jugendgästehaus zu informieren, damit beim nächsten Elternabend über Unterkunft und mögliche Programmpunkte diskutiert werden kann.

1 *Wie beurteilt ihr diese E-Mail von Kathrin und Erkan*
- *nach der äußeren Form,*
- *nach Rechtschreibung und Zeichensetzung,*
- *nach Ausdrucksweise, Wortwahl, Stil?*

Bastian Sick: E-Mail for you

Das wird viele überraschen: Die Annahme, dass Rechtschreibung beim E-Mail-Schreiben keine Rolle spiele, ist falsch! Und Smileys ersetzen keine Interpunktion.
Ein paar Gedanken über Form und Inhalt von E-Mails.

Das Verschicken von Post über das Internet mag sehr viel einfacher, schneller und auch billiger geworden sein als auf dem Landweg, aber das heißt nicht, dass sämtliche Regeln des traditionellen Briefverkehrs außer Kraft gesetzt sind. […]
Die Erfinder der E-Mail haben die wunderbare Idee gehabt, jeder E-Mail eine so genannte Betreffzeile zuzuweisen. […] Die Betreffzeile macht es für den Empfänger leichter, die E-Mails in seinem elektronischen Postfach zu verwalten, sprich: Sie hilft ihm zu entscheiden, ob die Mail es überhaupt wert ist, geöffnet zu werden, oder ob sie nicht gleich gelöscht werden kann. […]
Einige E-Mail-Schreiber fallen grundsätzlich mit der Tür ins Haus – sie verzichten auf die Anrede und kommen gleich zur Sache. […] Auch wenn die E-Mail an eine gesichtslose Adresse geht […], so gilt doch, es sind Menschen, die diese E-Mails öffnen, lesen und bearbeiten, keine Maschinen. Menschen wie du und ich, die ein höfliches „Sehr geehrte Damen und Herren" bestimmt nicht verachten. […]

2 *Worauf weist Bastian Sick beim E-Mail-Schreiben besonders hin?*

!

Eine **E-Mail** *(electronic mail)* an eine offizielle Adresse muss wie ein Brief gestaltet werden.
Für beide gelten dieselben ▷ Schreib- und Höflichkeitsregeln. ▷ S. 269

3 *Überarbeitet die E-Mail von Kathrin und Erkan (S. 79) am PC*
- ☐ *nach der äußeren Form,*
- ☐ *nach ▷ Rechtschreibung und Zeichensetzung,* ▷ S. 283 ff.
- ☐ *nach Wortwahl und Satzbau.*

4 *Reichen die von Kathrin und Erkan gewünschten Informationen, um auf dem Elternabend über Unterkunft und Programm zu informieren? Ergänzt.*

5 *Besprecht: Was sind die besten Anlässe für*
☐ *Post-Brief* ☐ *E-Mail* ☐ *Telefon/Handy?*
Ihr könnt das am Beispiel von Kathrins und Erkans Anfrage in Berlin tun: War es richtig, eine E-Mail zu schreiben oder …?

WÖRTERLISTE ▷ S. 298

adressieren	chatten	misslingen	Mimik	Autorität
kommunizieren	mailen	verbal	Gestik	Synonym
recherchieren	kontrollieren	virtuell	Respekt	Antonym

5 Nicht ganz alltägliche Situationen – Kurzgeschichten

5.1 „Nachts schlafen die Ratten doch“ – Kurzgeschichten erschließen

Dies sind vier der sechs Verfasser/innen von Kurzgeschichten in diesem Kapitel: Julia Franck, Ernest Hemingway, Wolfgang Borchert und Wladimir Kaminer.

1 *Wer weiß etwas über diese Autor/inn/en, hat etwas von ihnen gelesen? Berichtet darüber.*

2 *Informiert euch über eine/n der Schriftsteller/innen, ihr Leben, ihre Bücher. Haltet einen ▷ Kurzvortrag.* ▷ S. 301 ▷ S. 23

Julia Franck

Streuselschnecke

Der Anruf kam, als ich vierzehn war. Ich wohnte seit einem Jahr nicht mehr bei meiner Mutter und meinen Schwestern, sondern bei Freunden in Berlin. Eine fremde Stimme meldete sich, der Mann nannte seinen Namen, sagte mir, er lebe in Berlin, und fragte, ob ich ihn kennen lernen wolle. Ich zögerte, ich war mir nicht sicher. Zwar hatte ich schon viel über solche Treffen gehört und mir oft vorgestellt, wie so etwas wäre, aber als es so weit war, empfand ich eher Unbehagen. Wir verabredeten uns. Er trug Jeans, Jacke und Hose. Ich hatte mich geschminkt. Er führte mich ins Café Richter am Hindemithplatz, und wir gingen ins Kino, ein Film von Rohmer[1]. Unsympathisch war er nicht, eher schüchtern. Er nahm mich mit ins Restaurant und stellte mich seinen Freunden vor. Ein feines, ironisches Lächeln zog er zwischen sich und die anderen Menschen. Ich ahnte, was das Lächeln verriet. Einige Male durfte ich ihn bei seiner Arbeit besuchen. Er schrieb Drehbücher und führte Regie bei Filmen. Ich fragte mich, ob er mir Geld geben würde, wenn wir uns treffen, aber er gab mir keins, und ich traute mich nicht, danach zu fragen. Schlimm war das nicht, schließlich kannte ich ihn kaum, was sollte ich da schon verlangen? Außerdem konnte ich für mich selbst sorgen, ich ging zur Schule und putzen und arbeitete als Kindermädchen. Bald würde ich alt genug sein, um als Kellnerin zu arbeiten, und vielleicht wurde ja auch noch eines Tages etwas Richtiges aus mir. Zwei Jahre später, der Mann und ich waren uns noch immer etwas fremd, sagte er mir, er sei krank. Er starb ein Jahr lang, ich besuchte ihn im Krankenhaus und fragte, was er sich wünsche. Er sagte mir, er habe Angst vor dem Tod und wolle es so schnell wie möglich hinter sich bringen. Er fragte mich, ob ich ihm Morphium besorgen könne. Ich dachte nach, ich hatte einige Freunde, die Drogen nahmen, aber keinen, der sich mit Morphium auskannte. Auch war ich mir nicht sicher, ob die im Krankenhaus herausfinden wollten und würden, woher es kam. Ich vergaß seine Bitte. Manchmal brachte ich ihm Blumen. Er fragte nach dem Morphium, und ich fragte ihn, ob er sich Kuchen wünsche, schließlich wusste ich, wie gerne er Torte aß. Er sagte, die einfachen Dinge seien ihm jetzt die liebsten – er wolle nur Streuselschnecken, nichts sonst. Ich ging nach Hause und buk Streuselschnecken, zwei Bleche voll. Sie waren noch warm, als ich sie ins Krankenhaus brachte. Er sagte, er hätte gerne mit mir gelebt, es zumindest gern versucht, er habe immer gedacht, dafür sei noch Zeit, eines Tages – aber jetzt sei es zu spät. Kurz nach meinem siebzehnten Geburtstag war er tot. Meine kleine Schwester kam nach Berlin, wir gingen gemeinsam zur Beerdigung. Meine Mutter kam nicht. Ich nehme an, sie war mit anderem beschäftigt, außerdem hatte sie meinen Vater zu wenig gekannt und nicht geliebt.

1 **Eric Rohmer:** geb. 1920, franz. Filmregisseur

1 a) *In welchem Verhältnis stehen die Ich-Erzählerin und „der Mann" zueinander?*
b) *Wann klärt sich dieses Verhältnis? Wie wirkt das auf euch?*
c) *Hättet ihr es besser gefunden, wenn das Verhältnis zwischen den beiden von Anfang an klar gewesen wäre?*
Begründet eure Meinung.

2 a) *Aus welchem Blickwinkel, aus welcher Perspektive ist die Geschichte erzählt?*
b) *Notiert, was ihr erfahrt über*

Ich-Erzählerin	Vater
14 Jahre (Z. 1)	
wohnt in ...	

c) *Was würde euch zu den Figuren noch interessieren?*

!

Autor/in und **Erzähler/in** einer Geschichte dürfen nicht miteinander verwechselt werden: Erzählt werden kann z. B. aus der **Perspektive** (dem Blickwinkel) eines vierzehnjährigen Mädchens; geschrieben hat die Geschichte aber eine dreißigjährige Schriftstellerin oder ein Autor.

In einer **Ich-Erzählung** ist der Erzähler oder die Erzählerin selbst in das Geschehen verwickelt. Sie schildern die Ereignisse aus ihrer persönlichen Sichtweise (**Ich-Perspektive**).

3 a) *Versucht die Geschichte aus der Perspektive des Vaters zu schreiben:*
Ich hörte, dass sie seit einem Jahr hier in Berlin wohnte. Da rief ich sie an. ...
b) *Vergleicht eure Texte.*

4 *Nachdem sich die Ich-Erzählerin einige Male mit ihrem Vater getroffen hat (Z. 22 f.), beschließt sie, ihrer Mutter davon zu berichten.*
Schreibt diesen Brief.

5 *Das Geschehen besteht aus zwei großen Abschnitten: dem Kennenlernen und dem Sterben des Vaters.*
Gliedert jeden Abschnitt in Teilabschnitte und beschreibt, wie sich die Beziehung zwischen Vater und Tochter entwickelt.

Das Kennenlernen
1. Der Anruf (Z. 1–12):
   überraschender Anruf des unbekannten Vaters
2. Die Verabredung (Z. 12–XXX):
   ...

6 *Wovon handelt die Kurzgeschichte „Streuselschnecke"?*
Versucht darauf so kurz wie möglich zu antworten – am besten in einem Satz:
In der Kurzgeschichte „Streuselschnecke" geht es um ...
Die Geschichte handelt von ...
Im Mittelpunkt der Kurzgeschichte ...
In der Geschichte „Streuselschnecke" wird beschrieben, ...

7 *„Streuselschnecke"*
a) Passt der Titel gut zu der Geschichte? Diskutiert darüber.
b) Bildet eine andere Überschrift:
- *ein Wort, eine Zeile aus der Geschichte;*
- *eine Formulierung von euch.*

8 *In der Kurzgeschichte werden alle Gespräche in ▷ indirekter Rede wiedergegeben.* ▷ S. 278
a) Sucht die entsprechenden Stellen heraus und wandelt sie in direkte Rede um:
... der Mann nannte seinen Namen und sagte mir: „Ich ...", (Z. 6 ff.)
b) Vergleicht die beiden Fassungen miteinander.

9 *„Ich ... **buk** Streuselschnecken ..." (Z. 53 f.)*
Um welche Verbform handelt es sich hier? Wie heißt die Grundform?

Wolfgang Borchert

Nachts schlafen die Ratten doch

Das hohle Fenster in der vereinsamten Mauer gähnte blaurot voll früher Abendsonne. Staubgewölke flimmerte zwischen den steilgereckten Schornsteinresten. Die Schuttwüste döste.

Er hatte die Augen zu. Mit einmal wurde es noch dunkler. Er merkte, dass jemand gekommen war und nun vor ihm stand, dunkel, leise. Jetzt haben sie mich!, dachte er. Aber als er ein bisschen blinzelte, sah er nur zwei etwas ärmlich behoste Beine. Die standen ziemlich krumm vor ihm, dass er zwischen ihnen hindurchsehen konnte. Er riskierte ein kleines Geblinzel an den Hosenbeinen hoch und erkannte einen älteren Mann. Der hatte ein Messer und einen Korb in der Hand. Und etwas Erde an den Fingerspitzen.

Du schläfst hier wohl, was?, fragte der Mann und sah von oben auf das Haargestrüpp herunter. Jürgen blinzelte zwischen den Beinen des Mannes hindurch in die Sonne und sagte: Nein, ich schlafe nicht. Ich muss hier aufpassen. Der Mann nickte: So, dafür hast du wohl den großen Stock da?

Ja, antwortete Jürgen mutig und hielt den Stock fest.

Worauf passt du denn auf?

Das kann ich nicht sagen. Er hielt die Hände fest um den Stock.

Wohl auf Geld, was? Der Mann setzte den Korb ab und wischte das Messer an seinem Hosenbein hin und her.

Nein, auf Geld überhaupt nicht, sagte Jürgen verächtlich. Auf ganz etwas anderes.

Na, was denn?

Ich kann es nicht sagen. Was anderes eben.

Na, denn nicht. Dann sage ich dir natürlich auch nicht, was ich hier im Korb habe. Der Mann stieß mit dem Fuß an den Korb und klappte das Messer zu.

Pah, kann mir denken, was in dem Korb ist, meinte Jürgen geringschätzig, Kaninchenfutter.

Donnerwetter, ja!, sagte der Mann verwundert, bist ja ein fixer Kerl. Wie alt bist du denn?

Neun.

Oha, denk mal an, neun also. Dann weißt du ja auch, wie viel drei mal neun sind, wie?

Klar, sagte Jürgen, und um Zeit zu gewinnen, sagte er noch: Das ist ja ganz leicht. Und er sah durch die Beine des Mannes hindurch. Drei mal neun, nicht?, fragte er noch einmal, siebenundzwanzig. Das wusste ich gleich.

Stimmt, sagt der Mann, genau so viel Kaninchen habe ich.

Jürgen machte einen runden Mund: Siebenundzwanzig?

Du kannst sie sehen. Viele sind noch ganz jung. Willst du?

Ich kann doch nicht. Ich muss doch aufpassen, sagte Jürgen unsicher.

Immerzu?, fragte der Mann, nachts auch?

Nachts auch. Immerzu. Immer. Jürgen sah an den krummen Beinen hoch. Seit Sonnabend schon, flüsterte er.

Aber gehst du denn gar nicht nach Hause? Du musst doch essen.

Jürgen hob einen Stein hoch. Da lag ein halbes Brot. Und eine Blechschachtel.

Du rauchst?, fragte der Mann, hast du denn eine Pfeife?

Jürgen fasste seinen Stock fest an und sagte zaghaft: Ich drehe. Pfeife mag ich nicht.

Schade, der Mann bückte sich zu seinem Korb, die Kaninchen hättest du ruhig mal ansehen können. Vor allem die Jungen. Vielleicht hättest du dir eines ausgesucht. Aber du kannst hier ja nicht weg.

Nein, sagte Jürgen traurig, nein, nein.

Der Mann nahm den Korb und richtete sich auf. Na ja, wenn du hierbleiben musst – schade. Und er drehte sich um.

Wenn du mich nicht verrätst, sagte Jürgen da schnell, es ist wegen den Ratten.

Die krummen Beine kamen einen Schritt zurück: Wegen den Ratten?

Ja, die essen doch von Toten. Von Menschen. Da leben sie doch von.

Wer sagt das?

Unser Lehrer.

Und du passt nun auf die Ratten auf?, fragte der Mann.

Auf die doch nicht!, Und dann sagte er ganz leise: Mein Bruder, der liegt nämlich da unten. Da. Jürgen zeigte mit dem Stock auf die zusammengesackten Mauern. Unser Haus kriegte eine Bombe. Mit einmal war das Licht weg im Keller. Und er auch. Wir haben noch gerufen. Er war viel kleiner als ich. Erst vier. Er muss hier ja noch sein. Er ist doch viel kleiner als ich.

Der Mann sah von oben auf das Haargestrüpp. Aber dann sagte er plötzlich: Ja, hat euer Lehrer euch denn nicht gesagt, dass die Ratten nachts schlafen?

Nein, flüsterte Jürgen und sah mit einmal ganz müde aus, das hat er nicht gesagt.

Na, sagte der Mann, das ist aber ein Lehrer, wenn er das nicht mal weiß. Nachts schlafen die Ratten doch. Nachts kannst du ruhig nach Hause gehen. Nachts schlafen sie immer. Wenn es dunkel wird, schon.

Jürgen machte mit seinem Stock kleine Kuhlen in den Schutt.

Lauter kleine Betten sind das, dachte er, alles kleine Betten. Da sagte der Mann (und seine krummen Beine waren ganz unruhig dabei): Weißt du was? Jetzt füttere ich schnell meine Kaninchen und wenn es dunkel wird, hole ich dich ab. Vielleicht kann ich eins mitbringen. Ein kleines, oder, was meinst du?

Jürgen machte kleine Kuhlen in den Schutt. Lauter kleine Kaninchen. Weiße, graue, weißgraue. Ich weiß nicht, sagte er leise und sah auf die krummen Beine, wenn sie wirklich nachts schlafen.

Der Mann stieg über die Mauerreste weg auf die Straße. Natürlich, sagte er von da, euer Lehrer soll einpacken, wenn er das nicht mal weiß.

Da stand Jürgen auf und fragte: Wenn ich eins kriegen kann? Ein weißes vielleicht?

Ich will mal versuchen, rief der Mann schon im Weggehen, aber du musst hier so lange warten. Ich gehe dann mit dir nach Hause, weißt du? Ich muss deinem Vater doch sagen, wie so ein Kaninchenstall gebaut wird. Denn das müsst ihr ja wissen.

Ja, rief Jürgen, ich warte. Ich muss ja noch aufpassen, bis es dunkel wird. Ich warte bestimmt. Und er rief: Wir haben auch noch Bretter zu Hause, Kistenbretter, rief er.

Aber das hörte der Mann schon nicht mehr. Er lief mit seinen krummen Beinen auf die Sonne zu. Die war schon rot vom Abend und Jürgen konnte sehen, wie sie durch die Beine hindurchschien, so krumm waren sie. Und der Korb schwenkte aufgeregt hin und her. Kaninchenfutter war da drin. Grünes Kaninchenfutter, das war etwas grau vom Schutt.

1 *a) Beantwortet folgende Fragen zu dieser Geschichte:*

- *Wie heißt die Hauptfigur und wie alt ist sie?*
- *Wo und zu welcher Tageszeit spielt die Geschichte?*
- *Wann, in welchen Jahren, in welcher Zeit geschehen die Ereignisse?*

b) An welchen Textstellen (gleich zu Beginn – später – in der Mitte …) erhält man diese Informationen?
Welche Wirkung hat diese unterschiedliche Mitteilung der Informationen auf euch?

2 *Untersucht, wie sich das Verhältnis zwischen Jürgen und dem älteren Mann im Lauf der Geschichte entwickelt.*
a) Legt eine Zeichnung an und notiert Stichpunkte:

b) Beschreibt in einem kurzen Text das Verhältnis zwischen den beiden.

3 *„Nachts schlafen die Ratten doch."*
Diesen Satz des Mannes hat Wolfgang Borchert zum Titel seiner Geschichte gemacht.
a) Sprecht darüber, was das Besondere an diesem Satz ist: Welche Wirkung hat er (auf Jürgen)?
b) Fällt euch ein anderer passender Titel ein?

4 *Lest den kurzen ersten Absatz der Geschichte noch einmal und achtet dabei besonders auf die Adjektive und Verben: Was ist das Besondere daran?*

5 *Anders als in der ▷ „Streuselschnecke“ spricht in der Geschichte von W. Borchert keine Ich-Erzählfigur.*
Aus welchem Blickwinkel, aus welcher ▷ Perspektive wird die Geschichte erzählt? ▷ S. 288
Belegt eure Meinung mit Textbeispielen.

6 *Die Erzählung besteht aus einem langen Dialog zwischen Jürgen und dem Mann. Dabei hat W. Borchert auf Anführungszeichen bei den wörtlichen Reden verzichtet. Überprüft, an welchen Textstellen besonders Anführungszeichen das schnelle Erfassen der wörtlichen Reden erleichtern würde.*

7 *„... es ist wegen den Ratten.“ (Z. 86)*
Diese Formulierung ist umgangssprachlich, sie ist schriftsprachlich falsch.
Wie muss es richtig heißen? ▷ S. 276

Wladimir Kaminer

Schönhauser Allee im Regen

Ab und zu regnet es in der Schönhauser Allee. Ein Unwetter bringt das Geschäftsleben in Schwung. Die Fußgänger verlassen die Straßen und flüchten in alle möglichen Läden rein. Dort entdecken sie Dinge, die sie sich bei Sonnenschein nie angucken würden, und kaufen Sachen, die sie eigentlich überhaupt nicht brauchen, zum Beispiel Regenschirme.
Wenn der Regen aufhört, ist die Luft wunderbar frisch, es riecht nach Benzin und den wasserfesten Farben der Fassaden. In jedem Mülleimer steckt dann ein Regenschirm, und überall sind große Pfützen zu sehen. Meine Tochter Nicole und ich gehen oft nach dem Regen spazieren. Wir gehen am Optikladen vorbei. Dort kauft sich ein Araber eine Brille.
„Guck mal!“, zeigt Nicole mit dem Finger auf ihn. „Eine Frau mit Bart!“
„Nimm deinen Finger runter!“, zische ich, „das ist ein Araber, der sich eine Brille kauft.“
„Wozu sind Brillen eigentlich gut? Für blinde Menschen?“, fragt mich meine Tochter.
„Nein“, sage ich, „blinde Menschen brauchen keine Brille. Man kauft sie, wenn man das Gefühl hat, etwas übersehen zu haben.“

Nicole zeigt auf die bunten Benzinstreifen, die in der Sonne blitzen. „Wäre es möglich, dass der Regenbogen vom Himmel runtergefallen ist?“

„Korrekt“, antworte ich.

Wir gehen weiter. Ein vietnamesisches Mädchen steht mit beiden Füßen in einer besonders tiefen Pfütze. Das Wasser reicht ihr fast bis zu den Knien. Sie bewegt sich nicht und guckt traurig vor sich hin. Eine alte Frau bleibt vor ihr stehen. „Armes Mädchen! Du hast ja ganz nasse Füße“, sagt sie. „Warum gehst du nicht nach Hause und ziehst dir neue warme Socken an?“

Die kleine Vietnamesin schweigt.

„Hast du überhaupt andre Socken?“, fährt die alte Dame fort. „Wo wohnst du? Hast du ein Zuhause?“

Ein Ehepaar bleibt ebenfalls bei dem Mädchen stehen, die Frau erwartet ein Baby, so sind sie auch interessiert.

„Verstehst du eigentlich unsere Sprache?“, fragt der Mann besorgt. Das Mädchen schweigt.

„Sie hat sich bestimmt verlaufen und kann ihre Eltern nicht finden, armes Kind“, vermutet die alte Frau.

Eine Touristengruppe frisch aus einem Bus nähert sich dem Mädchen vorsichtig. Überwiegend ältere Menschen, die miteinander plattdeutsch reden.

„Aber warum steht sie in einer so tiefen Pfütze?“, fragt ein Mann.

„Das ist doch ganz klar: Sie kann unsere Sprache nicht und will auf diese Weise unsere Aufmerksamkeit erregen. Sie signalisiert uns, dass sie Hilfe braucht“, erklärt die schwangere Frau.

„Was machen wir jetzt?“, fragt die alte Dame, die als Erste das Mädchen entdeckt hat.

„Wir können das Kind unmöglich allein hier stehen lassen. Am besten wir rufen die Polizei.“

„Genau“, meint die Touristengruppe, „rufen Sie die Polizei, und wir passen inzwischen auf das Kind auf.“

Plötzlich springt das vietnamesische Mädchen aus der Pfütze nach vorn, das schmutzige Wasser bespritzt die Passanten. Alle sind nun nass: die alte Frau, das Ehepaar, die Plattdeutschtouristen. „Reingelegt!“, ruft das Mädchen, lacht dabei diabolisch[1] und verschwindet blitzschnell um die Ecke. Alle Betroffenen bleiben fassungslos auf der Straße stehen.

Nicole und ich kennen das Mädchen, weil sie in unserem Haus wohnt. Ihre Eltern haben einen Lebensmittelladen im Erdgeschoss und geben uns manchmal Erdbeeren und Bananen umsonst.

Und diesen Witz kennen wir auch schon. Das Mädchen macht ihn jedes Mal, wenn die großen Pfützen auf der Schönhauser Allee auftauchen und die großen Menschenmengen kurzzeitig verschwinden.

Auf wunderbare Weise wird die Allee aber schnell wieder trocken und belebt, sodass dann keiner mehr auf die Idee kommt, dass es hier vor Kurzem noch geregnet hat.

1 **diabolisch:** teuflisch

1 *Lest die Geschichte und dann noch einmal ihren Titel: Passen sie genau zueinander? Habt ihr einen anderen Titel-Vorschlag?*

2 *Aus wessen Blickwinkel (▷ Perspektive) wird erzählt?* ▷ S. 288

3 *Was ist das Thema der Geschichte?*
In Wladimir Kaminers Geschichte „Schönhauser Allee im Regen“ erzählt …

4 *Für eine ▷ Inhaltsangabe müsst ihr die Geschichte am besten kopieren und* ▷ S. 271
a) ▷ intensiv lesen: markieren, Randnotizen machen … ▷ S. 265
b) Schreibt die Inhaltsangabe. Überarbeitet sie (in einer ▷ Schreibkonferenz). ▷ S. 297

5 *„‚Reingelegt!‘, ruft das Mädchen … Alle Betroffenen bleiben fassungslos … stehen.“ (Z. 76 ff.) Denkt euch aus, wie die Betroffenen reagieren könnten.*

6 *a) Wie beurteilt der Ich-Erzähler das Verhalten des vietnamesischen Mädchens?*
b) Seid ihr derselben/anderer Meinung? Begründet sie.

!

Eine typische **Kurzgeschichte** (englisch ***short story***)
- beleuchtet blitzlichtartig einen wichtigen Abschnitt im Leben eines Menschen.
- Ein einzelnes Geschehen („eine unerhörte Begebenheit“) wird in den Mittelpunkt gestellt.
- Die Handelnden sind „Alltagsmenschen“, Wortwahl und Satzbau sind einfach.
- Der Anfang ist unvermittelt („ein Sprung mitten hinein ins Geschehen“).
- Der Schluss ist offen und fordert die Lesenden auf, selbst über ein Ende und eine „Lösung“ nachzudenken.

Ernest Hemingway

Ein Tag Warten

Er kam ins Zimmer, um die Fenster zu schließen, während wir noch im Bett lagen, und ich fand, dass er krank aussah. Er fröstelte; sein Gesicht war weiß und er ging langsam, als ob jede Bewegung weh täte.

„Was ist los, Schatz?“

„Ich hab Kopfschmerzen.“

„Dann geh lieber wieder ins Bett.“

„Nein, ich bin ganz in Ordnung.“

„Du gehst ins Bett. Ich komme zu dir, sobald ich angezogen bin.“

Aber als ich herunterkam, war er angezogen und saß am Feuer und sah wie ein kranker, jämmerlicher, neunjähriger Junge aus. Als ich ihm die Hand auf die Stirn legte, wusste ich, dass er Fieber hatte.

„Du gehst rauf ins Bett“, sagte ich. „Du bist krank.“

„Ich bin ganz in Ordnung“, sagte er.

Als der Doktor kam, nahm er die Temperatur des Jungen.

„Wie viel hat er?“, fragte ich ihn.

„Hundertundzwei.“

Unten ließ der Doktor drei verschiedene Medikamente in verschiedenfarbigen Kapseln zurück mit Anweisungen, wie sie zu nehmen waren. Das eine sollte das Fieber herunterbringen, das zweite war ein Abführmittel, und das dritte war gegen Übersäure im Magen. Die

Grippebazillen können nur bei Übersäure existieren, hatte er erklärt. Er schien alles über Grippe zu wissen und sagte, es wäre nicht weiter Besorgnis erregend, falls die Temperatur nicht auf hundertvier stiege. Es herrsche eine leichte Grippeepidemie, und es bestände keinerlei Gefahr, wenn keine Lungenentzündung hinzukäme.

Als ich wieder ins Zimmer kam, schrieb ich die Temperatur des Jungen auf und notierte, wann man ihm die verschiedenen Medikamente geben sollte.

„Möchtest du, dass ich dir vorlese?"

„Schön. Wenn du willst", sagte der Junge. Sein Gesicht war sehr weiß, und er hatte dunkle Schatten unter den Augen. Er lag reglos im Bett und schien gleichgültig gegen alles, was vorging.

Ich las ihm aus Howard Pyles[1] *Piratenbuch* vor, aber ich sah, dass er nicht bei der Sache war.

„Wie fühlst du dich, Schatz?", fragte ich ihn.

„Genau wie vorhin, bis jetzt", sagte er.

Ich saß am Fußende des Bettes und las für mich, während ich darauf wartete, dass es Zeit war, ihm wieder ein Pulver zu geben. Normalerweise hätte er einschlafen müssen, aber als ich aufblickte, blickte er das Fußende des Bettes an und hatte einen seltsamen Ausdruck im Gesicht.

„Warum versuchst du nicht einzuschlafen? Ich werde dich wecken, wenn es Zeit für die Medizin ist."

„Ich möchte lieber wach bleiben."

Nach einer Weile sagte er zu mir: „Papa, du brauchst nicht hier bei mir zu bleiben, wenn es dir unangenehm ist."

„Es ist mir nicht unangenehm."

„Nein, ich meine, du brauchst nicht zu bleiben, wenn es dir unangenehm wird."

Ich dachte, dass er vielleicht ein bisschen wirr sei, und nachdem ich ihm um elf das verschriebene Pulver gegeben hatte, ging ich eine Weile aus.

Es war ein klarer, kalter Tag. Den Boden bedeckte eine Graupelschicht, die gefroren war, sodass es aussah, als ob all die kahlen Bäume, die Büsche, das Reisig und all das Gras und der kahle Boden mit Eis glasiert[2] seien. Ich nahm den jungen irischen Hühnerhund zu einem kleinen Spaziergang mit, die Landstraße hinauf und dann einen zugefrorenen Bach entlang, aber es war schwierig, auf der glasigen Oberfläche zu stehen oder zu gehen, und der rotbraune Hund rutschte aus und schlidderte, und ich fiel zweimal heftig hin, und das eine Mal ließ ich meine Flinte dabei fallen, die ein ganzes Stück über das Eis wegglitt.

Wir jagten ein Volk Wachteln unter einem hohen Lehmdamm mit überhängendem Gestrüpp auf, und ich tötete zwei, als sie über den Damm hinweg außer Sicht gingen. Einige stießen in die Bäume nieder, aber die meisten schwärmten in die Reisighaufen, und man musste mehrmals auf den eisüberzogenen Reisighügeln hin- und herspringen, bis sie hochgingen. Es war schwierig, sie zu treffen, als sie aufflogen, während man unsicher auf dem eisglatten, federnden Reisig stand, und ich tötete zwei und verfehlte fünf und machte mich auf den Heimweg, vergnügt, weil ich so dicht von Zuhaus ein Wachtelvolk aufgetrieben hatte, und froh, dass für einen andern Tag noch so viele übrig waren.

Zu Haus sagte man mir, dass der Junge keinem erlaubt habe, in sein Zimmer zu kommen.

„Du kannst nicht reinkommen", hatte er gesagt. „Du darfst das nicht bekommen, was ich habe."

Ich ging zu ihm hinauf und fand ihn in genau derselben Lage, wie ich ihn verlassen hatte, weißgesichtig, aber mit roten Fieberflecken auf den Backen. Er starrte immer noch, wie er vorher gestarrt hatte, auf das Fußende des Bettes. Ich nahm seine Temperatur.

„Wie viel habe ich?"

„Ungefähr hundert", sagte ich. Es waren hundertundzwei und vier Zehntel.

„Es waren hundertundzwei", sagte er.

„Wer hat das gesagt?"

1 **Howard Pyle** (1853–1911): amerikanischer Autor und Buchillustrator

2 **glasieren:** mit einer glasartigen Schicht überziehen

„Der Doktor.“

„Deine Temperatur ist ganz in Ordnung“, sagte ich. „Kein Grund, sich aufzuregen.“

„Ich rege mich nicht auf“, sagte er, „aber ich muss immer denken.“

„Nicht denken“, sagte ich. „Nimm’s doch nicht so tragisch.“

„Ich nehme es nicht tragisch“, sagte er und sah starr vor sich hin. Er nahm sich offensichtlich wegen irgendetwas schrecklich zusammen.

„Schluck dies mit etwas Wasser.“

„Glaubst du, dass es helfen wird?“

„Natürlich wird es.“

Ich setzte mich hin und schlug das *Piratenbuch* auf und begann zu lesen, aber ich konnte sehen, dass er nicht folgte, darum hörte ich auf.

„Um wie viel Uhr glaubst du, dass ich sterben werde?“, fragte er.

„Was?“

„Wie lange dauert es noch ungefähr, bis ich sterbe?“

„Aber du stirbst doch nicht. Was ist denn los mit dir?“

„Doch, ich werde. Ich habe gehört, wie er hundertundzwei gesagt hat.“

„Aber man stirbt doch nicht bei einer Temperatur von hundertundzwei. Es ist albern, so zu reden.“

„Ich weiß aber, dass es so ist. In der Schule in Frankreich haben mir die Jungen erzählt, dass man mit vierundvierzig Grad nicht leben kann. Ich habe hundertundzwei.“

Er hatte den ganzen Tag auf seinen Tod gewartet, die ganze Zeit über, seit neun Uhr morgens.

„Mein armer Schatz“, sagte ich. „Mein armer, alter Schatz. Es ist wie mit Meilen und Kilometern. Du wirst nicht sterben. Es ist ein anderes Thermometer. Auf *dem* Thermometer ist siebenunddreißig normal. Auf dieser Sorte achtundneunzig.“

„Bist du sicher?“

„Völlig“, sagte ich. „Es ist wie mit Meilen und Kilometern. Weißt du, so wie: Wie viel Kilometer machen wir, wenn wir siebzig Meilen im Auto fahren?“

„Ach“, sagte er.

Aber die Starre schwand langsam aus seinem auf das Fußende seines Bettes gerichteten Blick; auch seine Verkrampftheit ließ schließlich nach und war am nächsten Tag fast ganz weg, und er weinte wegen Kleinigkeiten los, die ganz unwichtig waren.

1 *Worauf bezieht sich der Titel der Geschichte? Antwortet mit einem Zitat aus dem Text.*

2 *Erklärt, auf welchem Missverständnis die Geschichte beruht.*

3 *Überlegt, ob die wachsende Angst des Jungen zu vermeiden gewesen wäre. Auf welche Weise?*

4 *Welchen Eindruck habt ihr von dem Jungen? Hättet ihr ebenso gehandelt?*

5

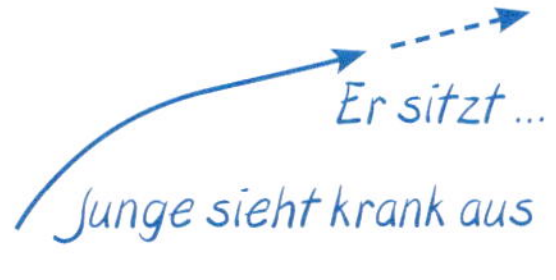

Zeichnet eine Spannungskurve, in die ihr stichpunktartig die verschiedenen Zustände des Jungen eintragt.

6 *Wodurch wird die Geschichte spannend? Achtet auf den Blickwinkel (▷ die Perspektive), aus dem erzählt wird.*

▷ S. 288

7 *Worin besteht nach eurer Meinung die Hauptaussage der Geschichte?*
a) Bezieht euch bei eurer Antwort auf den Text:
In der Geschichte geht es hauptsächlich um …
Meiner Meinung nach will E. Hemingway mit „Ein Tag Warten" …
b) Vergleicht und besprecht eure Ergebnisse.

8 *Prüft, welche typischen ▷ Merkmale einer Kurzgeschichte auf „Ein Tag Warten" zutreffen, welche nicht.* ▷ S. 89

„Ein Tag Warten" – Schriftlich interpretieren

Für eine schriftliche Interpretation von „Ein Tag Warten" müsst ihr einiges beachten:

ARBEITSTECHNIK SCHRIFTLICH INTERPRETIEREN

- Die **Einleitung** nennt Textsorte, Titel, Autor/in und Thema des Textes. Sie umfasst normalerweise nicht mehr als zwei Sätze:

  In der Kurzgeschichte „Einen Tag Warten" von … geht es um …
  Die Kurzgeschichte … handelt von …
  Im Mittelpunkt der Kurzgeschichte … steht …
  In der Kurzgeschichte von … wird beschrieben …

- Der **Hauptteil** beginnt mit einer ▷ Inhaltsangabe der Geschichte. ▷ S. 271
  Anschließend geht ihr auf die Besonderheiten im Verhalten der Figuren und der Handlung ein.
  Erwähnt auch, was euch an Wortwahl, Satzbau und der Redeweise der Figuren auffällt.
  Belegt die typischen Merkmale der Kurzgeschichte mit passenden Textbeispielen.

- Zum **Schluss** fasst ihr die Hauptaussage des Textes zusammen und äußert dazu eure begründete Meinung:

  Der Autor will sagen, dass auf Grund eines Missverständnisses ein großes Problem entstehen kann. Hätte der Junge mit seinem Vater …
  Mir gefällt die Geschichte gut, weil ich die Angst des Jungen …

  Die Kurzgeschichte zeigt, dass Eltern manchmal zu wenig darauf achten, was ihre Kinder sagen oder wie sie sich ihnen gegenüber verhalten. Sie …
  Mir tut der Junge leid, weil sein Vater …

1 *Schreibt eine vollständige Interpretation zu Ernest Hemingways „Ein Tag Warten".*

2 *Überarbeitet eure Interpretation in einer ▷ Schreibkonferenz.* ▷ S. 296

5.2 „Sommerschnee“ – Kurzgeschichten umgestalten

Leonie Ossowski

Die Metzgerlehre

Ein Schwein wurde geschlachtet. Es war Fietschers erster Arbeitstag, bisher hatte er noch nichts zu tun. Er sah nur das Schwein an und dachte darüber nach, wie es wohl sterben würde.

Fietscher hatte nie Metzger werden wollen. Er wollte nicht schlachten, nicht Fleisch schneiden, keine Wurst machen und nicht im Blut rühren.

Er wollte zur See fahren und das hatte man ihm verboten. Was also dann? Genau das wusste er nicht. Trotz vieler Vorschläge hatte er sich für nichts anderes als für das Auf-dem-Wasser-Herumfahren entscheiden können. Trotzdem sagte der Vormund: Metzger. Jeder Widerspruch blieb sinnlos.

Also das Schwein. Es lief herum und quiekte und war groß und fett. Ein schönes Schwein, von dem man lange essen konnte, sagte der Bauer, während die Bäuerin Eimer und Schüsseln für das Blut zurechtstellte. Das Schwein lief hin und her. Nicht sehr weit, denn es war am Hinterbein an einen Baum gebunden und sah Fietscher unter rosa Wimpern an.

Steh nicht so rum, sagte der Metzger, dem – wie den meisten Metzgern – ein Finger von den Händen fehlte, hol das Schießeisen.

Fietscher lief zum Auto und kam unverrichteter Dinge zurück. Er hatte das Schießeisen in der Metzgerei liegen gelassen. Da fiel dem Metzger ein gutes Mittel gegen Fietschers Vergesslichkeit ein.

Fietscher sollte jetzt das Schwein selber totschlagen. Die Bäuerin war dagegen, hatte das Schwein ein Jahr gefüttert und eine Beziehung zu ihm gewonnen, der Bauer nicht. Fietscher wurde blass und es würgte ihn im Hals. Das Schwein quiekte, zwinkerte und spürte Angst. Das sah Fietscher ihm an.

Ich kann nicht, sagte er.

Der Metzger war anderer Meinung, drückte ihm eine Axt in die Hand, stand mit einem großen Vorschlaghammer neben ihm, bereit, den zweiten Schlag zu führen, und schon im Vorhinein Fietscher nichts zutrauend.

Also los!

Ich kann nicht.

Da bekam Fietscher einen Schlag, nicht doll und vorerst nur ins Genick, aber er stolperte, fiel vorneüber auf das Schwein, umarmte es, um nicht in den Dreck zu rutschen, und sah sich Auge in Auge mit ihm.

Alle lachten: die Bäuerin, der Bauer, der Metzger.

Los!

Fietscher stand auf und wusste Bescheid. Auch das Schwein wusste wohl Bescheid, quiekte

jedenfalls nicht mehr, zeigte Vertrauen und stand ganz still.
Da schlug Fietscher mit dem verkehrten Ende der Axt zu.
Es war ein großartiger Schlag. Das Schwein fiel gleich um. Der Metzger brauchte nicht zum Nachschlag auszuholen. Fietschers Schlag hatte genügt. Hohl und dumpf dröhnte er auf dem Schweineschädel, brummte noch nach und hinterließ keine Spur. Das Schwein hatte nicht einmal mehr Zeit gehabt, die Augen zuzumachen, so gut saß der Schlag.
Der Metzger war sehr zufrieden, warf den Hammer weg und stach das Tier ab. Die Bäuerin holte die Schüssel für das Blut, der Bauer das Wasser für den Trog. Alles ging wie am Schnürchen.
Nur in Fietschers Ohren brummte der Schlag und fing dort ein Getöse an, sodass er die Zurufe des Metzgers nicht verstand!
Weiß der Himmel, wie lange er nutzlos herumgestanden oder auch diesen oder jenen Handgriff gemacht hatte.
Plötzlich drückte ihm der Metzger den Kopf des Schweines in die Hand. Trag ihn in die Küche!
Fietscher hielt den Schweinekopf an den Ohren. Die offenen Augen waren auf ihn gerichtet. Immer noch läppisch vertrauensselig sah das tote Vieh ihn an.
Da rannte er los. Nicht in die Küche, sondern am Haus vorbei, herunter zum Neckar bis zur Brücke, unter der ein Kahn mit Koks durchfuhr. Fietscher ließ den Schweinekopf fallen, mitten auf den Koks, wo er still und rosa liegen blieb und nun mit offenen Augen in aller Ruhe bis Stuttgart fahren würde.
Und endlich hörte das Brummen vom Schlag in Fietschers Ohren auf. Er ging zurück zum Metzger, steckte ohne Mucken und Tränen gewaltige Prügel ein, ohne eine Erklärung für sein Handeln abzugeben. Eine Zufriedenheit hatte ihn mit dem Davonfahren des Schweinekopfes auf dem Schiff erfüllt, die ihm niemand nehmen konnte.

1 *Stellt euch vor, ihr lernt Fietscher kennen.*
Was sagt ihr zu ihm? Wonach fragt ihr ihn?

2 Nur in Fietschers Ohren brummte der Schlag und fing dort ein Getöse an, sodass er die Zurufe des Metzgers nicht verstand! (Z. 76–78)

Schreibt alle Gedanken auf, die Fietscher von diesem Augenblick an durch den Kopf gehen; bis zum Schluss, wo er zufrieden dem Schweinekopf auf dem Schiff nachschaut.

a) Lest noch einmal den Abschnitt von Z. 76–103.
Prüft, an welchen Stellen ihr Gedanken einfügen könnt; z. B.:

Weiß der Himmel, wie lange er nutzlos herumgestanden oder auch diesen oder jenen Handgriff gemacht hatte.

Hab ich wirklich das Schwein totgeschlagen? Das gibt's doch ...

Fietscher ließ den Schweinekopf fallen, mitten auf den Koks, wo er still und rosa liegen blieb und nun mit offenen Augen in aller Ruhe bis Stuttgart fahren würde.

Bis Stuttgart! Mindestens! Vielleicht sogar ...

b) Vergleicht und besprecht eure Ergebnisse.

Tanja Zimmermann

Sommerschnee

Mir ist alles so egal, ich fühle mich gut.

Der Regen macht mir nichts aus, meine Stiefel sind durchgeweicht, die Bahn kommt nicht. Neben mir hält ein Mercedes: „Engelchen, ich fahre dich nach Hause.“

Ich hab keine Angst, setze mich einfach neben eine alte Frau, fühle mich sicher, mir kann nichts passieren! In der Bahn stehe ich eingequetscht zwischen nass stinkenden Persianermänteln und grauen Anzugmännern. Die Bahn bremst, eine dicke Frau fällt gegen mich, drückt mich an die Fensterscheibe. Die Leute fluchen, beschimpfen den Fahrer. Ich lache.

Beim Aussteigen drängt jeder den anderen, ich lasse mich treiben, bin glücklich, denke nur an dich!

An der Ampel merke ich, dass ich zu laut singe. Eine Mutter mit Kinderwagen lacht mich an, eine aufgetakelte Blondine mustert mich von oben bis unten. Ich weiß, ich bin klitschnass, meine weiße Hose ist nach fünf Tagen eher dunkelgrau, doch ich weiß, dass sie dir gefällt. Meine Haare hängen nass und strähnig auf meinen Schultern. Du hast gesagt, du hast dich schon am ersten Tag in mich verliebt, und da hatte ich auch nasse Haare.

Ich laufe schnell über die Straße, leiste mir eine Packung Filterzigaretten, kaufe welche, die mir zu leicht sind, die du am liebsten magst.

Ein grelles Quietschen. Ein wütender Autofahrer brüllt, ob ich Tomaten auf den Augen hätte. Ich lache und beruhige ihn mit einem „Kommt nicht noch mal vor“. An einem Schaufenster bleibe ich trotzdem stehen, zupfe an meinen Haaren herum, ziehe die Hose über meine Stiefel, will dir ja gefallen. Ich will dir ja sogar sehr gefallen!

Auf der Apothekenuhr ist es fünf. Ich laufe quer über die nasse Wiese. Schliddere mehr, als dass ich laufe. Aber ich will dich nicht warten lassen, ich kann das auch nicht. Ich werde dann von Minute zu Minute nervöser, also laufe ich. Bevor ich schelle, atme ich erst ein paar Mal tief durch, dann klingel ich, fünf Mal hast du gesagt. Und meine Freude, dich zu sehen, ist endgültig Sieger über meine Angst.

Erst dann bemerke ich den kleinen, zusammengefalteten Zettel an der Wand. [...]

1 *a) Aus welcher ▷ Perspektive wird hier erzählt?* ▷ S. 288
b) In welcher Stimmung befindet sich die Erzählerin? Zitiert entsprechende Textstellen.

2 *Der Kurzgeschichte fehlt der Schluss.*
a) Entwickelt Ideen, wie die Handlung weitergehen könnte.
b) Beachtet dabei auch den Titel der Geschichte: Auf welchen Handlungsverlauf deutet er hin?
c) Schreibt nun einen eigenen Schluss für die Kurzgeschichte „Sommerschnee“.

TIPP

- Schlüpft in die Rolle der Ich-Erzählerin. Versetzt euch in ihre Stimmung.
- Übernehmt ihre Ausdrucksweise, die Länge ihrer Sätze.
- Verwendet vielleicht das Wort „Sommerschnee“.
- Kurzgeschichten haben oft einen ▷ „offenen Schluss“: Gestaltet auch euren Schluss offen, sodass eure Leser/innen etwas zum Nachdenken haben. ▷ S. 89

3 *Vergleicht euren Schluss mit dem ▷ Original.* ▷ S. 302

5.3 Ein Film- und Hörspiel-Projekt

„Schönhauser Allee“ im Film

Bei der Verfilmung der ▷ „Schönhauser Allee“ von Wladimir Kaminer könnt ihr so vorgehen: ▷ S. 87

1. Schritt

- ☐ Überlegt euch, welche Szenen und Figuren der Kurzgeschichte im Film auftauchen können, ohne dass der Aufwand zu groß wird.

2. Schritt

- ☐ Sucht euch einen geeigneten Drehort für eure „Schönhauser-Allee“-Szenen.

3. Schritt

- ☐ Verteilt die Rollen.
- ☐ Bestimmt auch eine/n „Erzähler/in“, der oder die „aus dem Off“ vor, während und zwischen den einzelnen Szenen erläutert, was im Film selbst nicht gezeigt werden kann.
- ☐ Stattet die einzelnen Figuren mit den nötigen Kostümen und ▷ Requisiten aus. ▷ S. 291
- ☐ Jede Figur macht sich Stichpunkte zu ihrer ▷ Rollenbiografie ▷ S. 144 und dazu, was sie in der Szene ungefähr sagen möchte.

4. Schritt

- ☐ Filmt die geplante(n) Szene(n) der „Schönhauser Allee“ aus dem Stegreif, d.h. ohne Textbuch, improvisiert.
- ☐ Wenn ihr aus zwei verschiedenen Perspektiven gleichzeitig filmt, könnt ihr später am PC (z.B. mit „MovieMaker“) interessante ▷ Schnitte machen. ▷ S. 181

5. Schritt

Schaut euch eure gefilmten Szenen kritisch an. Was könnt/müsst ihr verbessern:

- ☐ Kameraposition, Kameraperspektiven, Einstellungsgrößen? ▷ S. 292
- ☐ Dialoge? Verbindende Zwischentexte?
- ☐ Gestik, Mimik, Handlungsweise und Verhalten der Figuren?
- ☐ Kostüme und Requisiten?

6. Schritt
Dreht die Szene(n) erneut.

7. Schritt
- Schneidet die Szene(n) am PC.
- Prüft, ob ihr – für Titel, Zwischentexte usw. – Schrift einsetzen könnt.

1 *Die „Schönhauser Allee im Regen" als Geschichte oder als Film – was gefällt euch besser?*
a) Sammelt ▷ Argumente und Beispiele, die für (pro) und gegen (kontra) das eine oder andere Medium sprechen. ▷ S. 30
b) Bildet eine Geschichten- und eine Film-Gruppe und ▷ diskutiert miteinander. ▷ S. 29

„Ein Tag Warten" im Hörspiel

Kurzgeschichten mit ihren vielen gesprochenen Dialogen lassen sich oft sehr gut in ein Hörspiel umwandeln.

1 *Versucht es mit „Ein Tag Warten" von Ernest Hemingway:* ▷ S. 89

1. Schritt
- Kopiert die Kurzgeschichte.
  Klebt sie auf einen großen Bogen Papier.
  So habt ihr Platz für Randbemerkungen.
- Teilt die Geschichte in einzelne Hörspielszenen ein:
  Z. 1–12: Im Elternschlafzimmer
  Z. XXX–XXX: ...
- Markiert die Textstellen, die ein/e „Erzähler/in" sprechen soll.
- Streicht die Textstellen, die ihr nicht in die Hörfassung übernehmen wollt oder könnt.

2. Schritt
- Markiert die Stellen, wo ihr Musik oder ganz bestimmte Geräusche einsetzen wollt:
  Z. 1–3: Schritte, Fensterschließgeräusch
  Z. XXX ff.: Treppensteigen, Feuer knistert
- Überlegt, wie und wo ihr die nötige Musik und die Geräusche beschaffen und produzieren könnt.

3. Schritt
- Verteilt die Sprecher-Rollen: Erzähler/in (Vater?/Mutter?) – Junge – Vater – Arzt
- Macht eine erste „Sprechprobe".

4. Schritt
- Schreibt ein **Hörspielskript** nach folgendem Muster zu „Ein Tag Warten".

Ein Tag Warten
Hörspiel nach der Kurzgeschichte von Ernest Hemingway

Szenen, Sprechtexte	Regieanweisungen, Musik, Geräusche
1. Vorspann	*2 Sek. Musik von …*
ERZÄHLERIN: „Ein Tag Warten" – Ein Hörspiel nach der Kurzgeschichte von Ernest Hemingway.	*2 Sek. Musik*
2. Elternschlafzimmer	*Atemzüge von zwei „Schlafenden" Türöffnen, Kinderschritte durch Raum, Fenster wird geschlossen*
VATER: Was ist los, Schatz?	*verschlafen, erstaunt*
JUNGE: Ich hab Kopfschmerzen.	*kurz, mürrisch*

5. Schritt/6. Schritt
- Produziert die erste Fassung des Hörspiels mit Hilfe eures Skripts.
- Hört euch die Hörspielfassung kritisch an.
  Macht Verbesserungsvorschläge und ändert das Skript.
- Produziert die Schlussfassung von „Ein Tag Warten".

1 *„Ein Tag Warten" als Geschichte oder als Hörspiel – was hat größeren Reiz für euch? Führt eine ▷ Diskussion über diese Frage.* ▷ S. 29

WÖRTERLISTE ▷ S. 298

Perspektive	Dialog	Original	improvisieren
Figur	Medium	Skript	produzieren
Titel	Thema	typisch	verfilmen

6 „Kleider machen Leute" – Eine Erzählung von Gottfried Keller

1 *Berichtet, was ihr über diese ▷ Prominenten wisst!* ▷ S. 302

2 *a) Beschreibt ihr Äußeres.*
b) Was sagt ihre Kleidung, ihre ganze äußere Aufmachung über sie aus?

3 *Der Schweizer Schriftsteller Gottfried Keller (1819–1890) schrieb vor über 130 Jahren eine Erzählung mit dem Titel „Kleider machen Leute" (1873/74).*
Notiert in Stichpunkten (▷ Brainstorming), worum es darin gehen könnte. ▷ S. 294
Tauscht euch darüber aus.

6.1 Ein Schneider als Graf – Handlungsablauf und Figuren

Ein Schneiderlein auf Wanderschaft – Eine Figur beschreiben

An einem unfreundlichen Novembertage wanderte ein armes Schneiderlein auf der Landstraße nach Goldach[1], einer kleinen reichen Stadt, die nur wenige Stunden von Seldwyla[1] entfernt ist. Der Schneider trug in seiner Tasche nichts als einen Fingerhut, welchen er, in Ermangelung irgendeiner Münze, unablässig zwischen den Fingern drehte, wenn er der Kälte wegen die Hände in die Hosen steckte, und die Finger schmerzten ihn ordentlich von diesem Drehen und Reiben. Denn er hatte wegen des Falliments[2] irgendeines Seldwyler Schneidermeisters seinen Arbeitslohn mit der Arbeit zugleich verlieren und auswandern müssen. Er hatte noch nichts gefrühstückt als einige Schneeflocken, die ihm in den Mund geflogen, und er sah noch weniger ab, wo das geringste Mittagbrot herwachsen sollte. Das Fechten[3] fiel ihm äußerst schwer, ja schien ihm gänzlich unmöglich, weil er über seinem schwarzen Sonntagskleide, welches sein einziges war, einen weiten, dunkelgrauen Radmantel[4] trug, mit schwarzem Samt ausgeschlagen, der seinem Träger ein edles und romantisches[5] Aussehen verlieh, zumal dessen lange schwarze Haare und Schnurrbärtchen sorgfältig gepflegt waren und er sich blasser, aber regelmäßiger Gesichtszüge erfreute.

Solcher Habitus[6] war ihm zum Bedürfnis geworden, ohne dass er etwas Schlimmes oder Betrügerisches dabei im Schilde führte; vielmehr war er zufrieden, wenn man ihn nur gewähren und im Stillen seine Arbeit verrichten ließ; aber lieber wäre er verhungert, als dass er sich von seinem Radmantel und von seiner polnischen Pelzmütze[7] getrennt hätte, die er ebenfalls mit großem Anstand zu tragen wusste.

Er konnte deshalb nur in größeren Städten arbeiten, wo solches nicht zu sehr auffiel; wenn er wanderte und keine Ersparnisse mitführte, geriet er in die größte Not. Näherte er sich einem Hause, so betrachteten ihn die Leute mit Verwunderung und Neugierde und erwarteten eher alles andere, als dass er betteln würde; so erstarben ihm, da er überdies nicht beredt[8] war, die Worte im Munde, also dass er der Märtyrer[9] seines Mantels war und Hunger litt, so schwarz wie des Letztern Sammetfutter.

1 **Goldach, Seldwyla:** Die Geschichte spielt in der Schweiz, diese Städte sind aber erfunden.
2 **das Falliment:** Bankrott
3 **fechten:** betteln
4 **Radmantel:** kreisförmig geschnittener, meist ärmelloser umhangartiger Mantel
5 **romantisch:** träumerisch
6 **der Habitus:** Erscheinungsbild eines Menschen in Aussehen und Verhalten
7 **polnische Pelzmütze:** Mütze polnischer Machart, für einen Mittellosen unpassend
8 **beredt:** redegewandt
9 **der Märtyrer:** jemand, der wegen seines Glaubens oder seiner Überzeugung verfolgt und gequält wird

Als er bekümmert und geschwächt eine Anhöhe hinaufging, stieß er auf einen neuen und bequemen Reisewagen, welchen ein herrschaftlicher Kutscher in Basel abgeholt hatte und seinem Herren überbrachte, einem fremden Grafen, der irgendwo in der Ostschweiz auf einem gemieteten oder angekauften alten Schlosse saß. Der Wagen war mit allerlei Vorrichtungen zur Aufnahme des Gepäckes versehen und schien deswegen schwer bepackt zu sein, obgleich alles leer war. Der Kutscher ging wegen des steilen Weges neben den Pferden, und als er, oben angekommen, den Bock[10] wieder bestieg, fragte er den Schneider, ob er sich nicht in den leeren Wagen setzen wolle. Denn es fing eben an zu regnen und er hatte mit einem Blicke gesehen, dass der Fußgänger sich matt und kümmerlich durch die Welt schlug.

10 **(Kutsch-)Bock:** Sitz des Kutschers

1 *Die Erzählung hat als Hauptfigur einen Schneider.*
Legt eine ▷ Mind-Map zu dieser Figur an und erfasst dabei folgende Informationen: ▷ S. 294
Aussehen – Lebensumstände – Eigenschaften – Verhalten.

2 *Zeichnet ein Bild des Schneiders auf der Grundlage eurer Mind-Map.*

3 *Welche der folgenden Bezeichnungen passen zu ihm, welche nicht? Begründet.*
eingebildet – sonderbar – vornehm – betrügerisch – anständig

Der Schneider nahm das Anerbieten[1] [des Kutschers] dankbar und bescheiden an, worauf der Wagen rasch mit ihm von dannen rollte und in einer kleinen Stunde stattlich und donnernd durch den Torbogen von Goldach fuhr. Vor dem ersten Gasthofe, „Zur Waage" genannt, hielt das vornehme Fuhrwerk plötzlich und alsogleich zog der Hausknecht so heftig an der Glocke, dass der Draht beinahe entzweiging. Da stürzten Wirt und Leute herunter und rissen den Schlag[2] auf; Kinder und Nachbarn umringten schon den prächtigen Wagen, neugierig, welch ein Kern sich aus so unerhörter Schale enthülsen werde, und als der verdutzte Schneider endlich hervorsprang in seinem Mantel, blass und schön und schwermütig zur Erde blickend, schien er ihnen wenigstens ein geheimnisvoller Prinz oder Grafensohn zu sein. Der Raum zwischen dem Reisewagen und der Pforte des Gasthauses war schmal und im Übrigen der Weg durch die Zuschauer ziemlich gesperrt. Mochte es nun der Mangel an Geistesgegenwart oder an

1 **das Anerbieten:** Angebot
2 **der (Wagen-)Schlag:** Tür

Mut sein, den Haufen zu durchbrechen und einfach seines Weges zu gehen – er tat dieses nicht, sondern ließ sich willenlos in das Haus und die Treppe hinangeleiten und bemerkte seine neue seltsame Lage erst recht, als er sich in einen wohnlichen Speisesaal versetzt sah und ihm sein ehrwürdiger Mantel dienstfertig abgenommen wurde.
„Der Herr wünscht zu speisen?", hieß es, „gleich wird serviert werden, es ist eben gekocht!"
Ohne eine Antwort abzuwarten, lief der „Waag"-Wirt in die Küche und rief: „Ins drei Teufels Namen! Nun haben wir nichts als

Rindfleisch und die Hammelskeule! Die Rebhuhnpastete darf ich nicht anschneiden, da sie für die Abendherren[3] bestimmt und versprochen ist. So geht es! Den einzigen Tag, wo wir keinen Gast erwarten und nichts da ist, muss ein solcher Herr kommen! Und der Kutscher hat ein Wappen auf den Knöpfen und der Wagen ist wie der eines Herzogs! Und der junge Mann mag kaum den Mund öffnen vor Vornehmheit!“

Während dieser umständlichen Zubereitung befand sich der Schneider in der peinlichsten Angst, da der Tisch mit glänzendem Zeuge gedeckt wurde, und so heiß sich der ausgehungerte Mann vor Kurzem noch nach einiger Nahrung gesehnt hatte, so ängstlich wünschte er jetzt der drohenden Mahlzeit zu entfliehen. Endlich fasste er sich einen Mut, nahm seinen Mantel um, setzte die Mütze auf und begab sich hinaus, um den Ausweg zu gewinnen. Da er aber in seiner Verwirrung in dem weitläufigen Hause die Treppe nicht gleich fand, so glaubte der Kellner, den der Teufel beständig umhertrieb, jener suche eine gewisse Bequemlichkeit[4], rief: „Erlauben Sie gefälligst, mein Herr, ich werde Ihnen den Weg weisen!“ und führte ihn durch einen langen Gang, der nirgend anders endigte als vor einer schön lackierten Türe, auf welcher eine zierliche Inschrift angebracht war.

Also ging der Mantelträger ohne Widerspruch, sanft wie ein Lämmlein, dort hinein und schloss ordentlich hinter sich zu. Dort lehnte er sich bitterlich seufzend an die Wand und wünschte der goldenen Freiheit der Landstraße wieder teilhaftig zu sein, welche ihm jetzt, so schlecht das Wetter war, als das höchste Glück erschien.

Doch verwickelte er sich jetzt in die erste selbsttätige Lüge, weil er in dem verschlossenen Raume ein wenig verweilte, und er betrat hiermit den abschüssigen Weg des Bösen.

3 **Abendherren:** abendliche Stammtischgäste

4 **Bequemlichkeit:** beschönigend für Toilette

4 *a) Lest die Textstelle Z. 6–47 noch einmal.*
b) Welcher Eindruck entsteht im Gasthof „Zur Waage“ von dem ankommenden Schneider? Woran liegt das? Hätte der Schneider etwas tun können, um das zu verhindern?

5 *Der Schneider fühlt sich nicht wohl in seiner Haut, als er merkt, wie man ihn behandelt. Sucht drei Textstellen, aus denen man dies ablesen kann, und schreibt sie mit Zeilenangaben heraus.*

6 *Ergänzt eure Mind-Map (Aufgabe 1) mit den neuen Informationen über den Schneider.*

7 *Fertigt jetzt eine möglichst genaue Beschreibung des Schneiders an. Beginnt mit einem Einleitungssatz, der die Figur kurz vorstellt, und beschreibt dann ihr Aussehen:*

Die Hauptfigur ist ein armer Schneidergeselle, dessen Name zunächst unbekannt ist. Er hat lange, gepflegte schwarze Haare und …

TIPP

Reichert eure Beschreibung mit möglichst genauen Angaben an: ▷ S. 282

Sein ◎ Radmantel, der ◎◎, …

!

In einer **Figurenbeschreibung** wird jemand nicht nur äußerlich, sondern in seiner gesamten Persönlichkeit dargestellt und beurteilt. Das nennt man auch **charakterisieren.** Dabei sind wichtig:

- Allgemeine Angaben (Name, Alter ...)
- Aussehen: körperliche Merkmale, Kleidung, besondere Auffälligkeiten ...
- Lebensumstände: Familienverhältnisse, Beruf, gesellschaftliche Stellung ...
- Eigenschaften, Verhalten, Gefühle, Gedanken, Einstellung, Vorlieben, Abneigungen, Verhältnis zu Mitmenschen, Verhalten in besonderen Situationen ...
- Abschließend beurteilt man die Figur.

Das Tempus einer Figurenbeschreibung ist das Präsens. Wichtig ist, dass man sich bei der Beschreibung auf Textstellen bezieht und diese nennt (Seiten-, Zeilenangaben).

8 *Geht jetzt in eurer Beschreibung des Schneiders mehr auf seine Lebenssituation, seine Eigenschaften und sein Verhalten ein. Wertet dazu eure Mind-Map aus (Aufgabe 1, S. 101). Belegt eure Angaben mit Textstellen:* (S. XXX, Z. XXX)

„Alsogleich von dannen rollen" – Sprache im Wandel

Von Anfang an lässt sich erkennen, dass die Erzählung nicht von heute ist.

1 *Welchen Situationen kann man entnehmen, dass die Handlung vor über hundert Jahren spielt? Nennt verschiedene Beispiele.*

2 *Auch die Sprache, in der die Geschichte erzählt wird, entspricht nicht unserer heutigen Ausdrucksweise. Legt eine Tabelle an, um ungebräuchliche, altertümliche Wörter und Wendungen zu erklären (benutzt ein Wörterbuch):*

ungebräuchliche Wörter, Wendungen	moderner Ausdruck, Erklärung
der Wagen rasch mit ihm von dannen rollte (Z. 3)	mit ihm wegfuhr
... und alsogleich zog der Hausknecht so heftig an der Glocke (Z. 8 f.)	sofort

3 *a) Übertragt die Z. 48–67 vollständig in heutiges Deutsch:*
Während dieser umständlichen Zubereitungen hatte der Schneider Angst und es war ihm unangenehm, dass der Tisch ...
b) Vergleicht eure Ergebnisse.

4 *Wie könnte die ganze Erzählung weitergehen? Notiert eure Ideen.*

Ein Fräulein betritt den Schauplatz – Figurenbeziehungen untersuchen

Wenzel Strapinski – so heißt der arme Schneidergeselle – isst schließlich doch genüsslich und hungrig das Mahl in der „Waage" zu Ende, während ihn der Kutscher gegenüber dem Wirt „Graf Strapinski" nennt und abreist, ohne zu zahlen.
Am Abend kommen die feinen Herren von Goldach in das Wirtshaus und sind sehr an dem vermeintlichen polnischen Adligen interessiert. Schließlich nehmen sie ihn mit auf einen Ausflug zum Gut des Amtsrates, wo weiter getrunken und gespielt wird. Dabei gewinnt Wenzel Strapinski schließlich eine ordentliche Summe Geld, mehr, als er bisher in seinem Leben besessen hat. Er fühlt sich wie im Traum und will seine unklare Lage möglichst schnell beenden und sich aus dem Staub machen.

Er hatte ein artiges[1] Reisegeld und nahm sich vor, dem Wirt „Zur Waage" von der nächsten Stadt aus sein aufgedrungenes Mittagsmahl zu bezahlen. Also schlug er seinen Radmantel malerisch um, drückte die Pelzmütze tiefer in die Augen und schritt unter einer Reihe von hohen Akazien[2] in der Abendsonne langsam auf und nieder, das schöne Gelände betrachtend oder vielmehr den Weg erspähend, den er einschlagen wollte. Er nahm sich mit seiner bewölkten Stirne, seinem lieblichen, aber schwermütigen Mundbärtchen, seinen glänzenden schwarzen Locken, seinen dunklen Augen, im Wehen seines faltigen Mantels vortrefflich aus[3]; der Abendschein und das Säuseln der Bäume über ihm erhöhte den Eindruck, sodass die Gesellschaft ihn von ferne mit Aufmerksamkeit und Wohlwollen betrachtete. Allmählich ging er immer etwas weiter vom Hause hinweg, schritt durch ein Gebüsch, hinter welchem ein Feldweg vorüberging, und als er sich vor den Blicken der Gesellschaft gedeckt sah, wollte er eben mit festem Schritt ins Feld rücken, als um eine Ecke herum plötzlich der Amtsrat mit seiner Tochter Nettchen ihm entgegentrat. Nettchen war ein hübsches Fräulein, äußerst prächtig, etwas stutzerhaft[4] gekleidet und mit Schmuck reichlich verziert.
„Wir suchen Sie, Herr Graf!", rief der Amtsrat, „damit ich Sie erstens hier meinem Kinde vorstelle und zweitens, um Sie zu bitten, dass Sie uns die Ehre erweisen möchten, einen Bissen Abendbrot mit uns zu nehmen; die anderen Herren sind bereits im Hause."
Der Wanderer nahm schnell seine Mütze vom Kopfe und machte ehrfurchtsvolle, ja furchtsame Verbeugungen, von Rot übergossen. Denn eine neue Wendung war eingetreten, ein Fräulein beschritt den Schauplatz der Ereignisse. Doch schadete ihm seine Blödigkeit[5] und übergroße Ehrerbietung nichts bei der Dame; im Gegenteil, die Schüchternheit, Demut und Ehrerbietung eines so vornehmen und interessanten jungen Edelmanns erschien ihr wahrhaft rührend, ja hinreißend.

1 **artig:** gut
2 **die Akazie:** Laubbaum
3 **er nahm sich vortrefflich aus:** er wirkte sehr gut
4 **stutzerhaft:** übertrieben modisch
5 **Blödigkeit:** Zaghaftigkeit

Da sieht man, fuhr es ihr durch den Sinn, je nobler[6], desto bescheidener und unverdorbener; merkt es euch, ihr Herren Wildfänge von Goldach, die ihr vor jungen Mädchen kaum mehr den Hut berührt!

Sie grüßte den Ritter daher auf das Holdseligste, indem sie auch lieblich errötete, und sprach sogleich hastig und schnell und vieles mit ihm, wie es die Art behaglicher Kleinstädterinnen ist, die sich den Fremden zeigen wollen. Strapinski hingegen wandelte sich in kurzer Zeit um; während er bisher nichts getan hatte, um im Geringsten in die Rolle einzugehen, die man ihm aufbürdete, begann er nun unwillkürlich etwas gesuchter zu sprechen und mischte allerhand polnische Brocken in die Rede, kurz, das Schneiderblütchen[7] fing in der Nähe des Frauenzimmers an, seine Sprünge zu machen und seinen Reiter davonzutragen.

Am Tisch erhielt er den Ehrenplatz neben der Tochter des Hauses; denn die Mutter war gestorben. Er wurde zwar bald wieder melancholisch[8], da er bedachte, nun müsse er mit den andern wieder in die Stadt zurückkehren oder gewaltsam in die Nacht hinaus entrinnen, und da er ferner überlegte, wie vergänglich das Glück sei, welches er jetzt genoss. Aber dennoch empfand er dies Glück und sagte sich zum Voraus: „Ach, einmal wirst du doch in deinem Leben etwas vorgestellt und neben einem solchen höheren Wesen gesessen haben."

Es war in der Tat keine Kleinigkeit, eine Hand neben sich glänzen zu sehen, die von drei oder vier Armbändern klirrte, und bei einem flüchtigen Seitenblick jedes Mal einen abenteuerlich und reizend frisierten Kopf, ein holdes Erröten, einen vollen Augenaufschlag zu sehen. Denn er mochte tun oder lassen, was er wollte, alles wurde als ungewöhnlich und nobel ausgelegt und die Ungeschicklichkeit selbst als merkwürdige Unbefangenheit liebenswürdig befunden von der jungen Dame, welche sonst stundenlang über gesellschaftliche Verstöße zu plaudern wusste.

6 **nobel:** vornehm

7 **Schneiderblütchen** (zu Schneiderblut): der (Über-) Mut, die Laune des kleinen Schneiders

8 **melancholisch:** traurig

1 *Mit Nettchen betritt die zweite Hauptfigur den Schauplatz der Erzählung.*
- *a) Schreibt stichpunktartig Informationen über sie heraus.*
- *b) Fertigt eine Zeichnung von ihr an.*
- *c) Welche Bezeichnungen passen am besten zu Nettchen?*
  naiv – hübsch – eingebildet – eitel – oberflächlich – herablassend
- *d) Welche Wendung bringt ihr Auftreten in die Geschichte?*

2 *Fertigt zu Nettchen eine ▷ Figurenbeschreibung an!* ▷ S. 103

3 *Auch hier gibt es wieder Angaben zu Wenzel, dem angeblichen Grafen Strapinski.*
- *a) Ergänzt eure Mind-Map zur Figur des Schneiders (S. 101, Aufgabe 1) um neue Stichpunkte zu seinen Eigenschaften, Verhaltensweisen …*
- *b) Setzt mit Hilfe dieser Angaben eure Figurenbeschreibung fort. Arbeitet mit Zeilenangaben; z. B.: Der Schneider will nicht auffallen. Das zeigt sich, als er möglichst geräuschlos verschwinden möchte (S. 104, Z. 29 ff.). Er ist auch ehrlich und rechtschaffen, was man daran sieht, dass er dem Wirt das Mittagessen bezahlen möchte (S. 104, Z. 2 ff.) …*

4 *Alle wichtigen Figuren der Erzählung sind jetzt eingeführt.*
Wie stehen sie zueinander? Was wollen sie voneinander?
Legt eine Liste mit den wichtigsten Figuren und Gruppen an, die ihr kennen gelernt habt.

TIPP

Die Stellung der Figuren zueinander, die **Figurenkonstellation** – Nähe, Ferne, Liebe, Konkurrenz, Neid usw. –, kann man in einem Schaubild mit Pfeilen, Zeichen und Bildchen (Piktogrammen) verdeutlichen; ähnlich denen in Comics.

5 *a) Stellt die Beziehungen der verschiedenen Figuren(gruppen) gegenüber Wenzel Strapinski in einem aussagekräftigen, farbigen Schaubild dar.*
b) Vergleicht eure Gruppenergebnisse und wählt ein gelungenes Schaubild aus.

Auf die Perspektive kommt es an

Denn eine neue Wendung war eingetreten, ein Fräulein beschritt den Schauplatz der Ereignisse. Doch schadete ihm seine Blödigkeit und übergroße Ehrerbietung nichts bei der Dame; im Gegenteil, die Schüchternheit, Demut und Ehrerbietung eines so vornehmen und interessanten jungen Edelmanns erschien ihr wahrhaft rührend, ja hinreißend.

1 *An dieser Stelle meldet sich der **Erzähler** zu Wort.*
Welche Aussagen treffen auf ihn zu:
- ☐ *Der Erzähler betrachtet das Geschehen von außen, er hat einen Überblick über die gesamte Handlung.*
- ☐ *Er kommentiert und bewertet das Geschehen.*
- ☐ *Der Erzähler ist selbst eine Figur aus Goldach und schreibt in der Ich-Form.*
- ☐ *Er weiß nicht nur über **eine** Figur und ihre Gedanken Bescheid, sondern über alle und das gesamte Geschehen.*
- ☐ *Er befindet sich als eine Figur mitten im Geschehen und urteilt einseitig aus ihrer Sicht.*

!

Erzählperspektiven
Der Erzähler eines Romans, einer Geschichte nimmt immer eine bestimmte Perspektive, einen Standpunkt ein:
- ☐ Der **allwissende** (auktoriale) **Erzähler** überblickt die gesamte Handlung und kennt alle Figuren, auch ihre Gedanken und Gefühle. Er kommentiert und bewertet sie und wendet sich manchmal direkt an das Lesepublikum.
- ☐ Der **personale Erzähler** erzählt aus dem beschränkten Blickwinkel einer bestimmten Figur: Tut er das in der „Ich“-Form, spricht man vom **Ich-Erzähler.**

2 *Aus welcher Perspektive wird „Kleider machen Leute“ erzählt?*

Der Schneider am Scheideweg – Einen Konflikt untersuchen

Unruhig und unentschlossen, ob er bleiben oder sich aus dem Staub machen soll, wandert Wenzel Strapinski am nächsten Tag durch Goldach …

Er geriet auf seiner Wanderung auch vor das Tor, und wie er nun so über das freie Feld hinblickte, meldete sich zum letzten Male der pflichtgemäße Gedanke, seinen Weg unverweilt[1] fortzusetzen. Die Sonne schien, die Straße war schön, fest, nicht zu trocken und auch nicht zu nass, zum Wandern wie gemacht. Reisegeld hatte er nun auch, sodass er angenehm einkehren konnte, wo er Lust dazu verspürte, und kein Hindernis war zu erspähen.
Da stand er nun, gleich dem Jüngling am Scheidewege[2], auf einer wirklichen Kreuzstraße[2]; aus dem Lindenkranze, welcher die Stadt umgab, stiegen gastliche Rauchsäulen, die goldenen Turmknöpfe funkelten lockend aus den Baumwipfeln, Glück, Genuss und Verschuldung, ein geheimnisvolles Schicksal winkten dort; von der Feldseite her aber glänzte die freie Ferne; Arbeit, Entbehrung, Armut, Dunkelheit harrten dort, aber auch ein gutes Gewissen und ein ruhiger Wandel; dieses fühlend, wollte er denn auch entschlossen ins Feld abschwenken. Im gleichen Augenblicke rollte ein rasches Fuhrwerk heran; es war das Fräulein von gestern, welches mit wehendem blauem Schleier ganz allein in einem schmucken, leichten Fuhrwerke saß, ein schönes Pferd regierte[3] und nach der Stadt fuhr. Sobald Strapinski nur an seine Mütze griff und dieselbe demütig vor seine Brust nahm in seiner Überraschung, verbeugte sich das Mädchen rasch errötend gegen ihn, aber überaus freundlich, und fuhr in großer Bewegung, das Pferd zum Galopp antreibend, davon.
Strapinski aber machte unwillkürlich ganze Wendung und kehrte getrost nach der Stadt zurück. […]
Nun war der Geist in ihn gefahren. Mit jedem Tage wandelte er sich, gleich einem Regenbogen, der zusehends bunter wird an der vorbrechenden Sonne. Er lernte in Stunden, in Augenblicken, was andere nicht in Jahren, da es in ihm gesteckt hatte, wie das Farbenwesen im Regentropfen. Er beachtete wohl die Sitten seiner Gastfreunde und bildete sie während

1 **unverweilt:** sofort
2 **Scheideweg, Kreuzstraße:** Kreuzung
3 **regieren:** lenken

des Beobachtens zu einem Neuen und Fremdartigen um; besonders suchte er abzulauschen, was sie sich eigentlich unter ihm dächten und was für ein Bild sie sich von ihm gemacht. Dies Bild arbeitete er weiter aus nach seinem eigenen Geschmacke, zur vergnüglichen Unterhaltung der einen, welche gern etwas Neues sehen wollten, und zur Bewunderung der anderen, besonders der Frauen, welche nach erbaulicher[4] Anregung dürsteten. [...]

Bei alldem erlebte Strapinski, was er in seiner Dunkelheit früher nie gekannt, eine schlaflose Nacht um die andere, und es ist mit Tadel hervorzuheben, dass es ebenso viel die Furcht vor der Schande, als armer Schneider entdeckt zu werden und dazustehen, als das ehrliche Gewissen war, was ihm den Schlaf raubte. Sein angeborenes Bedürfnis, etwas Zierliches und Außergewöhnliches vorzustellen, wenn auch nur in der Wahl der Kleider, hatte ihn in diesen Konflikt geführt und brachte jetzt auch jene Furcht hervor und sein Gewissen war nur insoweit mächtig, dass er beständig den Vorsatz nährte, bei guter Gelegenheit einen Grund zur Abreise zu finden und dann durch Lotteriespiel und dergleichen die Mittel zu gewinnen, aus geheimnisvoller Ferne alles zu vergüten[5], um was er die gastfreundlichen Goldacher gebracht hatte.

4 **erbaulich:** erfreulich

5 **vergüten:** zurückzahlen

1 *„Da stand er nun, gleich dem Jüngling am Scheidewege, auf einer wirklichen Kreuzstraße ..."*
a) Diese Aussage hat eine doppelte Bedeutung: Welche?
b) Zwischen welchen beiden Wegen für seine Zukunft kann der Schneider wählen? Wie entscheidet er sich? Was erleichtert ihm die Entscheidung?

2 *Verfasst einen **inneren Monolog**, den Wenzel Strapinski an der Kreuzung in Goldach führen könnte. Welche Gedanken und Gefühle gehen ihm durch den Kopf?*

3 *Erstellt eine Tabelle, in die ihr eintragt, was zu Wenzel als Schneider gehört und wie er als Graf erscheint. Macht Seiten- und Zeilenangaben.*

Wenzel Strapinski als Schneider („Sein")	Wenzel Strapinski als Graf („Schein")
arm, arbeitslos (S. xx, Z. yy)	Reichtum, Anerkennung in Goldach (S. xx, Z. yy)

4 *„Sein angeborenes Bedürfnis, etwas Zierliches und Außergewöhnliches vorzustellen, wenn auch nur in der Wahl der Kleider, hatte ihn in diesen Konflikt geführt ..." (Z. 65 ff.)*
a) Welcher Konflikt ist hier gemeint?
b) Was hat diese Textstelle mit dem Titel der Erzählung „Kleider machen Leute" zu tun?
c) Welche andere Textstelle passt ebenfalls gut zum Titel? Schreibt sie heraus.

5 *Im Textauszug über Wenzel Strapinski am Scheideweg tritt ein ▷ „allwissender Erzähler" auf. Führt Textstellen an, wo er sich bemerkbar macht.* ▷ S. 106

6 *Wie könnte es mit Wenzel Strapinski weitergehen? Nimmt sein Schicksal einen guten oder einen schlechten Verlauf? Begründet eure Vermutung!*

6.2 Vom Grafen zum Bräutigam – Inhalte zusammenfassen

Närrische Verlobung – Eine Inhaltsangabe erarbeiten

Wenzel hat erfolgreich beim Amtsrat um die Hand von Nettchen angehalten.

Strapinski brachte zur Verlobung Brautgeschenke, welche ihn die Hälfte seines zeitlichen Vermögens kosteten; die andere Hälfte verwandte er zu einem Feste, das er seiner Braut geben wollte. Es war eben Fastnachtszeit und bei hellem Himmel ein verspätetes glänzendes Winterwetter. Die Landstraßen boten die prächtigste Schlittenbahn, wie sie nur selten entsteht und sich hält, und Herr von Strapinski veranstaltete darum eine Schlittenfahrt und einen Ball in dem für solche Feste beliebten stattlichen Gasthause, welches auf einer Hochebene mit der schönsten Aussicht gelegen war, etwa zwei gute Stunden entfernt und genau in der Mitte zwischen Goldach und Seldwyla.

Um diese Zeit geschah es, dass Herr Melchior Böhni in der letzteren Stadt Geschäfte zu besorgen hatte und daher einige Tage vor dem Winterfest in einem leichten Schlitten dahin fuhr, seine beste Zigarre rauchend; und es geschah ferner, dass die Seldwyler auf den gleichen Tag wie die Goldacher auch eine Schlittenfahrt verabredeten, nach dem gleichen Orte, und zwar eine kostümierte oder Maskenfahrt.

So fuhr denn der Goldacher Schlittenzug gegen die Mittagsstunde unter Schellenklang, Posthorntönen und Peitschenknall durch die Straßen der Stadt [...] und zum Tore hinaus. Im ersten Schlitten saß Strapinski mit seiner Braut, in einem polnischen Überrock von grünem Sammet, mit Schnüren besetzt und schwer mit Pelz verbrämt[1] und gefüttert. Nett-

1 **verbrämt:** verziert

chen war ganz in weißes Pelzwerk gehüllt; blaue Schleier schützten ihr Gesicht gegen die frische Luft und gegen den Schneeglanz. [...]
So segelte denn das Geschwader[2] im Sonnenscheine dahin und erschien bald auf der weithin schimmernden Höhe, dem Ziele sich nahend. Da ertönte gleichzeitig von der entgegengesetzten Seite lustige Musik.
Aus einem duftig bereiften[3] Walde heraus brach ein Wirrwarr von bunten Farben und Gestalten und entwickelte sich zu einem Schlittenzug, welcher hoch am weißen Feldrande sich auf den blauen Himmel zeichnete und ebenfalls nach der Mitte der Gegend hinglitt, von abenteuerlichem Anblick.
Es schienen meistens große bäuerliche Lastschlitten zu sein, je zwei zusammengebunden, um absonderlichen Gebilden und Schaustellungen zur Unterlage zu dienen. Auf dem vordersten Fuhrwerk ragte eine kolossale[4] Figur empor, die Göttin Fortuna[5] vorstellend, welche in den Äther[6] hinauszufliegen schien. Es war eine riesenhafte Strohpuppe voll schimmernden Flittergoldes, deren Gazegewänder[7] in der Luft flatterten. Auf dem zweiten Gefährte aber fuhr ein ebenso riesenmäßiger Ziegenbock einher, schwarz und düster abstechend und mit gesenkten Hörnern der Fortuna nachjagend. Hierauf folgte ein seltsames Gerüste, welches sich als ein fünfzehn Schuh[8] hohes Bügeleisen darstellte, dann eine gewaltig schnappende Schere, welche mittelst einer Schnur auf- und zugeklappt wurde und das Himmelszelt für einen blauseidenen Westenstoff anzusehen schien. Andere solche landläufige Anspielungen auf das Schneiderwesen folgten noch und zu Füßen aller dieser Gebilde saß auf den geräumigen, je von vier Pferden gezogenen Schlitten die Seldwyler Gesellschaft in buntester Tracht, mit lautem Gelächter und Gesang.

2 **Geschwader:** Truppe, Gruppe
3 **bereift:** mit Raureif bedeckt
4 **kolossal:** riesig
5 **Fortuna:** römische Glücksgöttin
6 **der Äther:** Himmel
7 **die Gaze:** dünner, durchsichtiger Stoff
8 **Schuh:** altes Längenmaß (25–33 cm)

1 *Ordnet die folgenden Stichworte zum Inhalt dieses Textausschnitts in der richtigen Reihenfolge:*
Schlitten mit Anspielungen auf das Schneiderwesen – Ziel: Gasthaus zwischen Goldach und Seldwyla – Verlobung von Wenzel und Nettchen – Schlittenfahrt – Ball – Fastnacht – Schlittenfahrt der Seldwyler – maskierter Schlittenzug der Seldwyler – Strapinski und Nettchen im Schlitten vorneweg – Schlittenzug der Goldacher

Hier findet ihr zwei Beispiele für den Anfang einer Inhaltsangabe des Textausschnitts:

A

In dem vorliegenden Textausschnitt aus der Erzählung „Kleider machen Leute“ von Gottfried Keller geht es um die bevorstehende Verlobungsfeier von Nettchen und Strapinski, zu der die Goldacher mit einem Schlittenzug unterwegs sind.
Strapinski und Nettchen sitzen fein angezogen im ersten Schlitten des Goldacher Schlittenzuges, der zu einem Gasthaus zwischen Goldach und Seldwyla unterwegs ist. Dort soll der Verlobungsball gefeiert werden.

B

Nettchen und Strapinski wollen heiraten und feiern deshalb einen Verlobungsball mit allen Goldachern. Sie fuhren im Schlitten vorneweg, in einem polnischen Überrock von grünem Sammet und weißem Pelzwerk. Nettchen sah sehr hübsch aus. Die anderen Goldacher folgten in anderen Schlitten. So fuhr der Goldacher Schlittenzug unter Schellenklang, Posthorntönen und Peitschenknall durch die Straßen der Stadt.

2 *a) Vergleicht die beiden Inhaltsangaben mit Hilfe der folgenden Fragen:*
- ☐ *Gibt die Zusammenfassung kurz und verständlich den Anfang der Handlung wieder?*
- ☐ *Werden die wichtigen Handlungsschritte in der richtigen Reihenfolge berücksichtigt?*
- ☐ *Werden nebensächliche Einzelheiten weggelassen?*
- ☐ *Ist die Inhaltsangabe mit eigenen Worten verfasst und nicht zu nah an der Vorlage?*
- ☐ *Wird auf die eigene Meinung/Wertung verzichtet?*
- ☐ *Wird die Zeitform Präsens verwendet?*
- ☐ *Gibt es einen Einleitungssatz mit Autor, Titel und kurzem Handlungsüberblick?*

b) Welche der beiden Inhaltsangaben ist die bessere? Begründet.

3 *Schreibt nun selbst eine vollständige Inhaltsangabe zu dem Textauszug oben.*

!

Eine **Inhaltsangabe** fasst mit eigenen Worten einen Text knapp und sachlich so zusammen, dass jemand, der das Original nicht kennt, über alles Wesentliche informiert wird.
- ☐ Die **Einleitung** nennt Textsorte, Titel, Autor/in und Thema des Textes.
- ☐ Der **Hauptteil** informiert über die wichtigsten Figuren und Handlungsschritte in richtiger Reihenfolge
- ☐ Wörtliche **Reden** werden ▷ indirekt (im Konjunktiv) oder knapp mit eigenen Worten wiedergegeben. ▷ S. 278
- ☐ Persönliche **Wertungen** oder Meinungsäußerungen gehören nicht in eine Inhaltsangabe, ebenso wenig Spannung erzeugende Formulierungen wie *plötzlich, auf einmal*.
- ☐ Wörtliche **Zitate** gehören nicht in eine Inhaltsangabe.
- ☐ Ihr **Tempus** ist das Präsens (bei Handlungen, die zeitlich zurückliegen, das Perfekt).

4 *Überarbeitet eure Inhaltsangabe mit dem Merkkasten und den Fragen in Aufgabe 2.*

5 *Welchen Plan könnten die Seldwyler mit ihrem Maskenzug und seinen Anspielungen auf den Schneiderberuf verfolgen?*

Der entlarvte Graf – Eine Inhaltsangabe schreiben

Die Goldacher und die Seldwyler Festgesellschaften feiern – nachdem sie gleichzeitig im Gasthof auf der Hochebene angekommen sind – in verschiedenen Räumen.

Wie nun aber alles im Kreise stand und sich zum Reigen[1] ordnen wollte, erschien eine Gesandtschaft der Seldwyler, welche das freundnachbarliche Gesuch und Anerbieten[2] vortrug, den Herren und Frauen von Goldach einen Besuch abstatten zu dürfen und ihnen zum Ergötzen[3] einen Schautanz aufzuführen. Dieses Anerbieten konnte nicht wohl zurückgewiesen werden; auch versprach man sich von den lustigen Seldwylern einen tüchtigen Spaß und setzte sich daher nach der Anordnung der besagten Gesandtschaft in einem großen Halbring, in dessen Mitte Strapinski und Nettchen glänzten gleich fürstlichen Sternen.

Nun traten allmählich Schneidergruppen nacheinander ein. Jede führte in zierlichem Gebärdenspiel den Satz „Leute machen Kleider“ und dessen Umkehrung durch, indem sie erst mit Emsigkeit irgendein stattliches Kleidungsstück, einen Fürstenmantel, Priestertalar[4] und dergleichen anzufertigen schien und sodann eine dürftige Person damit bekleidete, welche, urplötzlich umgewandelt, sich in höchstem Ansehen aufrichtete und nach dem Takte der Musik feierlich einherging. Auch die Tierfabel wurde in diesem Sinne in Szene gesetzt, da eine gewaltige Krähe erschien, die sich mit Pfauenfedern schmückte und quakend umherhupfte, ein Wolf, der sich einen Schafspelz zurechtschneiderte, schließlich ein Esel, der eine furchtbare Löwenhaut von Werg[5] trug und sich heroisch[6] damit drapierte[7] wie mit einem Karbonarimantel[8].

1 **der Reigen:** Tanz
2 **Gesuch und Anerbieten:** Bitte und Vorschlag
3 **Ergötzen:** Belustigung
4 **der Priestertalar:** Amtstracht eines Priesters
5 **das Werg:** Stoffabfall aus Flachs oder Hanf
6 **heroisch:** heldenhaft
7 **drapiert:** behängt
8 **Karbonarimantel:** wie ihn die Mitglieder des italienischen Geheimbundes Carbonari trugen

Alle, die so erschienen, traten nach vollbrachter Darstellung zurück und machten allmählich so den Halbkreis der Goldacher zu einem weiten Ring von Zuschauern, dessen innerer Raum endlich leer ward. In diesem Augenblicke ging die Musik in eine wehmütig ernste Weise über und zugleich beschritt eine letzte Erscheinung den Kreis, dessen Augen sämtlich auf sie gerichtet waren. Es war ein schlanker junger Mann in dunklem Mantel, dunklen schönen Haaren und mit einer polnischen Mütze; es war niemand anders als der Graf Strapinski, wie er an jenem Novembertage auf der Straße gewandert und den verhängnisvollen Wagen bestiegen hatte.

Die ganze Versammlung blickte lautlos gespannt auf die Gestalt, welche feierlich schwermütig einige Gänge nach dem Takte der Musik umhertrat, dann in die Mitte des Ringes sich begab, den Mantel auf den Boden breitete, sich schneidermäßig darauf niedersetzte und anfing, ein Bündel auszupacken. Er zog einen beinahe fertigen Grafenrock hervor, ganz wie ihn Strapinski in diesem Augenblicke trug, nähete mit großer Hast und Geschicklichkeit Troddeln und Schnüre darauf und bügelte ihn schulgerecht aus, indem er das scheinbar heiße Bügeleisen mit nassen Fingern prüfte. Dann richtete er sich langsam auf, zog seinen fadenscheinigen Rock aus und das Prachtkleid an, nahm ein Spiegelchen, kämmte sich und vollendete seinen Anzug, dass er endlich als das leibhafte Ebenbild des Grafen dastand. Unversehens ging die Musik in eine rasche, mutige Weise über, der Mann wickelte seine Siebensachen in den alten Mantel und warf das Pack weit über die Köpfe der Anwesenden hinweg in die Tiefe des Saales, als wollte er sich ewig von seiner Vergangenheit trennen. Hierauf beging er als stolzer Weltmann in stattlichen Tanzschritten den Kreis, hie und da sich vor den Anwesenden huldreich[9] verbeugend, bis er vor das Brautpaar gelangte. Plötzlich fasste er den Polen, ungeheuer überrascht, fest ins Auge, stand als eine Säule vor ihm still, während gleichzeitig wie auf Verabredung die Musik aufhörte und eine fürchterliche Stille wie ein stummer Blitz einfiel. [...]

Das Paar aber saß unbeweglich auf seinen Stühlen gleich einem steinernen ägyptischen Königspaar, ganz still und einsam; man glaubte den unabsehbaren glühenden Wüstensand zu fühlen. Nettchen, weiß wie ein Marmor, wendete das Gesicht langsam nach ihrem Bräutigam und sah ihn seltsam von der Seite an.

Da stand er langsam auf und ging mit schweren Schritten hinweg, die Augen auf den Boden gerichtet, während große Tränen aus denselben fielen. Er ging durch die Goldacher und Seldwyler, welche die Treppen bedeckten, hindurch, wie ein Toter, der sich gespenstisch von einem Jahrmarkt stiehlt, und sie ließen ihn seltsamerweise auch wie einen solchen passieren, indem sie ihm still auswichen, ohne zu lachen oder harte Worte nachzurufen. Er ging auch zwischen den zur Abfahrt gerüsteten Schlitten und Pferden von Goldach hindurch, indessen die Seldwyler sich in ihrem Quartiere erst noch recht belustigten, und er wandelte halb unbewusst, nur in der Meinung, nicht mehr nach Goldach zurückzukehren, dieselbe Straße gegen Seldwyla hin, auf welcher er vor einigen Monaten hergewandert war. Bald verschwand er in der Dunkelheit des Waldes, durch welchen sich die Straße zog.

9 **huldreich:** gnädig

1 *Fasst jeden der sechs Textabschnitte/-absätze in Stichpunkten oder mit einem Satz zusammen. Beginnt so:*

1. Seldwyler möchten für Goldacher Schautanz aufführen, Goldacher stimmen zu.

2 *Hier sind drei Einleitungssätze für die Inhaltsangabe zur Gasthof-Szene:*

In der Erzählung „Kleider machen Leute“ von Gottfried Keller handelt es sich um die Enttarnung des Grafen Strapinski auf seiner eigenen Verlobungsfeier.

Der vorliegende Textausschnitt aus der Erzählung „Kleider machen Leute“ von Gottfried Keller handelt von der Verlobungsfeier von Strapinski und Nettchen, auf der die Seldwyler den angeblichen Grafen vor allen Goldachern als Schneider entlarven.

In dem vorliegenden Textausschnitt aus der Erzählung „Kleider machen Leute“ von Gottfried Keller geht es über Nettchen und Graf Strapinski, wo die Verlobungsfeier durch die Seldwyler gesprengt wird.

Nur einer der drei Sätze ist richtig formuliert und passt inhaltlich am besten, welcher? Findet die Formulierungsfehler und ▷ begründet eure Wahl! ▷ S. 111

3 *Schreibt eine ▷ Inhaltsangabe zu der Gasthof-Szene.* ▷ S. 111

FORMULIERUNGSTIPPS

Im vorliegenden Ausschnitt aus Gottfried Kellers Erzählung „Kleider machen Leute“ aus dem Jahr 1874 geht es um ...
Zu Beginn der Textstelle ...
Im Verlauf der Handlung ...
Es wird beschrieben/erwähnt/erzählt/dargestellt/gezeigt ...
Im weiteren Handlungsverlauf ...
Schließlich kommt es dazu, dass ...
Die Textstelle endet damit, dass ...

4 *Überarbeitet eure Inhaltsangabe mit Hilfe einer ▷ „Leselupe“.* ▷ S. 298

5 *„Kleider machen Leute“ hat schließlich ein Happyend! Überdenkt den bisherigen Handlungsverlauf und notiert Vermutungen, wie sich nach der Entlarvung Strapinskis doch noch alles zum Guten wenden könnte.*

6 *Wenn ihr wissen wollt, wie es genau mit Wenzel und Nettchen weitergeht, dann lest das Ende der Erzählung (http://gutenberg.spiegel.de). Es gibt auch eine Hörbuchfassung.*

7 *▷ Recherchiert in Lexika, der Bücherei oder im Internet über Gottfried Keller und stellt den Autor der Klasse vor.* ▷ S. 301

8 *„Kleider machen Leute“ trägt den Untertitel* ***Novelle****. Schlagt im Orientierungswissen auf S. 289 nach und erklärt, was damit gemeint ist.*

6.3 Drei Projekte zu „Kleider machen Leute“

Projekt 1: „Kleider machen Leute“ in Szene setzen

Die folgende Szene spielt kurz vor der Verlobung von Wenzel und Nettchen.

An demselben Tage nun begab sich Strapinski auf einen stattlichen Ball, zu dem er geladen war. In tiefes, einfaches Schwarz gekleidet, erschien er und verkündete sogleich den ihn Begrüßenden, dass er genötigt sei zu verreisen.
In zehn Minuten war die Nachricht der ganzen Versammlung bekannt und Nettchen, deren Anblick Strapinski suchte, schien, wie erstarrt, seinen Blicken auszuweichen, bald rot, bald blass werdend. Dann tanzte sie mehrmals hintereinander mit jungen Herren, setzte sich zerstreut und schnell atmend und schlug eine Einladung des Polen, der endlich herangetreten war, mit einer kurzen Verbeugung aus, ohne ihn anzusehen.
Seltsam aufgeregt und bekümmert ging er hinweg, nahm seinen famosen[1] Mantel um und schritt mit wehenden Locken in einem Gartenwege auf und nieder. [...]
Wie er so dahinschritt, hörte er rasche Tritte hinter sich, leichte, doch unruhig bewegte. Nettchen ging an ihm vorüber und schien, nach einigen ausgerufenen Worten zu urteilen, nach ihrem Wagen zu suchen, obgleich derselbe auf der anderen Seite des Hauses stand und hier nur Winterkohlköpfe und eingewickelte Rosenbäumchen den Schlaf der Gerechten verträumten. Dann kam sie wieder zurück und da er jetzt mit klopfendem Herzen ihr im Wege stand und bittend die Hände nach ihr ausstreckte, fiel sie ihm ohne Weiteres um den Hals und fing jämmerlich an zu weinen. Er bedeckte ihre glühenden Wangen mit seinen fein duftenden dunklen Locken und sein Mantel umschlug die schlanke, stolze, schneeweiße Gestalt des Mädchens wie mit schwarzen Adlerflügeln; es war ein wahrhaft schönes Bild, das seine Berechtigung ganz allein in sich selbst zu tragen schien.
Strapinski aber verlor in diesem Abenteuer seinen Verstand und gewann das Glück, das öfter den Unverständigen hold ist. Nettchen eröffnete ihrem Vater noch in selbiger Nacht beim Nachhausefahren, dass kein anderer als der Graf der Ihrige sein werde; dieser erschien am Morgen in aller Frühe, um bei dem Vater liebenswürdig schüchtern und melancholisch[2], wie immer, um sie zu werben, und der Vater hielt folgende Rede:
„So hat sich denn das Schicksal und der Wille dieses törichten Mädchens erfüllt! Schon als Schulkind behauptete sie fortwährend, nur einen Italiener oder einen Polen, einen großen Pianisten oder einen Räuberhauptmann mit schönen Locken heiraten zu wollen, und nun haben wir die Bescherung! Alle inländischen wohlmeinenden Anträge hat sie ausgeschlagen [...] Nun, Gott sei Dank, ist ein polnischer Graf da aus wildester Ferne! Nehmen Sie die Gans, Herr Graf, und schicken Sie mir dieselbe wieder, wenn sie in ihrer Polackei[3] friert und einst unglücklich wird und heult! Nun, was würde die selige Mutter für ein Entzücken genießen, wenn sie noch erlebt hätte, dass das verzogene Kind eine Gräfin geworden ist!“

1 **famos:** großartig

2 **melancholisch:** ernst
3 **die Polackei:** das Land Polen

1 *Setzt diesen Ausschnitt in ein szenisches Spiel um:*
- *Wählt eine/n Regisseur/in. Ermittelt, welche wichtigen Figuren vorkommen. Besetzt sie mit geeigneten Schüler-Schauspieler/inne/n.*
- *Stellt fest, wo sich die „Schauplätze“ ändern. Teilt den Textausschnitt danach ein, sodass ihr mehrere kleine Szenen spielen könnt.*
- *Formt jetzt die einzelnen Abschnitte in Szenen um: Dazu müsst ihr z. B. Handlung in wörtliche Rede der Figuren umformen. Überlegt, was und wie sie auf der Bühne spielen müssen. Schreibt dazu ein Textbuch.*
- *Probt und verbessert die einzelnen Szenen, bevor ihr sie der Klasse vorspielt.*

2 *Weniger aufwändig als Szenen-Spiele sind ▷* ***Standbilder,*** *um die Beziehungen zwischen bestimmten Figuren sichtbar zu machen: Stellt das Verhältnis von Wenzel und Nettchen am Anfang und am Ende der Ball-Szene in einem Standbild dar.* ▷ S. 141

Projekt 2: Der Schneider vor Gericht

Stellt euch vor, nach der Entlarvungsszene im Gasthof (S. 112 f.) wird Wenzel Strapinski der Prozess wegen Hochstapelei gemacht. Spielt die Gerichtszene.

Folgende Rollen sind möglich:
- der Angeklagte
- Richter/in und Beisitzende, die das Urteil fällen
- anklagende/r Staatsanwalt/ -anwältin
- Verteidiger/in
- Zeug/inn/en (Wirt, Seldwyler/innen, Goldacher/innen, Nettchen ...)
- Gerichtsdiener/in

Denkbarer Prozessverlauf:
1. Eröffnung der Verhandlung
2. Verlesung der Anklageschrift
3. Vernehmung des Angeklagten
4. Befragung der Zeug/inn/en
5. Plädoyer von Staatsanwaltschaft und Verteidigung
6. letztes Wort des Angeklagten
7. Urteilsberatung
8. Urteilsverkündung

Projekt 3: Modenschau

Organisiert eine Modenschau „MACHEN KLEIDER LEUTE?“
- Bezieht Typen ein wie „Punk“, „Öko“, „Modepüppchen“, „Grufti“.
- Überlegt, wie ihr die Models auswählt. Vielleicht besetzt ihr „Gegenrollen“: Eine/r, die/der sich kaum für Mode interessiert, präsentiert ein aufgestyltes Outfit.
- Könnt ihr auch Lehrer/innen für euren Laufsteg gewinnen?

WÖRTERLISTE ▷ S. 298

Figur	Erzählperspektive	Novelle	charakterisieren
Figurenkonstellation	Konflikt	Plädoyer	recherchieren
Textbeleg	Happyend	Prozess	entlarven

7 Menschen in der Stadt – Gedichte untersuchen und gestalten

7.1 Zwischen Berlin und New York – Gedichte und Songs vortragen und bewerten

1 *a) Kennt ihr (Werbe-)Sprüche, (Kinder-)Reime, Gedichte, Lieder, Schlager, Songs, in denen Städte genannt werden?*
b) Welche Rolle, welche Bedeutung haben die Städte darin?

2 *Schreibt ein Stadt-**Akrostichon;** also ein „Gedicht", dessen Verse mit den Anfangsbuchstaben eures Wohnortes beginnen.*
Wer reimt, gewinnt!

Kein Tourist kennt diesen Platz!
Ob im Frühling oder Sommer:
Er ist unser Treffpunkt.
Linden liefern Schatten,
Niemand stört uns.

Potsdamer Platz, um 1933

Erich Kästner

Besuch vom Lande

Sie stehen verstört am Potsdamer Platz.
Und finden Berlin zu laut.
Die Nacht glüht auf in Kilowatts.
Ein Fräulein sagt heiser: „Komm mit, mein Schatz!"
Und zeigt entsetzlich viel Haut.

Sie wissen vor Staunen nicht aus und nicht ein.
Sie stehen und wundern sich bloß.
Die Bahnen rasseln. Die Autos schrein.
Sie möchten am liebsten zu Hause sein.
Und finden Berlin zu groß.

Es klingt, als ob die Großstadt stöhnt,
weil irgendwer sie schilt.
Die Häuser funkeln. Die U-Bahn dröhnt.
Sie sind das alles so gar nicht gewöhnt.
Und finden Berlin zu wild.

Sie machen vor Angst die Beine krumm.
Und machen alles verkehrt.
Sie lächeln bestürzt. Und sie warten dumm.
Und stehn auf dem Potsdamer Platz herum,
bis man sie überfährt.

1 *a) Was erlebt, wie benimmt sich der „Besuch vom Lande" in Berlin?*
b) Versucht, bestimmte Gefühle, Empfindungen den einzelnen Strophen zuzuordnen.

2 *Erinnert ihr euch an den ersten Besuch in einer fremden, großen Stadt? Berichtet davon.*

3 *„Die Nacht glüht auf ..." – „Die Bahnen ... Die Autos ..."*
Untersucht diese und ähnliche ▷ Formulierungen näher: ▷ S. 280
Was bedeuten sie? Wie wirken sie?

4 *Vergleicht Gedicht und Foto: Welche übereinstimmenden Großstadt-**Motive** stellt ihr fest?*

5 *a) Tragt das Gedicht möglichst ausdrucksvoll, lebendig vor.* ▷ S. 120
b) Vergleicht und besprecht eure verschiedenen Vortragsweisen:
Wie tragen sie zum besseren Verständnis des Gedichtes bei?

6 *„... weil irgendwer sie **schilt**." (Z. 12)*
Um welches Verb, welche Verbform handelt es sich hier?

Johannes Kühn

Stadtbesucher

Ja, gesteh dir:
Da sind Straßen, die kein Regen frei macht
von den Prozessionen
der Menschen,
schon mal die Nacht,
schon mal der Sonntag,
etwas.
Da sind Winkel,
wo man stehen bleibt, entzückt. Geschäfte,
wo es hineingeht,
wo es hinausgeht,
die bunten Scheiben sind
voll von Warenbildern.
Hier bist du unerkannt,
geh mit den Weg zum Städtischen Museum,
geh mit zur Rede auf dem großen Platz,
wo Denkmalreiter protzen. Du siehst und siehst
und holst aus und trippelst nicht. Geh mit
zu Caféhäusern, Gasthaustüren,
zum Markt, der billig sein soll,
heut ist Ausverkauf,
geh auch vielleicht zum Fußballfeld,
zur Bank, zur Arbeit in die Tuchfabrik,
zur Hochhauswucht und Schlosspracht,
zum Rathaus, in dem man über diese Stadt berät,
geh zum Bad, zur Kirche, das sind Ziele,
und über tausend gibt es, denk an die Brücke, geh hin,
um in den Fluss zu sehn. Geh zur Wäscherei,
zum Bahnhof! Du wirst mitgeschleust, getrieben und geführt,
geh mit und erleb der Menschen Eile,
ihre Sorge, ihre Vorsicht, ihre Müh,
geh mit!
Und da du nur ein Stadtbesucher bist,
dreh dich erleichtert um.
Als Dorfmensch hast du viel erlebt,
die Tagebuchnotiz wird lang.

Potsdamer Platz, um 2008

1 *Noch ein Stadtbesucher vom Land (wie bei ▷ Erich Kästner).* ▷ S. 118
a) Wie erlebt er die Stadt?
b) Vergleicht Johannes Kühns Stadtbesucher mit Kästners Besuch vom Land.

2 *Die Verse 2–7 sind nicht leicht zu verstehen.*
Gebt sie mit eigenen Worten wieder.

3 *Das Gedicht zählt viele interessante (Besuchs-)Orte in einer Stadt auf.*
a) Tragt sie zusammen.
b) Vermisst ihr Orte, die ***euch*** *bei einem Stadtbesuch interessieren würden? Notiert sie.*
c) Gibt es Elemente, Bestandteile, typische ***Motive*** *von Großstädten, die in „Stadtbesucher" nicht genannt werden?*

4 Als Dorfmensch hast du viel erlebt,
die Tagebuchnotiz wird lang. *(Z. 35 f.)*
Erinnert ihr euch an ein besonderes Stadterlebnis? Schreibt eine „Tagebuchnotiz" dazu.

5 *a) Tragt das Gedicht ausdrucksvoll vor.*
b) Vergleicht und bewertet eure verschiedenen Rezitationen (Vortragsweisen).

ARBEITSTECHNIK SINNERSCHLIESSENDER GEDICHTVORTRAG

- ☐ Macht euch die regelmäßige Betonung (▷ Metrum) klar. ▷ S. 290
- ☐ Vermeidet aber gleichmäßiges Vortragen („Leiern"), hebt wichtige Wörter hervor.
- ☐ Macht wirkungsvolle Pausen.
- ☐ Beschleunigt oder verlangsamt euren Vortrag.
- ☐ Sprecht lauter oder leiser.
- ☐ Beachtet das Ende der Verse (▷ Reim) und Strophen: ▷ S. 290
  Manchmal dürft ihr **keine** Pause machen!
- ☐ Passt euren Gesichtsausdruck (Mimik) und eure Bewegungen (Gestik) eurem Vortrag an.
- ☐ Tragt diese verschiedenen Vortragstechniken mit farbigen Markierungszeichen in das von euch abgeschriebene Gedicht ein.

Ideal

Berlin

Bahnhof Zoo mein Zug fährt ein
Ich steig aus gut wieder da zu sein
Zur U-Bahn runter am Alkohol vorbei
Richtung Kreuzberg die Fahrt ist frei
Kottbusser Tor ich spring vom Zug
Zwei Kontrollöre ahnen Betrug
Im Affenzahn die Rolltreppe rauf
Zwei Türken halten die Beamten auf
Oranienstraße hier lebt der Koran
Dahinten fängt die Mauer an
Mariannenplatz rot verschrien

Ich fühl mich gut ich steh auf Berlin
Ich fühl mich gut wir stehn auf Berlin

Graue Häuser ein Junkie im Tran
Es riecht nach Oliven und Majoran
Zum Kanal an Ruinen vorbei
Dahinten das Büro der Partei
Auf dem Gehweg Hundekot
Ich trink Kaffee im „Morgenrot"
Später dann in die alte Fabrik
Die mit dem Ost-West-Überblick
Zweiter Stock vierter Hinterhof
Neben mir wohnt ein Philosoph
Fenster auf ich hör Türkenmelodien

Ich fühl mich gut ich steh auf Berlin
Ich fühl mich gut wir stehn auf Berlin

Nachts um elf aufm Kurfürstendamm
Läuft für Touristen Kulturprogramm
Teurer Ramsch am Straßenrand
Ich ess die Pizza aus der Hand
Ein Taxi fährt zum „Romy Haag"
Flasche Sekt hundertfünfzig Mark
Für'n Westdeutschen der sein Geld versäuft
Mal sehn was im „Dschungel" läuft
Musik ist heiß das Neonlicht strahlt
Irgendjemand hat mir'n Gin bezahlt
Die Tanzfläche kocht hier trifft sich die Scene

Ich fühl mich gut ich steh auf Berlin
Ich fühl mich gut wir stehn auf Berlin

Berlinberlinberlinberlinberlinberlin …

Seeed

Dickes B

Der Asphaltboden zittert', es wummert' im Ohr,
als ich an einen dicken Beat mein junges Herz verlor.
Seit damals gefällt mir die Stadt besser als zuvor.
Wenn ich durch Berlin-City cruise, is Reggae mein Motor.

Ich sing auf dem Fahrrad, mal Bass und mal Tenor,
zu Hause dreh ich Sound auf, die Nachbarn ham Humor.
Die stehn auf frische Downbeats aus meinem Recordstore:
Concrete Jungle, Supersonic Soundsystem-Kultur.

Wenn Party is, dann sind wir on the dance floor,
der DJ macht den Vers und die Yardies den Chor.
Du versinkst im Bass wie 'ne Moorleiche im Moor,
es zwingt dich in die Knie, denn der Riddim is Hardcore.

Wir shaken, was wir haben, bis morgens 7 Uhr,
woanders gibt's 'ne Sperrstunde, bei uns die Müllabfuhr,
dann baun wir 'n dickes Rohr, kommt dann schon mal vor,
und blasen dicken Smoke durchs Brandenburger Tor.

Dickes B, home an der Spree,
im Sommer tust du gut und im Winter tut's weh.
Mama Berlin – Backsteine und Benzin,
wir lieben deinen Duft, wenn wir um die Häuser ziehn.
[...]

Früher ging's in Berlin um Panzer und Raketen,
heute leb ich im Osten zwischen Blümchentapeten,
kümmer mich nicht allzu sehr um Taler und Moneten,
baue hier und da 'n Track, aber dafür 'n konkreten!
[...]

Dickes B, home an der Spree
[...]

1 Ideal – Berlin

In diesem ▷ Song spricht ein „lyrisches Ich". ▷ S. 291
Was vermutet ihr: Welches Alter hat es, welches Geschlecht?

!

Lyrisches Ich
In vielen Gedichten spricht ein „Ich" über seine Beobachtungen, Gedanken, Gefühle und Stimmungen.
Dieses lyrische Ich darf nicht mit dem/der Autor/in verwechselt werden.

2 *Haltet den Tagesablauf des lyrischen Ichs fest:*

Zeit	*Orte*	*Ereignisse, Beobachtungen*
tagsüber	*Bahnhof Zoo*	*Ankunft*

3 *a) Nehmt einen Stadtplan von Berlin und folgt dem „lyrischen Ich" auf seinem Weg.*
b) ▷ Informiert euch über Berlin um 1980. ▷ S. 301
Führt Textstellen an, die auf die damalige Situation in der Stadt hinweisen.

4 *Den Song könnt ihr als Bildergeschichte oder Comic wiedergeben.*

5 Seeed – Dickes B

Woran in Berlin ist in diesem Song das lyrische Ich interessiert?

6 *Untersucht die vielen ▷ Fremdwörter:* ▷ S. 280
a) Aus welcher Sprache stammen sie? Erklärt ihre Bedeutung?
b) Welche Wirkung haben sie?

7 *a) „Berlin" von Ideal oder „Dickes B" von Seeed – Welcher Song gefällt euch besser?*
b) Versucht in zwei Sätzen zu sagen, worum es in den beiden Songs geht.
Schreibt in einem dritten Satz euer begründetes Urteil.

8 *Recherchiert zu „Ideal" und „Seeed" und ihrer Musik.*
Haltet einen ▷ Kurzvortrag darüber. ▷ S. 23

9 *„Besuch vom Lande" – „Stadtbesucher" – „Berlin" – „Dickes B"*
Welches Gedicht kommt eurer Vorstellung von Berlin am nächsten? Begründet eure Meinung.

Meine Stadt und ich – Intensiv lesen

Josef Reding

Meine Stadt

Meine Stadt ist oft schmutzig;
aber mein kleiner Bruder ist es auch
und ich mag ihn.

Meine Stadt ist oft laut;
aber meine große Schwester ist es auch
und ich mag sie.

Meine Stadt ist dunkel
wie die Stimme meines Vaters
und hell
wie die Augen meiner Mutter.
Meine Stadt und ich:
Wir sind Freunde,
die sich kennen.

Adjektive
Urteil über Stadt
Wiederholungen

Nicht flüchtig kennen
wie die von fernher,
die der Bürgermeister
manchmal über die
Hauptstraße führt.
Er zeigt ihnen nicht
die Schutthalden.
Warum sollte er?
Zu Hause führen wir auch
unseren Besuch in das
Wohnzimmer und lassen ihn
mit unserem Mülleimer in Ruhe.

Aber manchmal, bevor ich
zur Schule gehe,
klopfe ich dem braven, grauen
Müllkasten auf den Deckel,
dass er fröhlich klappert.
Und am Schuttfeld
werfe ich grüßend einen
Stein auf die blitzende Konservendose
dahinten, dass sie scheppert.

1 *a) Lest das Gedicht aufmerksam.*
b) Welche Beziehung hat das
▷ lyrische Ich zu seiner Stadt? ▷ S. 122

2 *Jemand hat die Strophen 1–3 intensiv gelesen und mit Anmerkungen versehen: Was ist ihm/ihr aufgefallen?*

3 *a) Kopiert das Gedicht oder schreibt es ab; mit großem Zeilenabstand und rundherum viel Platz.*
b) Lest das Gedicht mehrmals ▷ intensiv und ▷ S. 264
- ☐ *markiert wichtige (Schüssel-)Wörter,*
- ☐ *unterstreicht Wiederholungen oder Gegensätze,*
- ☐ *kennzeichnet Vergleiche und sprachliche Bilder (Metaphern),* ▷ S. 280
- ☐ *notiert Zwischenüberschriften und Randnotizen.*

4 *Antwortet schriftlich:*
- ☐ *Die Stadt wird mehrmals verglichen – mit wem?*
- ☐ *Die Strophen 1–3 weisen Gemeinsamkeiten auf – welche?*
- ☐ *Worum geht es in Strophe 4 und 5?*

Orhan Veli

Ich höre Istanbul

Ich höre Istanbul, meine Augen geschlossen.
Zuerst weht ein leichter Wind,
Leicht bewegen sich
Die Blätter in den Bäumen.
In der Ferne, weit in der Ferne.
Pausenlos die Glocke der Wasserverkäufer.
Ich höre Istanbul, meine Augen geschlossen.

Ich höre Istanbul, meine Augen geschlossen.
In der Höhe die Schreie der Vögel,
Die in Scharen fliegen.
Die großen Fischernetze werden eingezogen,
Die Füße einer Frau berühren das Wasser.
Ich höre Istanbul, meine Augen geschlossen.

Ich höre Istanbul, meine Augen geschlossen.
Der kühle Basar
Mahmutpascha mit dem Geschrei der Verkäufer,
Die Höfe voll Tauben.
Das Gehämmer von den Docks her.
Im Frühlingswind der Geruch von Schweiß.
Ich höre Istanbul, meine Augen geschlossen.

Ich höre Istanbul, meine Augen geschlossen.
Im Kopf den Rausch vergangener Feste.
Eine Strandvilla mit halbdunklen Bootshäusern,
Das Sausen der Südwinde legt sich.
Ich höre Istanbul, meine Augen geschlossen.

Ich höre Istanbul, meine Augen geschlossen.
Ein Dämchen geht auf dem Gehsteig.
Flüche, Lieder, Rufe hinter ihr her.
Sie lässt etwas aus der Hand fallen,
Es muss eine Rose sein.
Ich höre Istanbul, meine Augen geschlossen.

Ich höre Istanbul, meine Augen geschlossen.
Ein Vogel zappelt an deinen Hängen.
Ich weiß, ob deine Stirn heiß ist oder nicht.
Ich weiß, ob deine Lippen feucht sind oder nicht.
Weiß geht der Mond hinter den Nussbäumen auf,
Ich weiß es von deinem Herzschlag.
Ich höre Istanbul.

1 *a) Schließt die Augen und lasst euch das Gedicht Strophe für Strophe vorlesen.*
b) Notiert stichpunktartig die (Hör-)Eindrücke des lyrischen Ichs von Istanbul.

2 *Lest das Gedicht jetzt selbst ▷ intensiv.* ▷ S. 264
Gibt das lyrische Ich einen möglichst ***objektiven*** *(sachlichen) oder einen eher* ***subjektiven,*** *persönlichen Eindruck von Istanbul?*
Belegt eure Meinung mit Zitaten.

3 *„Ich höre ❂❂❂"*
Schreibt ein Hör-Gedicht über eine Ortschaft eurer Wahl.

Frank Sinatra/Fred Ebb

New York New York

Start spreadin' the news
I'm leaving today
I wanna be a part of it
New York New York.

These vagabond shoes
are longing to stray
and step around the heart of it
New York New York.

I wanna wake up in the city that doesn't sleep
to find I'm king of the hill top of the heap.

My little town blues
are melting away
I'll make a brand new start of it
in old New York.
If I can make it there I'd make it anywhere
it's up to you New York New York.

I wanna wake up in the city that doesn't sleep
to find I'm king of the hill head of the list
cream of the crop at the top of the heap.
[...]

Mascha Kaléko

Windowshopping

Brillantgefunkel für den Hals der Lady,
Parfum, zehn Dollar aufwärts, für die gnädi-
ge Frau. Ein wirklich echtes Nerzcape für den Spitz,
Aus Sandelholz der – hm, Toilettensitz.
Da strömt das Volk im billigen Sonntagsschuh
Zum Luxusfenster der Fifth Ävennjuh
Und liegt vorm Goldnen Kalb[1] platt auf dem Bauche.

Wenn ich mir schweigend diesen Prunk betrachte,
Denk ich mir nur, was Sokrates[2] schon dachte:
Wie vieles gibt es doch, was ich nicht brauche!

1 **Goldenes Kalb:** Der biblische „Tanz um das Goldne Kalb“ ist ein Bild für Gier nach Geld und Reichtum
2 **Sokrates:** griechischer Philosoph

1 *In welcher Stadt findet das „Windowshopping“ statt, von dem das lyrische Ich in Mascha Kalékos Gedicht spricht?*

2 *a) Was das lyrische Ich vom Windowshopping auf der Fifth Avenue hält, wird in der zweiten Strophe deutlich: Sagt es mit euren Worten.*
b) Woran erkennt man die kritische Einstellung des lyrischen Ichs in der ersten Strophe? Zitiert passende Textstellen.

3 *Tragt das Gedicht möglichst lebendig und ausdrucksvoll vor.* ▷ S. 120

4 *Wer war Mascha Kaléko? ▷ Informiert euch über die Autorin. Haltet einen ▷ Kurzvortrag über sie.* ▷ S. 301 ▷ S. 23

5 *a) Lest und übersetzt den weltberühmten New-York-Song von Frank Sinatra.*
b) Beschafft euch die Musikfassung des Songs. ▷ S. 301

6 *Welche Einstellung gegenüber New York hat das lyrische Ich in dem Sinatra-Song? Belegt eure Meinung mit Zitaten.*

Blaues Berlin – Ein Gedicht schriftlich untersuchen

Oskar Loerke

Blauer Abend in Berlin

Der Himmel fließt in steinernen Kanälen;
Denn zu Kanälen steilrecht[1] ausgehauen
Sind alle Straßen, voll vom Himmelblauen.
Und Kuppeln gleichen Bojen, Schlote[2] Pfählen

Im Wasser. Schwarze Essendämpfe[2] schwelen[3]
Und sind wie Wasserpflanzen anzuschauen.
Die Leben, die sich ganz am Grunde stauen,
Beginnen sacht vom Himmel zu erzählen,

Gemengt, entwirrt nach blauen Melodien.
Wie eines Wassers Bodensatz und Tand[4]
Regt sie des Wassers Wille und Verstand

Im Dünen[5], Kommen, Gehen, Gleiten, Ziehen.
Die Menschen sind wie grober bunter Sand
Im linden[6] Spiel der großen Wellenhand.

1 **steilrecht:** genau senkrecht
2 **der Schlot, die Esse:** hoher Schornstein
3 **schwelen:** rauchen
4 **Bodensatz, Tand:** (wertlose) Ablagerungen
5 **dünen:** hin und her wogen
6 **lind:** sanft

1 *„Blauer Abend in Berlin"*
Wie gestaltet sich dieser „blaue Abend"? Lest das Gedicht und notiert erste Ideen dazu.

2 *Kopiert das Gedicht oder schreibt es ab. Lest es ▷ intensiv:* ▷ S. 264

a) Inhalt:
- ☐ *Markiert die wichtigsten (Schlüssel-)Wörter.*
- ☐ *Versucht den Inhalt jeder Strophe stichpunktartig/in einem Satz wiederzugeben.*

b) Sprachliche Besonderheiten:
- ☐ *Notiert sprachliche Bilder (▷ Metaphern) und Vergleiche:* ▷ S. 280
  Himmel fließt
  Kuppeln wie Bojen, Schlote wie ...
- ☐ *Versucht sie mit euren Worten zu beschreiben, erklären.*

c) Gedichtform:
- ☐ *Wie viele Strophen und Verse hat das Gedicht?*
- ☐ *Wie ▷ reimen sich die Verse?*
- ☐ *Wie müssen die Wörter pro Verszeile ▷ betont werden?* ▷ S. 290
- ☐ *Was fällt euch beim Übergang zwischen den Strophen auf?*

! Das **Sonett** ist eine seit Jahrhunderten in ganz Europa verbreitete Gedichtform aus zwei vierzeiligen Strophen („Quartetten“) und zwei dreizeiligen Strophen („Terzetten“) mit regelmäßiger Betonung (▷ Jambus). ▷ S. 290 f.

3 *Versucht die sprachlichen Bilder des Gedichts mit Stift, Pinsel und Farben auszudrücken.*

4 *Nehmt ausführlich Stellung zu dem Gedicht „Blauer Abend in Berlin“ von Oskar Loerke. Dazu könnt ihr nach folgendem Schreibplan vorgehen:*

ARBEITSTECHNIK EIN GEDICHT SCHRIFTLICH UNTERSUCHEN

- ☐ Die **Einleitung** nennt kurz die besondere Form, Titel, Autor/in und Thema des Gedichts:
  In dem Sonett „Blauer Abend in Berlin“ von ...
  Das Sonett ... handelt von ...
  Im Mittelpunkt des Sonetts ...
  In O. Loerkes Sonett ... von ...
- ☐ Der **Hauptteil** beginnt mit einer strophenweisen Inhaltsangabe. Anschließend geht ihr auf inhaltliche Einzelheiten und Auffälligkeiten ein. Belegt sprachliche Besonderheiten (Bilder, Vergleiche, Wortstellung), Betonung und Reim mit passenden Textbeispielen.
- ☐ Zum **Schluss** fasst ihr die Hauptaussage des Gedichts zusammen und äußert dazu eure begründete Meinung:
  Mir hat das Gedicht gut gefallen, weil ...
  Zusammenfassend möchte ich sagen, dass ...
  Beim ersten Lesen hat mich das Gedicht nicht besonders angesprochen: ... Aber ...
  Mir gefällt das Sonett von O. Loerke nicht, weil ...

7.2 Et is ming Stadt – Dialekt in Dichtung und Alltag

▷ S. 267

Trude Herr

Ming Stadt

Grau die Stadt und grau ist der Strom,
Blood is rut und alt is der Dom,
Minsche krümmen sich ehlend für Nuut,
Prunk un Stöz, im Dreck litt Brut.

In dieser Stadt jitt et Jode un Schlächte,
Schwache und Starke, met jet in d'r Mau,
Ärme und Riche und Linke und Rächte,
einer is brav, d'r andre schlau.

Mir fiere vaterstättische Feste,
Karneval fiere sojar schon uns Pänz,
mir sinn im fiere noch immer de Beste,
dat met d'r Heiterkeit nemmen mir änz.

Pänz sin frech, un Kinder han Jlück,
schlimm die Stadt, doch ich kumm zurück,
vill is mies, un dat bin ich satt,
ich messe nur die Lück us d'r Stadt.

Ob söß oder better, du muss üverläve,
jot oder schläch, et is ming Stadt.

1 *a) Wer kann diese Dialekt-Strophen gut vortragen?*
b) Versucht sie ins Hochdeutsche zu ▷übersetzen.

▷ S. 302

2 *a) Notiert Strophe für Strophe, was Trude Herr an Köln erwähnenswert findet.*
b) Wie ist ihre Einstellung gegenüber ihrer Heimatstadt? Schreibt das in einem Satz nieder.

3 *a) Besorgt euch das vollständige Lied mitsamt der Musikfassung.*
b) Sagt, wie euch die Darstellung der Stadt in Text und Ton gefällt.

▷ S. 301

Friedrich Stoltze

Frankfort

Es is kaa Stadt uff de weite Welt,
die merr so wie mei Frankfort gefällt,
un es will merr net in mein Kopp enei:
Wie kann nor e Mensch net von Frankfort sei!

Un wär 'sch e Engel un Sonnekalb,
e Fremder is immer von außerhalb!
De beste Mensch is e Ärjerniss,
wann er net aach von Frankfort is.

[...]

Un wann se bei uns sich amesiern,
dann werrd se de Abschied doppelt rihrn
un gewe merr recht un stimme mit ei:
Wie kann nor e Mensch net von Frankfort sei!

4 *Versucht auch diese Dialekt-Strophen über Frankfurt möglichst mundartgetreu vorzutragen.*

5 *a) Welche Einstellung hat Friedrich Stoltze gegenüber seiner Stadt?*
b) Vergleicht das mit Trude Herr und Köln.

Gottlob Haag

Lait

Lait. Lait. Lait!
Iiverool Lait!
Haufeweis Lait!
Lait, groodegnuech!

Aawer selde –
und doe mueßscht scho
Gligg hoowe –
dass dr emoel
e Mensch
iwwer n Weech läeft.

Harald Hurst

Leut

So alle paar Woche
treibt's mi in d' Stadt

un kaum bin i drin
treibt's mi scho widder raus

nur Leut Leut Leut
un weit und brait
kai Menscheseel

1 *Lest die beiden Mundartgedichte laut vor.*

2 *Was ist die gemeinsame „Botschaft“ der Gedichte von Gottlob Haag und Harald Hurst? Schreibt sie auf.*

3 *„Übersetzt“ die Gedichte Wort für Wort ins Hochdeutsche. Welche Variante gefällt euch besser – Mundart oder Hochdeutsch?*

4 *a) Kennt ihr Lieder, Gedichte oder Songs in Dialekt/Mundart? Stellt sie euch gegenseitig vor.*
b) Was meint ihr: Für welche Gelegenheiten passen mundartliche Texte gut? Wann sind sie weniger geeignet?

Der Dialekt – Brücke oder Hindernis?

1 *Sprecht ihr einen Dialekt? Sucht seinen Namen in der Dialektkarte.*

2 *Untersucht die Prozentergebnisse der Umfrage: Haltet sie in sechs Sätzen fest.*

3 *Ist es eurer Meinung nach sinnvoll, einen Dialekt zu beherrschen?*

Sprechen Sie einen Dialekt?

	Ja (%)
Bevölkerung insgesamt:	57
Männer:	61
Frauen:	54
Altersgruppen:	
16–29 Jahre	52
30–44 Jahre	57
45–59 Jahre	58
60 Jahre und älter	63
Berufe:	
Landwirtschaftliche Berufe	83
Arbeiter	61
Selbstständige	49
Angestellte, Beamte	47
Regionen:	
Norddeutschland	39
Nordrhein-Westfalen	35
Rhein-Main/Südwest	59
Bayern	72
Stadt und Land:	
Dörfer	76
Städte	61
Großstädte	43

Mascha Kaléko

Frau Wegerich

Frau Wegerich, die stammt aus Sachsen.
Darum ruft sie ihren Peter: *Beder*
Und Paulchen: *Baule.* Und doch weiß jeder
Von den zwei frechen Wegerich-Dachsen,
Wen die Mutter gerufen hat!

Das ist weiter keine Schande.
So ist das nämlich in manch anderm Lande,
Ja sogar oft schon in manch andrer Stadt,
Dass sie da „d“ sagen statt „t“
Oder auch „b“ statt „p“.
Das gilt dort als Sitte und Brauch.

In Berlin, zum Beispiel, sagen wir auch
„Icke“ zuweilen, an Stelle von „ich“.
Und doch weiß jeder, dass der Berliner
Mit „Icke“ nicht dich meint oder mich,
sondern nur sich.

In Schwaben schwäbeln sie. Und wenn der Wiener
Sein Mädchen nennt ein „süaßes Madel“,
Versetzt sie ihm durchaus keinen Tadel,
Sondern eher noch einen Kuss.
Weil man den Menschen so reden lassen soll,
Weil man womöglich einen jeden lassen soll,
Wie er nun mal ist und sein muss.
Schluss.

4 *Welche Meinung wird in diesem Gedicht über Dialekte und Mundarten geäußert?*

5 *Führt eine ▷ Diskussion über die Frage „Haben Dialekte eine Berechtigung?“*
Bedenkt dabei:
- ☐ *die Umgebung, die Sprechsituation (privat, öffentlich …)*
- ☐ *die Gesprächspartner/innen (Familie, Fremde …)*
- ☐ *die Sprachform (geschrieben, gesprochen, Lied, Bericht …)*

6 *Gibt es auch in anderen Sprachen Dialekte?*
Erkundigt euch bei Mitschülern/Mitschülerinnen, Bekannten, Großeltern …
Bei welcher Gelegenheit spricht man sie? Welches Ansehen genießen sie?

7.3 Wo wir wohnen – Lyrikwerkstatt

Lyrischer Städtebau – Gedichte schreiben

Eugen Gomringer

cars and cars

cars and cars
cars and elevators
cars and men
elevators and elevators
elevators and men
men and cars and elevators
men and men

trains and trains
trains and men and elevators
trains and elevators
men and trains
men and men

cars and trains
cars and men and trains
men and men

men and men

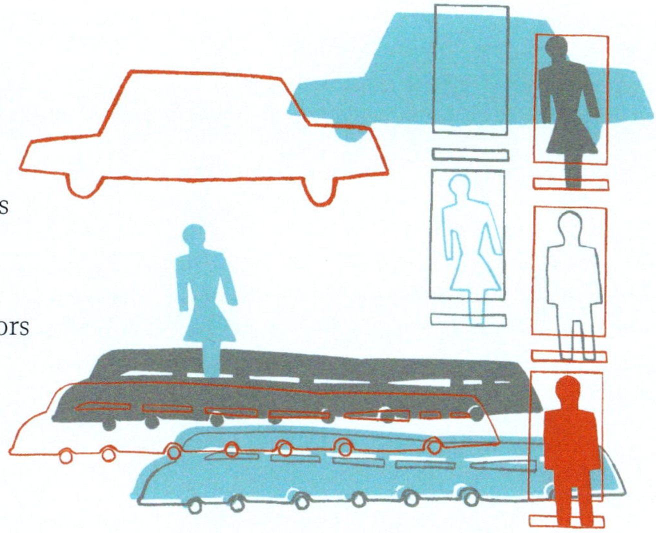

Burckhard Garbe

statt planung

```
                                                                   IDUNA
                                                                   IDUNA
                                                                   IDUNA
                                                                   IDUNAIDUNA
                                                                   IDUNAIDUNA
                                                                   IDUNAIDUNA
                                               HERTIEHERTIEHERTIE  IDUNAIDUNA
   KARSTADTKARSTADT                  C&AC&AC&AC&AHERTIEHERTIEHERTIE  IDUNAIDUNA
   KARSTADTKARSTADT                  C&AC&AC&AC&AHERTIEHERTIEHERTIE  IDUNAIDUNA
   KARSTADTKARSTADT                  C&AC&AC&AC&AHERTIEHERTIEHERTIE  IDUNAIDUNA
kepakepakepa KARSTADT                C&AC&AC&AC&AHERTIEHERTIEHERTIE  IDUNAIDUNA
kepakepakepa KARSTADT                C&AC&AC&AC&AHERTIEHERTIEHERTIEIDUNAIDUNAIDUNAIDUNA
kepakepakepa KARSTADT                C&AC&AC&AC&AHERTIEHERTIEHERTIE  IDUNAIDUNAIDUNA
kepakepakepa                         C&AC&AC&AC&AHERTIEHERTIEHERTIE  IDUNAIDUNAIDUNA
kepakepakepa KARSTSTADT GÖTTINGEN C&AC&AC&AC&AHERTIEHERTIEHERTIE  IDUNAIDUNAIDUNA
```

1 *Untersucht diese beiden „Gedichte“:*
a) Wovon handeln sie? Was ist ihr Inhalt?
b) Wie sind sie gestaltet, „gebaut“?

2 *Versucht ein eigenes Stadtgedicht als* ***Parallelgedicht*** *zu diesen beiden Gedichten zu schreiben:*
Shopping mall
Schaufenster und Schaufenster
...

TIPPS

- Schreibt/Gestaltet ein „internationales“, mehrsprachiges Großstadtgedicht (einschließlich Dialekt?).
- Schreibt ein ▷ Hör-Gedicht über einen typischen Platz in eurer Stadt. ▷ S. 124 f.
- Dichtet Ein-Blick-aus-dem-Fenster-Gedicht.
- „Komponiert“ einen Biker Rap quer durch die Stadt.

3 *Sammelt eure eigenen und fremde Stadtgedichte*
- *in einer Mappe*
- *auf einer CD.*
- *Verwendet Fotos, Musik, Geräusche ...*
- *Experimentiert mit verschiedenen Schriftarten und -farben.*

Projekt Stadt-Revue – Gedichte präsentieren

Ihr habt jetzt so viel über (Stadt-)Gedichte erfahren, habt mit ihnen experimentiert und selbst produziert – es wäre doch jammerschade, all dies Interessante nicht zu präsentieren!

1 *Überlegt reizvolle Möglichkeiten, eure Stadt-Gedichte einem Publikum zu präsentieren.*

Exklusive Dichterlesungen gibt es genug. Poetry Slam ist Dichtung aus dem Publikum für das Publikum.
Jede/r, die/der schon mal ein paar Zeilen geschrieben hat und sich damit auf die Bühne wagt, kann vortragen. Bis zu zehn Autor/inn/en treten an einem Abend an, am Ende entscheidet das Publikum.
Team Slam Was ist noch aufregender als alleine auf der Bühne stehen und selbst geschriebene Texte vortragen? Mit mehreren Autoren zusammen auf der Bühne stehen! Denn Team Slam ist die Literatur der unbegrenzten Möglichkeiten.

2 *Lasst euch von der Idee „Poetry Slam“ zu einer aufregenden Präsentation eurer Stadtgedichte anregen.*

WÖRTERLISTE ▷ S. 298

Metapher	Vers	Refrain	intensiv
Publikum	Strophe	Dialekt	präsentieren
Motiv	Rhythmus	lyrisches Ich	produzieren
Metrum	Sonett	typisch	experimentieren

8 „Romeo und Julia" – Szenen einer Tragödie

8.1 „Mit den leichten Flügeln der Liebe" – Handlung und Figuren kennen lernen

Ein Szenenfoto aus dem Film „Romeo und Julia" (1996) mit Leonardo DiCaprio und Claire Danes in den Hauptrollen; nach dem Schauspiel des englischen Dramatikers William Shakespeare (1564–1616).

1 *Was wisst ihr über das berühmteste Liebespaar der Weltliteratur?*

Zwei Häuser, gleich an Rang, seht, die inmitten
Der guten Stadt Verona, unserm Ort,
In altem Groll zu neuem Aufruhr schritten,
Dass Bürgerhand rot wird vom Bürgermord.

Den Lenden der zwei Todfeinde entsprang
Ein Paar von Liebenden, die Unglück haben.
Ihr Unstern wird, ihr bittrer Untergang,
Mit ihnen auch der Eltern Streit begraben.

So lautet der Prolog (= Vorspann an das Publikum) des Schauspiels in einer Übersetzung des englischen Originals von 1596.

2 *a) Versucht die Verse in modernem Deutsch wiederzugeben:*
In der Stadt Verona gab es zwei Familien mit gleicher Macht, die ...
b) Besprecht eure unterschiedlichen Ergebnisse.

3 *Stellt Vermutungen an, wovon das Schauspiel wohl handelt.*

Fang Streit mit ihnen an! – Die Exposition

▷ S. 291

1. Akt, 1. Szene

Verona, ein öffentlicher Platz
Sampson und Gregory, zwei Diener der Familie Capulet, treffen auf Abram und einen weiteren Bediensteten der Montagues.

SAMPSON: Fang Streit mit ihnen an! Ich halte dir den Rückweg frei.
GREGORY: Wegrennen wirst du.
SAMPSON: Aber lass *sie* den Streit anfangen, dann sind *wir* im Recht.
GREGORY: Ich werde ihnen Fratzen schneiden. Mal sehen, was sie dann machen.
SAMPSON: Ich werde vor ihnen ausspucken. Das wird sie beleidigen.
ABRAM: Spucken Sie uns an, Sir?
SAMPSON: Ich spucke aus, Sir.
GREGORY: Streitet ihr euch?
ABRAM: Streiten? Nein, Sir.
Benvolio tritt auf.
SAMPSON: Aber wenn ihr streiten wollt:
Ich bin bereit.
Ich diene einem besseren Herrn als ihr.
ABRAM: Das ist gelogen!
SAMPSON: Zieht, wenn ihr Männer seid.
Gregory, hau ihm eins über die Rübe!
Sie fechten.
BENVOLIO: Hört auf, ihr Narren!
Steckt eure Waffen ein, ihr wisst ja nicht, was ihr tut!
Tybalt tritt auf.

Die wichtigsten Figuren der Tragödie

Romeo	aus der Familie Montague
Julia	aus der Familie Capulet
Montague *Lady Montague*	Romeos Eltern
Benvolio	Romeos Cousin
Capulet *Lady Capulet*	Julias Eltern
Tybalt	Julias Cousin
Amme	von Julia
Fürst	von Verona
Mercutio *Graf Paris*	Verwandte des Fürsten
Bruder Laurenz	Priester

Spielt um 1300 in Verona, Oberitalien

TYBALT: Was? Lass doch die feigen Hunde. Komm her, Benvolio, auf Leben und Tod!

BENVOLIO: Ich will nur Frieden stiften. Steck dein Schwert weg. Oder hilf mir, die beiden Streithähne zu trennen.

TYBALT: Was, mit der Waffe in der Hand willst du Frieden stiften? Ich hasse das Wort „Frieden“! Ich hasse alle Montagues! Und dich ganz besonders! Los, Feigling, wehr dich!

Sie fechten. Drei oder vier Bürger treten auf, mit Knüppeln und Spießen.

BÜRGER: Her mit den Knüppeln und Spießen! Stoßt zu! Schlagt sie zusammen! Nieder mit den Capulets! Nieder mit den Montagues!

Der alte Capulet im Schlafanzug und seine Frau treten auf.

CAPULET: Was ist das für ein Geschrei? He, gebt mir mein Schwert!

LADY CAPULET: Nein, Krücken brauchst du – und kein Schwert!

Der alte Montague und seine Frau treten auf.

CAPULET: Mein Schwert, sage ich! Der alte Montague schwingt seins doch auch gegen mich!

MONTAGUE: Capulet, du Verbrecher! *Zu seiner Frau:* Halt mich nicht zurück! Lass mich los!

LADY MONTAGUE: Keinen Schritt weiter!

Der Fürst tritt mit seinem Gefolge auf.

FÜRST: Rebellisches Volk! Feinde des Friedens! Die ihr eure Schwerter mit dem Blut der Nachbarn entweiht, wollt ihr nicht aufhören? Wie die wilden Tiere, die ihre Raserei nur mit Blut besänftigen können! Werft sofort eure Waffen weg oder erwartet strengste Strafe! Schon dreimal gab es Streitereien in Verona wegen irgendwelcher unbedachter Worte von dir, alter Capulet, und von dir, Montague. Dreimal schon habt ihr die Ruhe unserer Straßen gestört, sodass die alten Bürger von Verona ihre verrosteten Waffen hervorholen mussten, um euch zu trennen. Wenn ihr noch einmal den Frieden der Stadt stört, bezahlt ihr das mit euerm Leben. Jetzt gehen alle nach Hause!

Du, Capulet, kommst sofort zu mir, und du, Montague, kommst heute Nachmittag, um unsern Willen in dieser Sache zu hören.

Noch einmal: Alle entfernen sich von hier!

[...]

1 *a) Lest die Szene leise und jede/r für sich. Vergleicht dazu auch das Figurenverzeichnis.*
b) Lest mit verteilten Rollen und möglichst lebendig.

2 *Fasst den Inhalt der Szene zusammen, indem ihr die folgenden Handlungsschritte in der richtigen Reihenfolge ordnet und aufschreibt:*

Der Fürst beendet den Streit.

Tybalt aus dem Hause Capulet möchte keinen Frieden schließen.

Gregory und Sampson aus dem Hause Capulet zetteln eine Auseinandersetzung an.

Der Fürst erinnert daran, dass unüberlegte Worte bereits dreimal zu Streitereien zwischen den beiden Familien geführt haben.

Bei erneutem Konflikt zwischen den beiden Familien droht der Fürst mit der Todesstrafe.

Benvolio aus dem Hause Montague versucht den Streit zu schlichten.

3 *Zwischen Romeos Familie der Montagues und den Capulets von Julia besteht ein tiefer Hass. Dieser äußert sich bereits in der Sprache der verfeindeten Familienangehörigen.*
a) Lest Zeile 1–55 der Eingangsszene noch einmal und findet Beispiele für diesen Hass.
b) Tragt die Beispiele in eine Tabelle ein und erläutert sie:

Feindschaftsäußerungen	Erläuterung
„Ich werde ihnen Fratzen schneiden.“ (Z. 6)	Die Diener zeigen große Respektlosigkeit.
...	...

Das mittelalterliche Verona

Verona, Stadt in Norditalien, war eine reiche Handelsstadt, in der die wohlhabenden Bürgerfamilien in Großfamilien zusammen lebten und arbeiteten.
In den reichen Familien wurden die Kinder nicht von den Müttern, sondern von Ammen aufgezogen. Während Jungen schon vor der Ehe erste Liebeserfahrungen machen durften, mussten die Mädchen als Jungfrauen in die

Ehe gehen. Sie heirateten jung, häufig schon mit 12 oder 13 Jahren, obwohl die Ehemänner oft sehr viel älter waren. Den Hochzeiten, die von den Familienoberhäuptern ausgehandelt wurden, durften sich die Kinder nicht widersetzen. Die Kirche war zu der damaligen Zeit sehr mächtig.

Über Verona herrschte ein vielseitig gebildeter Fürst, der regierte, für Ruhe und Ordnung sorgte und Recht sprach, wenn Gesetze gebrochen wurden. Neben der Todesstrafe war die Verbannung eine der schlimmsten Strafen.

4 *a) Gebt mit eigenen Worten wieder, was ihr hier über Verona, seine Bewohner, ihre Sitten und den Fürsten erfahrt.*
b) Wenn ihr die Informationen über die Heiratsgewohnheiten lest: Was könnte das für Romeo und Julia bedeuten?

5 *Fasst zusammen, was ihr in Szene 1 über die Figuren, Ort und Zeit des Geschehens und den Konflikt in Schakespeares Schauspiel erfahrt.*

Wer ist die Dame? – Figurenkonstellationen

1. Akt, 5. Szene

Der Festsaal im Hause Capulet.
Die Capulets veranstalten ein Kostümfest zu Ehren Julias und des Grafen Paris, ihres ausersehenen Ehemanns. Romeo mischt sich verkleidet unter die Gäste.

CAPULET: Willkommen, meine Herren!
Alle Damen, die keine Hühneraugen haben, werden mit Ihnen tanzen wollen.
Ah, meine Damen, wer von Ihnen will nicht tanzen?
Willkommen, meine Herren! Früher habe auch ich eine Maske getragen und den Damen süße Worte ins Ohr geflüstert.
Vorbei, vorbei, leider, die Zeit ist vorbei.
Kommt, Musikanten, spielt!
Musik spielt und alle tanzen.
[...]
ROMEO *erblickt Julia. Zu einem Diener:* Wer ist die Dame dort, die jetzt dem Ritter ihre Hand reicht?
DIENER: Ich weiß nicht, Sir.
ROMEO *voller Bewunderung:* Sie leuchtet heller als alle Fackeln, ihre Schönheit strahlt mehr als ein Diamant am Ohr einer dunklen Schönen.
Sie ist wie eine schneeweiße Taube inmitten ihrer Begleiterinnen, die wie Krähen wirken neben ihr.
Ich will aufpassen, wo sie nach dem Tanz Platz nimmt.
Ich will mit meiner plumpen Hand ihre zarte Hand berühren.
Mein Herz, hast du je geliebt, dann vergiss es!
Erst heute Abend sehe ich – die wahre Schönheit!
TYBALT: Seiner Stimme nach zu urteilen, ist das ein Montague!
Zu seinem Diener:
Hol mir das Schwert, Junge.
Was? Wagt der Lümmel, hierherzukommen und hinter der albernen Maske unser Fest zu stören?

Nun, bei unserer Familienehre, ich schlage ihn tot und denke, das ist keine Sünde.

CAPULET: Was hast du vor? Warum so wütend?

TYBALT: Dies ist ein Montague, einer von unseren Feinden.
Der Schuft ist hierhergekommen, um unser Fest zu stören.

CAPULET: Das ist doch der junge Romeo.

TYBALT: Der *Lümmel* Romeo!

CAPULET: Nimm dich zusammen, lass ihn zufrieden.
Er benimmt sich wie ein Edelmann. Ganz Verona weiß, dass er ein edler, wohlerzogener junger Mann ist.
In meinem Haus soll ihm nichts Böses geschehen.
Also beherrsche dich, nimm einfach keine Notiz von ihm.
Deine finsteren Blicke passen nicht zum Fest.

TYBALT: Wenn so ein Schuft hier ist, dann passen sie!
Ich werde ihn nicht dulden.

CAPULET: Bin ich der Herr im Hause oder du?
Ich will keinen Streit unter meinen Gästen!
Du willst ja immer nur den großen Mann spielen!

TYBALT: Aber es ist eine Schande! Ich ziehe mich jetzt zurück, doch er wird das alles noch bitter bereuen!

Tybalt geht weg.

ROMEO *bewundert Julia und nimmt ihre Hand:*
Wenn ich mit meiner unwürdigen Hand dich Heilige entweihe, ist das nur eine leichte Sünde.
Meine Lippen sind bereit,
die grobe Berührung durch einen zarten Kuss zu mildern.

JULIA: Da tun Sie Ihrer Hand wirklich Unrecht,
sie drückt mir ja ihre Verehrung aus.
Auch Heiligenfiguren haben Hände,
die ein andächtiger Pilger berühren darf.

ROMEO: Haben Heilige nicht auch Lippen,
und fromme Pilger ebenso?

JULIA: Pilger sollten sie zum Beten gebrauchen.

ROMEO: Liebe Heilige, lass die Lippen tun,

was die Hände taten, damit aus Glaube nicht Verzweiflung wird.

JULIA *lächelnd:* Heiligenfiguren halten still, wenn sie dem Betenden eine Bitte gewähren.

ROMEO: Dann halte auch still, wenn ich tue,
wofür ich gebetet habe.
Er küsst sie.
So sind meine Lippen von jeder Sünde frei.

JULIA: Jetzt haben meine Lippen deine Sünde.

ROMEO: Sünde von meinen Lippen?
Ein süßer Vorwurf!
Gib mir meine Sünde wieder.
Er küsst sie noch einmal.

JULIA: Du verstehst zu küssen.

Die Amme kommt.

AMME: Madam, Ihre Mutter möchte mit Ihnen sprechen.

Julia geht zögernd weg.

ROMEO *zur Amme:* Wer ist ihre Mutter?

AMME: Na, junger Mann,
ihre Mutter ist die Herrin dieses Hauses,
eine gute Dame, klug und tugendsam.
Ich habe ihre Tochter großgezogen,
mit der Sie gerade gesprochen haben.
Ich sage Ihnen, wer sie einmal bekommt,
hat das ganz große Los gezogen.

ROMEO: O Gott! Sie ist eine Capulet?
Ich würde für sie mein Leben hingeben.

Benvolio kommt näher.

BENVOLIO: Lass uns gehen, man soll ein Fest verlassen, wenn es am schönsten ist.

[...]

JULIA: Komm her, Amme. Wer ist der Edelmann dort?

AMME: Der Sohn und Erbe des alten Tiberio.

JULIA: Und wer geht jetzt zur Tür hinaus?

AMME: Ich glaube, es ist der junge Petruchio.

JULIA: Und wer ist der, der hinter ihm geht und nicht tanzen wollte?

AMME: Ich weiß nicht.

JULIA: Geh, frag nach seinem Namen. Wenn er schon verheiratet sein sollte, dann will ich sterben, und mein Grab wird mein Brautbett sein.

Amme hat sich erkundigt und kommt zurück.

AMME: Sein Name ist Romeo, ein Montague, der einzige Sohn unseres alten Feindes.

JULIA: Meine große Liebe – zu dem verhassten Feind! Die Liebe beginnt für mich unheilvoll. Ich kannte ihn nicht, und jetzt liebe ich ihn, diesen verhassten Feind.

[...]

1 *Lest und übt diese Szene so lange, bis ihr sie ausdrucksvoll vortragen könnt. Sie lässt sich gut in zwei Teile gliedern: Z. 1–69 und Z. 70–137.*

2 *Gebt den Inhalt der Szene wieder, indem ihr die Rolle*

- ☐ *Romeos* ☐ *Julias*

einnehmt und aus ihrer Perspektive berichtet; z. B.:

Zusammen mit Benvolio habe ich mich ...

Meine Eltern haben ein Fest ...

3 *Lest noch einmal nach, wo und wie sich Romeo zum ersten Mal über Julia äußert:*

a) Zu wem spricht er dabei? – Wie nennt man diese Redeweise?

b) Wie, mit welchen Worten drückt er seine Bewunderung aus?

4 *In ihrem ersten Gespräch (Dialog) redet Romeo Julia als „Heilige“ an (Z. 72). Untersucht den Dialog bis Z. 99: Gehen die beiden sehr „heilig“ miteinander um? Führt Textbeispiele an.*

5 *Bringt das Verhältnis zwischen Romeo und Julia (die ▷ Figurenkonstellation) in einem* ***Standbild*** *zum Ausdruck.* ▷ S. 106

ARBEITSTECHNIK STANDBILD

- ☐ Bei einem Standbild „erstarren“ zwei oder mehrere Personen für einige Sekunden und drücken stumm, allein durch
  - Körperhaltung
  - Mimik (Gesichtsausdruck, Blicke ...)
  - Gestik (Arme, Hände, Beine ...)

  aus, in welchem Verhältnis sie zueinander stehen.
- ☐ Ein/e „Regisseur/in“ kann hilfreiche Tipps beim „Bau“ des Standbildes geben.
- ☐ Präsentiert euer Standbild vor Publikum.
- ☐ Dabei können die Figuren Auskunft geben über ihre Empfindungen und ihr Verhältnis zueinander.

6 *Stellt Romeo – Capulet – Tybalt in einem Standbild dar.*

Wer bist du, fremder Mann? – Rollenbiografien

2. Akt, 2. Szene

Im nächtlichen Garten der Capulets. Julia auf dem Balkon.

JULIA *zu sich selbst:* O Romeo, Romeo! Warum musst du Romeo sein?
Verleugne deinen Vater und lege deinen Namen ab. Oder, wenn du es nicht kannst, schwöre mir deine Liebe, und ich will keine Capulet mehr sein.

ROMEO *zu sich selbst:* Soll ich länger zuhören? Oder soll ich antworten?

JULIA: Nur dein *Name* ist mein Feind.
Du bist, wie du bist – ob Montague oder nicht.
Was bedeutet schon „Montague“?
Das ist weder Hand noch Fuß,
weder Arm noch Gesicht, noch irgendein andrer Körperteil, der zum Mann gehört.
Was bedeutet schon ein Name?
Eine Rose würde süß duften auch ohne den Namen „Rose“, und Romeo würde alle seine Vollkommenheiten behalten, auch wenn er nicht Romeo heißen würde.
Dein Name ist kein Teil von dir.
Nimm auch *mich*, wie ich bin.

ROMEO: Ich nehme dich beim Wort.
Nenne mich „Geliebter“, und ich bin wie neu getauft.

JULIA *überrascht:* Wer bist du, fremder Mann, verborgen in der Nacht, der du dich in meine Gedanken einmischst?

ROMEO: Meinen Namen will ich nicht nennen.
Mein Name, liebe Heilige, ist mir verhasst, weil er dich an deinen Feind erinnert.

JULIA: Meine Ohren haben noch nicht hundert Worte von deinen Lippen aufgesogen, doch kenne ich den Klang.
Bist du nicht Romeo und ein Montague?

ROMEO: Weder der eine noch der andere, schönes Mädchen, wenn dir diese Namen nicht gefallen.

JULIA: Wie kamst du hierher, sag mir, und wozu?
Die Gartenmauern sind hoch und schwer zu erklettern, und der Ort könnte für dich den Tod bedeuten, wenn meine Verwandten dich hier finden.

ROMEO: Mit den leichten Flügeln der Liebe bin ich über die Mauer geflogen.
Steine können die Liebe nicht aufhalten, und was die Liebe kann, das wird sie auch versuchen.
Deine Verwandten können mich nicht aufhalten.

JULIA: Wenn sie dich sehen, werden sie dich ermorden.

ROMEO: Viel mehr Gefahr liegt in deinen Augen als in tausend Schwertern.
Schau mich liebevoll an,und ich fürchte mich nicht mehr vor den Feinden.

JULIA: Ich will nicht, um alles in der Welt, dass sie dich hier finden.

ROMEO: Der Mantel der Nacht wird mich verbergen.
Nur wenn *du* mich nicht liebst, sollen sie mich hier finden, dann kann mein Leben durch ihren Hass enden.
Was bedeutet mir schon mein Leben ohne deine Liebe?

JULIA: Wer hat dir diesen Ort gezeigt?

ROMEO: Die Liebe ließ mich nachforschen.
Ich hätte dich gefunden, und wärst du auf einer fernen Insel, vom Meer umtost.
Ich hätte alles für dich gewagt.

JULIA: Du weißt, ich konnte dich in der Nacht nicht sehen, sonst würde ich mädchenhaft erröten, weil du alles mitgehört hast, was ich hier gesprochen habe.
Gern würde ich die guten Sitten einhalten, gern würde ich meine Worte zurücknehmen.

Aber wozu? Wichtig ist nur: Liebst du mich wirklich?
Ich weiß, dass du „ja“ sagen wirst, und will es glauben.
Doch schwöre nichts, Liebesschwüre sind oft falsch.
Oh, edler Romeo, wenn du mich wirklich liebst, sag es offen und ehrlich. Aber wenn du glaubst, du hättest meine Liebe zu *schnell* gewonnen, werde ich widerspenstig sein und „nein“ sagen.
Aber nur in *diesem* Fall – sonst um nichts in der Welt.
In Wahrheit, schöner Montague, hab ich dich sehr lieb, deshalb vertraue mir, ich bin aufrichtiger als die anderen Mädchen, die sich nur verstellen, wenn sie so tun, als ob sie abweisend sind.
Ich wäre wohl auch abweisender gewesen, wenn du nicht zufällig meine wahre Liebesleidenschaft mitgehört hättest.

ROMEO: Ich schwöre bei dem heiligen Mond, der silberhell diese Baumwipfel beleuchtet –

JULIA: Oh, schwöre nicht beim Mond, dem unbeständigen, der sich immer verändert.
Damit deine Liebe nicht auch so veränderlich sein wird.

ROMEO: Wobei soll ich denn schwören?

JULIA: Schwöre überhaupt nicht.
Dich vergöttere ich und glaube dir auch so.

[...]

ROMEO: Schwör mir noch einmal deine Liebe.

JULIA: Alles möchte ich dir geben.
Meine Liebe ist so tief wie das Meer.
Je mehr Liebe ich dir gebe, desto mehr Liebe habe ich,
das Geben und das Nehmen sind unendlich.
Ich höre drinnen ein Geräusch.
Geliebter, adieu!
Die Amme ruft von drinnen.
Gleich, gute Amme! – Süßer Montague, bleib mir treu!
Bleib noch ein wenig, ich komme gleich wieder.

Julia geht ins Zimmer.

ROMEO: O selige, selige Nacht! Ist das alles nur ein Traum? Ein schmeichelnd-süßer Traum?

Julia tritt oben auf.

JULIA: Drei Worte noch, lieber Romeo, und dann wirklich „gute Nacht“.
Wenn deine Liebe zu mir *ehrenhaft* ist, dein Ziel die *Ehe*, gib mir morgen Bescheid durch jemanden, den ich dir schicken werde, wo und wann die kirchliche Trauung vollzogen werden soll.
Dir will ich mein Schicksal zu Füßen legen und dir, als meinem Ehemann, durch die ganze Welt folgen.

AMME *von drinnen:* Madam!

JULIA: Ich komme gleich. – Doch wenn du es nicht gut meinst, dann bitte ich dich –

AMME *von drinnen:* Madam!

JULIA: Ich komme sofort. – *Zu Romeo:*
… deine Bemühungen einzustellen
und mich in meinem Schmerz allein zu lassen.
Morgen werde ich dir einen Boten schicken.

ROMEO: Bei meinem Seelenheil –
JULIA: Gute Nacht! Gute Nacht!
Sie verschwindet im Zimmer.
[…]

1 *„Wie kamst du hierher …?“, fragt Julia.*
Was antwortet Romeo? – Meint er diese Antwort wörtlich?

2 *Julia erkennt Romeo trotz der Dunkelheit:*
a) Wie erklärt sie das?
b) An welcher Bemerkung hätte Julia Romeo auch erkennen können? – Lest dazu noch einmal den Dialog auf S. 140, Z. 70 ff.

3 *Übt einen ausdrucksvollen Vortrag dieser berühmten „Balkonszene“.*

4 *Notiert die Handlungsschritte, die sich für das Dramengeschehen aus der Balkonszene ergeben:*

Julia tritt auf den Balkon und … → …

5 *Julia spricht während ihres ▷ Monologs laut zu sich selbst (Z. 9–22).* ▷ S. 291
Fasst zusammen, was Julia sagt.

6 *Vergleicht Julias Monolog (Z. 9–22) mit dem, was sie im anschließenden Dialog mit Romeo (Z. 23–72) spricht.*
Worin besteht der Unterschied? Beschreibt.

7 *Schreibt einen Monolog, den Romeo nach der Begegnung mit Julia sprechen könnte.*

Stellt euch vor, ihr sollt als Schauspieler/in Romeo bzw. Julia auf der Bühne „verkörpern“. Dazu ist es wichtig, dass ihr euch das Leben (die Biografie) dieser Figuren so klar wie möglich macht; am besten mit der …

ARBEITSTECHNIK ROLLENBIOGRAFIE

„Schlüpft“ in eure Rolle und stellt euch Fragen zu eurer Biografie:
Wie heißen meine Familienangehörigen? – Wie alt bin ich? Wie und wo lebe ich? – Wer sind, was machen meine Eltern, Geschwister? – Wen mag ich/nicht? – Wovon träume ich? – Wovor habe ich Angst? …

8 *Schreibt eine Rollenbiografie in der Ich-Form über Romeo oder Julia:*
Ich bin Romeo/Julia aus der Familie …

Ihr habt mehrere Szenen zu Romeo und Julia gelesen und einiges über sie erfahren. Gibt es Dinge, die ihr noch gerne von ihnen wissen wollt?

9 *Führt ein* ***Rolleninterview*** *mit Romeo oder Julia:*

Romeo, warum hast du dich auf den ersten Blick in Julia verliebt?

Julia, warum ist die Amme für dich so wichtig?

ARBEITSTECHNIK ROLLENINTERVIEW

Dazu befragt ein/e Interviewer/in – es können auch mehrere sein – eine Figur nach interessanten Einzelheiten aus ihrem „Leben“ (Biografie).
Der/Die Interviewte antwortet aus der Figuren-Perspektive mit Angaben aus dem Schauspiel, kann aber auch Passendes erfinden.

10 *Welche Einstellungen, Absichten und Wünsche von Romeo und Julia sind für euch durch die Rollenbiografien und -interviews deutlich geworden?*
a) Ergänzt oder wählt aus den folgenden Aussagen eine aus, der ihr zustimmt oder die ihr ablehnt:

Nach meiner Meinung ist Julia ...
Durch eine Hochzeit zwischen Romeo und Julia könnte der Streit zwischen den Montagues und Capulets beendet werden.
Ich finde, Romeo ...
Romeo und Julia verhalten sich total leichtsinnig.
Romeo und Julia sind ...

b) Begründet eure Meinung schriftlich.

Bevor wir uns im nächsten Abschnitt dem Höhepunkt der Tragödie um Romeo und Julia nähern, wollen wir uns auch einmal die ▷ **Figurenkonstellation,** das Verhältnis zwischen den Figuren, vor Augen führen: ▷ S. 106

11 *a) Schreibt alle Figuren, die ihr bisher kennen gelernt habt, auf Papierstreifen.*
b) Ordnet sie an der Tafel/Pinnwand so, dass ihr Verhältnis zueinander deutlich wird.

TIPP

Setzt farbige Linien, Pfeile und andere Zeichen/Piktogramme ein.

12 *Baut ein ▷ Standbild zur Figurenkonstellation in „Romeo und Julia“.* ▷ S. 141

8.2 O glücklicher Dolch! – Die Tragödie spielen

Erwartet meine Befehle – Der Konflikt

Der Priester Laurenz traut Romeo und Julia heimlich. Niemand erfährt davon.

3. Akt, 1. Szene

Ein öffentlicher Platz in Verona.

BENVOLIO: Ich bitte dich, lieber Mercutio, wir wollen uns zurückziehen.
Der Tag ist heiß, und viele Capulets sind hier. Wenn wir sie treffen, wird es wieder Streitereien geben.
An heißen Tagen kommt das Blut schnell in Wallung.

MERCUTIO: Tu doch nicht so!
Du bist ein Draufgänger, wie es keinen zweiten in Italien gibt.

[...]

Tybalt und andere treten auf.

BENVOLIO: O Gott, hier kommen die Capulets.

MERCUTIO: Beim Teufel, was soll's?

TYBALT *zu seinen Leuten:* Folgt mir, ich will mit ihnen sprechen.
Ihr Herren, guten Tag. Ein Wort mit einem von euch beiden.

MERCUTIO: Nur ein Wort? Wie wäre es mit einem Wort und einem Schlag mit dem Schwert?

TYBALT: Ich bin gern dazu bereit, bei passender Gelegenheit.

MERCUTIO: Warum lange warten?

TYBALT: Mercutio, du bist doch ein Spielkamerad von Romeo?

MERCUTIO: Spielkamerad? Wenn du uns zu Spielern machen willst – hier ist mein Geigenbogen.
Er hebt sein Schwert.
Ein Tänzchen gefällig?

BENVOLIO: Wir sind hier in aller Öffentlichkeit.
Entweder zieht ihr euch zurück oder sagt vernünftig, warum ihr euch streiten wollt. Alle Leute gaffen ja schon.

MERCUTIO: Lass sie gaffen. Ich jedenfalls ziehe mich *nicht* zurück, ich nicht!

Romeo tritt auf.

TYBALT: Gut! Friede sei mit euch! – Hier kommt mein Mann.

MERCUTIO: Dein Mann? Etwa dein Dienstmann? Lächerlich!
Geh nur zum Duellplatz voraus, dann wird er dir folgen – wie ein Diener.

TYBALT *zu Romeo:* Die „Liebe“, die ich für dich empfinde, kann ich nur so ausdrücken: Du bist ein *elender Schuft!*

ROMEO: Tybalt, der Grund, den ich habe, um dich zu lieben, hält meine Wut zurück. Ein „elender Schuft“ bin ich nicht.

TYBALT: Bürschchen, du hast mich gekränkt, das ist nicht zu entschuldigen. Los, zieh dein Schwert!

ROMEO: Niemals habe ich dich gekränkt, im Gegenteil, ich liebe dich mehr, als du dir vorstellen kannst.
Den Grund für meine Liebe kennst du noch nicht. Drum, guter Capulet, lass mich zufrieden.

MERCUTIO: Was für eine Unterwürfigkeit!
Zu Tybalt: In Position! *Er zieht sein Schwert.*
Tybalt, du elender Rattenfänger, hast du Angst?

TYBALT *zu Mercutio:* Was willst du von mir?

MERCUTIO: Bist du zu feige? Zieh dein Schwert! Schnell! Sonst kriegst du mein Schwert um die Ohren!

TYBALT: Ich bin bereit.

Er zieht sein Schwert.

ROMEO: Lieber Mercutio, steck dein Schwert ein.

MERCUTIO *zu Tybalt:* Los, Sir, Hieb und Stich!

Tybalt und Mercutio kämpfen.

ROMEO: Benvolio, schlag ihnen die Waffen aus der Hand!
Tybalt, Mercutio, hört auf! Der Fürst hat ausdrücklich das Duellieren auf Veronas Straßen verboten.
Halt, Tybalt! Halt, lieber Mercutio –

Tybalt ersticht Mercutio unter Romeos Arm hindurch.

DIENER: Fort! Tybalt!

Tybalt geht mit seinen Leuten weg.

MERCUTIO: Ich bin verletzt. Ich bin erledigt.
Und er? Er hat nichts abgekriegt?

BENVOLIO: Wie? Du bist verletzt?

MERCUTIO: Nur ein Kratzer, ein Kratzer, vielleicht auch mehr.
Wo ist mein Diener? Geh, Bursche, hol einen Arzt.

Der Diener geht weg.

ROMEO: Mut, Mann, die Wunde kann nicht groß sein.

MERCUTIO: Nein. Sie ist nicht so tief wie ein Brunnen und nicht so breit wie eine Kirchentür. Aber es reicht! Fragt morgen nach mir und ihr werdet nur noch einen toten Mann finden. Mich hat es garantiert erwischt! *Zu Romeo:* Die Pest auf eure beiden Familien! Was? Tybalt, diese Ratte, bringt mich um? Dieser Angeber, dieser Schuft, der gar nicht richtig fechten kann? Warum, zum Teufel, hast du uns behindert? Ich wurde unter deinem Arm hindurch verwundet.

ROMEO: Ich wollte nur das Beste.

MERCUTIO: Hilf mir in mein Haus, Benvolio – ich werde ohnmächtig.
Die Pest auf eure beiden Familien!
Mich werden die Würmer fressen.
Mich hat's erwischt, und das gründlich!

Benvolio führt Mercutio weg.

ROMEO: Wehe mir, dieser Edelmann, mit dem Fürsten verwandt, mein bester Freund, erhielt die tödliche Wunde meinetwegen.
Meine Ehre ist befleckt durch Tybalts Beleidigungen, durch ihn, der seit einer Stunde mein „Vetter“ ist.
O süße Julia, deine Schönheit hat mich verweichlicht.
Wo ist meine Tapferkeit geblieben?

Benvolio kommt.

BENVOLIO: O Romeo, Romeo, der tapfere Mercutio ist tot!
Sein feuriger Geist ist zu den Wolken aufgestiegen.

ROMEO: Dieser Tag bringt Unheil, wie wird das enden?

Tybalt tritt wieder auf.

BENVOLIO: Der wütende Tybalt kommt wieder zurück.

ROMEO: Er triumphiert, und Mercutio ist erschlagen!
Was soll jetzt alle Zurückhaltung?
Feurige Wut soll mich jetzt leiten!
Zu Tybalt: Tybalt, nimm den „elenden Schuft“ zurück!
Mercutios Seele schwebt noch über unseren Köpfen und wartet auf deine, damit du sie begleitest.
Entweder du – oder ich – oder wir beide werden ihr folgen.

TYBALT: Elendes Bürschchen, *du* sollst ihn begleiten.
ROMEO: Diese Waffe wird alles entscheiden.
Tybalt wird getötet. Romeo flieht.
[...]
Der Fürst, Montague, Capulet, ihre Frauen und viele andere treten auf.
FÜRST: Wo sind die verbrecherischen Anstifter dieses Streites?
BENVOLIO: O edler Fürst, ich kann den unglücklichen Verlauf dieser tödlichen Streitereien berichten:
Der junge Romeo hat den Tybalt erschlagen – dort liegt der Mann –, aber Tybalt hatte zuvor den tapferen Mercutio erschlagen.
[...]
LADY CAPULET: Benvolio ist ein Verwandter der Montagues.
Er spricht *nicht* die Wahrheit. Tybalt ist noch *nie* besiegt worden.
Gewähre uns Gerechtigkeit, Fürst. Romeo erschlug Tybalt.
Romeo darf nicht leben!
FÜRST: Romeo hat ihn erschlagen. Tybalt hat Mercutio erschlagen.
Wer ist der Schuldige?
MONTAGUE: Nicht Romeo, Fürst. Er war Mercutios Freund.
Nicht er, sondern Tybalt war der Anstifter.
FÜRST *denkt nach:* Für sein Vergehen wird Romeo aus Verona verbannt.
Ich werde eure Bitten und Entschuldigungen *nicht* anhören!
Romeo soll aus der Stadt möglichst schnell verschwinden, wenn er gefasst wird, ist das seine letzte Stunde.
Tragt diesen toten Körper weg, und erwartet meine Befehle.
Alle gehen.

1 *Fasst den Inhalt der Szene zusammen, indem ihr die folgenden Handlungsschritte ordnet:*

Der Fürst, die Ehepaare Capulet, Montague und andere treten auf – Benvolio und Mercutio treffen auf Tybalt, der einen Kampf provoziert – Lady Capulet fordert eine Entscheidung des Fürsten – Mercutio steht für Romeo ein und stirbt im Kampf – Benvolio berichtet von dem Kampf – Als Romeo auftritt, fordert Tybalt ihn zum Kampf heraus – Der Fürst verbannt Romeo aus Verona – Romeo rächt seinen Freund und tötet Tybalt – Romeo lehnt den Kampf ab und versucht Tybalt zu beschwichtigen

2 *Beschreibt, wie sich der Konflikt bis zum Höhepunkt entwickelt.*

Eine Szene improvisieren und besser verstehen

Bevor ihr eine Szene ausführlich und Wort für Wort übt und spielt, ist es sinnvoll, sie zu **improvisieren** (ital. *improvviso* „unvorhergesehen“), sie also nur „skizzenhaft“ zu spielen. (Dabei könnt ihr z. B. feststellen, ob euch eine Rolle überhaupt „liegt“.)
So könnt ihr für die obige Szene 1, Z. 1–73, vorgehen:

Schritt 1: Verteilt die vier Rollen untereinander.
Schritt 2: Welche Gegenstände (▷ Requisiten/Kostümteile) braucht ihr unbedingt? ▷ S. 291
Schritt 3: Charakterisiert stichwortartig die vier Figuren: *Tybalt: aggressiv … Benvolio: Will …*
Schritt 4: Macht eine „Aufwärmphase“: Spielt eure Rolle möglichst ohne Worte (▷ Pantomime), nur mit dem Gesichtsausdruck (Mimik), mit Gesten und Bewegungen. ▷ S. 291
Schritt 5: Spielt jetzt unter Verwendung der wichtigsten Dialogteile, aber nicht Wort für Wort.
Schritt 6: Besprecht, bewertet eure Improvisationen. Wollt ihr die Rollen neu verteilen?

Nie gab es eine traurigere Geschichte – Die Katastrophe

5. Akt, 3. Szene

Julia ist verzweifelt: Während Romeo, ihr junger Gatte, verbannt in Mantua lebt, will ihr ahnungsloser Vater sie zur Hochzeit mit Graf Paris zwingen! Was tun? Auf Anraten ihres Priesters Laurenz nimmt sie ein schweres Betäubungsmittel, fällt in Todesstarre und wird von ihren verzweifelten Eltern in der Familiengruft aufgebahrt. Der Plan, dass Romeo seine wieder erwachende Julia nach Mantua „entführen" soll, misslingt: Als er allein in der Nacht das Grabmal der Capulets öffnet, trifft er auf Graf Paris, tötet ihn und glaubt verzweifelt, eine tote Julia vor sich zu haben:

Ach, liebe Julia, warum bist du noch so schön?
Soll ich glauben, dass auch der Tod in dich verliebt ist?
Ich will immer bei dir bleiben, immer in diesem Palast des Todes. Hier will ich Ruhe finden.
Augen, schaut sie zum letzten Mal!
Arme, umarmt sie ein letztes Mal!
Lippen, ein letzter rechtmäßiger Kuss!
Komm, Tod, du bitterer Führer in eine andere Welt.
Auf das Wohl meiner Liebsten! *Er trinkt.*
O zuverlässiger Apotheker, dein Gift wirkt schnell, so sterbe ich mit einem Kuss.
Er stirbt.
[...]

BRUDER LAURENZ *kommt mit einer Laterne und mit einem Stemmeisen:* Was ist passiert?
Er ruft: Romeo!
Er sieht auf den Boden und erblickt das Blut und die Waffen.
Was ist das für Blut?
Was sind das für blutbeschmierte Schwerter?
Er betritt die Gruft.
Romeo! Ganz bleich! Tot? – Und der hier?

Graf Paris?
Alles voller Blut! –
Er sieht Julia. Sie bewegt und erhebt sich.

JULIA: O mein Vater! Wo ist er, mein Mann, mein Romeo?

BRUDER LAURENZ: Ich höre Geräusche. Komm aus dieser Grube des Todes und des unnatürlichen Schlafes.
Eine größere Macht als die, die wir beeinflussen können, hat unsere Pläne vereitelt.
Komm, komm fort!
Dein heimlicher Ehemann liegt hier tot, Graf Paris auch.
Komm, ich will dich in ein Nonnenkloster bringen.
Frag nicht lange, die Polizei kommt.
Wir können hier nicht bleiben.

JULIA: Geh du, ich bleibe hier.
Bruder Laurenz geht.
Was ist das? Ein Glas in der Hand von meinem Liebsten?
Gift? Er starb durch Gift. – Du Schelm!
Er hat alles ausgetrunken. Kein Tropfen ist übrig geblieben, um *mir* zu helfen.
Ich will deine Lippen küssen. Vielleicht haftet dort noch ein Rest vom Gift.
Sie küsst ihn.
Deine Lippen sind warm!

POLIZEIHAUPTMANN: Wo sind sie?

JULIA: Was für ein Lärm? Schnell!
O glücklicher Dolch!

Sie reißt Romeos Dolch an sich.
Lass mich sterben.
Sie ersticht sich und fällt zu Boden.

DIENER: Hier ist es, da, wo die Fackel brennt.

1. POLIZIST: Der Boden ist blutig. Sucht den Kirchhof ab.
Nehmt jeden fest, den ihr findet.
Trauriger Anblick! Hier liegt der Graf erschlagen!
Julia blutet noch, sie ist noch warm
und lag doch schon zwei Tage in dem Grab.
Geht und sagt es dem Fürsten. Lauft zu den Capulets.
Weckt die Montagues auf.
Was mag der Grund für diese Gräueltaten sein?
Gibt es schon Indizien? Zeugen?

Einige Polizisten kommen mit Balthasar.

2. POLIZIST: Hier ist Romeos Diener. Wir haben ihn auf dem Kirchhof gefunden.

1. POLIZIST: Haltet ihn fest, bis der Fürst kommt.

Ein Polizist kommt mit Bruder Laurenz.

3. POLIZIST: Hier ist ein Priester. Der zittert, seufzt und weint.
Wir haben ihm ein Stemmeisen abgenommen.

1. POLIZIST: Sehr verdächtig! Haltet den Priester fest.

Der Fürst tritt mit Gefolge auf.

FÜRST: Was ist passiert? Warum weckt man mich aus meiner Morgenruhe?

Capulet und seine Frau treten auf.

CAPULET: Warum schreien hier alle herum?

LADY CAPULET: Die Leute auf der Straße schreien „Romeo“, andere „Julia“ und einige auch „Paris“.
Und alle rennen zu unserem Grabmal.

FÜRST *zu den Polizisten:* Warum seid ihr so ängstlich?

1. POLIZIST: O mein Fürst, hier liegt Graf Paris erschlagen, und Romeo ist tot.
Und Julia, die schon vorher tot war, ist noch warm und wurde wohl erst jetzt getötet.

FÜRST: Untersucht, wie es zu diesen grässlichen Morden gekommen ist!

[...]

CAPULET: O Himmel! Frau, sieh nur, wie unsere Tochter blutet!
Sieh den Dolch im Busen meiner Tochter!

LADY CAPULET: Schrecklich! Ich werde das nicht überleben!

Montague und andere treten auf.

FÜRST: Komm her, Montague. Früh bist du aufgestanden, um den frühen Tod deines Sohns und Erben zu sehen.

MONTAGUE: O weh! Mein Fürst!
Meine Frau ist heute Nacht gestorben.
Der Schmerz über die Verbannung meines Sohnes hat sie umgebracht. Und jetzt *das* noch! –
O Sohn! Was tust du? Du drängst dich vor deinem Vater ins Grab.

FÜRST: Wir werden versuchen, die wahren Umstände aufzuklären.
Bringt die Verdächtigen her.

Bruder Laurenz berichtet dem Fürsten, was passiert ist.

FÜRST: Capulet! Montague! Seht, was eure Zwietracht angerichtet hat!
Euer Hass hat die Liebe dieser jungen Menschen zerstört.
Der Himmel selbst hat euch bestraft.

CAPULET *geht auf Montague zu und reicht ihm die Hand:* O Bruder Montague, reich mir die Hand zur Versöhnung.
Um meiner Tochter willen. Was kann ich mehr verlangen?

MONTAGUE: Ich kann dir mehr geben: Ich will für deine Tochter Julia eine Statue aus reinem Gold machen lassen.
Der Name deiner Tochter soll unvergessen sein, solange die Stadt Verona besteht.

CAPULET: Ebenso reich soll dein Sohn Romeo neben der Dame seines Herzens liegen, ihr Andenken wird unsere Feindschaft besiegen.

FÜRST: Ein trauriger Frieden entsteht an diesem Morgen.
Aus Kummer hält sich die Sonne noch verborgen.
Nie gab es eine traurigere Geschichte anderswo,
als die von Julia und Romeo.

Eine Szene vorbereiten, spielen, verstehen

1 *Lest die Szene zunächst still und dann mit verteilten Rollen.*

2 *Gliedert die lange Szene in Abschnitte und findet für jeden Abschnitt eine passende Überschrift:*
Romeos Abschied von Julia und Selbstmord (Z. 1–15).

Wenn ihr Lust habt, die Schlussszene von „Romeo und Julia" aufzuführen (oder einen Teil davon, etwa ab Z. 62 ff.), könnt ihr etwa so vorgehen:

Schritt 1: Erstellt ein Textbuch; z. B.:

Rollentexte	Regieanweisungen	Requisiten	Sonstiges
5. Akt, 3. Szene			Ort: Gruft
Diener: Hier ist es, da, wo die Fackel brennt.	ruft	Fackel 2 längliche Bündel am Boden (= Paris, Romeo)	Säule rechts Musik, bevor die Schauspieler auftreten
1. Polizist: Der Boden ist blutig. Sucht den Kirchhof ab. Nehmt jeden fest, den ihr findet.	entsetzte Stimme 2 Polizisten gehen nach hinten ab		

TIPP: Bei den Rollentexten dürft ihr Kürzungen vornehmen!
Überarbeitet das Textbuch während der Proben.

Schritt 2: Verteilt die Rollen. Bestimmt eine/n Regisseur/in.
Beginnt die Szene zu ▷ improvisieren. (Macht eine Videoaufzeichnung davon.) ▷ S. 148

Schritt 3: Lernt die Rollentexte auswendig.
Verteilt alle nötigen Arbeiten: Bühnenbild, Kostüme, Musik ...
Beginnt mit der Probenarbeit.

Aufbau und Schluss der Tragödie

Viele Theaterstücke haben einen solchen Aufbau.

1 *Versucht die in unserem Kapitel abgedruckten Szenen in dieses Schema einzuordnen.*

2 *„Auch Trauerspiele (Tragödien) enden oft nicht völlig hoffnungslos."*
Untersucht, ob dieser Satz auch auf „Romeo und Julia" und seinen Schluss zutrifft.

8.3 Shakespeare in Love – Ein Abend rund um Romeo und Julia

- ☐ **Projekt 1**
  Die Bühne frei für Romeo und Julia!
  Präsentiert einstudierte Szenen aus Shakespeares Tragödie.

- ☐ **Projekt 2**
  Romeo und Julia heute
  Wo leben die beiden? Wie lernen sie sich kennen? Aus welchem Grund sind ihre Familien zerstritten? Wie entwickelt sich der zentrale Konflikt? Wer ist Romeos Hauptwidersacher? ...
  Entscheidet euch für eine geeignete Präsentation: szenisches Spiel, Rap ...

- ☐ **Projekt 3**
  Wer war eigentlich William Shakespeare? ▷ S. 301

- ☐ **Projekt 4**
  Romeo und Julia – das ▷ Plakat für den Abend ▷ S. 300

WÖRTERLISTE ▷ S. 298

Drama	Improvisation	Figurenkonstellation	Schlussszene
Monolog	Dialog	Konflikt	Rollenbiografie
Tragödie	Komödie	Katastrophe	Exposition

9 Wir sind Weltmeister*in*! – Sich in der Tageszeitung orientieren

9.1 Die Welt entdecken – Zeitung lesen

Boulevard oder Abo?

Kölner Stadt-Anzeiger

KÖLNISCHE ZEITUNG
UNABHÄNGIG – SEIT 1802 – ÜBERPARTEILICH

Montag, 1. Oktober 2007 - Nr. 228 - SK - D: 1,00 €

Deutscher Fernsehpreis für Maria Furtwängler
Bei der Verleihung in Köln trafen große Schauspieler auf C-Prominenz PANORAMA, SEITE 14; MEDIEN, SEITE 21

MAGAZIN
Ihr Recht bei Behörden

Bahnstreik kann heute beginnen

Konzern will Ausfälle begrenzen

Die Gewerkschaft der Lokführer gibt am Vormittag ihr weiteres Vorgehen bekannt.

Hamburg/Berlin - Die Deutsche Bahn sieht sich für einen Streik der Lokführergewerkschaft GDL gerüstet, der vom heutigen Montag an möglich ist. „Wir haben Notfallpläne, und wir haben uns mit unseren Mitarbeitern auf einen Arbeitskampf eingestellt", sagte Bahn-Personalvorstand Margret Suckale in einem Interview mit „Welt Online". Die Bahn werde „einen eingeschränkten, aber belastbaren Fahrplan anbieten".

Bahnkunden müssen sich von Montagnachmittag an auf Störungen im Bahnverkehr einstellen. Der Mittwoch – der Tag der Deutschen Einheit – soll aber streikfrei bleiben. Der von der GDL bislang zugesagte Verzicht auf einen Ausstand endete am gestrigen Sonntag. Ein Sprecher der Gewerkschaft hatte am Freitag gesagt: „Bis dato stehen die Zeichen auf Streik." Zugleich versicherte die GDL, dass es „am Montagmorgen definitiv nicht" zu Streiks kommen werde. Am Vormittag will die GDL ihr weiteres Vorgehen bekanntgeben. Ein Bahnsprecher bestätigte einen Bericht des „Spiegel", wonach die Bahn sicherstellen will, dass trotz Streiks deutlich mehr als 50 Prozent aller Züge fahren. Demnach sollen streikwillige Lokführer erst gar nicht ins Führerhaus gelangen. Auch sollen Zuglenker einspringen, die den Gewerkschaften Transnet und GDBA angehören, sowie Lokführer mit Beamtenstatus, die nicht streiken dürfen.

„Unsere Mitglieder werden sich nicht als Streikbrecher missbrauchen lassen, aber ihren Dienst tun", zitiert der „Spiegel" den Chef der Gewerkschaft Transnet, Norbert Hansen. Um die Streikfolgen zu mildern, könnten auch ausländische Lokführer eingesetzt werden. Ein Bahnsprecher bezeichnete dies allerdings höchstens auf lange Sicht als Option. Ausländische Lokführer müssten erst auf deutschen Strecken eingearbeitet werden. Bundesverkehrsminister Wolfgang Tiefensee (SPD) hat eine rasche Einigung im Tarifkonflikt angemahnt. Die Tarifparteien hätten eine „hohe Verantwortung". (dpa)

Auskünfte

Telefonisch bietet die Bahn Auskünfte an unter:
☎ 0 80 00 99 66 33

Im Internet unter:
www.bahn.de/blitz/view/index.shtml

SPORT

DFB-Frauen sind Weltmeister

2:0-Sieg über Brasilien – Wiederholung des Titels von 2003

- Der richtige Umgang mit Behörden
- Tipps für den Aquarienbau

www.ksta.de

KÖLN

Kölsche Wiesn – oans, zwoa, alaaf

Bei der dritten Auflage des „1. Kölner Oktoberfestes" feiern die Gäste im Grunde genommen Karneval. Verkleidet in Dirndl und Krachlederner, gibt's Kölsch aus Mini-Maßkrügen und die gewohnt erfolgreichen jecken Hits. **Seite 23**

Schock vor der Disco Mit Videoclips, die tödliche Unfallfolgen zeigen, will die Polizei Discobesucher veranlassen, sich im Auto anzuschnallen. **Seite 23**

POLITIK

Wechsel in Bayern

Mit dem neuen Parteichef Erwin Huber und dem künftigen Ministerpräsidenten Günther Beckstein leitet die CSU einen Neuanfang ein. **Seite 3,** *Leitartikel* **Seite 4**

KULTUR

Freude mit dem Figaro

Bei der Premiere der „Hochzeit des Figaro" in der Kölner Oper erwies sich das

1 *Seht euch die Titelseite des „Kölner Stadt-Anzeigers" genau an:*
- ☐ *Was springt zuerst ins Auge? Wodurch?*
- ☐ *Wie lautet die Headline/Schlagzeile/Hauptüberschrift der Seite?*

Wir sind Weltmeisterin!

Montag, 1. Oktober 2007 229/40 0,50 €

Bild

UNABHÄNGIG · ÜBERPARTEILICH

KÖLN

www.bild.de

GOLD-BINGO 16. Spiel 183 197 233 244 248 268 276 335 464 484 Goldene Chance 27755373 Die Spielregeln – Seite 24

BAHN Schon wieder Streiks!

Bei der Bahn drohen ab heute neue Streiks! Die Lokführer lehnten ein neues Lohn-Angebot der Bahn ab

Unsere Frauen-Nationalelf feiert „ihren" WM-Pokal

Foto: REUTERS

BILD lässt die größten Machos gratulieren

JAAA! Sie haben es geschafft! Wir sind Weltmeisterin! Die deutsche Frauen-Nation elf schlug Brasilien in einem hochklassigen Finale 2:0. Da staunen auch die härtesten Frauenfußball-Kritiker – und BILD lässt die größten Machos gratulieren – SPORT.

TEURER GAS-VERTRAG? NIX WIE RAUS!

JETZT WECHSELN UND 2 CENT PRO KUBIKMETER SPAREN.*

E WIE EINFACH

*Jeder Kubikmeter Gas 2 Cent günstiger als der Allgemeine Preis Ihres örtlichen Grundversorgers (Standardtarif für die jeweilige Verbrauchsklasse) – bei gleichem Grundpreis. Garantierte Ersparnis: 0,24 Cent pro kWh. Das Angebot gilt für Privatkunden bis 100.000 kWh pro Jahr. Und falls Sie gleich doppelt sparen wollen: wir haben auch günstigen Strom.

WWW.E-WIE-EINFACH.DE TEL: 0800 44 11 800 80

Schicksal Bulimie

Die Schock-Beichte von TV-Star Gundis Zámbó

Offen und schonungslos schreibt TV-Moderatorin Gundis Zámbó (41, Foto) in einem neuen Buch über ihr Leben

2 *Vergleicht die Überschriften von „Kölner Stadt-Anzeiger" und „Bild":*

Wir sind Weltmeister*in*!	DFB-Frauen sind Weltmeister
Bahn – Schon wieder Streiks!	Bahnstreik kann heute beginnen

a) Wie unterscheiden sich die Formulierungen, der Satzbau?

b) Welche Wirkung hat der unterschiedliche Stil?

3 *Untersucht mit Hilfe einer Tabelle die zwei Titelseiten nach folgenden Gesichtspunkten:*

- ☐ *Farbigkeit*
- ☐ *Text-Bild-Anteile*
- ☐ *Überschriften-Text-Anteile*
- ☐ *Textlänge*
- ☐ *Sport/Unterhaltung*
- ☐ *Politik/Gesellschaft*
- ☐ *Werbung*

4 *Überlegt, welche Aufgabe die Seitenangaben am Ende der Kurzmeldungen im „Kölner Stadt-Anzeiger" haben.*

!

Eine **Boulevardzeitung** wird auf der Straße („Boulevard"), am Kiosk verkauft und hat einen hohen **Unterhaltungswert**.
Eine **Abonnementzeitung** wird hauptsächlich bestellt („abonniert") und hat einen hohen **Informationswert**.

Ein Zeitungsfrühstück

Die Zeitung lesen viele Menschen – vor allem am Wochenende – am liebsten beim Frühstück.

1 *Veranstaltet ein* ***Zeitungsfrühstück****, bei dem ihr euch mit den Vorschlägen, Anregungen und Fragen dieses Kapitels beschäftigt.*

2 *Was möchtet ihr gerne bei eurem Zeitungsfrühstück essen und trinken?*

3 *Jede/r bringt eine Tageszeitung mit, die sie/ihn interessiert; am besten möglichst verschiedene, auch internationale.*

4 *Vereinbart einen Zeitraum, währenddessen jede/r in Ruhe frühstücken und die Zeitung lesen kann.*

5 *Macht euch während des Lesens Notizen:*
- ☐ *Was fällt euch (zuerst) auf?*
- ☐ *Was wundert/gefällt/interessiert/macht euch neugierig?*
- ☐ *Was stört/ärgert euch; was versteht ihr nicht?*

6 *a) Beantwortet nach dem Lesen folgende Fragen:*
- ☐ *Was habt ihr zuerst angeschaut/gelesen?*
- ☐ *In welcher Reihenfolge habt ihr die Zeitung durchgeblättert/gelesen?*
- ☐ *Mit welchen Artikeln/Teilen habt ihr euch am längsten/am kürzesten/gar nicht beschäftigt?*
- ☐ *Was war am interessantesten/langweiligsten/schwierigsten?*
- ☐ *…*

b) Wertet diese Leseerfahrungen mit Hilfe von Strichlisten aus.

7 *Ist die von euch untersuchte Zeitung (eher) eine ▷ Boulevard- oder eine Abonnementzeitung? Belegt eure Ansicht mit Beispielen.* ▷ S. 154

8 **Lesen Sie Zeitung? – Eine Umfrage** ▷ S. 12

Im Rahmen dieses Zeitungskapitels könnt ihr eine Umfrage in der Schule/im Bekanntenkreis/auf der Straße machen mit folgenden ▷ Fragen: ▷ S. 164
- ☐ *Alter?/Geschlecht des/der Befragten?*
- ☐ *Zeitunglesen: täglich – mehrmals – 2 x/1 x wöchentlich?*
- ☐ *Zeitung abonniert oder Kauf am Kiosk?*
- ☐ *Welche Zeitung: regional – überregional?*
- ☐ *Zeitunglesen: Papierfassung – online?*
- ☐ *Welche Themen fehlen? Wünsche?*

Von Politik bis Sport – Zeitungsressorts

1 *Überfliegt die drei Zeitungsartikel und ordnet ihnen die passende Schlagzeile/Überschrift zu.*
Wer ist am schnellsten?

Hamiltons heftiger Crash

SIE LAUFEN VON TAG ZU TAG BESSER

Rauchverbot auch in der Raucherbar

→ *New York* – Vergangenes Jahr im Sommer überflutete Crocs Manhattan. Fast jede/r Zweite, so schien es, trug plötzlich die quietschbunten, übergroßen Gummischuhe, die mehr an Gartenarbeit oder OP erinnern als an elegantes Straßenschuhwerk.

Wer Crocs hatte, schwärmte vom unvergleichlichen Tragekomfort. Wer keine hatte, schüttelte den Kopf und hoffte auf das nächste Jahr, wenn diese Mode wieder vorbei sein würde.

Doch nun ist wieder Sommer und Crocs sind verbreiteter denn je. Der Hersteller aus dem US-Bundesstaat Colorado hat im abgelaufenen Geschäftsquartal seinen Umsatz auf 132 Mio. Dollar (96 Mio. Euro) verdoppelt und den Gewinn auf 48 Mio. Dollar (35 Mio. Euro) verdreifacht. [...]

Crocs ist derzeit die erfolgreichste Schuhmarke der Welt. Das vor fünf Jahren gegründete Unternehmen verkaufte 2006 Schuhe für 355 Mio. Dollar (261 Mio. Euro). Seit dem Börsengang Anfang 2006 verdoppelte sich der Aktienkurs. [...]

dpa – Zum Start des Rauchverbots in drei Ländern hat das Bundesgesundheitsministerium erneut einheitliche Regeln gefordert. Baden-Württemberg und Niedersachsen verbieten vom morgigen Mittwoch, 1. August, an das Rauchen in Gaststätten, Krankenhäusern, Schulen und Landesbehörden. In Mecklenburg-Vorpommern gilt das Verbot für Kliniken, Schulen und Behörden, in der Gastronomie soll es erst 2008 in Kraft treten. Zum 1. Januar planen auch andere Länder Rauchverbote. [...]

Auch in Wasserpfeifen-Bars wollen einige Länder (...) das Rauchen verbieten. Nordrhein-Westfalen will „Shisha-Bars“ eventuell als „private Raucherclubs“ einstufen – dann wäre Rauchen erlaubt.

Die Drogenbeauftragte der Bundesregierung, Sabine Bätzing (SPD), warnte vor Wasserpfeifen: Bei Jugendlichen seien Zigaretten zunehmend out, aber Wasserpfeifen gälten als weniger ungesund. Die Shishas seien aber mindestens genauso schädlich wie Zigaretten.

dpa – Sechs Wochen nach dem schweren Unfall von Robert Kubica sorgte WM-Spitzenreiter Lewis Hamilton am Samstag für eine Schrecksekunde in der Formel 1. Mit über 200 Stundenkilometern war der Brite am Samstag in die Reifenstapel eingeschlagen. Nach Minuten des Wartens – der Funkkontakt zwischen Hamilton und der Box war abgebrochen – konnte der McLaren-Mercedes-Pilot aus dem Auto gehievt werden. Anschließend sackte Hamilton im Kies zusammen. Nachdem der Brite die medizinischen Tests aber ohne Probleme bestanden hatte, gaben die Rennärzte Grünes Licht für seinen Start am Sonntag.

Grund des Unfalls war ein defekter Schlagschrauber, der zu einer losen Mutter geführt hatte. Letztlich war der rechte Vorderreifen aufgeschlitzt worden.

! Zeitungsredaktionen und Zeitungen sind in verschiedene inhaltliche Abteilungen oder **Ressorts** eingeteilt; z. B.: Politik (Innen/Außen) – Wirtschaft – Kultur/Feuilleton – Sport – Lokales – Aus aller Welt ...

2 *In welches Ressort gehören die drei Artikel oben? Begründet eure Entscheidung.*

3 *Ermittelt die Ressorts eurer Tageszeitung:*

a)
- ☐ *Wie heißen sie?*
- ☐ *Wie umfangreich sind sie?*
- ☐ *In welcher Reihenfolge folgen sie aufeinander?*

b) Vergleicht eure Ergebnisse. Besprecht die Gemeinsamkeiten und Unterschiede.

4 *Wenn ihr eure Tageszeitung z. B. von Montag bis Samstag/Sonntag untersucht, werdet ihr feststellen,*
- ☐ *dass an manchen Tagen neue Ressorts auftauchen;*
- ☐ *dass der Umfang der einzelnen Ressorts wechselt.*

Untersucht und besprecht das in der Klasse.

5 Lesen Sie Zeitung? – Eine Umfrage

a) Ergänzt eure ▷ Umfrage: ▷ S. 155
- ☐ *Welches Zeitungsressort interessiert Sie* | + + | + | + – | – | – – | ?

b) Prüft, ob das Ressort-Interesse mit dem Alter oder Geschlecht zusammenhängt.

c) Ermittelt das unterschiedliche Interesse für einzelne Ressorts in eurer Klasse. Vergleicht die Ergebnisse.

6 *Ihr seid Redaktionsleiter/in einer Tageszeitung:*

a) Lest Schlagzeilen/Überschriften oder Abschnitte aus Zeitungsartikeln vor und lasst das Ressort erraten. Macht es nicht zu einfach!

b) ***Ressortbingo.*** *Legt ein Ressort-Spielfeld an und kreuzt die zutreffenden Ressorts an.*

Alles auf einen Blick – Textdesign und Layout

12 GENERAL-ANZEIGER — FEUILLETON — DONNERSTAG, 19. JULI 2007

Zauberhafter Harry

LITERATUR Am Samstag erscheint der letzte Band: Mit ihren Harry-Potter-Büchern hat Joanne K. Rowling die Grundlagen für ein Fantasy-Imperium gelegt, das noch über Jahre hinaus Milliardenumsätze machen wird

Von **Thomas Burmeister**

Harry Potter starb mit 19. Er war ein britischer Soldat und fiel vor fast 70 Jahren bei Kämpfen in Hebron. Als 2005 Harry-Potter-Fans zufällig auf das Grab dieses Namensvetters ihres Idols in der israelischen Kleinstadt Ramle stießen, stellten sie etwas seltsames fest: Es gab tatsächlich Menschen wie den Friedhofswärter Ibrahim Huri, die noch nie von den Büchern oder Filmen über den berühmten Zauberlehrling gehört hatten.

Inzwischen dürfte die ohnehin nur kleine Schar der Potter-Ignoranten noch weiter geschrumpft sein. Millionen von Menschen – längst nicht nur im Kindesalter – sehen den kommenden Samstag als Schicksalstag an. Dann erscheint „Harry Potter And The Deathly Hallows", der siebte und letzte Band der Reihe. Stirbt Harry oder nicht? Die Frage wird derzeit in Internet-Chats vermutlich häufiger diskutiert als die nach der Erderwärmung.

Begonnen hatte alles mit einem Geistesblitz während einer Bahnfahrt vor rund 17 Jahren. Er kam einer blonden Frau mit Supermarktbrille und abgetragener Kleidung im Zug von Manchester nach London. Aus dem Gedanken wuchs eine Welt der Magie mit eigenen Gesetzen, einprägsamen Gestalten und großartigen Schauplätzen wie der Zaubererschule Hogwarts mit dem Büro von Schulleiter Albus Dumbledore.

Das ganze Potter-Universum war fertig, ehe Joanne K. Rowling ihre erste Romanzeile schrieb. Was es so fesselnd macht, ist auch, dass neben der Fantasiewelt jene nachvollziehbar-reale der „Muggles" existiert, der Menschen wie du und ich. So kann der Leser leicht aus seiner eigenen Sphäre in die Traumzone wechseln.

Und am Londoner Bahnhof King's Cross gibt es inzwischen an einer Wand den Hinweis auf den Bahnsteig 9 3/4, auf dem der magische Express nach Hogwarts abgeht – wenn man nur fähig ist, durch die Backsteinwand hindurchzuschreiten.

Schon der erste Band, „Harry Potter und der Stein der Weisen", wurde 1997 zu einem Riesenerfolg.

Der bekannteste Jugendbuchheld der Welt: *Harry Potter (Daniel Radcliffe in „Harry Potter und die Kammer des Schreckens")* PA/KPA

Spätestens als 2001 die Verfilmung weltweit mehr als eine Milliarde Euro einbrachte, wurde klar, dass Rowling die Grundlagen für ein Fantasy-Imperium gelegt hatte, das viele Jahre lang Milliardenumsätze machen würde. Demnächst kommt zu unzähligen Nebenprodukten auch noch ein Themenpark in Amerika hinzu.

Von Anfang an – und das trug zum Entstehen des Potter-Imperiums bei – hatte Rowling Kurs genommen auf sieben Abenteuerfolgen. Vorbild waren sieben Jahre an weiterführenden britischen Schulen. Erst jetzt erfährt die globale Pottergemeinde, was Rowling schon als Unbekannte für den finalen Kampf zwischen dem Bösen in Gestalt des dunklen Lords Voldemort und dem Guten namens Harry erdacht hatte.

Stets war auch klar, dass die Auflösung etlicher Rätsel – darunter das um den scheinbar durch und durch fiesen Lehrer Snape – erst im siebten und letzten Band kommen würde. Doch nicht nur die fantasievolle Handlung bewegte die Leser. Auch Rowling (41) selbst wurde zu einer Story von der Art, wie das Volk sie liebt: Aus einem Aschenputtel wurde ein Schneewittchen.

„Es ging mir wirklich nicht gut", berichtete sie über jene Zeit, als sie in der schottischen Hauptstadt Edinburgh am ersten Band arbeitete. „Ich hatte meinen Job als Lehrerin verloren, meine Ehe war in die Brüche gegangen. Meine Mutter war an Multipler Sklerose gestorben, ich war einsam und litt an Depressionen." Die fanden Aufnahme in ihre Bücher, wurden zu Todessern, Dementoren und anderen furchterregenden Gestalten. Und aus der arbeitslosen Lehrerin wurde eine der am meisten bewunderten Frauen der Welt, die obendrein reicher ist als die britische Königin.

Manche Literaturkritiker rümpfen zwar noch leicht die Nase. Und es hält auch der Streit an, ob J.R.R. Tolkien („Der Herr der Ringe") oder J.K. Rowling den größeren Beitrag zur englischen Fantasy-Literatur geleistet haben.

Leser des renommierten „Book Magazine" wählten Rowling jedoch schon vor einem Jahr zur bedeutendsten lebenden Schriftstellerin Großbritanniens – und gaben ihr immerhin den Vorzug vor Größen wie John Le Carré, Nick Hornby und sogar Nobelpreisträger Harold Pinter.

Nun also das Ende und die Furcht, dass der zauberhafte Harry uns verlässt. Natürlich wird er das nicht. Auch wenn Rowling selbst mal düstere Andeutungen machte und darauf verwies, dass Agatha Christie schließlich ihren Helden Hercule Poirot habe sterben lassen. Wer wollte ernsthaft glauben, dass die bekannteste Jugendbuchautorin der Welt den bekanntesten Jugendbuchhelden der Welt sterben lässt? Schlimmstenfalls nimmt sie ihm für alle Zeiten den Zauberstab weg. dpa

Drei Freunde in der Zauberschule: *(von links) Harry (Daniel Radcliffe), Ron (Rupert Grint) und Hermine (Emma Watson) in „Harry Potter und der Stein der Weisen"* FOTO: DPA

DIE SIEBEN JAHRE MIT HARRY

Die sieben „Harry-Potter"-Bände entsprechen den sieben Schuljahren des kleinen Magiers auf der Zauberschule Hogwarts. Die Reihe beginnt mit dem elften Geburtstag Harry Potters.

Im Mittelpunkt der Saga steht Harrys Kampf gegen die Schreckensgestalt Lord Voldemort, der Harrys Eltern umgebracht hat. Als der böse Lord auch ihren Sohn töten will, fällt der Todesfluch auf ihn selbst und zerstört seinen Körper. Harry kommt nach dem Tod der Eltern als Baby in die Obhut seiner Tante Petunia und ihres Mannes Vernon Dursley.

Die Familie der Muggles (so heißen die nicht magischen Wesen) behandelt ihn schlecht und hat absolut nichts für Zauberei übrig. Doch die magische Welt hält ihre schützende Hand über Harry, mit dem sie längst große Pläne hat. An seinem elften Geburtstag bekommt Harry eine Einladung für das Zauberinternat Hogwarts. Von nun an lernt er seine magischen Fähigkeiten kennen. Jedes Jahr fährt Harry mit dem Express-Zug von London King's Cross nach Hogwarts.

Dort lernt er seine Freunde Hermine und Ron kennen, der Schulleiter Albus Dumbledore wird Harrys Unterstützer. Der flüchtige Gefangene von Askaban in Band Drei entpuppt sich als Harrys Pate Sirius Black und wird zur wichtigen Bezugsperson. Lord Voldemort versucht immer wieder, seinen Körper zurückzuerlangen, was ihm schließlich in Band Vier gelingt. In der Schlüsselszene nimmt er mit Hilfe von Harrys Blut wieder eine Gestalt an und schart seine Anhänger, sogenannte Todesser, um sich. Im folgenden, fünften Band erfährt Harry, dass er eine Macht hat, die Voldemort nicht besitzt und dass entweder er oder der dunkle Lord sterben muss.

Es ziehen immer mehr dunkle Wolken am Horizont auf, die auch auf die Muggle-Welt ausstrahlen. Im bisher letzten Band wird bekannt, dass der dunkle Lord seine Seele in Form von Horkruxen gesichert hat. Harry nimmt sich vor, diese zu finden und zu zerstören. Sein Mentor Dumbledore muss im sechsten Band sterben. Harry beschließt, Lord Voldemort zum entscheidenden Duell zu stellen. dpa

„Ich hatte Angst, es sei hoffnungslos"

PORTRÄT Die Potter-Autorin: Der unvorhersehbare Aufstieg der Joanne K. Rowling

Von **Annette Reuther**

Joanne K. Rowling hat eine Karriere von der armen Arbeitslosen zur Multimillionärin hinter sich. Während sie zu Beginn ihres Ruhms den Eindruck erweckte, als wolle sie sich vor Schüchternheit Harry Potters Unsichtbarkeits-Mantel borgen, schreitet die 41-Jährige heute selbstbewusst über die roten Teppiche der Welt.

Joanna Rowling kam am 31. Juli 1965 im südwestenglischen Chipping Sodbury nahe Bristol zur

Ich hatte Angst, dass jemand sagte, es sei hoffnungslos", berichtete Rowling. Sie war sogar so schüchtern, dass sie sich im Zug von Manchester nach London, wo ihr 1990 die Harry-Potter-Saga einfiel, nicht traute, nach einem Stift zu fragen.

Rowling studierte Französisch und arbeitete unter anderem bei amnesty international als Sekretärin. Als ihre Mutter mit 45 Jahren an Multipler Sklerose starb, ging Rowling vor Schmerz nach Portugal, wo sie als Sprachlehrerin arbeitete.

Joanne K. Rowling: *„Ich wollte immer Schriftstellerin werden"* FOTO: DPA

Rowling die Kürzel „JK" an. Das „K" steht für „Kathleen", den Namen ihrer Lieblingsoma. Rowling benutzte die Initialien, um ihr Geschlecht zu vertuschen. Der Verlag war besorgt, dass Jungen das Buch nicht lesen wollen, weil es von einer Frau geschrieben wurde. Doch die Geschichten über den Zauberlehrling wurden zum Verkaufsschlager. Rowlings Vermögen wird derzeit auf rund 800 Millionen Euro geschätzt.

Rowling engagiert sich heute für Wohltätigkeitsorganisationen. Mit

HARRY POTTER

Die Königliche Post setzt Spezialzug ein

Kurz vor Erscheinen des letzten Harry Potter-Bandes erreichen die Spannung und die Nachfrage neue Dimensionen. Mehr als zwei Millionen Vorbestellungen weltweit sind bisher beim Online-Händler Amazon eingegangen. Während tausende kleine und große Fans bei Mitternachtsverkäufen des britischen Buchhandels erwartet werden, kündigte die Post des Vereinigten Königreichs einen strengen Arbeitsplan an: 180 Extra-Lastwagen und ein Spezialzug sind in der Nacht zum Samstag (21. Juli) unterwegs. 600 000 Bände würden am Erscheinungstag an Privathaushalte auf der Insel geliefert, teilte die Royal Mail mit. dpa

Angebliche Kopie im Internet

Trotz extremer Sicherheitsvorkehrungen ist kurz vor Erscheinen des letzten Harry Potters eine angebliche Kopie des Buches im Internet aufgetaucht. „Unsere Anwälte kümmern sich darum", sagte die verantwortliche Sprecherin des britischen Potter-Verlags Bloomsbury, Lucy Holden. Sie wollte aber nicht kommentieren, ob es sich dabei um eine Kopie des echten Bandes „Harry Potter and the Deathly Hallows" handelt: „Wir bestätigen und dementieren das nicht." dpa

Geheimsache Potter FOTO: AP

Zauber auf britischen Briefmarken

Die britische Post hat jetzt eine neue Briefmarkenserie mit Abbildungen aus allen sieben Harry-Potter-Büchern herausgegeben. Rund 340 000 Interessenten hätten die Sets der Sondermarken schon vorab bestellt und damit alle bisherigen Rekorde gebrochen, teilte die Royal Mail mit. Neben den Titelbildern der Bücher finden sich auf den Briefmarken auch fiktive Motive wie Darstellungen der Zauberschule Hogwarts. Einen Monat lang werden die Sondermarken in allen britischen Postämtern verkauft, online können sie ein ganzes Jahr lang bestellt werden. dpa

Rowling erinnert an entführte Madeleine

Buchhandlungen, die den siebten Harry-Potter-Band verkaufen, sollen Poster von Madeleine aufhängen und so an die Entführung der Vierjährigen erinnern. Potter-Autorin Joanne K. Rowling hat die 65 Verlage ihres Buches in der ganzen Welt gebeten, mit Plakaten die Aufmerksamkeit auf die vor 75 Tagen in Portugal entführte Britin zu lenken. Rowling hat außerdem mehrere hunderttausend Pfund als Belohnung für Hinweise auf Madeleine versprochen. dpa

Wetten auf den letzten Band

Ist der siebte und letzte Harry-Potter-Band doch nicht der letzte? Die Quote bei den Buchmachern von Paddy Power für Band Acht liegt bei 9,00, also durchaus im wahrscheinlichen Bereich. Paddy Power ist Irlands größter Wettanbieter. Die am meisten gefragte Wette ist derzeit, ob Harry der Lieblingsname der Briten in 2007 werden wird. Mit einer Quote von 4,00 glauben zumindest die Buchmacher fest daran. dpa

Potterpedia für Einsteiger

Cuthbert Binns – wer war das nochmal? Wer nach bislang sechs und bald sieben Potter-Bänden den Überblick über Namen, Ereignisse oder Hogwarts-Schulfächer verloren hat, dem hilft das Lexikon „Potterpedia" im Internet weiter. 899 Einträge zählt das Nachschlagewerk bereits. Die rund 40 Autoren des Lexikons sind zwischen 14 und 22 Jahre alt und alle eingefleischte Harry Potter-Fans. Der Neueinsteiger kann dann eben auch lernen,

1 *Prüft folgende Aussagen und beantwortet die Fragen mit Hilfe der gegenüberliegenden Zeitungsseite:*

▷ S. 303

- ☐ *Wie heißt der letzte Harry-Potter-Roman im Original?*
- ☐ *J.K. Rowling studierte Portugiesisch.*
- ☐ *Wer war Cuthbert Binns?*
- ☐ *60 000 Exemplare von Band 7 werden an Privathaushalte geliefert.*
- ☐ *Wer wird in Band 3 Harrys wichtige Bezugsperson?*

2 *Vergleicht die Harry-Potter-Seite mit den Zeitungsseiten auf S. 153 und 154:*
a) Welche Unterschiede stellt ihr fest?
b) Worin liegen die Vorteile (Nachteile) der jeweiligen Seitengestaltung?

3 *Untersucht die Harry-Potter-Seite genauer:*
a) Worum geht es in den neun Artikeln?
b) Wodurch wird die unterschiedliche Wichtigkeit der verschiedenen Artikel deutlich?
c) Beurteilt die Abbildungen: ihren Inhalt, die Größe, die Bildunterschriften.

- ☐ Hauptartikel
- ☐ Hintergrundinformationen
- ☐ Biografisches
- ☐ Zusatzinfos
- ☐ ...

!

Die Bestandteile einer Zeitungsseite – Texte, Über-/Unterschriften, Schriftarten/-größen, Abbildungen, Farben – haben entsprechend ihrer Wichtigkeit eine bestimmte Anordnung (ein **Layout**).

Von **Textdesign** spricht man, wenn ein wichtiges Thema (z. B. „Harry Potter“) in mehrere Unterthemen „zerlegt“ und in verschiedenen Texten, Abbildungen, Tabellen, Grafiken abwechslungsreich dargestellt wird.

4 *Betrachtet das Layout der Zeitungen auf S. 153, 154, und 158.*
a) Gebt ein Urteil darüber ab:
sachlich – bunt – unübersichtlich – witzig – chaotisch ...
b) Beurteilt das Layout eurer Tageszeitung.

5 *Betätigt euch selbst als Textdesigner/in einer Zeitungsseite über Harry Potter (oder ein anderes Lieblingsbuch/-thema):*

- ☐ *Bildet die Buchumschläge ab.*
- ☐ *Gebt den Inhalt der einzelnen Bände wieder.*
- ☐ *Macht ein Interview mit einem H.-P.-Fan.*
- ☐ *Zeichnet eine Grafik zu den Verkaufszahlen der verschiedenen Bände.*
- ☐ ...

FEUILLETON
Zauberhafter Harry
„Ich hatte Angst, es sei hoffnungslos“

Kölner Stadt-Anzeiger
Bahnstreik kann heute beginnen
DFB-Frauen sind Weltmeister

Wir sind Weltmeisterin!
Bild
KÖLN
BAHN Schon wieder Streiks!
BILD lässt die größten Machos gratulieren
TEURER GAS-VERTRAG? NIX WIE RAUS!
Schicksal Bulimie
Die Schock-Beichte von TV-Star Gundis Zámbó

Bericht, Reportage und mehr – Typische Textsorten

FR im Tabloid

Die „Frankfurter Rundschau“ (FR) wird vom 30. Mai an im neuen Tabloid-Format erscheinen. Damit ist die FR (Auflage 150 000 Exemplare) die erste überregionale Tageszeitung in Deutschland, die ausschließlich in DIN-A3-Größe erscheint.
Der Verlag Axel Springer bringt parallel zur „Welt“ die „Welt Kompakt“ im Tabloid-Format heraus.

(Hamburger Abendblatt; 10. April 2007)

„Frankfurter Rundschau“ mit neuem Format und alter Ausrichtung

Frankfurt/Main (dpa) – Mit einer groß aufgemachten Umfrage über die Erwartungen der Deutschen an den G8-Gipfel in Heiligendamm ist die Tageszeitung „Frankfurter Rundschau“ am Mittwoch in ihr Tabloid-Zeitalter gestartet. Die Umstellung von der traditionellen nordischen Größe auf das nur noch halb so große Tabloid-Format (40 mal 29 Zentimeter) habe reibungslos geklappt, berichtete Chefredakteur Uwe Vorkötter am Mittwochmorgen.
Leitende Redakteure, Verleger und Geschäftsführer gingen am Vormittag in Frankfurt in den Hauptbahnhof und die Innenstadt, um die Zeitung an Passanten zu verteilen und für das neue Format zu werben. Die „Rundschau“ ist die erste überregionale Abonnement-Zeitung in Deutschland, die komplett in dem handlichen Tabloid-Format erscheint.
Mit dem Formatwechsel werde sich aber nichts an der politischen Ausrichtung des Blattes ändern, betonten übereinstimmend Verleger Alfred Neven DuMont und Vorkötter. (...)
Vorkötter versprach seinen Lesern gründliche Informationen, präzise Analysen und die pointierte Meinung. Zu den neuen inhaltlichen Angeboten zählen täglich fünf Seiten mit magazinartigen Artikeln und dem Vermischten. Das bisherige Wochenendmagazin entfällt dafür. Bei einer Leserbefragung befürworteten 48 Prozent der „FR“-Abonnenten die Umstellung auf das neue Format, 36 Prozent waren dagegen.
Bei ihrer Sanierung sei die „FR“ im Plan, hatte der Chefredakteur schon vor Erscheinen der neuen Zeitung gesagt. „Ende 2008 wollen wir wieder schwarze Zahlen schreiben.“ Vorkötter, dessen Blatt in den letzten Jahren beträchtlich an Auflage verloren hat, will vor allem mehr jüngere und mehr weibliche Leser gewinnen. Im ersten Quartal 2007 verkaufte die „FR“ 150 000 Exemplare, Ende 2001 waren es noch 190 000 gewesen. Zum Start in die Tabloid-Aera wurde die gedruckte Auflage zunächst auf weit über 200 000 gesteigert.

1 *Lest den Artikel „FR im Tabloid“ und*
a) versucht zu antworten:
- ☐ *Was ist eine „Tabloid“-Zeitung?*
- ☐ *Nennt eine zweite Tabloid-Zeitung neben der FR.*
- ☐ *Wer soll von der Tabloid-FR vor allem angesprochen werden?*
- ☐ *Wie veränderte sich die Auflage der FR zwischen 2001 und 2007?*

b) Beantwortet die „übrig gebliebenen“ Fragen mit Hilfe des zweiten Artikels.

2 *Worin unterscheiden sich die beiden Artikel?*
Beachtet Inhalt, Text- und Satzlänge, (in)direkte Reden, Tempus

3 *a) Kürzt den längeren Artikel, bis nur noch eine knappe Meldung übrig bleibt (wie „FR im Tabloid" vom Hamburger Abendblatt).*
b) Vergleicht eure Kurzmeldungen.

! Für **Nachrichten** und **Informationen** sind in der Zeitung zwei Artikelarten zuständig:
- die kurze, aktuelle **Meldung** meist im Präsens. ▷ S. 293
- der längere, sachliche **Bericht** oft im Präteritum.

4 *a) Um welche ▷ Redeform handelt es sich in Z. 6–10, 19–22 und 33–35?* ▷ S. 278
b) Formt die Sätze um. Vergleicht die beiden Formen.

Hallo, kleines Blatt

FrankfurterRundschau

von Steffen Grimberg

Die „Frankfurter Rundschau" ist geschrumpft und wirkt nach dem mutigen Schritt in die Zukunft leider weiter arm – und überhaupt noch nicht sexy.

Da liegt sie nun, die erste kleine *Frankfurter Rundschau* im Tabloid-Format. Und auch wenn es nach Agenturberichten beim Festakt in Frankfurt viel Lob für das neue optische Erscheinungsbild der Zeitung gab: Man wird den Eindruck nicht los, sie hätten vorher doch besser noch mal beim *Independent* nachgefragt. Das britische Blatt hatte 2003 als erste Qualitätszeitung ihr Format verkleinert und so eine ganze Tabloid-Welle ausgelöst – und setzt bis heute Maßstäbe. (…)
Im neuen Format klappert's noch gewaltig: Wie die *taz* hat sich auch die *FR* nicht zu einer echten monothematischen[1] Titelseite durchringen können. Auch die Folgeseiten wirken seltsam luftig. (…)
Wo bleibt das Positive? Hier: Der Meinungsteil ist auf zwei Seiten angewachsen. (…) Auch diverse[2] Doppelseiten funktionieren schon ganz gut, auch wenn anders als angekündigt an der Seiten-Einteilung nach klassischen Ressorts festgehalten wird. Geklappt hat dafür ein anderes Doppelspiel: Die neue *FR* kann auch von hinten gelesen werden, wo das Magazin auf satten fünf Seiten weiche News, Service und das Wetter präsentiert. (…)

1 **monothematisch:** mit einem einzigen Thema
2 **divers:** verschieden

1 *a) Lest diesen Artikel aus der „**Ta**ges**z**eitung" (taz).*
b) Zählt auf, worin er sich von der Meldung „FR im Tabloid" auf S. 160 unterscheidet. Achtet auf Inhalt, Ausdrucksweise und Überschrift.

!

Ein **Kommentar** bietet zwar auch Informationen, aber im Zentrum stehen die Bewertung, die persönliche **Meinung** eines namentlich genannten Autors/einer Autorin zu einem Thema. Dazu kommen ▷ Gründe, Belege und Beispiele. ▷ S. 30

Die persönliche Sichtweise zeigt sich auch in der persönlichen Ausdrucksweise, dem Stil des Kommentars.

2 *Sammelt Kommentare in den von euch untersuchten Tageszeitungen:*
- ☐ *Kann man sie äußerlich erkennen?*
- ☐ *Zu welchen Themen/Ressorts gibt es Kommentare?*
- ☐ *Beschreibt die inhaltlichen und sprachlichen Besonderheiten eines Kommentars, der euch besonders gut gefällt.*

3 *Die neue Tabloid-Frankfurter-Rundschau soll sich – so der Chefredakteur – ja besonders an jüngere Leser/innen wenden.*
a) Besorgt euch eine FR-Tabloid-Ausgabe und schaut sie euch genau an.
b) Schreibt einen ▷ Leserbrief an die FR, in dem ihr eure Meinung zu der Zeitung deutlich zum Ausdruck bringt. Vergesst nicht, Gründe und Beispiele anzuführen. ▷ S. 270

„Junge Leser sind informationsorientiert"

Ein epd-Interview von Diemut Roether mit dem Medienwissenschaftler Günther Rager

epd: *Stimmt es, was Statistiken zeigen, dass das Interesse von Jugendlichen an Zeitungen in den vergangenen Jahren sehr stark zurückgegangen ist? (...)*

Rager: Ja, verschiedene regelmäßige Umfragen haben übereinstimmend ergeben, dass sich die Zahl der Jugendlichen – also der 14- bis 19-Jährigen –, die täglich Zeitung lesen, in den letzten zehn Jahren halbiert hat. Vor zehn Jahren las noch jeder zweite Jugendliche täglich die Zeitung, jetzt nur noch jeder vierte. [...]

epd: *Was stört die Jugendlichen Ihren Forschungsergebnissen nach an der Zeitung?*

Rager: Viele Jugendliche stört gar nichts, die Zeitung ist ihnen einfach egal. Die Zeitungsmacher wären schon froh, wenn sich die Jugendlichen darüber aufregen würden. Die Zeitung ist für viele junge Leute ein altmodisches Medium. [...] In den Befragungen sagen die Jugendlichen, dass vieles von dem, was in der Zeitung steht, sie nicht interessiere. Über das, was sie interessiert, wird hingegen zu wenig berichtet. Auf der Hitliste der Jugendlichen steht seit vielen Jahren ganz oben „Unglücke, Katastrophen, Unfälle". [...] Die jungen Leser interessiert das Thema Gewalt nicht abstrakt, sie wollen wissen, wie gefährdet sie selbst auf dem Schulhof sind. Alkohol- und Drogenkonsum ist auch ein Thema, über das Jugendliche mehr lesen wollen. Natürlich auch das Thema Sex in allen Variationen, Kino oder Musikcharts. Das vermissen sie in der Zeitung.

epd: *Was können die Zeitungen denn tun, damit sie mehr von Jugendlichen gelesen werden?*

Rager: [...] Wie wir herausgefunden haben, hängt die Frage, ob Jugendliche Zeitung lesen, ganz stark davon ab, ob es zu Hause eine Zeitung gibt und ob sie regelmäßig gelesen wird.

Auch die Schulbildung ist entscheidend. Und schließlich hängt es vor allem bei Mädchen davon ab, ob die Freunde und Freundinnen, ganz besonders die eigene Mutter Zeitung lesen oder nicht. […]

epd: *Lesen Mädchen immer noch weniger Zeitung als Jungen?*

Rager: Es ist nicht mehr so gravierend, wie es noch vor zehn Jahren war. Dass Jungen immer noch ein bisschen mehr Zeitung lesen als Mädchen, erklären wir uns damit, dass viele Jugendliche ihr Interesse für die Zeitung über den Sport entdecken. Die Zeitungen berichten viel über Sportarten, die Jungen interessieren – etwa Fußball oder Handball. Mädchen sind eher an Sportarten interessiert, die in Zeitungen keine große Rolle spielen – alles, was mit Pferden zu tun hat, zum Beispiel.

epd: *Gelingt es den Zeitungen, die spezielle Jugendseiten machen, Jugendliche damit anzusprechen?*

Rager: Wenn die Jugendseiten gut gemacht sind, können sie sehr erfolgreich sein. Die Jugendseite ist in der Tat ein „Lockangebot" für Jugendliche. […] Wichtig ist außerdem eine jugendgerechte Gestaltung. […] Jugendliche sprechen gut auf Blickfänge an, also auf große optische Elemente wie Bilder. […] Die meisten jungen Leser bevorzugen ein einfallsreicheres Layout […].

epd: *Bedeutet das, dass es in erster Linie eine Frage der Präsentation ist, ob Jugendliche Zeitung lesen oder nicht?*

Rager: Die jugendnahe Optik ist unseren Erkenntnissen nach sehr viel wichtiger als etwa eine jugendgerechte Sprache. Wenn wir Jugendlichen unterschiedliche Zeitungen in die Hand geben, stellen wir fest, dass sie in der Regel zu „moderner gestalteten" Zeitungen greifen. […] Jugendliche legen sehr viel Wert auf Farbe.

Was die Sprache angeht, so haben wir den jungen Lesern bei Tests unterschiedlich geschriebene Artikel vorgelegt und festgestellt, dass sie in erster Linie informationsorientiert sind. Eine spannend geschriebene Geschichte hat sie weniger interessiert als eine informative, einfach und verständlich geschriebene.

epd: *Was haben Jugendliche überhaupt davon, dass sie Zeitung lesen?*

Rager: […] Die Zeitung eröffnet die Chance zur Teilhabe am öffentlichen Leben – nicht nur beim Thema Politik, sondern auch im direkten Umfeld. Und dann bekommen sie noch einige Dinge, die sie nicht unmittelbar abfordern. Denn schließlich ist die Zeitung ein gutes Trainingsmedium für das Lesen und zum Auswählen von Informationen. Das sind Schlüsselkompetenzen. […]

1 *Lest von dem Interview zuerst die Fragen Diemut Roethers: Welche interessieren euch besonders, welche nicht/weniger?*

2 *Lest nun die Antworten von Günther Rager. Diskutiert darüber.*

3 *Wir wollen uns die Fragetechnik der Interviewerin genauer ansehen:*

Kontrollfrage | Einstiegsfrage | faktenorientierte Frage | Abschlussfrage | Einschätzungsfrage

a) Ordnet diese Frage-Typen den einzelnen Interviewfragen zu.
b) Welche Absicht, welches Ziel verfolgt die Interviewerin mit ihren verschiedenen Fragen?

4 *Wie ist der Anteil der W- oder Textfragen im Verhältnis zu den Entscheidungsfragen (Ja-Nein-Fragen)?*

!

Wenn die **Interviewfragen** klar und übersichtlich formuliert sind, helfen sie den Lesenden, sich schnell zu orientieren. Frage-Typen sind:

- W-Fragen/Textfragen: *Warum lesen Jugendliche heute ...?*
- Entscheidungs- oder Ja-Nein-Fragen: *Sehen Jugendliche lieber fern?*
- Einstiegsfrage: Sie umreißt das Thema und erleichtert den Interviewten den Einstieg.
- faktenorientierte Frage: Sie zielt auf sichere Fakten und Ergebnisse.
- Einschätzungsfrage: Sie fragt nach der persönlichen Meinung, der Einschätzung des/der Interviewten.
- Kontrollfrage: Sie kontrolliert, ob der/die Interviewer/in richtig verstanden hat.
- Abschlussfrage: Sie ermöglicht dem/der Befragten, das Thema abzurunden, zusammenzufassen.

5 *Erweitert das epd-Interview um Fragen, die euch zum Thema „Jugendliche und Zeitungen" interessieren.*

6 *Untersucht den Aufbau eines Interviews in eurer Tageszeitung.*

Hamburger Abendblatt „Juhu, wir sind alle Reporter beim Abendblatt!"

Eliska Drews, Maleen Geese, 9b

Am Anfang ist die Euphorie riesig, doch dann fangen die Probleme an: ein Thema finden, darüber schreiben, Kritik am Artikel aushalten. Schüler/innen im Journalistenstress.

Es ist Anfang September, und draußen scheint die Sonne. [...] Die Blicke der 21 Schülerinnen und Schüler, alle zwischen 14 und 16 Jahre alt, sind auf den Lehrer gerichtet. Da klopft es, und die Tür geht auf. Frau Brühl, die Deutschlehrerin, betritt den Raum. Leicht außer Atem verkündet sie: „Wir nehmen am Projekt ‚Schüler machen Zeitung' des *Hamburger Abendblatts* teil! Ich habe eben die Zusage bekommen!" Ein Raunen geht durch die Klasse.
In der nächsten Deutschstunde ist dann Zeit für die vielen Fragen der Schüler. Frau Brühl gibt Auskunft. „Wir werden sechs Wochen lang das *Hamburger Abendblatt* erhalten und mit der Zeitung im Deutschunterricht arbeiten. Dadurch lernen wir viel über das Medium Zeitung. Natürlich werden wir auch selbst journalistisch arbeiten und Berichte, Reportagen oder Kommentare entwickeln. Und ihr kommt mit einem Klassenfoto in die Zeitung", erklärt Frau Brühl ruhig. Hektik macht sich in der kleinen und sonst so ruhigen Klasse breit. Alle rufen aufgeregt durcheinander. [...] „Das macht sicher Spaß! Ich bekomme einen Presseausweis, dann geh ich zum HSV!" [...]
Drei Wochen später flattern die ersten Zeitungen ins Klassenzimmer. Mit einem lauten Knall landet der Stapel von *Hamburger Abendblättern* auf dem Lehrerpult.
„Wir werden ab jetzt eine Schulstunde in der Woche mit der Zeitung arbeiten", erläutert die Lehrerin. Ein leises Stöhnen geht durch die Klasse. „Wir müssen uns auch über die Themenfindung Gedanken machen. Es dürfen keine Themen ausgewählt werden, die schon täglich im *Abendblatt* behandelt werden. Sucht

nach Themen, die einen Einblick in eure Welt geben. Davon haben die *Abendblatt*-Leser keine Ahnung."

In den folgenden Wochen beherrscht ein typischer Gesprächsablauf die Pausenkommunikation: Schüler A: „Ey, worüber schreibst du? Hast du schon eine konkrete Idee?" Schüler B: „Ja, aber Frau Brühl meint, sie wäre nicht gut genug. Jetzt muss ich noch mal von vorn überlegen! Und zum HSV darf auch keiner."

„So, am nächsten Montag möchte ich eine Grobfassung aller Artikel. Da ihr eure Texte sowieso mehrmals überarbeiten müsst, möchte ich mir früh genug einen Überblick verschaffen", verkündet Frau Brühl Mitte November. Mit dieser Aussage erntet sie eine Menge entsetzter Blicke. Nach der anfänglichen Euphorie[1] merken spätestens jetzt alle, dass dies keine leichte Aufgabe ist.

„Wie sollen wir das denn schaffen? Wir alle haben viel mit den anderen Fächern zu tun, und jetzt noch dieser Termin", beschwert sich David. [...] Die Gruppe der Artikel schreibenden Schüler/innen wird immer kleiner und die Zeit immer knapper. [...]

Schließlich ist es so weit. Die Überarbeitung der Artikel ist abgeschlossen. Sie werden bei Frau Brühl abgegeben. Großes Aufatmen und große Erleichterung. Alle sind doch stolz, dass sie es geschafft haben. „Für den Artikel hat es sich gelohnt, am Ende ist er doch ganz gut geworden!", freut sich Karla.

Es war für alle eine anstrengende, aber auch sehr interessante Zeit.

1 **Euphorie:** Begeisterung

1 *Wäre das auch etwas für euch: „Schüler/innen machen Zeitung"? Diskutiert darüber.*

2 *Ihr habt bisher „Meldung", „Bericht" (S. 161), „Kommentar" (S. 162) und „Interview (S. 164) in der Zeitung kennen gelernt.*
Worum handelt es sich bei dem Artikel von Eliska und Maleen? Belegt eure Meinung am Text. Berücksichtigt dabei auch den Merkkasten.

!

Eine **Reportage** enthält neben
- **sachlichen** (Hintergrund-)Informationen zu einem Ereignis
- **schildernde** Teile mit Einzelbeobachtungen und Stimmungen, ▷ S. 273
- wörtliche **Zitate** der Beteiligten,
- Kommentar und **Wertung** von Reporter/Reporterin.
- Die zeitliche **Reihenfolge** kann von interessanten Einzelbeobachtungen unterbrochen werden.
- Die Reportage steht meist im Präsens; aber auch Abschnitte im Präteritum können vorkommen.

3 *Prüft, ob ihr alle Bestandteile einer „Reportage" im Artikel von Eliska und Maleen findet.*

4 *Sucht Reportagen in unterschiedlichen Ressorts eurer Zeitung. Untersucht, welche Merkmale berücksichtigt worden sind.*

5 *Fertigt ein Plakat an, auf dem ihr die Merkmale von **Bericht** und **Reportage** gegenüberstellt.*

9.2 Berichten und kommentieren – Journalistische Stile erproben

Boys' Day am Girls' Day – Recherchieren und berichten

Boys' Day am Girls' Day
Kochkurs für Jungen

Bonn – Am gestrigen Girls' Day wurde erstmalig für die Jungen der Heinrich-Böll-Schule der Boys' Day eingeführt. Sechs 9.-Klässler konnten mit dem Chefkoch eines Bonner Hotels am Herd stehen.

So beginnt ein Mitglied der Schülerzeitungsredaktion seinen Bericht über ein ungewöhnliches Girls'-Day-Boys'-Day-Ereignis.
Nach allem, was ihr in diesem Kapitel über Zeitungen und Zeitungsartikel erfahren habt, könnt ihr jetzt selbst einen **Bericht** über ein interessantes Ereignis aus der Schule oder ihrer Umgebung für die Schüler-/Klassenzeitung schreiben.

1 *Einigt euch auf ein Ereignis der nächsten (Schul-)Zeit, über das ihr gerne berichten möchtet.*

2 *Überlegt, wie ihr euch am besten auf das Ereignis und den Bericht darüber vorbereiten könnt.*

3 *Führt alle Recherchen vor und während des Ereignisses durch, die für den Bericht nötig sind. Macht euch Notizen.*

4 *Schreibt mit Hilfe eurer Notizen den Bericht.*

Zur Recherche
- *Fragen stellen an:*
- *Hintergrundinfos sammeln:*
- *Abbildungen:*

ARBEITSTECHNIK BERICHTEN

- Beantwortet kurz und sachlich die W-Fragen. Wer? – Was? – Wann? – Wo? – Wie? – Warum?
- Gliederungsprinzip (sog. „Lead-Stil"): Das Wichtigste zuerst!
- Reihenfolge: Schlagzeile/Unterüberschrift – fetter zusammenfassender Lead-Satz – Haupttext – Hintergrundinformation
- Tempus: Präteritum

5 *Überarbeitet euren Bericht (in einer ▷ Schreibkonferenz).* ▷ S. 296

Handy und Pausenbrot – Kommentieren

MP3 und SMS

... gehören zum/zur Schüler/in wie Pausenbrot und Schultasche.
Warum soll das Handy vor dem Betreten der Schule abgeschaltet werden? ...

So beginnt ein persönlicher Kommentar in der Klassenzeitung.
Wie ist eure Meinung zu dem umstrittenen Thema?

1 *Macht euch sachkundig, indem ihr alle Betroffenen nach ihren ▷ Argumenten/Gegenargumenten fragt:* ▷ S. 30

	Pro Handy	Kontra Handy
Eltern:	Im Notfall ist mein Kind immer erreichbar.	...
Lehrer/in:	...	unaufmerksam im Unterricht
Mitschüler/in:	...	...

2 *Welche Argumente überzeugen euch am meisten? Die Pro- oder die Kontra-Argumente?*

3 *Formuliert eure Meinung und kommentiert sie.*

ARBEITSTECHNIK KOMMENTIEREN

- ☐ Nennt das Problem.
- ☐ Schreibt eure Meinung dazu, nennt überzeugende Gründe und anschauliche Beispiele: *Ich meine ..., weil ...*
- ☐ Gebt auch fremde Meinungen wieder und nehmt dazu Stellung: *Allerdings hört man auch den Einwand, ...*
- ☐ Vielleicht bildet ihr einen Kompromiss aus fremder und eigener Meinung.
- ☐ Reihenfolge: das Problem am Anfang, das überzeugendste Argument am Schluss.
- ☐ Verwendet solche Wörter, die eure Adressaten verstehen, und formuliert so, dass sie gern und aufmerksam lesen.

Alt trifft Jung – Einen Leserbrief schreiben

Senior-Experten für Schuleinsätze gesucht

Bonn

Seit mehr als einem Jahr unterstützen Senior-Experten des SES (**S**enior-**E**xperten-**S**ervice) ehrenamtlich die Nachmittagsbetreuung an nordrhein-westfälischen Schulen. Das „Schulprogramm" des Senior-Experten-Service ist ausgesprochen erfolgreich. Seine Popularität stieg in den vergangenen Monaten so sehr, dass nicht für alle Anfragen der Schulen in NRW Senior-Experten gefunden werden konnten.

Mehr als 500 Schüler partizipieren[1] bisher an Wissen und Erfahrung der Senior-Experten. In 58 Schulen zwischen Bonn und Wachtendonk, Aachen und Hagen haben 70 Senior-Experten des SES Einsätze geleistet, beispielsweise mit Bonner Schülern eine Firma gegründet, die auf Anhieb einen Preis für Jungunternehmer erhielt, oder Jugendlichen in Neunkirchen-Seelscheid bei Berufswahl und Bewerbung geholfen. Ergebnis: Alle Schüler erhielten einen Ausbildungsplatz.
Dagegen fehlten Senior-Expertinnen und -Experten für eine Bottroper Schule, die einen kleinen Schulzoo aufbauen wollte, um den Umgang mit Tieren zu üben. In Eschweiler wurde nach einem Senior-Experten für die Einrichtung eines Schulgartens gesucht. Leider Fehlanzeige. Ebenso konnte eine Essener Schule nicht zufriedengestellt werden, die einen Experten für den Aufbau einer Schulwerkstatt suchte. Für mehrere Schulen in Steinfurt war die Suche des SES nach Senior-Experten für den Aufbau einer Fahrradwerkstatt oder für die Sprach- und Leseförderung nicht von Erfolg gekrönt.

1 **partizipieren:** teilnehmen

1 *a) Tragt zusammen, was ihr in diesem Pressebericht über Aktivitäten von Senior/inn/en in Schulen erfahrt.*
b) Was wisst ihr selbst über dieses Thema?
▷ Recherchiert dazu. ▷ S. 301

2 *Schreibt einen ▷ Leserbrief, in dem ihr anerkennend, aber auch kritisch auf den Artikel eingeht und am Ende deutlich eure Auffassung über „Senior-Experten in Schulen" zum Ausdruck bringt.* ▷ S. 270

9.3 Projekt: Eine Klassenzeitung im Team gestalten

Ihr habt wichtige journalistische Textsorten kennen gelernt und einiges über Layout und Gestaltung einer Zeitung erfahren.

Profitiert davon für ein Projekt „Klasse(n)-Blatt“:

Interessante Themen für die Klassenzeitung sammeln

- Veranstaltet dazu ein ▷ Brainstorming. ▷ S. 294
- Lassen sich eure Vorschläge **einem** Hauptthema zuordnen?
- Oder könnt ihr **verschiedene** Themenschwerpunkte bilden?

Ressorts bilden

- Bücher, Filme und andere Medien -

- Von Fach zu Fach -

- Auf dem Pausenhof -

- Klamotten, Shops und Marken -

- Lehrer/innen privat -

- Aus dem Lehrerzimmer -

- Hobbys und andere Aktivitäten -

- Klassenfahrten -

- In - Out -

- In den Ferien -

- Aus der Theater AG -

Redaktionsteams, Herstellung, Technik bestimmen

- Besetzt die verschiedenen Ressorts mit interessierten „Redakteur/inn/en".
- Wer fotografiert, wer zeichnet, wer besorgt gute Abbildungen?
- Bestimmt jemanden, der/die Bücher, Zeitschriften und andere nötige Medien und Materialien für die Redaktion besorgt.
- Wer mit PC und Textverarbeitung umgehen kann, Ideen für Layout und Textdesign (▷ S. 159) hat, wird „Hersteller/in".

Die Redaktionsarbeit organisieren

„Die Gruppe der Artikel schreibenden Schüler/innen wird immer kleiner und die Zeit immer knapper", heißt es in Eliskas und Maleens *Abendblatt*-Reportage (▷ S. 165).
Damit es euch besser geht, bestimmt zwei Personen, die zusammen mit den einzelnen Teams

- einen Terminplan aufstellen und überwachen;
- wichtige Besprechungen in und zwischen den Teams durchführen;
- Zwischenergebnisse auf dem Weg zum fertigen „Klasse(n)-Blatt" von den Ressorts erbitten;
- die „Endredaktion" organisieren, in der Ressortvertreter/innen und Herstellung aus den verschiedenen Artikeln, Fotos usw. das komplette „Klasse(n)-Blatt" zusammenstellen.

WÖRTERLISTE

▷ S. 298

Boulevard	Grafik	Layout	Journalistik
Ressort	Reportage	Kommentar	regional
Feuilleton	Titel	Interview	online
Redaktion	Headline	Statistik	kursiv
orientieren	abonnieren	recherchieren	

10 A-I-D-A – Werbung in Text und Bild

10.1 Schlagzeile, Slogan, Logo – Werbeanzeigen untersuchen

1 *a) Welches dieser drei Werbefotos weckt eure Aufmerksamkeit*
- ☐ *am stärksten?*
- ☐ *am wenigsten?*

b) Erklärt, warum das so ist.

2 *a) Welche Stimmung, welche Gefühle vermitteln die drei Fotos?*
b) Wofür, für welches Produkt wird geworben?
c) Passen Bild – Stimmung – Produkt zueinander?
d) Beschreibt oder zeichnet andere Bild-Produkt-Ideen, die euch passend erscheinen.
e) Stellt eure Bild-Produkt-Idee als ▷ Standbild dar. ▷ S. 141

3 *Sammelt auffällige Werbeanzeigen in Zeitschriften.*

a) Ordnet sie in folgende Liste:

Bildmotiv	Stimmung, Gefühl	Produkt
akrobatisch springendes Mädchen	frei, unabhängig	Freizeitkleidung
junge Frau im Yogasitz	sanft, Entspannung, Ruhe	Hustenbonbons

b) Untersucht, ***wie*** *das Produkt jeweils in der Werbeanzeige präsentiert wird. Nutzt dabei folgende Begriffe:*

männlich | weiblich | alt | aktiv | passiv | drinnen

draußen | schön | cool | sexy | jugendlich

1 *Vergleicht eure ersten Eindrücke beim Betrachten dieser Werbeanzeige:*

a) Notiert spontan, welche Gefühle oder Gedanken die Anzeige bei euch auslöst.

b) Was ist euch zuerst ins Auge gefallen? Beschreibt, wie und wodurch der Blick gelenkt wird.

c) Für welches Produkt wird geworben?

2 *Beschreibt den Aufbau und die Gestaltung des* ***Bildes*** *der Werbeanzeige genauer:*
a) Haltet fest, welche Vorstellungen oder Empfindungen ihr spontan mit dem Bild verbindet.
b) ☐ *Was ist auf dem Bild dargestellt? Aus welcher ▷ Perspektive?* ▷ S. 180
☐ *Wie sind die verschiedenen Bildelemente angeordnet?*
☐ *Welche Farben überwiegen? Welche Wirkung haben sie?*
☐ *Wie wird das Produkt einbezogen?*

3 *Untersucht die verschiedenen* ***Texte*** *der Nintendo-Werbeanzeige im Detail:*
☐ *Welche Textteile fallen zuerst ins Auge?*
☐ *Welche Informationen liefert der Haupttext?*
☐ *Was ist sprachlich besonders daran?*

4 *Wer soll nach eurer Meinung von der Nintendo-Werbung angesprochen werden („Zielgruppe"): Baseballfans – Mädchen – männliche Jugendliche …*
Begründet eure Meinung.

5

Eyecatcher | Blickfang | Markenname | Werbetext | Slogan
Copy | Logo | Werbespruch, -formel

a) Ordnet englische Werbebegriffe („Anglizismen") und deutsche Entsprechungen einander zu.
b) Benennt die verschiedenen Elemente der Nintendo-Werbung mit dem passenden Werbebegriff.
c) Blickfang oder Eyecatcher, Markenname oder Logo …
Begründet, welcher Bezeichnung ihr den Vorzug gebt.

6 *Berücksichtigt alle Bild- und Textelemente der Nintendo-Werbung und beschreibt die Werbe-„Botschaft" an ihre Zielgruppe.*

ARBEITSTECHNIK WERBEANZEIGEN UNTERSUCHEN

☐ Notiert spontan eure ersten Eindrücke.
☐ Was fällt zuerst ins Auge (Eyecatcher)?

Bild
☐ Was ist abgebildet?
☐ Wie wird der Blick gelenkt (Perspektive)?
☐ Welche Rolle spielen Licht und Farben?

Text
☐ Was sagt der Slogan?
☐ Welche Informationen enthält der Werbetext (Copy)?
☐ Welche sprachlichen Besonderheiten weist er auf?

Bild + Text
☐ Welche Zielgruppe wird angesprochen?
☐ Welche Werbebotschaft und Wirkung ist beabsichtigt?

Werben mit AIDA

Ihr sollt nun selbst eine Werbeanzeige für einen (Sport-)Schuh gestalten.
Dazu ist es sinnvoll, dass ihr AIDA kennen lernt, die Strategie hinter **jeder** Werbekampagne:

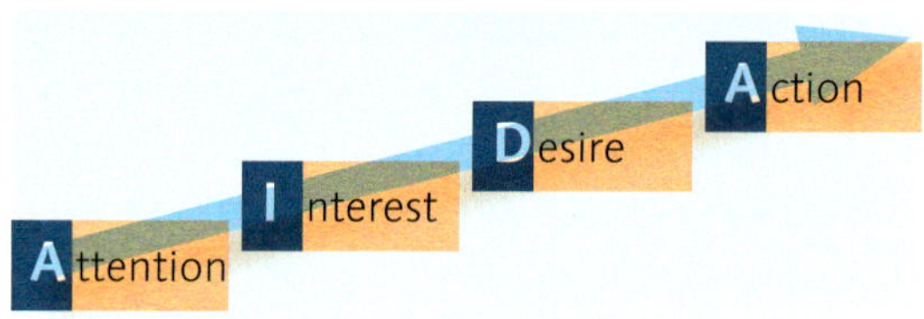

1 *Versucht diese vier Schritte einer wirksamen Werbestrategie an einer der Werbeanzeigen auf den vorangehenden Seiten nachzuweisen:*
- ◻ *Womit erregt die Anzeige „Attention"?*
- ◻ *Wodurch weckt sie „Interest"?*
- ◻ *Welchen „Desire" löst sie aus?*
- ◻ *Zu welcher „Action" regt die Anzeige an?*

2 *a) Warum werden eurer Meinung nach so viele englische Werbewörter („Anglizismen") benutzt?*
b) Diskutiert über Sinn oder Unsinn englischer Werbeslogans.

3 *Gestaltet eine Werbeanzeige für einen (Sport-)Schuh (oder für ein anderes Produkt eurer Wahl) nach der AIDA-Formel:*
- ◻ *Veranstaltet ein ▷ Brainstorming zum Aussehen eurer Schuhwerbung* ▷ S. 294
- ◻ *Bildet Kleingruppen für a) Text(e), b) Abbildung(en), c) Textverarbeiter/innen.*
- ◻ *Einigt euch auf Produkt-Namen, Slogan, Werbetext (Copy).*
- ◻ *Was soll abgebildet werden; aus welcher Perspektive; mit welchen Farben?*
- ◻ *Besorgt euch Karton/eine Tapete und gestaltet die Werbeanzeige.*

4 *Vergleicht eure Werbeanzeigen und beurteilt sie mit Hilfe der AIDA-Formel.*

Hier ein paar Tipps für den richtigen **Slogan** einer Werbung:

Reim

sprachliches Bild, Metapher

Dreierfigur

Wortspiel, Wortneuschöpfung

Buchstabengleichklang, Alliteration

5 *a) Wie sind diese Slogans gebildet?*
b) Sammelt auffällige Slogans: Wie sind sie „gebaut"?

> **Werbung** hat die Absicht, eine bestimmte Personen- oder Zielgruppe zum Kauf eines Produktes anzuregen.
> Ihre Strategie nach der **AIDA-Formel A**ttention – **I**nterest – **D**esire – **A**ction verfolgt die Werbung mit auffälligen optischen (z. B. Fotos, Videoclips), akustischen (Stimmen, Geräusche, Musik) und textlichen Elementen (Slogans).

Typisch Mann/Frau? – Werben mit und gegen Klischees

Kritiker/innen werfen der Werbung vor, dass sie Männer und Frauen oft einseitig darstellt, nur mit ganz bestimmten, eingeschränkten Interessen und in überholten Berufen und Rollen; dass sie keine „wirklichen" Männer und Frauen von heute darstellt, sondern nur Klischees.

1 *Schaut euch die beiden Plakate eines internationalen Möbelhauses an:*
a) Untersucht sie mit der ▷ Arbeitstechnik „Werbeanzeigen". ▷ S. 173
b) Besprecht, ob hier Klischee-Werbung über Männer und Frauen gemacht wird oder nicht.

2 *Die beiden Plakate sind die Werbeaktion eines Möbelhauses.*
Untersucht,
- *woran das zu erkennen ist.*
- *für welches „Produkt" hier geworben wird.*
- *was ungewöhnlich an dieser Werbung ist.*

3 *Sucht Werbeanzeigen, die mit dem Klischee „typisch Mann/Frau" arbeiten:*
a) Bestätigen sie das Klischee oder brechen sie es (parodieren)?
b) Untersucht sie mit der ▷ Arbeitstechnik „Werbeanzeigen". ▷ S. 173
c) Stellt fest, welche typischen Interessen, Wünsche, Rollen den Männern/Frauen jeweils zugeschrieben werden.

4 *Gestaltet ein Werbeplakat für ein Produkt, bei dem Männer/Frauen eine Rolle spielen.*

5 *Typisch … Tiere – Kinder – Jugendliche – Senior/inn/en?*
Untersucht, wie diese Gruppen in der Werbung dargestellt werden.

Gummibärchen – Schleichwerbung oder Product-Placement?

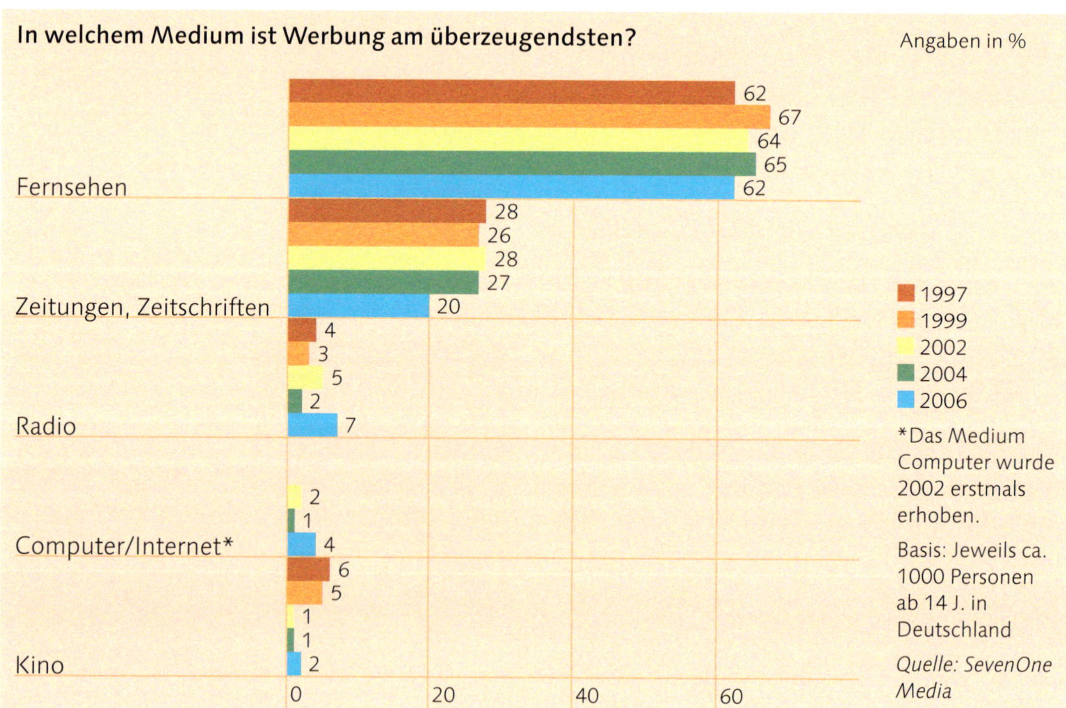

1 *Worüber gibt das Diagramm Auskunft? Formuliert die Antwort in einem Satz.*

2 *Fasst die Informationen, die man dem Balkendiagramm entnehmen kann, in einem Text zusammen.*

3 *a) Prüft, ob die Aussagen des Diagramms mit euren eigenen Erfahrungen mit Werbung übereinstimmen.*
b) Wenn ihr Unterschiede feststellt: Habt ihr eine Erklärung dafür?

Torsten Gellner

Werbung auf leisen Sohlen

Skandal im öffentlich-rechtlichen TV! Jahrelang wurde in ARD-Vorabendserien Schleichwerbung betrieben. Ein Einzelfall? Ob Auto, Computer oder Cola – die Vermischung von Inhalt und Werbung nimmt zu, sagen Experten.

„Teppichboden bedeutet weniger Staub, schluckt die Geräusche, sieht tadellos aus und erleichtert unserem Nachwuchs die ersten Gehversuche." Zeilen aus einer Werbebroschüre für Auslegeware? Nein, ein Dialogfetzen der ARD-Vorabendserie „Marienhof". Dahinter steckt jedoch kein teppichbodenverliebter Drehbuchschreiber. Die wohlwollenden Worte wurden von der „Arbeitsgemeinschaft textiler[1] Bodenbelag" in Auftrag gegeben und brachten der verantwortlichen Produktionsgesellschaft offensichtlich bares Geld.

Der Journalist Volker Lilienthal hat Spektakuläres enthüllt. Nach seinen Recherchen[2] wurde in der täglichen Seifenoper „Marienhof" und in der Klinikserie „In aller Freundschaft" über Jahre hinweg systematisch gegen Paragraph 7 des Rundfunkstaatsvertrags verstoßen, der Schleichwerbung verbietet: Zuschauer sollen nicht durch eine Vermengung von redaktionellen Inhalten mit Werbung verwirrt werden. [...]

Gummibärchen verzerren den Wettbewerb

Dass in diesen Tagen ausgerechnet ein durch Gebühren finanzierter Sender in den Zusammenhang von Schleichwerbung gerät, dürfte insbesondere die EU-Kommission[3] interessieren. [...] Es geht um die Frage, wie weit die kommerziellen[4] Tätigkeiten der Öffentlich-Rechtlichen gehen dürfen. Darf Thomas Gottschalk, der für Haribo und die Post wirbt, genau diese Produkte und Dienstleistungen in

1 **textil:** aus Stoff
2 **die Recherche:** Nachforschung
3 **EU-Kommission:** Behörde der Europäischen Union
4 **kommerziell:** dem (Ver-)Kauf dienend

seine Samstagabendshow „Wetten, dass ...?" integrieren[5]?

Nein, meint Journalist Lilienthal. Dieser hatte schon 2004 anhand zahlreicher Programmbeispiele gezeigt, wie weit das gebührenfinanzierte ZDF mittlerweile seine Drehbücher für die Werbewirtschaft geöffnet hat. Die Kritik veranlasste den Rundfunkrat des ZDF schließlich, einen „Zehn-Punkte-Plan" aufzustellen, um der „schleichenden Selbstkommerzialisierung" des Senders zu begegnen. Beobachter konstatieren[6] inzwischen Besserung: Das grenzwertige[7] Product-Placement habe mittlerweile nachgelassen.

Was ist erlaubt?

„Schleichwerbung ist verboten, Product-Placement aber erlaubt", stellt Peter Widlok von der Landesmedienanstalt Nordrhein-Westfalen klar. „Sofern der Einsatz von Produkten dramaturgisch[8] oder inhaltlich notwendig und sinnvoll ist, spricht überhaupt nichts dagegen, dass eine Fernsehkommissarin etwa einen BMW fährt." Problematisch sei indessen die Definition. „Es lässt sich nicht immer zweifelsfrei feststellen, ob etwas vorsätzlich[9] oder zufällig im Bild ist."

Unlängst haben sich die Landesmedienanstalten kritisch über eine Zunahme von Product-Placement geäußert. „In einer Stichprobe im Februar gab es in zehn Fällen Verdachtsmomente", erläutert Widlok. „Wir haben daraufhin die zuständigen Landesmedienanstalten aufgefordert, tätig zu werden." Tätig werden heißt: den Sendern die Möglichkeit zur Stellungnahme geben. Zu Sanktionen[10] wird es jedoch erst kommen, wenn Vorsatz nachgewiesen werden kann. Das, gibt Widlok zu verstehen, wird aber kaum der Fall sein.

„Anders als der Journalist Lilienthal, der jetzt den ‚Marienhof'-Skandal aufgedeckt hat, können wir als Behörde natürlich nicht nach Wallraff-Manier[11] recherchieren und illegale Kooperationen[12] aufdecken", gibt Ingeborg Zahrnt, eine brandenburgische Kollegin von Widlok, zu bedenken. Sie erklärt sich die Zunahme von Schleichwerbung und Productplacement mit der grassierenden[13] Werbekrise. „Heute haben gerade die Privaten mit sinkenden Werbeeinnahmen zu kämpfen", erklärt Zahrnt, „und die Zuschauer neigen eher dazu, bei Werbeblöcken umzuschalten. Da ist bei der Finanzierung eben Fantasie gefragt."

5 **integrieren:** einfügen
6 **konstatieren:** feststellen
7 **grenzwertig:** zweifelhaft

8 **dramaturgisch:** die Handlung betreffend
9 **vorsätzlich:** mit Absicht
10 **die Sanktion:** Maßnahme, Strafe
11 **Walraff-Manier:** Art und Weise, wie der Journalist Günter Wallraff recherchierte. Er gab sich bei Unternehmen als Mitarbeiter aus.
12 **illegale Kooperation:** verbotene Zusammenarbeit
13 **grassieren:** stark zunehmen

Not macht erfinderisch

Fantasievoll sind die Unternehmen schon lange: Dustin Hoffmann fuhr 1967 in dem Filmklassiker „Die Reifeprüfung" einen Alfa Romeo. Der italienische Autobauer durfte sich prompt über spürbar höhere Verkaufszahlen freuen. Seither achten Hersteller darauf, ihre Wagen in Filmen prestigeträchtig unterzubringen. Nicht von ungefähr spielen teure BMW in James-Bond-Filmen quasi die zweite Hauptrolle. Inzwischen werden in den USA sogar „Oscars" für besonders dreiste[14] – oder erfolgreiche – Fälle von Productplacement vergeben. Im Jahr 2004 war Pepsi klarer Sieger: In sieben Blockbustern[15] war der Brausefabrikant vertreten.

Als besonders umtriebig[16] gilt der Computerhersteller Apple. Seit Jahren sind die schicken Rechner in Filmen von „Independence Day" bis „Garfield" zu sehen. Wie andere große Unternehmen unterhält Apple eine eigene Abteilung, die sich um Filmauftritte ihrer Produkte kümmert. Zur Marketingstrategie solcher Konzerne zählt freilich auch, dass man immer wieder betont, für die Bereitstellung der teuren Requisiten kein Geld zu nehmen.

Unterdessen haben die PR[17]-Strategen schon eine neue Werbewiese für sich entdeckt: Computerspiele. In der virtuellen[18] Welt können die Produkte nicht nur in Form von Plakaten oder Logos platziert werden, sondern als Spielobjekt aktiv in die Handlung einbezogen werden. Nach einer repräsentativen Untersuchung von TNS Emnid stört es 71 Prozent nicht, wenn sie im Spiel auf echte Marken stoßen. Im Gegenteil: Jeder zweite Befragte gab an, dass durch die Integration von realen Marken das Spiel realistischer werde. Und genau das ist es, wonach die Gaming Community verlangt.

14 **dreist:** frech
15 **der Blockbuster:** (Film-)Erfolg
16 **umtriebig:** aktiv
17 **PR:** Public Relation, Werbung
18 **virtuell:** zum Computer, Internet gehörend

1 *Lest den Artikel aufmerksam und überprüft bzw. beantwortet folgende Fragen und Aussagen:*
- ☐ *An Schleichwerbung im Fernsehen ist besonders die USA-Kommission interessiert.*
- ☐ *Was verbietet § 7 des Rundfunkstaatsvertrags?*
- ☐ *Der Artikel untersucht Schleichwerbung im deutschen Privatfernsehen.*
- ☐ *Welcher Grund wird für Schleichwerbung/Product-Placement angegeben?*

2 *„Schleichwerbung ist verboten, Product-Placement aber erlaubt." (Z. 54 f.)*
Lest noch einmal den Absatz Zeile 54–64 und versucht dann, den schwierigen Unterschied zwischen „Schleichwerbung" und „Product-Placement" zu erklären.
Geht am besten von zwei Beispielen aus und berücksichtigt die Adjektive „vorsätzlich, absichtlich" und „zufällig".

3 *Lest noch einmal den letzten Absatz:*
a) Wie reagieren Computerspieler auf echte Marken in ihren Spielen?
b) Wie begründen sie ihre Meinung?

4 *Wie denkt ihr über Schleichwerbung oder Product-Placement im Fernsehen, Film und Computerspiel?*
- ☐ *Erinnert euch an Beispiele, die euch selbst aufgefallen sind.*
- ☐ *Notiert euch Pro- oder Kontra-Argumente und führt eine ▷ Diskussion.* ▷ S. 34

10.2 Werben und erzählen – Filmische Mittel in Werbespots

Hier seht ihr neun Einzelfotos aus einem 25-Sekunden-Fernseh-Werbespot. Leider fehlt der Ton (Sprache, Geräusche, Musik).

1 *Versucht die Handlung des Spots nachzuerzählen:*
Er beginnt damit, dass … *Am Anfang sieht man, wie …*

2 *a)* ***Was*** *möchte der Werbespot zum Kauf empfehlen?*
b) ***Wie*** *macht er das?*
Beschreibt die filmischen Mittel wie Einstellungsgrößen, Perspektive(-wechsel) und ihre Wirkung.

!

Einstellungsgröße und Kameraperspektive

- Nach der Größe des gewählten Bildausschnitts unterscheidet man die Einstellungsgrößen **Totale, (Halb-)Nah, Groß, Detail**.
- Bei der Kameraperspektive unterscheidet man nach dem Blickwinkel der Kamera auf das Geschehen zwischen **Normalsicht, Vogelperspektive** und **Froschperspektive**.

3 *Der Werbespot ist nicht nur eine Kaufempfehlung (ein Appell). Er „erzählt" eine Geschichte.*
a) Was ist ihre Botschaft, ihre „Moral"?
b) Wie wirkt dieser Werbespot auf euch? Gebt ein begründetes Urteil ab.

4 *Der Spot setzt sich mit bestimmten ▷ Klischees und Vorurteilen auseinander. Sprecht darüber, wie er das macht.* ▷ S. 175

Das Kino im Kopf – Schnitt und Montage

Ihr habt die Handlung des Werbespots verstanden, obwohl wir sie auf Seite 180 in nur neun Einzelfotos „zerschnitten" haben.

1 *Versucht zu beschreiben, welches Geschehen ihr zwischen den einzelnen Bildern in eurem Kopf ergänzt („einmontiert") habt.*

Im Grunde habt ihr jetzt ein wenig gearbeitet wie der/die Cutter/in bei der Filmherstellung:

SCHNITT UND MONTAGE

Das mit der Kamera gedrehte Filmmaterial muss
- in überschaubare Abschnitte **geschnitten**,
- von unnötigen Teilen getrennt
- und anschließend wieder sinnvoll zusammengefügt (**montiert**) werden.

Montiert der/die Cutter/in mit
- **harten** Schnitten, stehen die Bilder(folgen) übergangslos nebeneinander; bei
- **weichen** Schnitten werden Übergänge geschaffen.

2 *Betrachtet die Schnitte zwischen den neun Fotos auf S. 180: Handelt es sich dabei um „harte" oder „weiche" Schnitte?*

3 *a) Nehmt verschiedene Werbespots auf.*
b) Untersucht an einem ausgewählten Spot die Schnittfolge:
- *Wie lange dauert der Spot?*
- *Wie viele Schnitte erkennt ihr?*
- *Sind es harte/weiche Schnitte?*
- *Ist der Spot mit Musik unterlegt?*
- *Wie sind Schnitt und Musik montiert?*
- *Wie wirken Schnitt/Montage: hektisch, ruhig …?*

ARBEITSTECHNIK WERBESPOT-ANALYSE

- Notiert spontan eure ersten Eindrücke.
- Bestimmt die Art des Spots: Produkt im Zentrum? – Erzählerisch „verpackt"?
- Beschreibt den Handlungsverlauf: langsam, hektisch, sprunghaft ...
- Geht auf filmische Mittel wie Einstellungsgrößen, Perspektive, Musik ... ein.
- Fasst eure Einzelbeobachtungen in einem Gesamturteil zusammen.

10.3 Projekt: Ein Werbespot für eure Schule

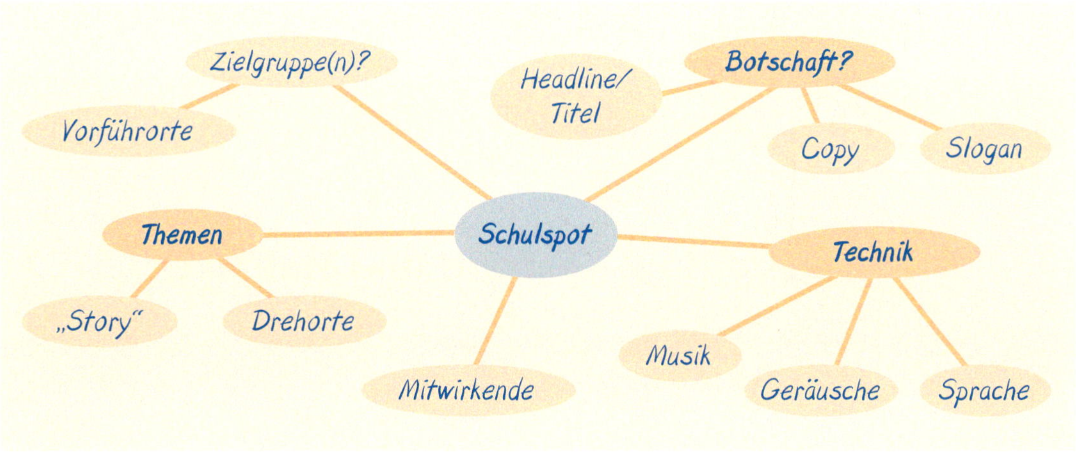

1 *Veranstaltet ein ▷ Brainstorming zu eurem Schulspot; legt eine ▷ Mind-Map dazu an.* ▷ S. 294

2 *Konzentriert euch zunächst auf den Bereich „Themen":*
a) Habt ihr eine Story-Idee, dann versucht sie in einzelne Szenen einzuteilen. Oder listet interessante Themen als Szenen auf.
b) Stellt damit einen vorläufigen Drehplan auf:

Szene	Inhalt, Dialoge, Texte	Orte, Zeit	Mitwirkende	Kamera, Technik
1	Intro, Vorspann nur Stimmengewirr	Gebäude von außen, große Pause	Pausenhof-schüler/innen, Lehrkräfte ...	Zuerst Totale, dann ...
2	...	...	...	...

3 *Teilt euch in Gruppen auf und dreht die einzelnen Szenen.*
a) Seht euch eure Szenen an und prüft die Wirkung.
b) Notiert Verbesserungsvorschläge und dreht erneut.
c) Präsentiert und besprecht eure Szenen in großer Runde.

4 *a) Schreibt einen möglichst detaillierten Drehplan.*
b) Dreht die einzelnen Szenen eures Schulspots und bearbeitet sie mit einem Videoschnitt-Programm (z. B. MovieMaker).

WÖRTERLISTE ▷ S. 298

Aktion	Klischee	Perspektive	Spot	optisch
Appell	Montage	Produkt	Strategie	spontan
Kampagne	Motiv	Slogan	akustisch	typisch

11 Grammatiktraining

11.1 Spielwelten – Wörter und Wortarten

Olympische Spiele – Nomen und Pronomen trainieren

Hermes, der griechische Götterbote, soll das Würfelspiel und damit das Spielen überhaupt erfunden haben. Er lehrte die Menschen das Musizieren, indem er über die Schale einer Schildkröte einige Saiten spannte. So konnten die Gläubigen auch mit ihrer Musik zu den Göttern „sprechen“.
Zu Ehren des Göttervaters Zeus wurden die Olympischen Spiele veranstaltet. Die Olympischen Spiele waren ursprünglich ein religiöses Fest und keine sportliche Veranstaltung wie die Olympischen Spiele heute. Der erste Tag der Olympischen Spiele war religiösen Zeremonien und dem Einziehen der Athleten, der Schiedsrichter und der Zuschauer in den heiligen Bezirk von Olympia gewidmet. Im Tempel des Zeus schworen alle Teilnehmer, sich an die Regeln der Olympischen Spiele zu halten. Damit die Teilnehmer sicher an- und abreisen konnten, herrschte während

der Olympischen Spiele eine heilige Waffenruhe.
Sportarten der Olympischen Spiele waren das Laufen, Ringen, der Faustkampf und das Pferderennen. Etwas Besonderes war der Wettstreit der Sänger und Dichter. Die Sieger bei den Olympischen Spielen bekamen einen Ölzweig. Der Ölzweig gilt heute noch als das Zeichen des Friedens.

Die ersten Olympischen Spiele sind für das Jahr 776 v. Chr. überliefert, die Olympischen Spiele fanden alle vier Jahre statt. Den Zeitraum zwischen den Olympischen Spielen nannten die Griechen „Olympiade". Nach diesen Olympiaden zählten sie die Zeit.
Jeder kann selber beurteilen, welche Bedeutung die Olympischen Spiele in unserer Gegenwart haben.

1 *a) Olympische Spiele früher und heute: Stellt Gemeinsamkeiten und Unterschiede zusammen.*
b) Vergleicht eure Ergebnisse und die Art ihrer Darstellung: Ideenstern, Mind-Map, Tabelle …
Klärt die Vor- und Nachteile der verschiedenen Darstellungsweisen.

!

Nomen werden großgeschrieben.
- Vor einem Nomen können Artikel, Pronomen und Adjektive stehen:
  die/diese/interessante/viele Spiele
- Von einem Nomen kann man meist einen **Plural** bilden:
  das Spiel - die Spiele.

Beachtet: Diese „Nomen-Proben" funktionieren nicht bei jedem Nomen.

Nomen (N)	Artikel + N	(Artikel +) Adjektiv + N	Pronomen + N	Präposition + N
Hermes	das Würfelspiel	Olympische Spiele	ihrer Musik	zu Ehren

2 *Übertragt die Tabelle in euer Heft und ergänzt sie mit den Nomen des Textes.*

3 *a) Versucht alle Nomen im Singular in den Plural zu setzen.*
b) Bildet von den Nomen im Plural den Singular.

4 *a) Ab Z. 8 wird immer wieder „Olympische Spiele" wiederholt.*
Wie könnte man das vermeiden?
b) Vergleicht eure Lösungen.

!

Personalpronomen (persönliche Fürwörter) ersetzen Nomen und Namen:
*Steffen ruft Maren an: „**Ich** habe für **dich** einen Fan-Schal gefunden. **Er** kostet …"*

Mit Personalpronomen vermeidet man das ständige Wiederholen von Nomen.

5 *Bestimmt die fünf Personalpronomen in diesem Olympischen Eid. Für wen oder was stehen sie?*

Bei meiner Ehre erkläre ich, dass ich mich als Kampfrichter nur vom Geiste der sportlichen Fairness und der Würde des Sports leiten lassen werde. Ich verpflichte mich, die gezeigten Leistungen ohne Rücksicht auf die Person oder die Nation gewissenhaft zu beurteilen.

!

Es gibt weitere **Pronomen** wie
- **Possessivpronomen** (besitzanzeigende Fürwörter): *__mein__ Fußball, __ihr__ Turnschuh, __eure__ Tennisschläger*
- **Demonstrativpronomen** (hinweisende Fürwörter): *__Dieser__ Sieg ist überzeugend, __jener__ dagegen ist eine Enttäuschung.*
- **Indefinitpronomen** (unbestimmte Fürwörter): *man, jemand, etwas; __kein__ Sieg, __alle__ Anstrengungen*

Im Namen unserer Athleten verspreche ich, dass wir an diesen Olympischen Spielen teilnehmen, alle Regeln respektieren und uns einem Sport ohne Doping und Drogen verpflichten. Im wahren Geist der Sportlichkeit, für den Ruhm des Sports und die Ehre unserer Mannschaft.

6 *Tragt die verschiedenen Pronomen aus den beiden Eiden in eine Tabelle ein.*

Ballspiele und Verben in verschiedenen Zeiten

Fußball auf Japanisch

Eine japanische Legende erzählt dic Herkunft des Fußballspiels: Um 800 v. Chr. kamen drei Wesen mit menschlichen Gesichtern, aber Affengliedern nach Japan. Sie gaben an, Fußballgeister zu sein, die einen Spielplatz suchen.
Die drei kamen aus China, wo ein Kaiser das Spiel schon lange vorher erfunden hatte. Er hatte nach einem Weg gesucht, seinen Soldaten Disziplin, Gewandtheit und Gemeinschaftsgeist beizubringen.
Für die Fußballgeister legten die Japaner innerhalb eines Tempelbezirks einen Spielplatz an. An die vier Ecken eines 14 x 14 m großen Sandplatzes pflanzten sie je einen besonderen Baum: Die Nordwestecke erhielt eine Kiefer, eine Weide bildete die Südostecke, ein Kirschbaum stand in der Nordostecke und ein Ahorn gegenüber in der Südwestecke. Als sich später das Spiel immer mehr ausbreitete, nahmen sie statt der Bäume Bambusstangen.
Die Fremden, die Japan anschließend wieder verließen, verehrt man dort seitdem als Schutzgötter des Fußballspiels.
In den Anfängen durften nur Adlige Fußball

spielen, später waren auch Minister zugelassen.

Zum Spielbeginn fegte und harkte man den Platz sorgfältig. Dann segnete ein Priester den Ball und bat die Götter um eine gute Ernte und Frieden. Vier bis sechs Spieler in prächtigen Kimonos stellten sich in einem Kreis auf. Der Priester legte eine Lederkugel in die Mitte. Der älteste Spieler trat vor und schlug den Ball in die Luft. Nun musste er möglichst lange in der Luft bleiben. Ein Spielzug war zu Ende, wenn der Ball einen Spieler unvorschriftsmäßig oder die Erde berührte. Das geschah meist nach 300 bis 400 Fußstößen.

Heute ist der moderne Fußball nach dem Baseballspiel in Japan das beliebteste Mannschaftsspiel. Wahrscheinlich wird sich die Begeisterung für den Fußball in Zukunft noch steigern.

1 *Unter einer „Legende" verstehen wir die Lebensbeschreibung eines/r Heiligen. Sie kann auch erzählen, wie religiöse Orte, Bräuche, Gegenstände entstanden sind.*
a) Trifft das auf die japanische Erzählung zu?
b) Vergleicht eine Legende mit einem Märchen. Benutzt dazu ein Lexikon/das Internet. ▷ S. 301

2 *Schreibt alle Prädikate aus dieser Fußball-„Legende" heraus und bestimmt ihre Zeitform.*

!

Verben bilden verschiedene **Zeitformen:**

*Nachdem der Trainer die Spielerin **eingewechselt hatte**, ...*	*... **erzielte** sie sofort den Anschlusstreffer.*	*Jetzt **geht** sie nach einem Foul zu Boden.*	***Wird** sie wohl **weiterspielen können?***
Vor-Vergangenheit	Vergangenheit	Gegenwart	Zukunft
Plusquamperfekt	**Präteritum**	**Präsens**	**Futur**

3 *Versucht die verschiedenen ▷ Zeitformen in der japanischen Fußball-Legende zu erklären.* ▷ S. 277

Hallo, liebe Hörerinnen und Hörer.
Ich melde mich zurück von der Begegnung der Berserker 09 mit der 3. Mannschaft des FC Ballingen.
Die Zuschauer haben bisher ein Spiel wie Gummi verfolgt, in dem es immer noch 0:0 steht. Beide Mannschaften haben Fußball zum Abgewöhnen gezeigt. Ihnen hat bisher jeglicher Biss und der Drang nach vorne gefehlt. Besonders die Berserker haben sich darauf beschränkt, hinten dicht zu machen, und haben kaum Torchancen herausgespielt.
Auch der Wettergott ist uns bisher nicht gnädig gewesen. Nieselregen hat Zuschauer und Aktive durchnässt, der Rasen ist rutschig wie Schmierseife und das Leder tropft. Einige frustrierte Zuschauer sind bereits gegangen. Bisher –
Da, da setzt sich auf der rechten Außenseite der Neuzugang von Ballingen gegen zwei, drei Berserker durch, befreit sich und startet vorwärts! Aber was ist das? Rempler von den Berserkern zieht die Notbremse und rutscht dem Gegner gnadenlos in die Fersen. Der Mann in Schwarz zeigt zu Recht den gelben Karton und erkennt auf Freistoß.

4 *Ist dies ein Ausschnitt aus*
- ☐ *einer Nachricht?*
- ☐ *einer Erzählung?* ▷ S. 293
- ☐ *einer Reportage?*
- ☐ *einem Interview?*

Begründet eure Meinung.

5 *Untersucht die ▷ Zeitformen der Verben in dieser Radiosendung:* ▷ S. 277
a) Tragt alle Prädikate in eine Tabelle mit zwei Spalten ein.
b) Welchen Namen haben die verwendeten Zeitformen?
c) Erklärt den Gebrauch der beiden Zeitformen.

6 *Hier ist die Fortsetzung der Radioreportage:*

Vor wenigen Minuten es vor dem Ballinger Gehäuse zu einer unschönen Szene **(kommen)**. Nach einer Schwalbe von Klapper –
Aber jetzt Meier Zwo den Freistoß weit vor **(spielen)**! Doch das Bollwerk in der Abwehr der Berserker felsenfest **(stehen)**, und der Mann zwischen den Pfosten weiter Däumchen drehen **(können)** …
Liebe Fußballfreunde, wir uns weiter in Geduld **(üben)**, denn entschieden das Spiel erst nach dem Abpfiff **(sein)**. Wie die Fußballlegende Sepp Herberger **(sagen)**? „Der Ball rund **(sein)**." Und irgendwann das Runde in das Eckige **(finden)**.
Damit ich weiter zu Sonja Plapper und der Begegnung zwischen TUS Memmen und Bolzingen **(geben)**.

a) Setzt die ▷ Infinitive in die passende Zeitform und an die richtige Stelle im Satz. ▷ S. 276
b) Vergleicht eure Lösungen.

7 *Ergänzt die Berserker-Ballingen-Reportage oder kommentiert „live" eine Sportveranstaltung – in Präsens und Perfekt.*

Spielen – Aktiv und Passiv

Senet – ein Brettspiel für Könige

Das war „der wundervollste Tag, den ich erlebt habe, ein Tag, wie ich ihn sicherlich nie wieder erleben werde", schrieb Howard Carter über den 26. November 1922. An diesem Tag durchstieß er mit einer Eisenstange die letzte Tür am Ende eines Ganges im Grab des Pharao Tutenchamun. Dann leuchtet er in die stockdunkle Kammer hinein, und was er sieht, das ist ein Wunder. Nach über 3300 Jahren glänzen unzählige goldene Gegenstände wie neu. Es ist totenstill im Gang, alle Mitarbeiter warten auf ein Wort von ihm. Endlich fragt jemand: „Can you see anything?" Heiser bringt er hervor: „Yes, wonderful things ..."

Zu diesen wunderbaren Gegenständen gehört ein Spieltisch. Er ist aus kostbarem Ebenholz hergestellt, das Spielfeld ist mit Elfenbeineinlagen verziert und ist in dreißig Felder in drei Zehnerreihen unterteilt. Die eleganten Tischbeine sind wie die eines Löwen geformt. Für die Spielsteine und die Wurfstäbchen ist ein Schubfach eingepasst. Die Seiten des Tisches sind mit einer umlaufenden Inschrift geschmückt, die dem König Leben, Heil und Gesundheit wünscht.

Wie wird Senet gespielt? Je fünf Spielsteine werden abwechselnd in die obere Reihe des Spielfeldes gesetzt. Von dort werden sie s-förmig auf dem Brett bewegt. Die Steine werden jeweils nach der Augenzahl des Wurfes vorgerückt. Eigene und gegnerische Figuren dürfen dabei überholt werden. Wird eine Figur auf ein Feld gesetzt, das von einem gegnerischen Stein besetzt ist, so wird dieser geschlagen und so weit wie möglich auf ein freies Feld zurückgesetzt. Ist das Feld mit einem eigenen Stein besetzt, so wird rückwärts gezogen. Auf den letzten vier Feldern der Strecke wird die Augenzahl benötigt, die zum Verlassen des Spielfeldes notwendig ist (X = 4). Allerdings dürfen die vier Zahlfelder erst besetzt werden, wenn zuvor das fünftletzte Feld mit der Hieroglyphe ♁ für „Tor" betreten worden ist. Von hier aus kann der Schlussspurt gestartet werden. Wenn die Figuren eines/r Spielenden vom Spielfeld geführt worden sind, wird diese/r zum Sieger/zur Siegerin erklärt.

1 a) *Versucht den vollständigen Spieltisch mit Hilfe der Beschreibung in Z. 15–25 zu zeichnen. Vergleicht eure Ergebnisse.*

b) *Die Beschreibung ist so abgefasst,*
- ☐ *dass man nach ihr den Tisch genau zeichnen kann.*
- ☐ *dass sie eine Abbildung des Tisches ergänzt und verdeutlicht.*
- ☐ *dass man mit ihr nichts anfangen kann.*

Welche Aussage ist zutreffend?

2 *a) Untersucht, in welchen Sätzen das Prädikat*
- ☐ *im ▷ Präteritum steht.*
- ☐ *im ▷ Präsens steht.*

▷ S. 277

b) Welche der folgenden Aufgaben erfüllt das Präsens in den verschiedenen Abschnitten?
Das Präsens wird benutzt, wenn das Geschehen
- ☐ *in der Gegenwart abläuft.*
- ☐ *allgemein gültig ist.*
- ☐ *immer wieder vorkommt.*
- ☐ *zwar in der Vergangenheit liegt, aber spannend vergegenwärtigt wird.*

3 *Bildet sinnvolle Aussagen in eurem Heft:*

In
- *Abschnitt 1 (Z. 1–14)*
- *Abschnitt 2 (Z. 15–25)*
- *Abschnitt 3 (Z. 26–46)*

- *beschreibt, wie ein Gegenstand aussieht und gefertigt ist.*
- *erklärt einen Vorgang so, dass man ihn wiederholen kann.*
- *erzählt das spannende Erlebnis eines Forschers.*
- *sind die handelnden Personen unwichtig.*
- *sind die handelnden Personen nicht bekannt.*
- *sind die handelnden Personen wichtig.*

4 *In den drei Abschnitten des Forschungsberichts kommen Aktivsätze und Passivsätze vor. In welchen Abschnitten überwiegen die Aktivsätze, in welchen die Passivsätze?*

!

In Sätzen, in denen das Subjekt (Handelnde/r, Täter/in) etwas tut, steht des Prädikat im **Aktiv:**
*Carter **öffnete** vorsichtig die Tür zur Grabkammer.*
Sätze, in denen mit dem Subjekt etwas geschieht (ein Vorgang), haben ein Prädikat im **Passiv,** das mit *werden* + **Partizip II/Perfekt** gebildet wird:
*Die Tür zur Grabkammer **wird** vorsichtig **geöffnet.***
durch/von Carter
Der/Die Handelnde kann mit der ▷ Präposition **durch** oder **von** hinzugefügt werden.

▷ S. 276

Eine Nebenform des Passivs wird gebildet mit *sein* + **Partizip II/Perfekt:**
*Die Tür zur Grabkammer **ist** endlich **geöffnet.***
Damit wird das Ergebnis eines Vorgangs ausgedrückt, ein Zustand.

5 *Versucht zu erklären, warum in dem Grabungsbericht einmal Aktiv und dann Passiv verwendet wird.*
***TIPP:** Beachtet die Aussagen in Aufgabe 3.*

6 *Wie wird Senet gespielt?*

a) Versucht euch mit Hilfe der Beschreibung in Z. 26–46 klarzumachen, wie das Brettspiel abläuft.

b) Verfasst eine möglichst vollständige Spielanleitung zu „Senet".

Kuhschwanz – nicht nur für Tierfreunde!

Spielvorbereitung: 21 Münzen (Zündhölzer, Chips o. Ä.) für jede/n – als Dreieck auslegen: Reihen zu sechs, fünf, vier … und einem Stück.

Spielverlauf: Dreiecke von oben oder von unten abarbeiten – reihum würfeln – zur Augenzahl passende Reihe entfernen – vereinbaren, ob von oben und unten oder nur in einer Richtung abgebaut wird

Spielende: ein Dreieck abgeräumt – Restchips der Mitspielenden als Minuspunkte zählen

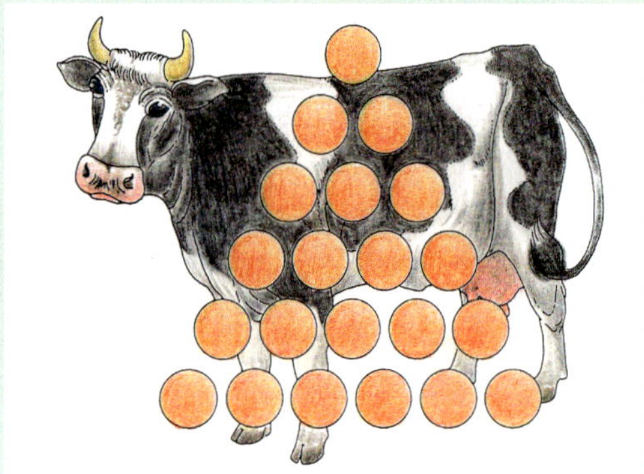

7 *a) Verfasst eine Spielanleitung im Aktiv, die die Spieler/innen hervorhebt.*

b) Wandelt die Sätze ins Passiv um, sodass der Vorgang im Mittelpunkt steht.

Handyspiele – Mit Umstandswörtern

Kostenlos auf deinem Handy spielen!

Der absolute Renner für langweilige Stunden sind die neuen Handy-Games.

Du kannst mit ihnen spielen.
Alle Games sind kostenlos.
Ladet sie auf euer Handy.
Meine Top-Favoriten sind:

endlich – unterwegs
jederzeit – überall
glücklicherweise
unverzüglich – hier

1 *a) Ergänzt die Werbesätze um die Wörter am rechten Rand.*

b) Wie verändern sie den Text?

!

Adverbien (Umstandswörter) bestimmen genauer,

- wann: *neulich, manchmal*
- wo: *draußen, seitwärts, links*
- wie: *umsonst, gern*
- warum: *meinetwegen, anstandshalber, deswegen*

etwas geschieht. Sie sind meist unveränderlich.

2 *Übertragt die Tabelle in euer Heft und füllt sie mit den Adverbien aus dem Handy-Werbetext:*

Adverbien			
der Zeit (wann?)	der Art und Weise (wie?)	des Ortes (wo?, wohin?)	des Grundes (warum?)
…	…	…	…

◎ Tamagotchi spielen

◎ Tamagotchi geschlüpft ist, musst du ihn pflegen. ◎ füttere ihn ◎ und spiele ◎ mit ihm, ◎ und ◎. ◎ entwickelt sich Tamagotchi ◎ zu einem ◎ glücklichen Haustier. Du musst ihn ◎ für schlechtes Betragen bestrafen. ◎ wächst er zu einem ◎ bösen Teufel heran.
◎ kehrt Tamagotchi auf seinen Planeten zurück. ◎ wartet ◎ ein neues Baby auf dich.

draußen	hinterher	am wahrscheinlichsten	deshalb	äußerst
so	glücklicherweise	umgehend	sehr	überall
sobald	drinnen	stets	andernfalls	dort	irgendwann

3 *a) Vervollständigt diese „Bedienungsanleitung" mit den passenden Adverbien.*
b) Ergänzt die Tabelle in Aufgabe 2 mit den neuen Adverbien.

Gehirnjogging mit dem Handy

Trainieren Sie jetzt und überall Ihr Gehirn mit Master X!

Effektives Gehirntraining mit äußerst ansprechenden Aktivitäten und Puzzles: Neben besonders kniffligen Denkaufgaben bieten wir außerdem als Bonus „Sudoku". Nirgendwo können Sie besser Fortschritte erzielen und dabei ein Tagebuch Ihrer Erfolge führen. Vertrauen Sie blindlings dem ganz persönlichen Trainer für Ihr Gehirn!
Absolvieren Sie regelmäßig und täglich Ihre Übungen: Immer wenn Sie spielen, erhöhen Sie nebenbei die Leistungsfähigkeit vieler Gehirnbereiche!

4 *Sucht die 14 Adverbien in diesem Werbeappell heraus. Tragt sie in die Tabelle in Aufgabe 2 ein.*

5 *Schreibt mit den Adverbien aus der Tabelle einen Text eurer Wahl. Unterstreicht anschließend die Adverbien.*

11.2 Wunschwelten – Konjunktiv und Modalverben

Wenn ich einmal reich wär – Konjunktiv II

Wenn ich einmal reich wär, …

Wenn ich ein Junge wär, …

Wenn ich ein Vöglein wär, …

Wenn ich schon Kinder hätte, …

Wenn ich einen Tag ein Mädchen wär, …

Könntest du zaubern, …

Wär ich du, …

Wäre ich ein Tier, …

Wenn ich schon 17 wär, …

1 *a) Setzt eins oder mehrere dieser Gedankenspiele fort. Ihr könnt dazu einen Ideenstern anlegen.*
b) Vergleicht und besprecht eure verschiedenen Einfälle.

Wenn ich einmal reich wär

Wenn ich einmal reich wär,
oje widi widi widi widi widi widi bum,
alle Tage wär ich widi bam
wäre ich ein reicher Mann!

Brauchte nicht zur Arbeit,
oje widi widi widi widi widi widi bum,
wäre ich ein reicher widi bam
eidel deidel eidel deidel Mann.

Ich baute den Leuten dann ein Haus vor die Nase
hier in die Mitte unsrer Stadt
mit festem Dach und Türen aus geschnitztem Holz.
Da führte 'ne lange breite Treppe hinauf
und noch eine läng're führte hinab,
so ein Haus, das wär mein ganzer Stolz,

Mein Hof wär voll von Hühnern
Gänsen und Enten
und was da sonst noch kräht und schreit.
Alles quakte und schnatterte so laut es kann.
Das ist ein Quak und Quiek und Tüt
Kikeriki,
ja, ein Spektakel weit und breit!
Und jeder hörte: Hier wohnt ein reicher Mann.

Der jüdische Milchmann ***Tevje*** *aus dem ukrainischen Dorf Anatevka (Chaim Topol in dem Musicalfilm „Anatevka", 1971)*

Ich hätte Zeit und könnte endlich zum Beten oft in die Synagoge gehn.
Ein Ehrenplatz dort wär mein schönster Lohn.
Mit den Gelehrten diskutierte ich die Bibel,
so lange, bis wir sie verstehn.
Ach, das wünsche ich mir immer schon!

2 *Welche Behauptung trifft die Aussage des Liedes am besten?*
Tevje singt davon,
- ☐ *… dass er später bestimmt einmal reich sein wird.*
- ☐ *… dass es ein schöner Traum ist, reich zu sein.*
- ☐ *… wie andere ihren Reichtum nutzen.*

3 *Welche Wünsche und Vorstellungen verbindet Tevje mit Reichtum?*
Notiert sie untereinander und unterstreicht die Prädikate:

Ich baute ein Haus …
Da führte 'ne Treppe …
…

4 *Stellt euch vor, Tevjes größter Wunsch ist in Erfüllung gegangen:*
„Jetzt, wo ich endlich reich bin, ...“
Formuliert Tevjes Wünsche so um, dass sie der Wirklichkeit entsprechen. Unterstreicht die Prädikate:

Ich baute ein Haus ...	*Ich baue ein Haus*
...	...

!

Der Modus (die Aussageweise) **von Verben**
In Sätzen, die etwas Wirkliches, Sicheres aussagen, steht das Verb im **Indikativ:**
*Ich **bin** reich und **baue** mir ein Haus.*

In Sätzen, die etwas Unwirkliches, nur Vorgestelltes, Gewünschtes aussagen, steht der **Konjunktiv II** (Irrealis):
*Wenn ich reich **wäre, baute** ich mir ein Haus.*
würde** ich mir ein Haus **bauen.

5 *Umschreibt die Verbformen in Aufgabe 3 mit **würde.***

Der traurige Konjunktiv

Vergnügt schlendern Vater und Sohn durch den Sprachzoo und kommen schließlich vor dem Käfig mit dem Konjunktiv an.
„Der sieht immer so traurig drein“, sagt der Sohn voller Mitgefühl, der kann einem richtig leidtun!“
„Er würde sich bestimmt wohler fühlen, wenn es jemanden geben würde, der sich mit ihm unterhalten würde“, antwortet sein Vater.
Daraufhin stößt der Konjunktiv einen herzerweichenden Klagelaut aus. Der Sohn nickt: „Vielleicht ◎ er sich tatsächlich wohler, wenn es jemanden ◎, der sich mit ihm unter◎.“
Da hebt der traurige Konjunktiv den Kopf, schaut den Jungen an und lächelt dankbar.

6 *Warum lächelt der Konjunktiv am Ende?*

7 *Welche Formen von **fühlen, geben** und **unterhalten** verwendet der Sohn?*

Die Bildung des Konjunktivs II

Der Konjunktiv II wird vom Präteritum abgeleitet:

Infinitiv	Präteritum	Konjunktiv II
sein →	*ich war* →	*ich **wäre***
haben →	*ich hatte* →	*ich **hätte***
wissen →	*ich wusste* →	*ich **wüsste***

Klingt der Konjunktiv II altmodisch oder Präteritum und Konjunktiv II sind gleich, kann man mit ***würde*** umschreiben:

Infinitiv	Präteritum	Konjunktiv II	*würde*-Umschreibung
tragen	*ich trug*	*ich trüge*	*ich **würde** tragen*
bringen	*ich brachte*	*ich brächte*	*ich **würde** bringen*
stellen	*ich stellte*	*ich stellte*	*ich **würde** stellen*

8 *a) Legt eine 4-spaltige Tabelle an und tragt folgende Verben ein:*

sitzen | *rufen* | *geben* | *nehmen* | *müssen* | *malen* | *fallen* | *schlafen* | *stehen* | *legen*

*b) Bildet Sätze mit den Konjunktiv-II-Formen und den **würde**-Umschreibungen:*
Wenn ich vom Stuhl fiele/fallen würde …

Bertolt Brecht

Wenn die Haifische Menschen wären

„Wenn die Haifische Menschen wären", fragte Herrn K. die kleine Tochter seiner Wirtin, „(sein) sie dann netter zu den kleinen Fischen?" „Sicher", sagte er. „Wenn die Haifische Menschen (sein), (lassen) sie im Meer für die kleinen Fische gewaltige Kästen (bauen), mit allerhand Nahrung drin, sowohl Pflanzen als auch Tierzeug. Sie (sorgen), daß die Kästen immer frisches Wasser (haben), und sie (treffen) überhaupt allerhand sanitäre Maßnahmen. Wenn zum Beispiel ein Fischlein sich die Flosse (verletzen), dann (machen) sie ihm sogleich einen Verband, damit es den Haifischen nicht (wegsterben) vor der Zeit. Damit die Fischlein nicht trübsinnig (werden), (geben) es ab und

zu große Wasserfeste; denn lustige Fischlein schmecken besser als trübsinnige. Es (geben) natürlich auch Schulen in den großen Kästen. In diesen Schulen (lernen) die Fischlein, wie man in den Rachen der Haifische schwimmt. Sie (brauchen) zum Beispiel Geographie, damit sie die großen Haifische, die faul irgendwo liegen, finden (können).“ […] R

9 *a) Ersetzt alle eingeklammerten Infinitive entweder durch eine Verbform im Konjunktiv II oder eine* ***würde****-Umschreibung.*
b) Vergleicht eure Lösungen. Vergleicht auch mit dem ▷ Original von B. Brecht. ▷ S. 303

10 *Setzt die Geschichte fort. Benutzt den Konjunktiv II oder seine Umschreibung.*

Gwen Stefani

Rich Girl

If I was a rich girl
See, I'd have all the money in the world, if I was a wealthy girl
No man could test me, impress me, my cash flow would never ever end
Cause I'd have all the money in the world, if I was a wealthy girl

Think what that money could bring
I'd buy everything
Clean out Vivienne Westwood[1]
In my Galliano[1] gown
No, wouldn't just have one hood
A Hollywood mansion if I could
Please book me first-class to my fancy house in London town

All the riches baby, won't mean anything
All the riches baby, won't bring what your love can bring
All the riches baby, won't mean anything
Don't need no other baby
Your lovin' is better than gold, and I know

1 **Vivienne Westwood, Galliano:** engl. Modeschöpfer/in

11 *Übersetzt den Song ins Deutsche.* ▷ S. 303
Vergleicht eure Ergebnisse.

12 *If I was a rich girl, I'd have alle the money in the world – Wenn ich …*
Stellt die englischen ***if****-Sätze den deutschen Übersetzungen gegenüber:*
Wie wird im Englischen, wie wird im Deutschen die Wunschvorstellung grammatisch ausgedrückt?

13 *Schreibt eine weitere Strophe zu dem Song.*
Achtet besonders auf die ***if****-Sätze.*

Wovon Jugendliche schwärmen – Indirekte Rede

Durchstarten mit Erfolg

Unter diesem Motto bewarben sich Jugendliche um die Teilnahme am „Mission Zukunft"-Camp. Wir sprachen mit der Gewinnerin Nadia El-Alwani:

Nadia, wie gefällt es Ihnen hier?
Es ist einfach super! Wir haben ein tolles Hotel und jeden Morgen ein riesiges Frühstücksbuffet. Die Betreuer sind sehr nett und kümmern sich mit ganz viel Einsatz um uns.
Die Gruppe ist ja sicher nicht nur im Hotel …
Nein, die meisten Angebote finden draußen statt. Bei den Outdoor-Aktivitäten muss man wirklich bis an seine Grenzen gehen. Ich bin besonders stolz, dass ich es immer wieder schaffe, meine Grenzen zu überwinden. Beim Canyoning gelingen mir Sachen, die ich sonst nicht wage.

Zu den Herausforderungen gehöre es, erzählt Nadia weiter, einen eiskalten Gebirgsbach zu durchqueren und gegen die Strömung zu schwimmen. Es sei ihr gelungen, ihre Angst zu überwinden, weil sich die Gruppe gegenseitig geholfen habe. Besonders beeindruckend finde sie das Rafting auf einem tosenden Fluss. Das würde sie gerne wiederholen.

Nach wenigen Minuten sind alle klatschnass und am Ende der Schlucht überglücklich, das Abenteuer gemeinsam gemeistert zu haben.
Bringen diese Grenzerfahrungen Sie denn persönlich weiter?
Ja, jetzt weiß ich, dass ich auch Dinge schaffen kann, die ich bisher für unmöglich gehalten habe.

Für ihre berufliche Entwicklung sei die Erfahrung wichtig, dass sie gut mit anderen Menschen umgehen und sich im Team behaupten könne.
Deshalb kann ich mir vorstellen, später einmal in einem Betrieb Führungsaufgaben zu übernehmen.

1 *a) Camp, Outdoor-Aktivitäten, Canyoning, Rafting.*
Erklärt die Bedeutung dieser Wörter.
b) Findet ihr deutsche Bezeichnungen für diese Anglizismen (englische Fremdwörter)?
Welche Ausdrücke zieht ihr vor?

2 *Das Interview gibt das Gespräch teilweise wörtlich wieder, teilweise fasst es das Gespräch zusammen. Gliedert den Text danach:*
Z. 5–XXX: …
Z. XXX–XXX: …

3 *In den zusammenfassenden Gesprächsteilen stehen die Prädikate in einer besonderen Form. Schreibt sie heraus: gehöre es, …*

4 *Wie hat sich Nadia wohl wörtlich geäußert? Formuliert ihre ▷ wörtliche Rede:* ▷ S. 287
*„Zu den Herausforderungen **gehört** es", erzählt Nadia …*

!

Was jemand sagt, kann **wörtlich,** in **direkter Rede** wiedergegeben werden. Dann verwendet man den **Indikativ** (Wirklichkeitsform):
*Nadia berichtet: „Die Siegerin **gewinnt** einen Platz im Abenteuer-Camp."*
Das Gesagte kann aber auch **nicht wörtlich,** in **indirekter Rede** wiedergegeben werden; in der Regel im **Konjunktiv I** (Möglichkeitsform):
*Nadia berichtet, → die Siegerin **gewinne** einen Platz im Abenteuer-Camp.*
*→ dass die Siegerin einen Platz im Abenteuer-Camp **gewinne** (gewinnt).*
Oft unterscheidet sich der Konjunktiv I nicht vom Indikativ.
Dann kann man den ▷ Konjunktiv II oder – wenn dieser altertümlich klingt – eine Umschreibung mit ***würde*** verwenden:

▷ S. XXX

Indikativ	**Konjunktiv I**	**Konjunktiv II**	***würde*-Umschreibung**
*Nadia jubelt: „Mir **gelingen** tolle Sachen."* →	*N. jubelt, ihr **gelingen** tolle Sachen.** →	*N. jubelt, ihr **gelängen** tolle Sachen.** →	*N. jubelt, ihr **würden** tolle Sachen **gelingen.*****

*oder: ..., *dass ihr ...*

5 *Gebt die direkten Interview-Äußerungen von Nadia indirekt wieder:*
*Nadia antwortet, dass es einfach super **sei**. Sie ...*

TIPP

Achtet darauf, dass sich beim Wechsel von direkter zu indirekter Rede die Personenbezeichnungen ändern:
*Nadia meint: „**Ich** habe ... **Wir** trainieren ..."*
↓ ↓
*Nadia meint, **sie** habe ... **Sie** würden trainieren ...*

Die Zeitschrift „Familienwelt" lädt Jugendliche ein, über Abenteuer oder andere bemerkenswerte Erfahrungen zu berichten. Hier ein Interview von Lilien und June mit Cosima – alle drei 15-jährig – über ihre dreimonatige Reise nach Shanghai:

Was war dein erster Eindruck von der fremden Stadt und den fremden Menschen?
Das war total irre. Es ist nämlich so: Sobald man aus dem Flughafen kommt, fährt man durch die ganze Stadt. Das ist ein unglaubliches Erlebnis, überall sieht man so viele eilende Menschen und so viele Hochhäuser. Die Schule macht auf den ersten Blick keinen guten Eindruck, aber die Menschen sind sehr nett und gastfreundlich.

Wie bist du mit der fremden Sprache zurechtgekommen?
Das war nicht so schlimm. Ich hatte vor der Reise mehrere Monate an einem Chinesischkurs teilgenommen. Die Sprache ist aber sehr schwer. Deshalb hatte ich anfangs Schwierigkeiten und habe nur Englisch gesprochen. Doch heute ist mein Chinesisch verblüffend gut und mein Wortschatz hat sich gewaltig vergrößert.

Wie ist es, so lange von der Familie getrennt zu sein?
Ach, das ist gar nicht so schlecht. Dann lernt man, seine Familie richtig schätzen. Und ich habe mich gefreut, wieder zu Hause zu sein.

Was wirst du aus China vermissen?
Ich vermisse schon jetzt die Schüler. Heute denke ich, dass wir viel zu wenig mit ihnen unternommen haben. Auf jeden Fall wird mir das Essen fehlen. Am Anfang hatte ich wie wohl jeder Verdauungsprobleme. Jetzt habe ich mich daran gewöhnt und bin ganz begeistert. Vielleicht werden mir auch die dauernden Menschenmassen auf den Straßen fehlen. Ich hatte mich auch daran gewöhnt, dass die Läden rund um die Uhr geöffnet sind. Dies war ein schönes Erlebnis.
Welche Erfahrungen nimmst du aus der Zeit mit?
Die Leute sind nicht so arrogant wie hier. Alle Menschen sind nett, freundlich, offen und gastfreundlich.

Auch untereinander sind sie sehr höflich. Das vermisse ich in Deutschland. Auf jeden Fall hat sich die Reise gelohnt. Ich glaube, ich werde auch in Zukunft davon profitieren.

6 *a) Was erfahrt ihr über Shanghai und die Chinesen?*
b) An welchen Stellen hättet ihr genauer nachgefragt?

7 *Übertragt den vorletzten Abschnitt in indirekte Rede:*
Cosima antwortet, dass sie schon jetzt die Schüler vermisse/vermissen würde.

8 *Schreibt für die Zeitschrift „Familienwelt" einen Artikel über Cosimas Aufenthalt in China. Wechselt dabei zwischen direkter und indirekter Redewiedergabe ab.*

Was man in China darf, soll, kann – Modalverben

Zu Tisch in China

Die Chinesen *wollen* es sich beim Essen gutgehen lassen. Deshalb *dürfen* sie sich bei Tisch „freier" benehmen als wir Europäer. Einige Regeln *soll* man jedoch beachten.

Man *darf* niemals die Essstäbchen so in den Reis hineinstecken, dass sie stehen bleiben. Nur bei einer Beerdigung *kann* ein Stäbchen im Reis stecken, es ist dann ein Symbol für den Toten. Dies beim Essen zu tun, *könnte* dagegen ein böses Vorzeichen darstellen. Die Essstäbchen *sollten* immer neben den Teller gelegt werden. Dabei *muss* die Griffseite auf dem Tisch aufliegen und die Mundseite auf einem der Schälchen. Manchmal *können* auch kleine Porzellan-Bänkchen am Platz stehen. Darauf *sollte* die Mundseite der Stäbchen gelegt werden.

1 *a) Wer schreibt hier für wen? Mit welcher Absicht ist der Text verfasst?*
b) Der Text gibt an,
- ☐ *... was erlaubt oder verboten ist.*
- ☐ *... was möglich ist.*
- ☐ *... was empfehlenswert ist.*

Begründet eure Meinung mit Beispielen aus dem Text.

2 a) *Versucht die Ess-Empfehlung ohne die* **kursiv** *(schräg) gedruckten Wörter zu schreiben:*
Die Chinesen lassen es sich ...
b) *Vergleicht die Wirkung der beiden Text-Fassungen.*

!

Die Verben *können, sollen, müssen, dürfen, wollen, mögen, brauchen (nicht)* treten zu anderen Verben und verändern **(modifizieren)** deren Bedeutung. Deshalb nennt man sie **Modalverben.**

Die Gäste essen.

sollen	=	Auftrag
können	=	Möglichkeit, Fähigkeit
müssen	=	Notwendigkeit
dürfen	=	Erlaubnis
wollen	=	Absicht, Wunsch
mögen	=	Wunsch, Erlaubnis
brauchen (nicht)	=	Verneinung

Achtung: In der Schriftsprache verlangt *brauchen* den Infinitiv mit *zu:*
Die Gaste **brauchen** nicht **zu** essen.

3 *Ratschläge für Chinareisende*

Bei Tisch nicht die Nase schnäuzen.

Es ist auch erlaubt, mit vollem Mund zu reden.

Chinesen stören gelegentliche Ess- und Trinkgeräusche nicht. Also kein Grund, sich dafür zu schämen.

Zum Naseputzen auf die Toilette gehen.

Chinesen diskutieren nicht, um den anderen zu „besiegen". Am Ende haben beide Recht.

Nach dem Essen wird Obst gereicht. Das ist das Zeichen zum Aufbruch. Man steht gemeinsam auf.

Die Speisen stehen auf einer Drehplatte. Man erreicht leicht alle Schüsseln.

a) *Formuliert die Ratschläge um, indem ihr Modalverben benutzt:* Bei Tisch darf/soll(te) man nicht die Nase schnäuzen.
b) *Vergleicht eure Ergebnisse. Wie ändert sich der Sinn der Sätze durch unterschiedliche Modalverben?*

4 a) *Schreibt Ratschläge für Reisende in die Türkei, nach Italien, ...*
Verwendet Sätze mit Modalverben.
b) *Wie* **sollen, müssen, dürfen, können** *sich Fremde in Deutschland verhalten? Gebt ihnen Tipps.*

11.3 Fantasiewelten – Satzglieder und Sätze

Fantastische Geschichten mit allerlei Satzgliedern

Fassungslos betrachten *Justin und Fanny* zwei kleine, tragbare Zeitmaschinen. Verbirgt sich *im Internat* ein Zeitagent? Justin *hält* die Ungewissheit nicht länger *aus.* Kann er noch *einem Menschen* trauen *in diesem Intrigennetz*[1]? Und wer steckt hinter dem Verschwinden seiner Eltern? *Diese Fragen* quälen ihn seit Langem.

Also *gleiten* Justin und Fanny zurück *ins Florenz von 1492.* Denn *dort* hat sich Alois Bierbichler versteckt, der Assistent von Justins Eltern.

Doch in Florenz begegnen sie *einem neuen Hindernis:* Bierbichler wird *im bestbewachten Palast der Stadt* gefangen gehalten und *sein Leben* ist in höchster Gefahr.

Werden sie an diesem Hindernis scheitern? *Auf jeden Fall* wollen Justin und Fanny *dem Assistenten* helfen! Sie schmieden *einen waghalsigen Plan:* „Wir *fliegen* einfach über die Gefängnismauern!“ – Zwar sind sie sich *der großen Gefahr* bewusst, aber kein Geringerer als der große Erfinder Leonardo da Vinci hilft *ihnen,* diesen Wahnsinn in die Tat umzusetzen …

1 **Intrigennetz:** hinterhältige Umgebung

1 *Bilden diese Sätze über „Justin Time – Verrat in Florenz“*

- ☐ *eine Inhaltsangabe,*
- ☐ *einen Klappentext,*
- ☐ *eine Nacherzählung,*
- ☐ *den Anfang des Romans?*

2 *Welche Textmerkmale passen zu welchen Textsorten? Ordnet zu:*

Textsorte	Textmerkmale	Textsorte
Inhaltsangabe	*Zitate geben die Stimmung des Buches wieder.* *Die Sprache ist sachlich.* *… wirbt für das Buch.* *Die wörtliche Rede wird indirekt wiedergegeben.* *… ist in Einleitung und Hauptteil gegliedert.* *… soll die Neugier der Lesenden wecken.* *… informiert über den Text.* *… spricht Gefühle an.* *… vermeidet eine persönliche Meinung.*	Klappentext

3 *Formuliert passende Fragen zu den* ***kursiv*** *(schräg) gedruckten Wörtern im Klappentext (▷ S. 201) und lasst sie beantworten:*
Wer betrachtet ...?
Was tut ...?

4 *Bestimmt, um welche Satzglieder es sich bei den* ***kursiven*** *Wörtern handelt: Subjekt, Genitivobjekt ...?*

Subjekt	Prädikat	Akkusativ-objekt	Genitiv-objekt	Dativ-objekt	adverbiale Bestimmung
Wer? Was?	Was tut/tun ...?	Wen? Was?	Wessen?	Wem?	Wo(hin)? Wie? Wann?

Der Autor erzählt ***von*** *fantastischen Abenteuern in fernen Zeiten*. Er beginnt seinen Roman jedoch ***mit*** *Ereignissen in der Gegenwart*. Der Held verliebt sich ***in*** *ein geheimnisvolles Mädchen* und alle wundern sich ***über*** *deren unglaubliche Einfälle*. Ungeduldig warten wir ***auf*** *die Fortsetzung*.

5 *Versucht die* ***kursiven*** *Satzglieder zu bestimmen. Achtet darauf, wie ihr nach ihnen fragt:*
Von was/Wovon erzählt ...?

!

Satzglieder, nach denen man mit einer ▷ Präposition fragt, heißen **Präpositionalobjekte:** ▷ S. 276

Die Harry-Potter-Fans fiebern ***nach der Fortsetzung.*** *–* ***Nach*** *was fiebern ...?*

Sie hoffen ***auf weitere Leseabenteuer.*** *–* ***Auf*** *was hoffen ...?*

6

achten auf	sich bedanken für	sich besinnen auf	denken an
diskutieren über	sich erinnern an	fragen nach	zweifeln an
sich fürchten vor	suchen nach	klagen über	sich kümmern um
lachen über	hoffen auf	sprechen über	sich freuen über

a) Bildet Sätze mit diesen Verben.
b) Bestimmt die Satzglieder, die entstanden sind.

Seine Welt ist der Dachboden. Niemand soll ihn sehen. Nur durch einen Lüftungsschlitz kann er nach draußen spähen. Aber dieses Verhalten ist schon riskant[1]. Denn Luke ist ein „Schattenkind“: In seinem Land darf es in jeder Familie höchstens zwei Kinder geben. Er ist das dritte Kind. Und diese Tatsache ist lebensgefährlich!
Eines Tages entdeckt Luke im Haus gegenüber das Gesicht eines unbekannten Mädchens. Er ist elektrisiert. Lebt dort etwa auch ein Schattenkind? Luke wird neugierig ...

1 **riskant:** gefährlich

7 *a) Dieser Klappentext gehört zu*
- ☐ *einem historischen Roman,*
- ☐ *einem Tagebuch,*
- ☐ *einem Science-Fiction-Roman,*
- ☐ *einer Reportage.*

b) Begründet eure Wahl.

8 *Seine Welt ist der Dachboden.*
Dieses Verhalten ist riskant.
a) Unterstreicht in eurem Heft das Subjekt rot und das Prädikat blau.
b) Worauf bezieht sich das Satzglied?

!

Das Verb ***sein*** verlangt neben dem Subjekt ein weiteres Satzglied, das **Prädikativ.**
Das kann ein **Nomen** oder ein **Adjektiv** sein:
Luke ist ***ein Farmerjunge.***
Luke ist ***einsam.***

Subjekt und Prädikativ werden gleichgesetzt.
Weitere Verben, die ein Prädikativ verlangen: ***bleiben, werden, heißen***

9 *Der Klappentext oben enthält neben den beiden Sätzen in Aufgabe 8 noch fünf Sätze mit einem Prädikativ.*
Schreibt sie heraus.
Unterstreicht das Subjekt rot, das Prädikat blau und das Prädikativ grün.

10 *a) Schreibt einen kurzen Steckbrief über euch selbst oder eure/n beste/n Freund/in:*
Meine Freundin ***heißt*** *...*
Ihre Lieblinsspeise ***ist*** *...*
b) Unterstreicht die Prädikative und kontrolliert gegenseitig eure Sätze.

Adverbiale Bestimmungen

Schattenkinder (1)

Luke lag *bäuchlings* auf dem Boden und schob *gelangweilt* die Spielzeugeisenbahn *in der Spur* vor und zurück. Die Eisenbahn hatte *früher* seinem Vater gehört, als der noch ein kleiner Junge war, und davor dessen Vater. Aber *heute* war die Eisenbahn nicht das, wonach ihm der Sinn stand. *Draußen* brach ein wunderschöner Tag an. Flauschige Wolken standen *an einem ach-so-blauen Himmel* und ein lauer Wind brachte *hinter dem Haus* das Gras im Garten zum Rascheln.

Luke hatte das Haus seit einer Woche nicht verlassen und er konnte beinahe hören, wie die Welt draußen nach ihm rief. Dabei durfte er sich jetzt nicht mehr in einem Zimmer mit unverhängtem Fenster aufhalten. „Willst du unbedingt entdeckt werden?", hatte der Vater an jenem Morgen aus Sorge um ihn gebrüllt, als Luke das Rouleau des Küchenfensters ein paar Zentimeter angehoben und sehnsüchtig hinausgestarrt hatte. Luke zuckte heftig zusammen. Er war so sehr in die Vorstellung vertieft gewesen, barfuß durch das Gras zu laufen, dass er fast vergessen hatte, dass noch jemand im Haus war.

1 *Betrachtet die **kursiv** (schräg) hervorgehobenen Satzglieder und überlegt, was sie zum Verständnis des erzählten Geschehens beitragen. Auf welche Fragen geben sie eine Antwort?*

2 *Tragt die Satzglieder – sie heißen „Umstandsbestimmungen" oder **adverbiale Bestimmungen** – in folgende Tabelle ein:*

adverbiale Bestimmung

der Zeit	des Ortes	der Art und Weise	des Grundes
Wie lange? Wann?	Wo? Wohin? Woher?	Wie? Womit?	Warum? Wozu?
schon immer	über den Wolken	ohne ein Geräusch	wegen des Regens

3 *Auch der zweite Absatz aus „Schattenkinder" enthält mehrere genauere Angaben zum **Wann?**, zum **Wo?** und zum **Wie?** der erzählten Ereignisse. Sucht sie heraus und tragt sie in die Tabelle ein.*

Schattenkinder (2)

„Hast du ◎ bedacht, dass ◎ einer ◎ auftaucht, der dich ◎ sieht als du ihn?“, sagte der Vater. Er packte Luke ◎ und riss ihn zurück. ◎ schlug das losgelassene Ende des Rouleaus ◎. „◎ bleibst du von den Fenstern weg“, befahl der Vater. „Und ◎ kommst du ◎, bis das Rouleau runtergelassen oder der Vorhang vorgezogen ist.“ „Aber ◎ kann ich doch gar nichts sehen“, protestierte Luke. „Besser als verhaftet zu werden“, erwiderte der Vater.

4 *a) Macht die ▷ Erweiterungsprobe: Setzt die adverbialen Bestimmungen an den passenden Stellen ein.* ▷ S. 296

am Arm | *irgendwann* | *dort* | *von jetzt an* | *gegen den Fenstersims* | *jemals* | *klappernd* | *nicht eher* | *dann* | *eher* | *ins Zimmer*

b) Vergleicht eure Ergebnisse.

c) Tragt die adverbialen Bestimmungen in die Tabelle ein (S. 204).

Schattenkinder (3)

Mit dem Rücken an die Hauswand gelehnt stand er *einen Augenblick lang* still. Er atmete *tief*. *Wie ein Traum* erschienen ihm *plötzlich* die vielen Monate im Haus. Er hatte sich gefühlt *wie ein verwirrtes Tier*, das *bei schönem Wetter* Winterschlaf hielt. Das wahre Leben war draußen.

Draußen war aber auch die Gefahr. Und je länger er draußen blieb, desto größer wurde die Gefahr.

Halb kriechend, halb rennend eilte er *am Haus, den Hecken und der Scheune* entlang. *Am hinteren Ende der Scheune* blieb er stehen. Er starrte auf die scheinbar endlose Kluft zwischen seinem Garten und dem der Nachbar-Familie.

„Alle sind bestimmt fort“, beruhigte er sich. „Keine Menschenseele kann dich jetzt sehen.“

5 ***Einen Augenblick lang** stand er still **mit dem Rücken an die Hauswand gelehnt.***

a) Stellt mit der ▷ Umstellprobe auch die anderen Satzglieder um.

b) Vergleicht eure Ergebnisse. Welche Wirkungen haben die Umstellungen?

Schattenkinder (4)

… Trotzdem wartete er *verunsichert*. *In Gedanken versunken* stierte er auf die Grashalme *unter seinen Füßen*. *Sein ganzen Leben lang* hatte man ihm beigebracht, offenes Gelände zu fürchten. Er hatte *noch nie* einen derart offenen Platz betreten.

Im Schutz der Scheune zwang er sich, einen Fuß vorzusetzen. Dann zog er ihn *ängstlich* zurück. *In Gedanken* hörte er die Stimme seiner Mutter: „Luke, komm *sofort* ins Haus!" Er sollte *aus Vorsicht* zurückgehen. *Zu Hause* war er in Sicherheit.

6 *Sind adverbiale Bestimmungen wichtig? Diese Frage könnt ihr beantworten, wenn ihr die ▷ Weglassprobe auf den Romanausschnitt verwendet: Lasst alle* ***kursiv*** *(schräg) gedruckten adverbialen Bestimmungen weg und vergleicht die Wirkung.* ▷ S. 296

!

Adverbiale Bestimmungen (Umstandsbestimmungen) sind Satzglieder, mit denen man die **Zeit,** den **Ort,** den **Grund** und die **Art und Weise** eines Geschehens genauer bestimmen kann.

Adverbiale Bestimmungen können als ▷ Nebensatz auftreten (Adverbialsatz): ▷ S. 207

In Gedanken versunken / ***Während er in Gedanken versank,*** → *stierte er auf die Grashalme.*

Die Ritter der Tafelrunde – Haupt- und Nebensätze

Jede Generation erzählt die alten Märchen, Sagen und Legenden neu. Die Hohepriesterin Morgaine von Avalon breitet die wahre Geschichte von König Artus vor uns aus. Sie verlebendigt die Ritter seiner Tafelrunde und sie offenbart Geheimnisse diesseits und jenseits dieser Welt. Wohl zum ersten Mal erzählt eine Frau diese wundersamen Geschichten. Sie zeigt die Helden in einem neuen Licht. Aber sie enthüllt zugleich die geheime Macht der weiblichen Figuren.

Frauen lenken im Verborgenen die Geschicke der Zeit, indem sie Artus auf den Thron setzen. Sie geben ihm das heilige Schwert Excalibur, damit er die Sachsen für immer vertreibt. Obwohl Artus siegreich ist, versinkt mit ihm die alte Welt von Avalon in den Nebeln der Vergangenheit. Weil jedoch der letzte Merlin in

Britannien Avalons Geheimnisse rettet, ziehen sie auch heute Leser/innen noch immer in ihren Bann.

Marion Zimmer Bradley schuf ein packendes Werk in der Tradition der Ritterromane. Die Lesenden erfahren, dass neben tapferen Rittern faszinierende Frauen das Geschehen mitgestalten. So greifen sie etwa ein, wenn heftige Auseinandersetzungen um die Macht ins Verderben zu führen drohen.

1 *Dieser Klappentext gehört zu einem Fantasy-Bestseller, der die Artus-Sage neu erzählt. Informiert euch (im Internet, vor allem bei Wikipedia) über Artussage, Tafelrunde, Gral, Excalibur, die Nebel von Avalon …* ▷ S. 301

2 *Vergleicht den Satzbau im ersten Absatz mit dem der folgenden Abschnitte.*

!

Ein **Hauptsatz** ist selbstständig und von keinem anderen Satz abhängig. Die Personalform des Verbs steht an zweiter Stelle:
*Artus **ruft** die Ritter seiner Tafelrunde an den Hof.*

Mehrere Hauptsätze können zu einer **Satzreihe** verbunden werden, zwischen denen Kommas stehen:
König Artus ruft die Ritter an seinen Hof, sie werden nach dem Heiligen Gral suchen (,) und manche Abenteuer warten auf sie.
Vor *und* und *oder* kann das Komma weggelassen werden.

Ein **Satzgefüge** besteht aus einem selbstständigen Hauptsatz und einem abhängigen Nebensatz:

Satzgefüge

Hauptsatz	Nebensatz
*König Artus **besteigt** den Thron,*	***nachdem** er das Schwert Excalibur **erhalten hat**.*

↑ Personalform ↑ Komma ↑ Konjunktion ↑ Personalform

Der **Nebensatz** wird durch Komma vom Hauptsatz getrennt, beginnt meist mit einer Konjunktion *(weil, als, nachdem, wenn, dass, sodass, damit …)* und endet mit der Personalform des Verbs. (Zum Nebensatz „Relativsatz“ ▷ S. 216.)

3 *Arbeitet mit Folie oder schreibt den Klappentext zu den „Nebeln von Avalon" ab.*
a) Unterstreicht die Hauptsätze rot und die Nebensätze blau.
b) Wo handelt es sich um
- ☐ *einfache Hauptsätze,*
- ☐ *Satzreihen,*
- ☐ *Satzgefüge?*

4 *Hier folgen wichtige Ereignisse aus der Artus-Sage:*

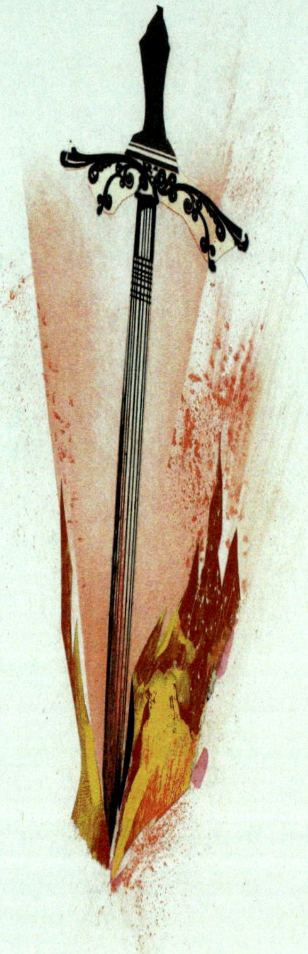

Der kleine Artus wird von Merlins Freund Antor erzogen. Dieser hat das Kind seinen Eltern weggenommen.	*nachdem*
Merlin holt sich das Kind. Er hat Artus' Vater mit einem Zauber geholfen.	*weil*
Dann stirbt der König ohne Erben. Das Land ist ohne Herrscher.	*sodass*
Merlin lässt ein Schwert in einen Felsen einschließen. Ein Waffenzauber rettet das Land.	*damit*
Artus kann das Schwert aus dem Stein ziehen. Er ist noch ein Knabe.	*obwohl*
Artus ist unbesiegbar. Eine Nymphe hat ihm das Schwert Excalibur geschenkt.	*weil*
Artus baut das Schloss Camelot. Seine Gattin bringt einen mächtigen, runden Tisch mit in die Ehe.	*als*
An dieser Tafel treffen sich die Ritter. Sie weilen in Camelot.	*wenn*
Eines Tages erscheint ihnen der Gral in einem weißen Licht. Sie sind wieder in der Tafelrunde versammelt.	*während*
Jahrelang suchen die Ritter vergeblich nach dem Gral. Drei Ritter finden ihn schließlich.	*bis*
Am Ende bringt eine schwarze Barke den sterbenden Artus nach Avalon. Er wird dort gepflegt.	*damit*
Eines Tages wird Artus in sein Reich zurückkehren. Merlin verleiht ihm Unsterblichkeit.	*wenn*

a) Fügt immer zwei Sätze mit der Konjunktion daneben zu einem Satzgefüge zusammen. Vergesst das Komma nicht:
Der kleine Artus wird von Merlins Freund Antor erzogen, nachdem dieser das Kind ...
b) Vergleicht eure Ergebnisse.

TIPP

Verändert die Reihenfolge Hauptsatz – Nebensatz, das bringt Abwechslung:

- Hauptsatz – Nebensatz:
  Artus zieht das Schwert aus dem Stein, obwohl er noch ein Knabe ist.
- Nebensatz – Hauptsatz:
  Obwohl er noch ein Knabe ist, zieht Artus das Schwert aus dem Stein.
- Hauptsatz – Nebensatz – Hauptsatz:
  Artus zieht, obwohl er noch ein Knabe ist, das Schwert aus dem Stein.

5 *Befolgt den Tipp und ändert die Reihenfolge der Sätze in Aufgabe 4.*

Jugendbücher werden zu „*All-age*"-Bestsellern

Dieselbe Musik, dieselben Jeansmarken und nun auch dieselben Bücher!

Weil Jugendkult angesagt ist wildern Erwachsene immer ungenierter in der Bücherkiste ihrer Kids.

Die Bücherverlage melden dass ältere Leser ein auffälliges Interesse an Jugendbüchern haben.

„Wenn man die heutigen Verkaufszahlen betrachtet stellt man fest dass es so viele Jugendbuch-Bestseller noch nie gab", freut sich der Verkaufsleiter eines Verlages. Da die *Harry-Potter*-Reihe einen sensationellen Erfolg hatte gibt es mittlerweile Ausgaben für Jugendliche und Erwachsene.

„Die fantastischen Geschichten zaubern den Alltag fort indem sie Gut und Böse klar trennen und meist ein erlösendes Ende bieten. Wenn im wahren Leben alles erklärt ist sehnt man sich nach dem Unbekannten."

Falls diese Begründung stimmt fliehen die Leser/innen in Traumwelten.

6 *a) Was versteht die Werbung unter* „**All-age**-*Bestsellern"?*
b) Sucht eine deutsche Bezeichnung für das englische Fremdwort (Anglizismus).

7 *In dem Text fehlen die Kommas in den Satzgefügen.*
a) Wo müssen sie stehen?
Beachtet dazu die Konjunktionen weil, dass, wenn, indem, falls.
b) Diktiert euch die Satzgefüge – ohne Kommas.
c) Zeichnet die Satzbilder zu den Satzgefügen.

Fantasy-Romane – Subjekt-, Objekt- und Infinitivsätze

Aber mit dem wirklich tollen Band hat es Joanne K. Rowling geschafft, ◎◎◎

Man erfährt von einigen Personen, ◎◎◎

Andererseits finde ich es schön, ◎◎◎

◎◎◎, war eine spannende Frage.

◎◎◎, finde ich schade.

Hermines Perlentasche bewirkte, ◎◎◎

Ich finde, ◎◎◎

Es ist traurig, ◎◎◎

Viele fragen sich jetzt, ◎◎◎

Interessant ist, ◎◎◎

Denn so bleibt offen, ◎◎◎

Aber ich kann mir nicht vorstellen, ◎◎◎

◎◎◎, ist toll.

Wenn ihr diese Formulierungen aufmerksam lest, merkt ihr, dass sie zu einer Besprechung des siebten Bandes der Harry-Potter-Reihe von Joanne K. Rowling gehören.

1 a) *Vervollständigt die Sätze, indem ihr sie mit einem der folgenden Teilsätze verbindet:*

dass „Die Heiligtümer des Todes" die großartige Harry-Potter-Reihe beschließen

dass ich mich ein weiteres Mal für Harry begeistert habe

ob es vielleicht doch noch eine Fortsetzung geben wird

was da noch kommen könnte

wie das Geheimnis um Snape gelöst wird

dass „Die Heiligtümer des Todes" überhaupt nicht langweilig sind

wie die offenen Fragen schließlich beantwortet werden

dass sie ganz anders sind als gedacht

dass ich meine Fantasie spielen lassen kann

was es mit den „Heiligtümern des Todes" auf sich hat

dass die Zauberschule nur selten erscheint

dass ich einige Male lachen musste

ob Harry, Ron und Hermine den Zauberschulabschluss schaffen

b) *Vergleicht eure Ergebnisse.*

!

Das ▷ Subjekt eines Satzes kann von einem ganzen Nebensatz gebildet werden. Er heißt **Subjektsatz:** ▷ S. 281

Wer oder **was** ist traurig?

Es ist traurig, dass dieser Band die Reihe beschließt.

Subjektsatz

Auch das ▷ Objekt eines Satzes kann von einem Nebensatz gebildet werden, einem **Objektsatz:** ▷ S. 281

Wen oder **was** finde ich?

Ich finde, dass der Band sehr spannend ist.

Objektsatz

2 *Stellt fest, welche Nebensätze in Aufgabe 1*
- *Subjektsätze sind: **Wer** oder **was** ...?*
- *Objektsätze sind: **Wen** oder **was** ...?*

Damit Klappentexte klappen

Das Schreiben ansprechender Klappentexte ist gar nicht so schwer. Hier einige Tipps *zur Vermeidung von Fehlern und Missverständnissen.* Der Klappentext soll *zum Kauf des Buches* verführen. Er ist also ein Werbetext, keine Inhaltsangabe! *Das Formulieren eines möglichst kurzen Klappentextes* musst du üben. Dazu empfiehlt sich *das Streichen überflüssiger Wörter.* Denn das Ziel ist *die schnelle Entnahme der Informationen:* Ein Klappentext muss vor allem leicht verständlich sein. Deshalb ist *das Vermeiden von Fremdwörtern und komplizierten Sätzen* sinnvoll. Denke daran, *dass du Neugier weckst!* Versuche es damit, *dass du die Lesenden in das Buch „hineinziehst"?* Eine Kunst ist es, *dass man Einzelheiten zwar andeutet, aber nicht alles verrät.* Diese Tipps können dir helfen, *dass du ein/e gute/r Klappentextschreiber/in wirst.*

Die *kursiv* gedruckten Satzteile können alle durch Formulierungen mit *(um) zu* ersetzt werden.

*Ansprechende Klappentexte **zu** schreiben, ist gar nicht so schwer.*
*Hier einige Tipps, **um** Fehler ... **zu** vermeiden.*

3 *Schreibt den gesamten Text in dieser Weise um.*

!

Ein Infinitiv + *(um) zu* + weitere/s Wort oder Wortgruppe bilden einen **Infinitivsatz,** den man in der Regel durch ein Komma abtrennt.
*Es ist nicht so schwer, einen Klappentext **zu schreiben.***
***Um** einen ersten Leseeindruck **zu erhalten**, kann man den Klappentext lesen.*

Staubfinger

Es fiel Regen in jener Nacht. Meggie musste bloß die Augen schließen, *damit sie ihn hörte.* Sie konnte nicht schlafen, sooft sie sich auch von einer Seite auf die andere drehte. Meggie setzte sich auf, *damit sie sich die Müdigkeit aus den Augen reiben und das Buch unter dem Kopfkissen hervorziehen konnte.* Jetzt musste erst einmal Licht her. Mo, Meggie hatte ihren Vater noch nie anders genannt, hatte ihr *das Anzünden von Kerzen in der Nacht* verboten. Aber Meggie liebte *das Lesen bei Kerzenlicht.* Drei Windlichter hatte sie auf dem Fensterbrett stehen. Sie hielt gerade ein brennendes Streichholz an einen der Dochte, als sie draußen die Schritte hörte. Erschrocken pustete sie die Flamme aus, kniete sich vor das regennasse Fenster, *damit sie hinausblicken konnte.* Und da sah sie ihn, einen Fremden. Reglos stand er da, die Arme um die Brust geschlungen, *damit er sich wenigstens auf diese Weise etwas wärmen konnte.* Ich muss Mo wecken, dachte Meggie. Barfuß lief sie los.

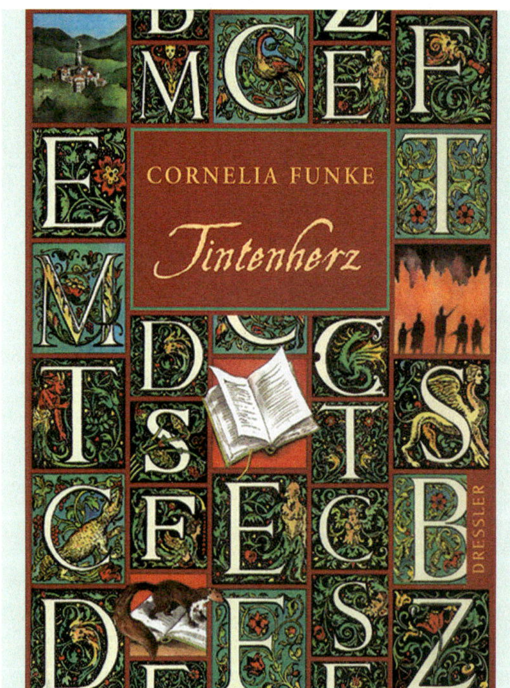

„Mo, auf dem Hof steht jemand!"
„Bist du sicher?"
Mo blickte aus dem Fenster. „Der Besuch ist für mich", sagte er, machte das Licht an und öffnete das Fenster.
„Staubfinger!", rief Mo in die Dunkelheit. „Bist du das?"
Meggie konnte sich nicht erinnern, *dass sie diesen Namen je gehört hatte.* Als der Fremde in das Licht trat, glaubte Meggie, *dass sie einen kleinen pelzigen Kopf über der Schulter des Fremden gesehen hatte.* Rotblondes Haar klebte über seinem narbigen Gesicht. Für einen Moment dachte sie daran, *dass sie sich verstecken sollte.* Aber sosehr Meggie sich auch Mühe gab, *damit sie etwas Unheimliches an dem Fremden entdecken konnte,* sie fand nichts.

4 *Formuliert die hervorgehobenen Satzteile und Nebensätze in Infinitivsätze um. Achtet auf die richtige Zeichensetzung.*

5 *Vergleicht eure Lösung mit der Vorlage: Welche Formulierung gefällt euch jeweils besser? Begründet eure Entscheidung.*

„Tintentod" – Attribute und Relativsätze

Zwei Jahre sind eine *lange* Zeit!
Zwei *lange* Jahre haben die Fans *von Cornelia Funke* ausgeharrt und gebangt, wie es wohl in der Tintenwelt weitergeht. Nun hat sich mit „Tintentod" die Trilogie[1] *um die Tintenwelt* geschlossen. Das ist dem Verlag die *stolze* Startauflage von 500 000 Exemplaren *des neuen Bandes* wert.
Cornelia Funke gilt als die *erfolgreichste deutschschreibende* Gegenwartsautorin. Mehr als 7 Millionen Exemplare *ihrer ersten beiden „Tintenwelt-Romane* wurden im *englischsprachigen* Raum verkauft. Und der Film *zur Tintenwelt* soll 2008 in die Kinos kommen.
Seit „Harry Potter" ist das Märchenhaft-Fantastische ein Selbstläufer. Ist das eine bedenkliche Entwicklung? Cornelia Funke meint, die Welt mit den Augen anderer Menschen zu sehen, das müsse Fantasy leisten. Dann sei sie keine Flucht aus der Wirklichkeit, sondern dann habe sie eine hilfreiche Wirkung.

Trotz der übermächtigen TV-Konkurrenz und dem unübersehbaren Internetangebot boomt die Fantasy-Literatur. Denn Lesen kann etwas Magisches haben. Und Cornelia Funke lädt ihre jungen und alten Leser/innen ein in das Labyrinth der Buchstaben.

1 **Trilogie:** drei Bände

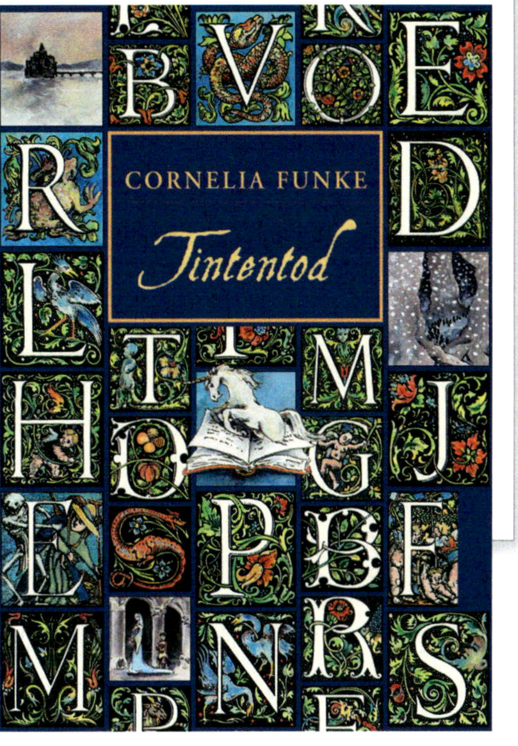

1 a) *„Die Fantasy-Literatur boomt."*
Was ist damit gemeint?
b) *„Ist das eine bedenkliche Entwicklung?" – Wie denkt ihr darüber?*

2 *„Mehr als 7 Millionen Exemplare wurden im Raum verkauft."*
Vergleicht diesen Satz mit der originalen Formulierung in Zeile 10ff.
Wie unterscheiden sie sich?

!

Ein Satz wird anschaulicher und wirkungsvoller, wenn man wichtige Nomen um treffende Wörter erweitert (Erweiterungsprobe):

Mehr als 7 Millionen Exemplare wurden im Raum verkauft.

ihrer ersten beiden „Tintenwelt"-Romane *englischsprachigen*

Solche Erweiterungen von Nomen heißen **Attribute.**
Ein Satz ist auch ohne Attribute grammatisch richtig, aber nicht sehr aussagekräftig.

3 *a) Markiert auf einer Kopie des „Tintentod"-Textes ab Zeile 15 alle Attribute.*
b) Versucht die Attribute wegzulassen. Welche Wirkung hat das?

!

Attribute haben unterschiedliche Formen:

*Cornelia Funke gilt als die **erfolgreichste deutschschreibende** Autorin.*
Adjektiv Partizip

*Die Fans **von Cornelia Funke** haben ausgeharrt.*
Präposition + Nomen

*500 000 Exemplare **des neuen Bandes** werden gedruckt.*
Nomen im Genitiv

4 *Sammelt die Nomen mit ihren verschiedenen Attributformen aus dem „Tintentod"-Text in einer 3-spaltigen Tabelle.*

Jules Verne, *der französische Schriftsteller,* gilt als Erfinder des Science-Fiction-Romans. Wohl jeder kennt seine Bücher wie „Zwanzigtausend Meilen unter dem Meer" mit Kapitän Nemo, *dem Kapitän der Nautilus.* Die Nautilus, *ein Unterseeboot,* ist der Schauplatz ungewöhnlicher Ereignisse.

5 *a) Prüft mit der Weglassprobe, ob die hervorgehobenen Satzteile entbehrlich sind.*
b) Welche Aufgabe haben sie?

!

Die **Apposition** ist eine besondere Form des Attributs:

- Sie besteht aus einem Nomen (mit Begleiter).
- Sie folgt ihrem Bezugswort und steht im selben Kasus (Fall).
- Sie wird von Kommas eingeschlossen.

*Die Nautilus, **ein Unterseeboot,** ist Schauplatz spannender Ereignisse.*
*Auf der Nautilus, **einem Unterseeboot,** kommandiert Kapitän Nemo.*

6 *Informationen zu einem anderen Roman von Jules Verne:*

- In „Die Reise zum Mittelpunkt der Erde" steigen Forscher in einen Vulkan. – „Die Reise ..." ist ein spannender Abenteuerroman.
- Die Hauptfigur ist Otto Lidenbrock . – Das ist ein eigenwilliger Professor aus Hamburg.
- Im Erdinneren überstehen der Professor und Axel zahlreiche gefährliche Ereignisse. – Axel ist der Neffe des Professors.
- Der Ausbruch des Stromboli schleudert sie auf die Erde zurück. – Der Stromboli ist ein Vulkan im Mittelmeer.
- Dieses Buch ist mehrfach verfilmt worden. Es ist einer der besten Romane von Jules Verne.

Fügt jeweils den zweiten Satz als Apposition in den ersten Satz ein.
Achtet auf den richtigen Kasus (Fall) und auf die Kommas.

Bestseller! – Bestseller! – Bestseller! – Bestseller!

1 *P. Härtling:* Reise gegen den Wind
2 *M. Ende:* Die unendliche Geschichte
3 *J. R. R. Tolkien:* Der kleine Hobbit
4 *M. Heitz:* Schatten über Ulldart
5 *A. Hitchcock:* Der Mann, der zu viel wusste
6 *L. Capelli:* Pferde, Freunde fürs Leben
7 *P. Maar:* Der tätowierte Hund
8 *W. Hänel:* Der Tag, an dem Lehrer Roth verschwand
9 *K. May:* Das Vermächtnis des Inka
10 *R. Isau:* Die unsichtbare Pyramide
11 *J. R. R. Tolkien:* Der Herr der Ringe
12 *A. Lindgren:* Ronja, Räubertochter
13 *M. Kruse:* Urmel aus dem Eis
14 *T. Pratchett:* Maurice, der Kater
15 *J. Verne:* Der Kurier des Zaren
16 *H.-K. Noak:* Die Webers, eine deutsche Familie 1932–1945

Bestseller! – Bestseller! – Bestseller! – Bestseller!

7 *Nennt die Vornamen der Autoren und Autorinnen.*

8 *Wie sind die Titel „gebaut"?*
Ordnet sie in folgende Tabelle:

Attribut			Apposition
Adjektiv, Partizip	Präposition + Nomen	Nomen im Genitiv	
2, ...	1, ...	9, ...	6, ...

9 *Zwei Buchtitel passen nicht in die Tabelle.*
Wie sind sie gebildet?

!

Ein unselbstständiger Nebensatz, der sich auf ein Nomen oder Pronomen bezieht und es erläutert, heißt **Relativsatz:**
*Das Buch erzählt von einem Mann, **der zu viel wusste.***

Merkmale des Relativsatzes sind:
- Er wird durch ein **Relativpronomen** eingeleitet: *der, die, das; welcher, welche, welches.*
- Die Personalform des Verbs steht am Ende.
- Er wird durch Komma(s) abgetrennt.

Der Relativsatz ist ein Attribut in Satzform („Attributsatz").

10 *Versucht die Buchtitel in Aufgabe 7 in Relativsätze umzuwandeln.*
Wo gelingt das gut, wo nicht?
Reise, die gegen den Wind ...
Die Geschichte, die ...

11 *Kennt ihr dieses Buch?*

„Die Brücke nach Terabithia" ist ein Roman. – Er erzählt vom Erwachsenwerden.
Der 11-jährige Jesse ist ein Außenseiter. – Er hat auch in der Schule keine Freunde.
Er freundet sich mit der Nachbarin Leslie an. – Sie entdeckt seine Liebe zur Malerei.
Sie schaffen sich im nahen Wald ein Fantasiereich. – Dieses Fantasiereich nennen sie „Terabithia".
Dieses Land kann man nur an einem Seil erreichen. – Mit dem Seil muss man sich über einen Fluss schwingen.
Eines Tages reißt das Seil und Leslie stirbt. – Sie hatte sich allein nach Terabithia aufgemacht.

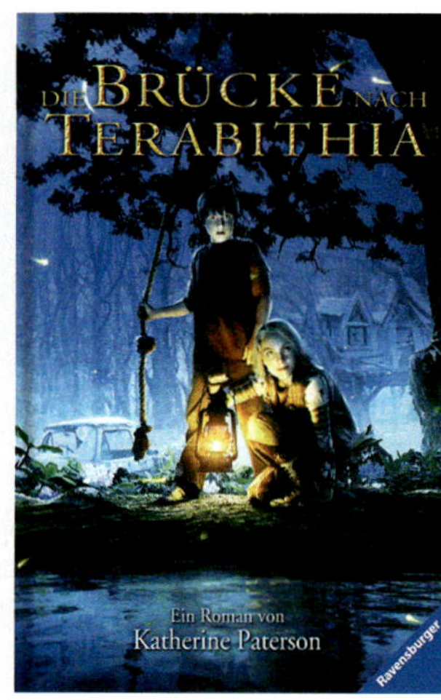

Formt jeden zweiten Satz in einen Relativsatz um, der sich auf ein Nomen des ersten Satzes bezieht: „Die Brücke nach Terabithia" ist ein Roman, der ... erzählt.

Der *sehr traurige* **Jesse** gibt sich die Schuld an Leslies Tod. Denn er hat sie alleine gehen lassen. Doch die *durch seine Liebe zu Leslie verliehene* **Stärke** überwindet seine Trauer. Mit *vom Haus der Eltern genommenen* **Brettern** baut er eine Brücke nach Terabithia. Nach dieser *von ihm und seiner Schwester benutzten* **Brücke** hat der Roman seinen Titel.

12 *Formt die **kursiven** Wörter in Relativsätze zu den **fett** gedruckten Wörtern um:*
Jesse, der sehr traurig ist, gibt sich ...

12 Rechtschreibtraining

12.1 Aus Forschung und Technik – Tipps zum Rechtschreiben

Gas in der Flamme – Typische Fehler entdecken

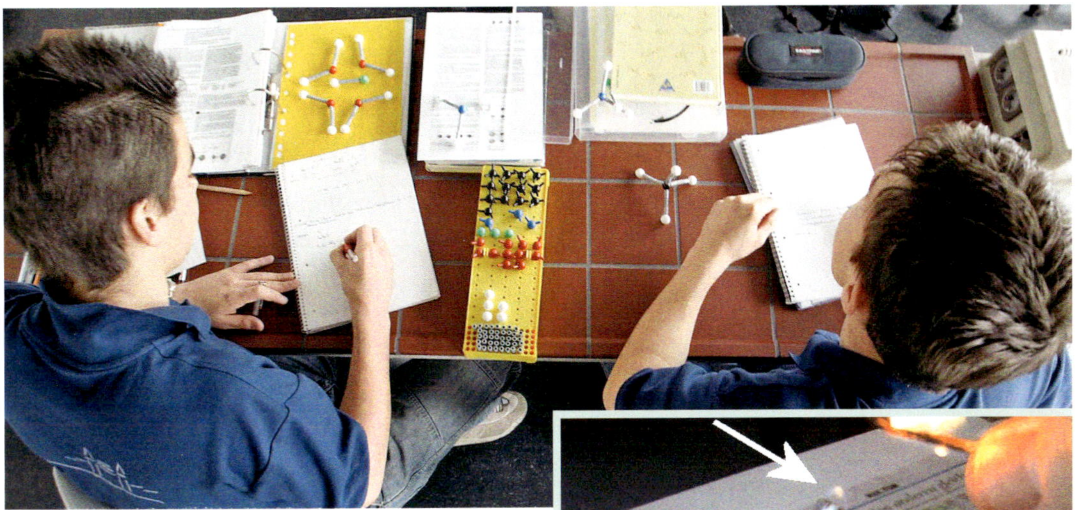

1 *Worum geht es in den drei Unterrichtssituationen?*

2 *Wie wird ein Experiment oder Versuchsergebnis im Unterricht festgehalten?*

VORSICHT FEHLER!

Das Gas in der Flamme

Beim rollen eines dünnen Streifens Blech (Alufolie o. Ä.) über einem dünnen, runden Bleistift entsteht ein etwa 10 cm langes Röhrchen. Halte es unter Benutzung einer Wäscheklammer mit einem Ende in die Mitte einer Kerzenflamme. Es soll in den inneren, dunklen Teil der Flamme eintauchen. Du darfst es nicht zu hochhalten. Warte einen Moment. Zum entzünden einer kleinen zweiten Flamme bringst du ein brennendes Streichholz an das andere Ende des Röhrchens.
Wie entsteht dort eine Flamme?
Infolge der Erwermung der Kerze durch die Flamme wird das Kerzenwachs flüssig. Wie alle festen und flüßigen Brennstoffe entwickelt das Stearin (= Material der Kerze) beim weiteren erhitzen brennbare Gase. Diese sammeln sich im inneren, dunklen Teil der Flamme. Durch das aufsteigen gelangt das heisse Gas in die äussere Schicht der Flamme und verbrennt dort und an der Spitze zusammen mit dem Sauerstoff der Luft. Wegen unzureichender Verbrennung dieses Gases im Inneren der Flamme lassen sich Teile der Stearindämpfe aus der Mitte der Flamme durch das Rohr ableiten. Diese kann man leichtentzünden.

3 *a) Lest diese Versuchsbeschreibung sorgfältig. Entdeckt ihr alle zehn Rechtschreibfehler?*
b) Tragt die Fehler in korrigierter Schreibung in diese Tabelle ein:

Nominalisierung (4 Fehler)	**s-Laut** (3 Fehler)	**Getrenntschreibung** (2 Fehler)	**ähnlich klingende Laute** (1 Fehler)
…	…	…	…

Flug zum Mars – Mit einem Fehlerbogen arbeiten

Flug zum Mars dauert zehn Monate

Zum ersten Mal ist eine Raumsonde zum Nordpol des roten Planeten aufgebrochen

Cape Canaveral – Eine unbemannte Trägerrakete hat die Sonde „Phoenix" auf den Weg gebracht, die dort den vereisten Boden untersuchen soll. Zwar wird die Sonde nicht direkt nach Leben suchen, wenn sie mit einem Roboterarm Proben aus der obersten Erdschicht für eine Analyse vor Ort entnimmt. Allerdings hoffen die Nasa-Wissenschaftler, aus den Erkenntnissen über das Eis darauf schließen zu können, ob die Bedingungen dafür vorlagen oder sogar noch vorliegen.

Die US-Raumfahrtbehörde geht davon aus, dass die Sonde bis zu drei Monaten funktionsfähig bleiben wird. Viele Komponenten wurden von einem für 2001 geplanten Einsatz übernommen, der jedoch gestrichen wurde. Die „Phönix" gehört zu einer ganzen Reihe von Sonden, dem „Mars Scout Program", das langfristig den ersten Flug von Menschen zum Nachbarplaneten vorbereiten soll. Neben den USA und Deutschland beteiligen sich auch Experten aus der Schweiz, Dänemark und Kanada an der Mission.
Der 2,35 m lange Roboterarm bohrt sich in den Boden, um nach verborgenen Eisschichten zu suchen. Eine extra dafür entwickelte Kamera liefert hochauflösende Farbbilder des Bodenmaterials in der Schaufel des Roboterarms. Die Kosten für die Mission belaufen sich auf 410 Millionen Dollar.

1 *a) Lest den Zeitungsbericht sorgfältig.*
b) Wisst ihr, wie viel Euro den 410 Millionen Dollar entsprechen?

2 *a) Diktiert euch den Text gegenseitig (Partnerdiktat).*
b) Korrigiert eure Fehler.
c) Stellt fest, welcher Fehlerart sie auf dem Fehlerbogen unten zuzuordnen sind.

TIPP
Gerade für die Rechtschreibübung gilt: Niemand ist fehlerlos!
Um deine eigenen Rechtschreibschwächen festzustellen, arbeitest du am besten mit dem **Fehlerbogen** auf dieser und der nächsten Seite.
Kopiere oder erfasse den Fehlerbogen am PC, damit du ihn immer griffbereit hast.
Ordne deine persönlichen Rechtschreibfehler aus Diktaten und Aufsätzen den aufgeführten Fehlerarten zu.
In welchem Bereich musst du am meisten üben?
Dieses Kapitel „Rechtschreibtraining" hilft dir dabei.

Fehlerbogen

Fehlerart	Beispiele	Was du gegen solche Fehler tun kannst!
1 Groß- und Kleinschreibung		▷ S. 223, 234, 241
☐ Nomen	*◎ersuchs-beschreibung*	Artikelprobe/Pluralprobe anwenden. Typische Nomenendungen beachten.
☐ nominalisierte Verben	*beim ◎ollen*	Auf Begleiter achten: ***das** Rollen, **beim** Rollen*
☐ nominalisierte Adjektive	*der ◎rößte*	Auf Endungen achten: *-s* Auf Nomensignale achten: *der, am …* ▷ S. 237, 244
☐ Tageszeiten	*◎achmittags*	Regeln beachten.
☐ Wochentage	*◎ontag*	
☐ Uhrzeiten	*um ◎iertel vor ◎ieben*	

Fehlerart	Beispiele	Was du gegen solche Fehler tun kannst!
2 Fremd-/Fachwörter	*Analyse* *blamieren* *Datennetz*	Im Wörterbuch nachschlagen. ▷ S. 228, 245
3 Getrenntschreibung ☐ Verb + Verb ☐ Nomen + Verb ☐ Adjektiv + Verb ☐ Verbindungen mit *sein*	 *schreiben lernen* *Mofa fahren* *hoch halten* *fertig sein*	▷ S. 226, 232, 240 Wortarten und Regeln beachten. Im Wörterbuch nachschlagen.
4 Gleich und ähnlich klingende Laute *d* und ***t*** *g* und ***k*** *v* und ***f*** *ä* und ***e*** *äu* und ***eu***	 *En◎spurt* *En◎deckung* *wichti◎* *◎ergleichen* *Gep◎ck* *Geb◎de*	▷ S. 224 Ist „Ende" beteiligt? Verlängerungsprobe machen: *wichti**g**e* Präfix *ver-* einprägen. Verwandte Wörter mit ***a*** bzw. ***au*** suchen: *packen, **bau**en* ▷ S. 225
5 *s*-Laut	*hinweisen* *heiß* *Ruß* *äußerlich* *wissen*	Auf „stimmhaft" und auf „stimmlos" achten. ▷ S. 227 Auf den langen Vokal davor, auf den Diphthong davor, auf den kurzen Vokal davor achten.
6 *das – dass*	*Das Experiment,* ***das*** … *Man erfährt,* ***dass*** …	Die Ersatzprobe mit *welches* machen. ▷ S. 227
7 Komma ☐ in Satzreihen	 *Es wird geforscht,* ***denn*** *die Zeit drängt.*	▷ S. 236, 243 Auf „Komma-Wörter" wie *denn, doch, aber* achten.
☐ im Satzgefüge	*Wir bedauern es,* ***wenn*** *der Versuch miss-lingt.*	Auf Haupt- und Nebensatz mit einleitender Konjunktion achten.
☐ beim Infinitivsatz	*Das Protokoll ist nötig,* ***um*** *das Experiment* ***zu*** *beschreiben.*	Regeln beachten.

Protokoll, protokollieren ... – Eine Rechtschreibkartei anlegen

das Protokoll + -
das Protokollheft
der Protokollant, die Protokollantin,
die Protokollanten
protokollieren
pro-to-kol-lie-ren
Du protokollierst das nächste
Experiment.

brennen - + +
es brennt
brennbar, brennend
die Verbrennung, Verbrennungen
Ver-bren-nung
Bei der Verbrennung entweichen
Gase.

geduldig ++
geduldiger, am geduldigsten
geduldige Forscher
sich gedulden
die Geduld
Geduld zahlt sich aus.

1 *Untersucht, wie die drei Karteikarten angelegt sind.*
TIPP: *Achtet auf die Wortarten.*

TIPP

Besonders schwierige Wörter, die ihr immer wieder falsch schreibt, sammelt und übt ihr am besten mit einer alphabetisch geordneten Rechtschreibkartei – pro Fehlerwort eine Karteikarte!
So könnt ihr vorgehen:

- Zieht eine Karteikarte.
- Prägt euch das Fehlerwort gut ein.
- Schreibt es auswendig auf die Karteikarte(nrückseite). Sprecht leise mit.
- Übt das Wort im Satz, bildet Zusammensetzungen, trennt es in Silben ...
- Kontrolliert die Rechtschreibung (mit dem Wörterbuch), Ableitungen.
- Habt ihr (einen) Fehler gemacht: Ein Minus-Zeichen auf die Karteikarte!
- Habt ihr keinen Fehler gemacht: Ein Plus-Zeichen auf die Karteikarte!
- *+ + +* bedeutet: Ihr könnt das Wort sicher schreiben. Diese Karteikarten wandern an das Ende des Kastens.

2 *Legt euch eine persönliche Rechtschreibkartei an,*
- *indem ihr aus euren Klassenarbeiten die schwierigsten Fehlerwörter auf einzelne Karteikarten schreibt und damit übt.*
- *indem ihr zusammen mit jemandem eure Hausaufgaben kontrolliert und die hartnäckigsten Fehlerwörter auf einzelne Karteikarten schreibt.*

Energie sparen – Mit der Rechtschreibprüfung am PC

Ökologisches Energiesparen

Ein großer Teil des Treibhausgas-Ausstoßes ist exakt auf den Autoverkehr zurückzuführen. Je höher der Spritverbrauch, desto mehr Abgase entstehen. Dabei ist das Drei-Liter-Auto technisch machbar – nur reagieren viele deutsche Autohersteller bisher falsch, d. h. zu wenig. Ihre Aufmerksamkeit muss noch stärker geweckt werden.

Laut Professor Hennicke vom Wuppertaler Umwelt-Institut dürfen ab 2008 in China und im US-Bundesstaat Kalifornien 50 Prozent der Autos deutscher Hersteller nicht mehr verkauft werden, weil sie die Grenzwerte überschreiten. Diese beiden Staaten haben Vorgaben für Treibstoffverbrauch auf den Weg gebracht.

Auch die EU reagiert: Ab 2012 wird der Verbrauch durch die Einführung des 4,5-Liter-Autos gesenkt. Vision 2050: Das Drei-Liter-Auto ist Standard, immer mehr Menschen benutzen Busse und Bahnen, viele Autos fahren mit abgasfreien Brennstoffzellen.

Weitere Energie würde gespart durch das Ausschalten von Stand-by-Geräten. Dadurch könnten zwei Atomkraftwerke vom Netz genommen werden. Würden alle ab sofort nur die energieeffizienten Geräte kaufen, könnten laut Hennicke binnen 15 Jahren sieben Großkraftwerke abgeschaltet und das Risiko somit verringert werden. Die Entwicklung geht demnach weiter in Richtung ökologisches Energiesparen.

1 *Diktiert euch den Artikel – Abschnitt für Abschnitt – in den PC.*
Vergleicht Wort für Wort mit der Vorlage:
a) Welche Fehler habt ihr gemacht? Werden sie von der PC-Rechtschreibprüfung alle erkannt? – Welche nicht?
b) Welche Wörter werden markiert, obwohl sie richtig sind?

2 *Tippt den vorletzten Satz* **ohne** *Komma in den PC: Wie reagiert die elektronische Rechtschreibprüfung?*

3 *Wie reagiert der PC auf folgende Fehler:*
… nur reagieren Viele Deutsche autohersteller falsch … (Z. 5 f.)
… Das Drei-Liter-Auto ist Standart (Z. 18 f.)
… immer mehr Menschen benutzen Buße und Bahnen (Z. 19 f.)
… das ausschalten von Stand-By-Geräten (Z. 22 f.)

TIPP

Der PC kann euch mit Extras Rechtschreibung und Grammatik dabei helfen, Fehler zu finden. Aber Vorsicht:

- Oft werden seltene oder ältere Wörter und Namen markiert, die gar nicht falsch sind.
- Manchmal werden mehrere Lösungsvorschläge gemacht, aus denen ihr die richtige Lösung auswählen müsst.
- Kommafehler werden vom PC **nicht** erkannt.
- Wichtig: Viele besonders knifflige Rechtschreibprobleme – groß/klein, zusammen/getrennt, Fremdwörter – erkennt der PC **nicht.**

Merke: Auch wenn der Computer meldet „Die Rechtschreibprüfung ist abgeschlossen", kann der Text noch Fehler enthalten!

Klamotten unter Hochspannung – Wortbildung groß- oder kleingeschrieben

Nähen war gestern

Heute beschäftigen sich junge Forscher mit den Textilien von morgen

Die Produkte der Zukunft sollen nach **m/M**öglich◎ „smart" sein. Einige sind es bereits – aber **k/K**leid◎?

„Smarte Textilien" nennt sich ein Forschungsfeld, das Klamotten und Hightechkleider miteinander verbindet. Der **i/I**deenreich◎ umfasst vieles, von selbstreinigenden Stoffen bis zum sensorgestützten Babystrampler, der den **s/S**äug◎ bei **k/K**rank◎ Tag und Nacht **v/V**erläss◎ und **s/S**org◎ überwacht.
Dabei integrieren die Forscher Chips und Sensoren, die **w/W**inz◎ und **u/U**nschein◎ sind, ins Gewebe und weben feinste Leiterbahnen für eine elektronische **v/V**erbind◎ ein. Das ist nicht unbedingt **t/T**aug◎ für Haute-Couture, aber **n/N**ütz◎. So könnten **k/K**ünft◎ Trikots die Herzfrequenz und den Blutdruck eines Fußballspielers überwachen und die Daten ohne **h/H**inder◎ zum Arzt der **m/M**ann◎ übertragen.

1 *Was versteht ihr unter „smarter Kleidung" und „Haute Couture"?*

2 *Der Text ist wegen der Anfangsbuchstaben mancher Wörter und wegen fehlender Suffixe (Endungen) nicht leicht lesbar.*
Tragt die unvollständigen Wörter in korrekter Groß- oder Kleinschreibung in diese Tabelle ein:

-nis, -tum, -keit, -ung, -heit, -schaft, -ling	-bar -sam, -lich, -ig
...	...

3 *a) Ergänzt in beiden Spalten weitere passende Suffix-Wörter. Achtet auf korrekte Groß- und Kleinschreibung.*
b) Verwendet die Wörter in Sätzen oder kleinen lustigen Texten.

TIPP

Groß- oder Kleinschreibung?
Bei dieser schwierigen Frage geben einige Suffixe (Endungen) eindeutig Auskunft:
- Wörter mit ***-heit, -keit, -ung, -nis, -schaft, -tum, -ling*** sind Nomen:
  Schönheit, Schnelligkeit, Prüfung, Hindernis, Lehrling, Mannschaft, Reichtum
- Wörter mit ***-lich, -sam, -ig, -bar*** sind Adjektive: fröhlich, biegsam, trinkbar, witzig

Fahrrad statt Auto – Verlängerungsprobe

Klimatipps ganz privat

Wir sparen in unserem Drei-Personen-Haushal◎ so viel Energie wie möglich. Wir benutzen ausschließlich Energiesparlampen. Unsere Heizung läuft nur bei unter 20 Gra◎ Raumtemperatur. Wir erledigen fast alles zu Fuß oder mit dem Fahrra◎.
Wie machen das die Verantwortlichen für die Politi◎? Wer reist denn ständi◎ mit dem Flugzeu◎ im In- und Auslan◎? Wer macht teure Reisen in den Urlau◎? Wer verfügt über einen Dienstwagen? Wer steigt in Luxushotels ab?
Liebe Politiker, fangt doch erst einmal bei euch selbst an, bevor ihr uns einen Ra◎ gebt!
Der normale Bürger tut mehr für die Umwel◎ und das Energiesparen als manche Politiker! Viele haben verstanden, wie wichti◎ Klimaschutz ist, ihr Politiker auch?

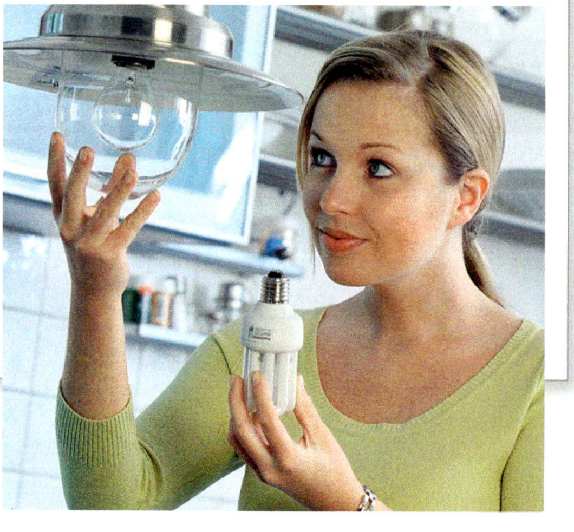

1 *Welche Buchstaben fehlen hier?*
Wenn ihr unsicher seid, beachtet den Tipp:

TIPP

Am Wortende klingt
b wie ***p:*** *ich blie◎ → wir blieben → ich blieb*
g wie ***k*** oder ***ch:*** *richti◎ → richtige → richtig; Flugzeu◎ → Flugzeuge → Flugzeug*
d wie ***t:*** *ba◎ → Bäder, baden → Bad*
Wendet die **Verlängerungsprobe** an und sprecht den fraglichen Buchstaben deutlich aus.

2 *Schreibt den Klima-Text als Partnerdiktat.*

Gepäckkontrolle für Ängstliche – Ableitungsprobe

Metall blau, Geld orange

Zwischen 300 und 1000 Menschen kommen j◎hrlich weltweit bei Flugzeugunglücken ums Leben. Verglichen mit den Unfalltoten im Straßenverkehr ist das verh◎ltnism◎ßig wenig. Weil jedoch über jeden Flugzeugsabsturz berichtet wird und sich viele Passagiere der Technik hilflos ausgeliefert fühlen, wird das Risiko zu fliegen von vielen ◎ngstlichen Menschen übersch◎tzt.

Die Flugg◎ste müssen im Flughafengeb◎ude eine Sicherheitskontrolle passieren. Sie gehen durch ein Geh◎use mit einem Metalldetektor, das wie ein Türrahmen aussieht. Der Rahmen enth◎lt eine Ringantenne, die ein magnetisches Feld erzeugt. Alle Metallgegenst◎nde verzerren dieses Magnetfeld und lösen einen akustischen und optischen Alarm aus. Es muss dann gekl◎rt werden, ob es sich um gef◎hrliche Elemente handelt.

Auch das Handgep◎ck wird genau kontrolliert. Röntgenapparate können nicht nur Metallgegenst◎nde wie Waffen, Messer, Dr◎hte und Batterien entdecken, sondern auch verschiedene Materialien unterscheiden. Anorganische Stoffe wie Metalle erscheinen auf den Monitoren in kr◎ftigen Blautönen, während organische Stoffe wie sch◎dlicher Sprengstoff oder Banknotenbündel orange erscheinen.

1 *Nennt Vor- und Nachteile einer Gepäckkontrolle.*

2 *Welche Buchstaben fehlen hier? Wenn ihr unsicher seid, beachtet den*

TIPP

Seid ihr unsicher, ob ein Wort mit ***ä*** oder ***e*** *(die K◎lte)*, mit ***äu*** oder mit ***eu*** *(die H◎ute)* geschrieben wird, dann sucht ein verwandtes Wort mit ähnlicher Bedeutung und dem Buchstaben ***a*** bzw. ***au.***
Findet ihr ein solches Wort, dann gilt in eurem Zweifelsfall ***ä*** bzw. ***äu:***
K◎lte → kalt → Kälte
H◎ute → Haut → Häute

3 *Schreibt den Text als Partnerdiktat.*

4 *Wer findet die meisten Wörter aus den Wortfamilien* gefährlich, säubern, räumen?

5 *Die Ableitungsprobe funktioniert leider nicht immer:*
das Gerät, der Lärm, sägen, schräg, vorwärts, rückwärts, abwärts
Die Schreibung solcher Wörter müsst ihr euch merken. Übernehmt sie in eure ▷ Rechtschreibkartei. ▷ S.221

Notizen machen oder lesen lassen? – Getrenntschreibung

Ein Stift, der lesen kann

Mühsam lesen oder **lesen lassen** – mit dem „Pocket Reader" hat man die Qual der Wahl. Will man ihn richtig **schätzen lernen,** den 110 Gramm leichten Stift, muss man ihn in die **Hand nehmen** und wie einen Neon-Textmarker einsetzen. Auch muss man keine **Angst haben,** dass er das Papier einfärbt. Er liest mit einem Scan-Kopf den Text Zeile für Zeile ein und überträgt die Buchstaben auf den PC; d. h., **schnell lesen** kann man mit ihm (noch) nicht! Zielgruppe für den Pocket Reader sind z. B. Studierende, die in der Bibliothek **Bücher lesen** und dazu **Notizen machen.** Auch Journalisten, die **Texte auswerten** und **Zeitungen archivieren,** machen davon Gebrauch.

Der Pocket Reader ist klein, einfach zu bedienen und nützlich für Menschen, die **häufig lesen** und sich bestimmte Inhalte **merken müssen.**

1 *Lest den Text.*

2 *a) Legt eine dreispaltige Tabelle nach folgendem Muster an:*

◎◎◎ + Verb	◎◎◎ + Verb	◎◎◎ + Verb
lesen lassen	Notizen sammeln	schnell lesen
…	…	…

b) Ergänzt die Tabellen-„Köpfe". Tragt alle ***fett*** *gedruckten Wortverbindungen aus dem „Pocket-Reader"-Artikel in die passenden Spalten ein.*

3 *Bildet Wortverbindungen aus folgenden Nomen, Adjektiven und Verben. Tragt sie in eure Tabelle ein:*

Rad	Feuer	indisch		leiden	fahren	schlucken
scharf	Rat	eindeutig		gehen	lernen	weinen
arbeiten	spazieren	singen	+	essen	haben	schreiben
schnell	häufig	spielen		kochen	dürfen	üben
Schuld	Not	tanzen		suchen	sprechen	gehen

4 *Formuliert eine Merkhilfe zur Schreibung von Wortverbindungen mit Verben:*
Verbindungen aus Verb + Verb, ◎ + Verb und ◎ + Verb werden in der Regel ◎ geschrieben.

Ein riesiges Lasergerät – *s*-Laute

Röntgenblitze am Stadtrand

Ein ödes Industriegebiet, **das** am Stadtrand von Hamburg liegt, daneben ein schlichter Acker. Noch deutet rein gar nichts darauf hin, **dass** hier in einigen Jahren eine der größten Wissenschaftsmaschinen Europas stehen wird: ein riesiges Lasergerät, **das** ab 2013 das stärkste Röntgenlicht der Welt erzeugt. **Dass** der Bau der Riesenmaschine beginnen kann, wurde jetzt entschieden.

Bei diesem Vorhaben werden Elektronen auf knapp 300 000 Kilometer pro Sekunde beschleunigt, **das** heißt: fast auf Lichtgeschwindigkeit! **Dass das** einzigartig ist, zeigen die ultrakurzen, extrem starken Röntgenblitze, die bis zu einer Milliarde Mal intensiver sind als bei den derzeit stärksten Röntgenquellen.

Dass die Anlage faszinierende Perspektiven für die Wissenschaft bietet, **das** freut den Forschungsdirektor Jochen Schneider sehr.

So wollen Molekularbiologen detaillierte Bilder von einzelnen Eiweißmolekülen aufnehmen. **Das** könnte – so die Hoffnung – beim gezielten Entwickeln von Medikamenten helfen.

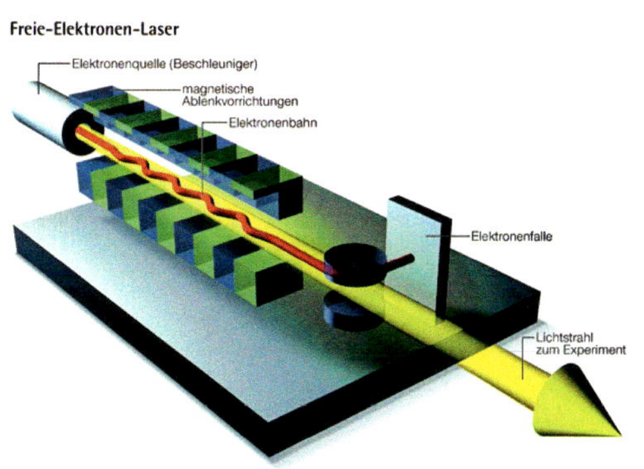

1 *Lest den Text. Klärt untereinander unbekannte Begriffe oder schlagt im Lexikon nach.*

2 *Seht euch die **fett** gedruckten Wörter genau an. Was stellt ihr fest?*

3 *Überprüft:*
- *Welches das/dass lässt sich durch welches ersetzen?*
- *Welches das/dass lässt sich durch dies ersetzen?*
- *Bei welchem das/dass funktionieren diese Proben* ***nicht?***

TIPP

Ob *das* oder *dass* richtig ist, kann man mit der *welches/dies*-Probe entscheiden.
- Kann man *welches* oder *dies* einsetzen, ist *das* richtig: *Das Projekt,* ***das*** *für Hamburg wichtig ist, wurde heute begonnen.* ***Das*** *ist ein Fortschritt.*
  welches (→ das) **Dies** (→ Das)
- Funktioniert die *welches/dies*-Probe nicht, ist *dass* richtig:
  Es freut J. Schmidt, ***dass*** *die Anlage große Perspektiven bietet.*
  ~~welches/dies~~ (→ dass)

4 *das oder dass? Entscheidet mit Hilfe der welches/dies-Probe:*

Vielleicht lässt es sich ja einrichten, ◎ ihr euch den interessanten Tierfilm anschaut. ◎ der Naturforscher Konrad Lorenz junge Graugänse erforscht hat, ◎ wisst ihr wahrscheinlich.

Das Verhalten der Gänseküken, ◎ sich direkt nach dem Schlüpfen auszuprägen beginnt, brachte den Forscher/in drollige Situationen.

Praktikumtipps – Fremd- und Fachwörter

VORSICHT FEHLER!

►►►► Kommunikation fördert das Arbeitsklima

Erst einmal wichtig: gute *Maniren!* Selbst wenn man mit der Zeit feststellt, dass das *Praktikum* keinen Spaß macht, sollte man sich trotzdem Mühe geben, um sich nicht zu *blamieren.* Schließlich macht sich eine *positife* Bestätigung für ein Praktikum nicht nur in der *Schulackte* gut, sondern auch bei der nächsten Bewerbung.
Nicht vergessen darf man, *Intresse* zu zeigen! Auch wenn man es vielleicht nicht so *intressant* findet, muss man doch zumindest so wirken und nicht darüber *diskutieren.* Vielleicht entdeckt man ja mehr, als man eigentlich gedacht hat und der schlechte Eindruck wendet sich zum Guten.
Was natürlich auch beachtet werden muss, sind die Regeln, die in der *Firma* herrschen. Nie verkehrt ist es im Praktikum, wenn man sich *aktif* zeigt und ein paar *Notizen* macht. Man weiß ja nie, wofür man Wissen und *Know-how* später noch einmal brauchen kann. Sollte man im Praktikum wirkliches Berufsinteresse entwickeln, so wird man sich wohl

automatisch *positiv* verhalten, da man mit etwas Glück dort später vielleicht einen *Job* bekommen kann.
Während des Praktikums ist auf den Umgang mit den *Kolegen* zu achten, denn eine freundliche *Atmosfere* ist sehr wichtig.
Kommunikation fördert das *Arbeitsklima,* man macht sich bekannt und hinterlässt vielleicht einen *positiven* Eindruck. Auch das *nivovolle* Nachfragen wird oft *positif* gewertet. Dies zeigt nämlich persönliches *Engagment*.

1 *Was sagt ihr*
- *zum Inhalt,*
- *zur Rechtschreibung*

dieser Praktikumsempfehlungen aus dem Internet?

2 *Verbessert die fehlerhaften Schreibungen.*

TIPP
- Die Schreibung von Fremdwörtern ist oft so ungewöhnlich, dass man zur Sicherheit immer im (Fremd-)Wörterbuch nachschlagen sollte.
- Dort erhält man auch Informationen zum Genus (Artikel), zur Beugung, zur Bedeutung und Herkunft und zur Aussprache der Wörter.
- Findet man ein Fremdwort nicht an der erwarteten Stelle, fragt man sich: „Wie könnte das Wort auch geschrieben werden?“ und schlägt neu nach.

VORSICHT FEHLER!

Nachher nicht gleich alles wieder vergessen und froh sein, dass es vorbei ist, selbst wenn es nicht das berauschendste Praktikum aller Zeiten war!
Es ist immer hilfreich, sich ein paar Eindrücke aufzuschreiben: Sie lassen sich z. B. mit einem *Scaner* einlesen und dienen dann zur Aufbereitung von *Folin* für eine *PowerPoint-Präsentazion*.
Da in einigen Schulen mittlerweile eine *Praktikumspräsentazion* gefordert wird, ist es sowieso nützlich, nicht ohne *Informationen* und schriftliche Eindrücke zurückzukehren!
Mit *Word-Textverarbeitung* und Einfügen von Bildern und *Grafiken* entstehen verständliche Darstellungen. Für eine PowerPoint-Präsentation ist es nötig, einen *Biemer* samt *Laptop* einzusetzen. Man braucht keine langen Reden zu schreiben, sondern kann kurz (ca. 10 Minuten) sein Praktikum, die Tätigkeiten und die Eindrücke zusammenzufassen.

3 *Was sagt ihr*
- *zum Inhalt,*
- *zur Rechtschreibung*

dieser Hinweise für eine Praktikumspräsentation?

4 *Berichtigt die fehlerhaften Schreibungen mit Hilfe eines (Fremd-)Wörterbuchs.*

5 *a) Aus welchem **Fachgebiet** stammen die kursiv gedruckten Wörter?*
b) Aus welcher Sprache kommen sie?

TIPP

In vielen Berufen werden **Fachwörter** verwendet, die eindeutige, genau festgelegte Bedeutungen tragen.
Die Schreibung dieser Fachbegriffe ist oft nicht einfach, da die Wörter nicht zum alltäglichen Wortschatz gehören und oft Fremdwörter sind.

- Es ist deshalb empfehlenswert, sich eine alphabetische Liste mit den wichtigsten Wörtern eines Fachgebietes anzulegen,
- ihre Schreibung zu üben (▷ Rechtschreibkartei) ▷ S. 221
- und immer wieder im Wörterbuch nachzuschlagen.

6

VORSICHT FEHLER!

Agenturen	Korektur	
Bildnachweiß	Copyright	
Fussnote	Glose	Impressum
Komentar	Lektor	Lizenßvertrag
Bibliographi	Domain	

*Untersucht diese Fachwörter aus dem Beruf **Medienkauffrau/mann** sorgfältig:*

- *Sind sie alle richtig geschrieben? (Benutzt ein (Fremd-)Wörterbuch.)*
- *Was bedeuten sie?*

7 *Schreibt eine Liste mit den wichtigsten Fachbegriffen in dem Beruf, der euch am meisten interessiert.*
TIPP: *www.alleBerufe.de*

12.2 Betreff: Praktikumsplatz – Rechtschreibregeln

Praktikum in Mülheim a. d. R. – Orts- und Straßennamen

VORSICHT FEHLER!

Tobias Schneider
Berliner Straße 5
45359 Essen
Tel.: 0200 345 67
tschneider@gmx.de

2. März 2XXX

TV-Laue GmbH
Frau Andrea Laue
Am schwarzen Weg 22
45775 Mülheim An Der Ruhr

Praktikum als Fernsehtechniker
Ihre Anzeige in der essener Zeitung vom 28. 2. 20XX

Sehr geehrte Frau Laue,
mit Interesse habe ich Ihre Anzeige in der essener Zeitung gelesen und möchte mich um einen Praktikumsplatz bewerben.
[...]
Bereits seit mehreren Jahren gehören das Reparieren von elektronischen Musikinstrumenten und das Werken im Hobbyraum zu meinen liebsten Hobbys. Außerdem spiele ich Fußball in der 2. Mannschaft des mülheimer Sportclubs.

Über eine Einladung zu einem persönlichen Gespräch würde ich mich sehr freuen.

Mit freundlichen Grüßen

Tobias Schneider

1 *Lest das Bewerbungsschreiben.*
a) Wo bewirbt sich Tobias?
b) Welche Hobbys hat er? Warum gibt er sie an?

2 *Überprüft die richtige Schreibung aller Namen für*
- *Orte*
- *Straßen*

mit Hilfe dieser Regeln:

!

Orts- und Straßennamen
- Ableitungen von Orts- und Ländernamen mit *-er* werden immer **großgeschrieben** und **getrennt:**
  Mainzer Straße, Schweizer Platz, Soester Weg
- In mehrteiligen Namen werden das erste und alle folgenden Wörter **großgeschrieben,** nur nicht Artikel und Präpositionen:
  Am Schwarzen Weg, Kap der Guten Hoffnung, Rothenburg ob der Tauber

Leider gelten diese Regeln nicht ohne Ausnahme!
Übernehmt im Zweifelsfall die Schreibung eurer Vorlage (Brief, Telefonbuch, Atlas).
Schlagt im Wörterbuch nach.

3 *Sucht aus einem Atlas, einem Telefonbuch verschiedene Orts- und Straßennamen heraus. Diktiert sie euch gegenseitig. Kontrolliert die richtige Schreibung.*

Eine Informatikkauffrau kennen lernen – Getrenntschreibung

An … inform.wolf@kln.de
CC …
Betreff: Bewerbung um Praktikumsplatz

Sehr geehrter Herr Wolf,

vielen Dank für unser Telefongespräch, bei dem ich die wichtigsten Aufgaben einer Informatikkauffrau *kennen lernen* konnte.

Ich würde sehr *froh sein,* wenn ich bei Ihnen ein *Praktikum absolvieren* dürfte.

Ich besuche zurzeit die 8. Klasse der Heinrich-Böll-Schule. Meine leistungsstarken Fächer sind Mathematik, Physik und Kunst. In zwei Jahren werde ich meinen Mittleren Schulabschluss *erreicht haben.*

Ich beschäftige mich sehr mit dem PC und verfüge über Hardware-Kenntnisse.

Verschiedene Teile konnte ich *eigenständig installieren* bzw. *leicht austauschen.* Auch Online-Recherchen mit unterschiedlichen Suchmaschinen kann ich *gut durchführen.*

In einem Praktikum bei Ihnen würde ich wertvolle *Eindrücke bekommen* und vieles besser *verstehen lernen.* Ich würde mich deshalb *glücklich schätzen*, bald von Ihnen zu hören.

Mein Foto und das letzte Zeugnis werde ich Ihnen per Post *getrennt schicken.*

Mit freundlichen Grüßen

1 *Schreibt die **kursiv** gedruckten Wortverbindungen heraus und bestimmt ihre Wortarten:*
kennen lernen = Verb + Verb

!

Getrennt schreibt man in der Regel Wortverbindungen aus
- **Verb + Verb:** kennen lernen, singen können
- **Nomen + Verb:** Maschine schreiben, Vokabeln lernen, Rad fahren
- **Adjektiv/Partizip + Verb:** schnell arbeiten, getrennt schicken
- Das Verb ***sein*** wird immer getrennt geschrieben: zusammen sein, da sein, wach sein, daheim sein

Da es manche **Ausnahmen** gibt: Zur Sicherheit im Wörterbuch nachschlagen!

2 *Nomen + Verb:*

Auto messen – Zähne fahren – Comics putzen – Fußball backen – Fieber sammeln – Pizza spielen – Stelzen hören – Radio laufen – Tee sehen – Skat trinken

a) Bildet sinnvolle Wortverbindungen aus Nomen + Verb.
b) Verwendet die Verbindungen in Sätzen. Achtet auf Getrenntschreibung.

3 *Verb + Verb:*
Bildet möglichst viele Verb-Verb-Verbindungen und verwendet sie in Sätzen.

baden – schlafen – laufen – schwimmen – stehen – üben – lernen – kommen – gehen – fressen – spazieren – fahren

4 *Adjektiv + Verb:*

sympathisch nachhaltig vorsichtig gründlich sorgfältig gefährlich

bewegen vorbereiten beeindrucken finden auswählen

Fügt sinnvolle Adjektiv-Verb-Verbindungen zusammen und bildet Sätze damit.

5 *Wie soll ein/e Praktikant/in sein?*

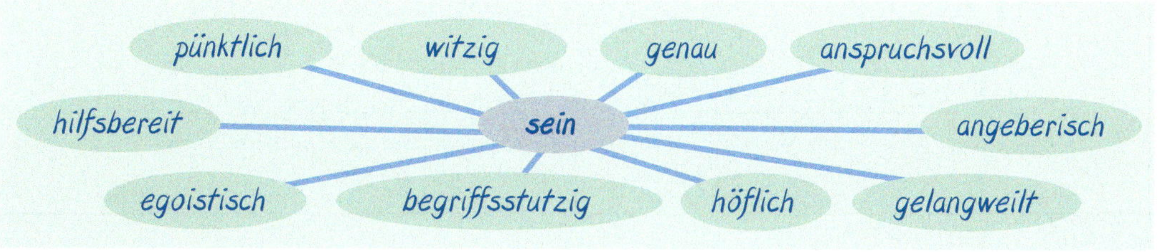

Formuliert Empfehlungen.

Der Lebenslauf von Uli Kaiser – Nominalisierung

Uli Kaiser
geb. am 13.05.1994 in Koblenz

Zu meiner Person und Familie

Eltern:	Armin Kaiser, Installateur Monika Kaiser, geb. Schäfer
Geschwister:	2 Schwestern, 1 Bruder (die beiden *Jüngeren* gehen noch zur Schule, der *Ältere* arbeitet als Sozialpfleger)
Berufswunsch:	*Arbeiten* als Radio- und Fernsehtechniker
Hobbys:	*Reparieren* von technischen Geräten und Musikinstrumenten, *Werken* mit Holz, *Volleyballspielen* beim KSC

Schulbildung

Grundschule:	2000–2004
Realschule:	2004 ff.

Voraussichtlicher Abschluss:	Sommer 2011, Realschule
Lieblingsfächer:	Physik, Mathematik
Sonstiges:	*Pflegen* und *Reparieren* der Instrumente unserer Schulband

Uli Kaiser
Koblenz, 12.02.2009

1 *Lest und beurteilt diesen tabellarischen Lebenslauf.*

2 *a) Schreibt die* **kursiv** *gedruckten Wörter mit Artikel heraus.*
b) Bestimmt ihre Wortart:
die Jüngeren = nominalisiertes Adjektiv

3 *Verwendet die Wörter in Sätzen; sowohl in der ursprünglichen Wortart als auch nominalisiert:*
Meine ***jüngeren*** *Geschwister gehen noch zur Schule.*
Die zwei ***Jüngeren*** *gehen wie ich noch zur Schule.*

!

Verben und Adjektive schreibt man groß, wenn sie wie Nomen gebraucht **(nominalisiert)** werden.
Meistens werden sie begleitet von
- einem **Artikel:** *das Arbeiten, das Schönste*
- **Artikel + Präposition:** *beim* (= bei dem) *Rechnen, im* (= in dem) *Allgemeinen*
- einem **Pronomen:** *mein Lächeln, unser Bestes*
- einer **Mengenangabe:** *viel Arbeiten, etwas Nützliches*

4

schreiben	telefonieren	senden	erleben	erscheinen
betrachten	beobachten	sprechen	bewerben	erinnern
arbeiten	lesen	zuhören	nützlich	wichtig
empfehlenswert	allgemein	richtig	aufregend	gut

a) Verwendet diese (und andere) Verben und Adjektive für Empfehlungen im Praktikum.
Nominalisiert sie dabei:
Das *Telefonieren sollte …*
Nichts *Wichtigeres gibt es …*
b) Markiert die Nominalisierungen.

Die „dritte Seite" der Bewerbung – Kommas setzen

Was Sie vielleicht noch über mich wissen sollten

„Technisch begabt" – So nennt man wohl jemanden wie mich, da ich gern in jeder freien Minute an Geräten herumbastle. Ich tüftle so lange daran herum, bis ich den Fehler gefunden habe.

Oft werde ich auch von anderen angerufen, um kleinere Reparaturen zu übernehmen. So springe ich ein, wenn der neue Videorekorder nicht läuft, wenn ein Fernsehsender nicht zu finden ist. Mir macht es großen Spaß, meine Geschicklichkeit dabei zu beweisen. Außerdem ist es einfach schön, Freunden und Bekannten zu helfen. Oder dem Musiklehrer: Er hat mich gebeten, die Wartung der Instrumente unserer Schulband zu übernehmen. Das ist besonders angenehm, weil ich viel dazulerne und gleichzeitig noch ein paar Euro verdiene.

Am liebsten würde ich mein Hobby zum Beruf machen! Deshalb wäre ich froh, wenn ich bei Ihnen ein Praktikum zum Radio- und Fernsehtechniker absolvieren könnte.

1 *Äußert euch zu dieser Art der Selbstdarstellung. Was gefällt euch? Was findet ihr übertrieben?*

2 *a) Schreibt den Text in euer Heft.*
b) Markiert die ▷ Nebensätze und die ▷ Infinitivsätze mit verschiedenen Farben.
c) Hebt alle Kommas, die Konjunktionen in den Nebensätzen und die Infinitive + zu in den Infinitivsätzen hervor.

! ▷ **Nebensätze** und ▷ **Infinitivsätze** werden vom übergeordneten Hauptsatz durch Komma abgetrennt:

▷ S. 207, 212

Ich springe ein, ***wenn*** *der neue Videorekorder nicht läuft.*
Nebensatz

Ich werde gerufen, ***um*** *Reparaturen* ***zu übernehmen****.*
Infinitivsatz

VORSICHT FEHLER!

Reif für die Ausbildung?

Die Klage über die „Jugend von heute" sie sei unwillig zu arbeiten – diese Klage ist so alt wie die Menschheit! Auch ihre angeblich schlechten Manieren sind ein uraltes Thema.

Andererseits ist es nicht unproblematisch wenn ein verschlafener Auszubildender morgens eine Kundin mit „Ey, was wollen Sie denn?" begrüßt.

Tatsache ist: Die Betriebe halten die Verbesserung der **Ausbildungsreife** für einen zentralen Schritt um mehr Ausbildungsplätze zu schaffen. Im Rahmen des nationalen Ausbildungspakts wurde deshalb beschlossen ein Konzept zur Beurteilung von Auszubildenden zu erstellen. Damit alle den „Kriterienkatalog zur Ausbildungsreife" einsehen können hat die Bundesagentur für Arbeit ihn ins Netz gestellt. In dem Katalog wird beschrieben welche Eigenschaften zur „Ausbildungsreife" gehören. Auch verschiedene Fragen werden an die Jugendlichen gestellt um einigermaßen sicher herauszufinden ob sie fit für den Job sind.

3 *Dieser Bericht enthält mehrere Satzgefüge mit Nebensätzen und Infinitivsätzen. Aber alle Kommas fehlen! Schreibt die Sätze mit den nötigen Kommas heraus.*

4 *Schreibt eine persönliche „dritte Bewerbungsseite"* Was Sie vielleicht noch über mich wissen sollten.
Achtet dabei besonders auf Nebensätze, Infinitivsätze und die Zeichensetzung.

Praktikum bei „Hallo wach" – Zeitangaben

Von wegen „Hallo wach"!

In Kürten-Herweg, morgens, um dreiviertel sechs. Da trifft man auf Zeitungsausträger, Hundebesitzer und Radiomoderatoren. Letztere sind auch der Grund dafür, dass ich mich am Freitagmorgen bereits um fünf Uhr aus den warmen Federn quäle. Denn ich mache seit dem letzten Montag ein Praktikum beim Sender „Radio Berg". Und da sich dieser nun mal in Kürten-Herweg befindet und die Morning Show „Hallo wach", die ich mir heute Morgen oder besser: heute Nacht anschauen will, um sechs Uhr beginnt, musste ich mich schon sehr früh in der Redaktion einfinden.
So kann ich jetzt den Radiomoderator in seiner „natürlichen Umgebung" beobachten und

feststellen, dass auch er morgens um Viertel nach sechs noch längst nicht so wach und frisch ist, wie er sich in der Sendung anhört. Das schafft er bis mittags nur mit starkem Kaffee und anderen „Dopingmitteln".

Ich probiere es lieber mit einem anderen „Wachmacher" à la „Radio Berg": Frühsport am Morgen. Damit meine ich nicht, dass ich mich eine halbe Stunde auf ein Trimm-dich-Fahrrad schwinge oder am Vormittag eine Runde um die Redaktion laufe. Nein, ich laufe zwischen Studio und Bürogebäude hin und her, wo die Radioleute von montags bis freitags ihren aktuellen Beiträgen den letzten Schliff geben.

Swenja Kemper

1 *Dieser Praktikumsbericht nennt einige Wochentage, Tages- und Uhrzeiten. Tragt sie (nach Möglichkeit mit Begleitern) in die folgende Tabelle ein:*

Wochentage	Tageszeiten	Uhrzeiten
am Freitag	morgens	um drei

2 *Was stellt ihr zur Schreibung fest?*

!

- Die **Wochentage** *Montag, Dienstag* usw. sind Nomen und werden großgeschrieben, auch in Zusammensetzungen mit Tageszeiten:
  jeden Dienstag, am Freitagmorgen
  Ausnahme: Adverbien mit *-s* werden kleingeschrieben: *montags, sonntagmorgens*
- Die **Tageszeiten** *Abend, Vormittag* usw. sind Nomen und werden großgeschrieben:
  der Morgen, jeden Abend, heute Vormittag
  Besonderheiten: Adverbien mit *-s* werden kleingeschrieben: *morgens*
  Zweiteilige Tageszeiten aus Adverb + Nomen: *heute Morgen, gestern Abend*
- Die Stundenangaben in der **Uhrzeit** werden kleingeschrieben:
  Es ist fünf Uhr, halb ***sechs****, um* ***neun***
  Bruchzahlen schreibt man klein: ***halb*** *sieben, (drei)****viertel*** *zwölf*
  Ausnahme: *Viertel* ***vor*** *acht, es ist Viertel* ***nach*** *fünf*

TIPP: Sicherheitshalber im Wörterbuch nachschlagen!

3 *a) Schreibt die Zeitangaben in richtiger Groß- und Kleinschreibung auf:*

DONNERSTAGABEND – VIERTEL NACH SIEBEN – MORGENS, KURZ VOR NEUN – AN JEDEM MONTAG – HALB EINS – HEUTE MITTAG – DREI VIERTEL NEUN – AM DIENSTAGVORMITTAG – AM GESTRIGEN FREITAG – ZWANZIG NACH VIER – NACHMITTAGS – UM ACHT UHR

b) Verwendet die Zeitangaben in passenden Sätzen.

4 *a) Beschreibt den Ablauf eines Ferien-/Schul-/Praktikumstags mit möglichst genauen Zeitangaben.*

b) Kontrolliert die Rechtschreibung.

12.3 Fehler vermeiden – Rechtschreibübungen

Kap der Guten Hoffnung – Straßen-, Orts- und andere Namen

▷ S. 232

mecklenburgische seenplatte
bergisches land kap der guten hoffnung
bayerischer wald pazifischer ozean
totes meer tschechische republik
holsteinische schweiz atlantischer ozean
vereinigte staaten von amerika
kleiner wagen großer bär
vereinigte arabische emirate
rotes meer stiller ozean
vereinigtes königreich von england
märkische schweiz straße von messina
kanarische inseln große mauer in china
schiefer turm von pisa

Staat	Gewässer	Region	Sehenswürdigkeit	Himmelskörper
...	...	...	...	...

1 a) Sortiert die Namen in die richtigen Spalten. Achtet auf die richtige Schreibung.
b) Ergänzt eigene Beispiele.

HUMBOLDTALEXANDERVONERX-
LEBENCHRISTIANEDOROTHEA
DRAISKARLFREIHERRVONHÜGEL
CARLMERIANSIBYLLAMARIA
ANNAZEPPELINFERDINAND
GRAFVONBINGENHILDEGARDVON

2 a) Welche Forscher/innen werden hier genannt?
b) Notiert die Namen und erklärt in Stichworten, wodurch sie berühmt wurden.

3 *Bildet mehrteilige Straßennamen. Achtet auf die richtige Schreibweise:*
Am Leipziger Weg

Straßennamen

zweiteilig	mehrteilig
...	...

4 *Füllt die Tabelle mit passenden Straßen-/Platz-Namen.*

Pünktlich und ausgelassen sein – Getrenntschreibung

▷ S. 233

AUTOKLOPFENRADLEIDENTEPPICHLAU
FENSKISPIELENMUSIKTRAGENANGSTFAH
RENDIÄTSUCHENNOTHALTENSCHULDFAH
RENRATHABEN

1 *a) Welche Wörter könnt ihr hier erkennen?*
b) Bildet daraus sinnvolle Verbindungen aus **Nomen + Verb.**
c) Schreibt damit (lustige) Sätze/Texte.

Bitte unter keinen Umständen die WEGEVERLASSEN!
Sie können sonst im Moor STECKENBLEIBEN.

Die beliebtesten Reiseziele werden BESTEHENBLEIBEN, auch wenn die Benzinpreise weiter steigen.

Ihr solltet öfter SPAZIERENGEHEN, weil das GESUNDIST.

Wenn man Tiere im Zoo GEFANGENHÄLT, dann ist es oft nicht artgerecht.

Sie müssen die Teile GETRENNTSCHICKEN, damit bei einem Verlust nicht alles VERLORENIST.

Diese Methode werdet ihr noch richtig LIEBENLERNEN, weil sie euch das Lernen erleichtert.

Mit gutem Leim wird die Tapete wohl KLEBENBLEIBEN.

2 *a) Schreibt diese Sätze richtig auf. Schlagt im Zweifelsfall im Wörterbuch nach.*
b) Welche Wortarten stehen in den einzelnen Wortverbindungen: ◎◎◎ + Verb?

3 ◎ + schreiben | ◎ + nehmen | ◎ + sprechen | ◎ + gehen

a) Verbindet diese Verben mit passenden ***Adjektiven*** *und Partizipien.*
b) Verwendet sie in Sätzen.
TIPP: *Es gibt manche Ausnahmen bei der Schreibung! Deshalb kontrolliert mit Hilfe des Wörterbuchs.*

4 *Die Eltern werden erst nach Mitternacht zkurüc ◎.*
Ich freue mich schon auf die Feier! Ich werde pünktlich ad ◎.
Mit den Freunden werden sie noch lange sammenzu ◎.
Wann wird das Essen endlich fegrti ◎?
Wie kann man nur so gelassenaus ◎!

sein

Das Beunruhigende am Internet – Nominalisierung

▷ S. 235

Das Internet als Klimakiller (1)

Das rasante W/wachsen des Internets ist schlecht für unser Klima, aber an ein S/stillen des Energiehungers der Datennetze ist leider nicht zu D/denken. Das V/verbrauchen riesiger Strommengen wird besonders durch die Großrechner von Firmen V/verursacht. Dieser hohe Stromverbrauch und das damit verbundene B/belasten des Klimas – das A/ausstoßen von CO_2 ist mittlerweile so hoch wie beim weltweiten Flugverkehr – lässt inzwischen auch die Industrie Alarm S/schlagen: Das G/gründen von Initiativen gegen Klimaschädigung und das A/anweisen der Forscher, Energie sparende Lösungen V/vorzulegen, sind die Ergebnisse. Inzwischen meinen nicht wenige: Das Internet muss möglichst „grün" werden!

1 *„Klimakiller Internet" – Wie beurteilt ihr diese Problematik? Klärt unbekannte Begriffe.*

2 *a) Entscheidet, bei welchen Verben es sich um eine Nominalisierung handelt, und schreibt die Sätze richtig in euer Heft.*
b) Unterstreicht die Begleiter der nominalisierten Verben.

3 *das Wachsen – das Wachstum*
das Belasten – die ◎
das Verbrauchen – der Ver◎
das Gründen – die ◎
a) Welche Nomen lassen sich hier bilden?
b) Schreibt den Text um, indem ihr zwischen nominalisierten Verben und Nomen abwechselt. Vergleicht die Wirkung.

Das Internet als Klimakiller (2)

Bereits im Jahre 2005 wurden weltweit rund 20 Eintausend-Megawatt-Großkraftwerke benötigt, um den Strombedarf des Internets und der Datenzentren zu decken. Das B/beängstigende daran ist: Die Datenmenge im Internet verdoppelt sich alle drei Monate! Allein das Video-Portal YouTube produziert – mit Blick aufs Klima wirklich etwas E/erschreckendes! – heute so viel Datenverkehr wie das gesamte Internet vor zwei Jahren. Im G/großen und G/ganzen belastet jeder Mausklick das Klima. Die New York Times hat den Stromverbrauch von Google untersucht und dabei das B/bemerkenswerte oder richtiger: das B/bedrückende herausgefunden: Jede Suchanfrage braucht so viel Strom wie eine Energiesparlampe pro Stunde!
Wir alle müssen in nächster Zukunft unser B/bestes geben, damit auch die J/jüngeren eine lebenswerte Zukunft haben!

4 *a) Welcher Wortart gehören die Wörter mit dem unklaren Anfangsbuchstaben in ihrer ungebeugten Grundform an?*
◎eängstigend - ◎rschreckend ...
b) Woran erkennt man, dass es sich um **Nominalisierungen** *handelt?*

5 *Schreibt die Sätze in richtiger Schreibweise auf.*
Unterstreicht die Begleiter der nominalisierten Wörter.

Kindheit ohne Worte – Kommas setzen

Wolfskinder

Besonders früher erregten immer wieder Geschichten von Kindern Aufsehen. Sie wurden vernachlässigt oder ausgesetzt. Man nannte sie „Wolfskinder". Sie wurden angeblich von Wölfen, Affen, Gazellen, ja sogar von Panthern aufgezogen.

Als erstes „Wolfskind" der Moderne erregte in Frankreich um das Jahr 1800 Victor von Aveyron die Aufmerksamkeit der Gelehrten. Wenige Jahre später wurde in Deutschland Kaspar Hauser aufgefunden.

Die wichtigste Frage der Wissenschaftler war um 1800 die Frage nach dem Charakter der „Wolfskinder". Zweihundert Jahre stand der Erwerb der Sprache im Vordergrund.

Einige Psychologen und Sprachwissenschaftler vertreten die Meinung: Sprache wird nur in ganz bestimmten Entwicklungsphasen erworben. Die Amerikanerin Susan Curtiss bestätigte diese Annahme. Sie hatte ein Mädchen untersucht, das bis zum 13. Lebensjahr in völliger Isolation lebte. Ihre Forschung ergab eine Unterentwicklung der „sprachlichen" linken Hirnhälfte. Die „logische" rechte Hirnhälfte war gut ausgebildet. Tests ließen einen bedeutsamen Schluss zu. Das Mädchen versuchte, die Sprache in der falschen, rechten Hirnhälfte zu verarbeiten.

, weil
, da
, während
, bevor
, dass
, nachdem
, während
, dass

1 *Habt ihr von ähnlichen Geschichten gehört?*

2 *Verbindet immer zwei Sätze*
- *mit der Konjunktion (+ Komma) auf dem Rand.*
- *Ändert dabei die Wortstellung.*

3 *a) Sucht euch (in der Bibliothek, im Internet) einen Text über das „Wolfskind" Kaspar Hauser.*
b) Fasst ihn mit euren Worten schriftlich zusammen. ▷ S. 271
c) Verwendet auch Satzgefüge mit passenden Konjunktionen. Vergesst die Kommas nicht.

4 *Englisch, Spanisch, Französisch lernen?*
- *Wie lernt ihr Vokabeln?*
- *Wie merkt ihr euch Grammatikregeln?*
- *Wie erschließt ihr Texte, deren Wörter ihr nicht alle kennt?*
- *Wie merkt ihr euch die Aussprache?*

Schreibt die Antworten in Form von Satzgefügen auf:
Ich lerne neue Englisch-Vokabeln, indem ...
... merke ich mir so, dass ...

Die Blumenuhr – Stunden und Tageszeiten

▷ S. 238

Jede Pflanzenart öffnet und schließt ihre Blüten zu einer bestimmten Tageszeit. Dabei gibt die „Blumenuhr" nicht die Minute genau an, aber die Stunde.

Der Wiesenbocksbart öffnet seine Blüten bereits gegen HALB VIER NACHTS und legt sich MITTAGS wieder schlafen – so pünktlich, dass in früheren Zeiten die Bauern ihn nutzten, als sie sich „echte" Uhren noch nicht leisten konnten.

Auch Kürbis und Klatschmohn begrüßen den Tag schon MORGENS UM FÜNF. An DIESEM MORGEN sind auch die ersten Hummeln bereits unterwegs mit frischen Pollen in ihren Pollentaschen.

Kurz VOR SECHS erwachen Disteln und Zaunwinde, Seerose und Ringelblume und setzen sich UM SIEBEN richtig in Szene. UM ACHT UHR ist es Zeit für Habichtskraut und Ackergauchheil. Zwei Stunden später AM VORMITTAG, GEGEN ZEHN, sind die Stockrose und die Malve an der Reihe und legen Pollen in ihre Blütenauslagen.

Bis ZUM MITTAG haben fast alle Blumen ihre Blüten geöffnet. Bienen, Hummeln und Schmetterlinge können so VON MORGENS bis ZUM NACHMITTAG ihre Nahrung finden. Auch AM ABEND gibt es Blumen, die ihnen Nahrung liefern: AB SECHS öffnen sich ABENDS Nachtkerzen und Taglilien, zugleich beginnen Lilie und Engelstrompete zu duften. Nur bei Regen funktioniert die Blumenuhr nicht!

1 *Welche Blumen kennt ihr? Habt ihr sie im Garten?*

2 *Übertragt die Tabelle in euer Heft und schreibt Tages- und Uhrzeiten sowie Blumennamen der Blumenuhr hinein. Achtet auf die richtige Groß- bzw. Kleinschreibung:*

Tageszeit	Uhrzeit	Blume
nachts	halb vier	Wiesenbocksbart

3 *Schreibt die folgenden Zeitangaben regelgerecht in euer Heft.*

AMMONTAGNACHMITTAG MITTWOCHSFRÜH GEGENABEND
AMFRÜHENFREITAGMITTAG SONNTAGMORGENS IMMERDIENSTAGS
SAMSTAGNACHT SPÄTABENDS

4 *Erstellt eine „Wochenuhr", in der ihr aufführt, was ihr zu unterschiedlichen Tages- und Uhrzeiten Interessantes macht.*

www.Berufe.de – Fremd- und Fachwörter

▷ S. 229 f.

Googeln

Sven Winterschladen

Mehr Ehre geht nicht. Das Verb „googeln" ist zum Synonym für die Suche im Internet geworden.

Dort gibt es mehrere Milliarden Seiten und täglich kommen mehr als eine Million hinzu. Wer sich in diesem Labyrinth von Informationen nicht verlaufen möchte, braucht einen Wegweiser.

Mehr als 90 Prozent aller Suchanfragen aus Deutschland landen bei Google. Warum? Das kann niemand wirklich beantworten. Denn der Quasi-Monopolist hat viele Fehler oder wird von Experten ausgetrickst. Nach Jahren der Stagnation gibt es mittlerweile interessante Alternativen: www.clusty.com, www.pagebull.com, www.mister-wong.de u. a.

1 *Nehmt den Text mit Hilfe der Technik des ▷ überfliegenden Lesens auf.* ▷ S. 266

2 *a) Führt ein Partnerdiktat mit dem Artikel durch.*
b) Kontrolliert euch gegenseitig. Achtet besonders auf die Schreibweise der Fremdwörter.
c) Bildet mit den Fremdwörtern neue Sätze.

3 *Sucht zu den Fremdwörtern verwandte Wörter und Zusammensetzungen aus der jeweiligen Wortfamilie: Stagnation – stagnieren …*
Benutzt das Wörterbuch.

4

Dompt- Situat- kass- Mont- pass-
informat- charakteris- Interakt- analys-
mass- Souffl- objekt- Informat-
relat- Blam- Kooperat- Coul-
kommunikat- Integrat- garn- Addit-
Sabot- Jongl- kreat- Mass-
Report- Dekorat- Fris- Negat

+

-age
-ion
-ieren
-eur
-iv

a) Setzt diese Fremdwort-Bausteine zu sinnvollen Wörtern zusammen. Überprüft mit einem Wörterbuch.
b) Fertigt eine Tabelle mit den fünf Suffixen an und tragt alle Fremdwörter ein.
c) Wie heißen die weiblichen Formen zu den Berufsbezeichnungen?

Was macht ein/e Elektroniker/in?

Elektroniker/innen übernehmen je nach Fachrichtung vielfältige Aufgaben rund um die Elektrik. Sie konzipieren elektrische Anlagen nach den Wünschen ihrer Kunden, installieren sie und nehmen sie in Betrieb. Elektrische Systeme werden von ihnen gewartet und jede Störung so schnell wie möglich beseitigt.

1 *a) Schreibt alle Fachwörter untereinander, die zur Fachsprache „Elektronik" gehören; verwandte Wörter schreibt in eine Zeile:*
Elektronik, Elektrik, elektrisch …
installieren …
b) Verwendet die Fachwörter in eigenen Sätzen; bildet verwandte Wörter, Zusammensetzungen:
warten, ein Gerät warten (= pflegen), die Wartung, Maschinen-Wartung …

Elektroniker/innen der Fachrichtung Energ◎- und Gebäudetechni◎

- konzipieren Systeme der **Energ◎versorgung** und **Geb◎detechnik;**
- installieren Bel◎chtungssysteme, elektrische **Antr◎be** sowie Schalt-, Steuer- und Regeleinrichtungen und nehmen sie in **Betrie◎**;
- installieren und konfigur◎r◎ Kommunika◎sanlagen und **Daten-Ne◎e**;
- mont◎r◎ dezentrale **Energ◎versorgungsanlagen** und Notstromger◎te und nehmen sie in **Betr◎b**;
- installieren Gebäudeleiteinrichtungen und vernetzte Systeme, stellen sie ein und stimmen sie aufeinander ab.

2 *a) Schreibt den Text ab und ergänzt die unvollständigen Fachbegriffe.*
b) Führt ein Partnerdiktat durch.

3 *a) Sucht alle Fachwörter aus eurer Praktikumsmappe heraus. Ordnet sie alphabetisch.*
b) Macht mit den Wörtern Schreibübungen (vgl. Aufgabe 1).

4 *Gestaltet **Berufe-Poster** mit Fotos, kurzem Info-Text und den wichtigsten Fachwörtern in alphabetischer Ordnung.*

13 Schönheit und Glück – Lesen mit Methode

13.1 Schönheit vergeht – Informationen entnehmen und bewerten

Wahre Menschlichkeit ist köstlicher als alle Schönheit der Erde.
Johann Heinrich Pestalozzi

Glück, das: mhd. *gelücke* „Schicksal; Zufall; günstiger Ausgang (einer Sache)“. Die weitere Herkunft ist dunkel. **glücklich:** mhd. *gelückelich* „von Zufall oder Schicksal abhängig; günstig“.

Schülerduden

schön: *mhd.* schœne, *ahd.* scōni „schön, glänzend, rein“, *engl.* sheeny „glänzend“ gehört zu der unter ↑ *schauen* behandelten Wortgruppe und bedeutete ursprünglich „ansehnlich, was gesehen wird“.

Herkunftswörterbuch

Glück hängt nicht davon ab, wer du bist oder was du hast. Es hängt nur davon ab, was du denkst.
Dale Carnegie

1 *In diesem Kapitel geht es um unterschiedliche Texte über* ***„Schönheit“*** *und* ***„Glück“.*** *Was versteht ihr darunter? Lasst euch von den Fotos und Definitionen anregen.*

2 *Gestaltet eine Wandzeitung/ein ▷ Plakat zu „Schönheit“ und „Glück“.* ▷ S. 300

Die Schöne und das Glück – Einen literarischen Text verstehen

François Lelord

Hectors Reise oder die Suche nach dem Glück

Der Psychiater Hector ist unzufrieden, weil er seine Patient/inn/en nicht glücklich machen kann. Also begibt er sich auf eine Weltreise, um dem Geheimnis des Glücks auf die Spur zu kommen.
Auf einem Flug wird Hector zu einer Passagierin mit starken Kopfschmerzen gerufen. Nach ihrem Passfoto war sie eine sehr schöne Frau gewesen.

Sie hieß Djamila, was auch ausgerechnet „die Schöne" bedeutete, und kam aus einem Land, das ebenfalls sehr schön war und in das die Leute, die ein wenig älter waren als Hector, oft in den Urlaub gefahren waren, in ihren jungen Jahren jedenfalls, denn man konnte dort inmitten herrlicher Berge bestimmte Kräuter rauchen. Die jungen Frauen brachten von dort sehr schöne Stoffe mit, aus denen sie Kleider oder Vorhänge machen ließen.
Seither war dieses Land immer im Krieg gewesen, zuerst, weil ein großes Nachbarland, welches das Paradies auf Erden schaffen wollte, es überfallen hatte; aber die Bewohner des sehr schönen Landes waren mit dieser Version vom Paradies nicht einverstanden gewesen. Sie hatten den Soldaten des großen Nachbarlandes jahrelang einen Krieg geliefert, und das war für das große Land wie ein bösartiger Abszess[1] gewesen, und es war davon sehr krank geworden. Danach waren die Dinge für alle immer schlimmer geworden, viele Mütter hatten sehr geweint, das große Land war so schwach geworden wie ein kleines Land, und Djamilas Land hatte gar nicht mehr aufgehört, im Krieg zu sein, denn auch bei ihnen gab es Leute, die das Paradies auf Erden herstellen wollten. Das schöne Land war ärmer geworden als zu Hectors Jugendzeiten. Jetzt lief es etwas besser; eine große Armee mit Soldaten aus allen Ländern der Welt war gekommen, um Ordnung zu schaffen, und die Leute hatten wieder ein bisschen Hoffnung geschöpft.
Außer Djamila, die gewiss nicht viel Hoffnung hatte und die versuchte, einen Grund für neue Hoffnung zu finden, indem sie Hectors Gesicht ausforschte, während er ihr Operationsprotokoll las, welches ein anderer Doktor geschrieben hatte, ein Protokoll, das nicht sehr gut aussah, wie Sie sicher bereits erraten haben.
Hector sagte ihr, er werde sich bis zum Ende des Fluges um sie kümmern.
Er setzte sein Doktorengesicht auf und sagte zur Stewardess, dass Djamila Platz brauchte, um sich auszustrecken, denn das würde ihr Kopfweh ein bisschen lindern, und dass es nötig sei, sie an Hectors Nachbarplatz zu bringen, damit er ihren Zustand beobachten könne. Die Stewardess rief einen sehr freundlichen Steward herbei. Zu dritt halfen sie Djamila aufzustehen und bis in den anderen Teil des

1 **der Abszess:** Geschwür

Flugzeugs zu gehen. Wenn sie stand, war Djamila groß, aber sie war auch sehr leicht.
Als sie neben Hector Platz genommen hatte in dem sehr bequemen Sessel, der sich so weit herunterfahren ließ, bis er fast ein Bett war, lächelte sie zum ersten Mal, und Hector erkannte die Djamila wieder, die er auf dem Foto im Reisepass gesehen hatte. Er fragte sie, ob sie immer noch Kopfschmerzen habe, und sie sagte, dass es weiterhin weh tat, aber dass es ihr trotzdem ein Vergnügen war, hier zu sitzen, und dass Hector wirklich sehr freundlich war.
Sie unterhielten sich weiter miteinander. Hector dachte, das könne ihr helfen, ihr Kopfweh zu vergessen, und während er mit ihr sprach, beobachtete er ihre Pupillen, so, wie es die Doktoren machen.
Alle beide waren unterwegs in das große Land, in dem es die meisten Psychiater der Welt gab. [...] Djamila wollte ihre Schwester wiedersehen, die dort verheiratet war. Sie wollte mit ihr einige Zeit verbringen, um sich zu erholen. Hector erklärte, dass er dorthin flog, um einen Professor zu treffen, der ein großer Spezialist in Sachen Glück war. Er bereute aber sofort, das ausgesprochen zu haben, denn Glück war vielleicht nicht gerade ein gutes Thema, wenn man sich mit Djamila unterhielt.
Aber sie lächelte ihm zu und erklärte, dass Glück für sie bedeutete, zu wissen, dass ihr Land eine bessere Zukunft haben würde, dass ihre kleinen Brüder, wenn sie groß waren, sich nicht im Krieg erschießen lassen mussten und dass ihre Schwester einen netten Ehemann hatte und Kinder, die in die Schule gehen konnten und in die Ferien fahren und einmal Doktor oder Anwalt werden oder Revierförster, Maler oder was immer sie wollten.
Hector bemerkte, dass sie nicht von ihrem eigenen Glück sprach, sondern von dem der anderen, der Leute, die sie liebte.
Und dann sagte Djamila, der Kopf tue ihr wieder ein bisschen mehr weh. Hector rief die Stewardess und sagte ihr, er wolle gern mit dem Flugkapitän reden. [...] Hector erklärte ihm die Angelegenheit, und der Flugkapitän [...] eilte davon, um das Flugzeug niedriger fliegen zu lassen.
Djamila sagte zu Hector, sie bereite aber wirklich zu viele Umstände, und er antwortete, das sei gar nicht so, und es mache ihm Spaß, mit dem Piloten zu reden und das Flugzeug niedriger fliegen zu lassen, und das nächste Mal würde er ihn sogar um einen Looping bitten, wenn Djamilas Kopfschmerzen davon nachließen. Darüber musste sie lachen, und Hector erkannte wieder die Djamila vom Passfoto.
Später bat er die Stewardess um Champagner, denn der konnte Djamila nicht weiter schaden.
Sie stießen auf ihr Wohl an, und Djamila sagte, dass sie zum ersten Mal Champagner trank, denn in ihrem Land war das lange verboten gewesen, und man fand dort nichts als schlechten Wodka, den die besiegten Soldaten zurückgelassen hatten. Sie kostete den Champagner und fand ihn wunderbar, und Hector sagte, da seien sie ganz einer Meinung.
Hector erinnerte sich an die letzte Lehre, *Glück ist, wenn man richtig feiert*, und er wollte, dass Djamila davon profitierte.
Sie unterhielten sich noch ein bisschen, Djamila hatte kein Kopfweh mehr, und dann schlief sie ruhig ein. [...]
Sie hatte ihm gesagt, sie sei zufrieden, dass ihr Land und ihre Familie jetzt bessere Chancen hatten, glücklich zu werden.
Er nahm sein kleines Notizbüchlein und schrieb:
Lektion Nr. 17: *Glück ist, wenn man an das Glück der Leute denkt, die man liebt.*

1 *„... [sie] kam aus einem Land, das ebenfalls sehr schön war ..." (Z. 2 f.)*
Habt ihr eine Vermutung, aus welchem Land Djamila kommt?
Lest noch einmal alle Textstellen, wo etwas über Djamilas Heimat gesagt wird.

2 *Kopiert den Text, damit ihr ihn bearbeiten könnt. (Oder benutzt eine Folie.)*

*Folgende **Fragen** soll uns der Romanauszug beantworten:*

- *Ist Djamila schön?*
- *Wie ist ihr Gesundheitszustand?*
- *Was ist für sie Glück?*
- *Wie kümmert sich Hector um Djamila?*
- *Was denkt er über Glück?*

3 *Markiert am Rand oder unterstreicht mit verschiedenen Farben*

a) alle Textstellen zu Djamila und
- *ihrer Schönheit,*
- *ihrem Glück,*
- *ihrer Krankheit;*

b) alle Textstellen zu Hector und
- *seinen Bemühungen für Djamila,*
- *seinen Gedanken über Glück.*

4

Djamilas Vorstellungen vom Glück

Hector kümmert sich um Djamila

Was Hector von Djamila über das Glück lernt

Djamilas und Hectors Reiseziel

Wie Hector Djamila zum Lachen bringt

Djamilas Herkunft

Djamilas Land

Schreibt diese zusammenfassenden Überschriften neben die passenden Romanabschnitte.

TIPP

Wollt ihr einem Text wichtige Informationen entnehmen, müsst ihr z. B.
- genaue Fragen an ihn stellen,
- aufmerksam nach den Antworten suchen,
- Schlüsselwörter und wichtige Textstellen markieren und
- Sinnabschnitte mit eigenen Worten kurz zusammenfassen.

5 *Vergleicht die Entwicklung Djamilas mit der Entwicklung ihres Landes: Stellt ihr Gemeinsamkeiten, Unterschiede fest? Fertigt dazu eine Tabelle/ein Schema/eine „Lebenskurve" ... an:*

Djamila: → schön →
(Z. 1)
Heimat: → schön →
(Z. 3)

Hector hat den Ehrgeiz, seine Patienten glücklich zu machen. Gelingt ihm das mit Djamila? Dazu meint Hilal:

Hector ist nicht nur Arzt, sondern auch Mensch. Er liest nicht nur den OP-Bericht oder gibt ihr ein Medikament, sondern er interessiert sich für die kranke Person. Dabei entdeckt er ja auch, dass Djamila immer noch schön ist. Sie lächelt ihn an und er spürt, wie es ihr besser geht und sie sich glücklicher fühlt. (Hilal)

6 *Wie trägt Hector zum Glück oder der Zufriedenheit von Djamila bei? Nehmt Stellung dazu.*

7 *Erklärt, worin für Djamila „Glück" besteht.*

8 *Ihr habt euch jetzt ausführlich mit dem Text über Djamila und Hector beschäftigt. Überlegt noch einmal:*
- *Wie seid ihr vorgegangen?*
- *Welche Arbeitstechniken waren sinnvoll, welche weniger?*

9 *Aus welcher ▷ Perspektive ist der ganze Text geschrieben:* ▷ S. 288
- *aus der Perspektive von Djamila?*
- *aus der von Hector?*
- *aus der eines ▷ „allwissenden Erzählers"?* ▷ S. 288

TIPP: *Lest dazu die Zeilen 34–40 auf S. 248.*

Das Glück unter dem Skalpell – Einen Sachtext erfassen

Das Glück liegt unter dem Skalpell

1 *Stellt euch vor, ihr lest diese Überschrift in einer Zeitschrift.*
- *Was erwartet ihr von dem Artikel?*
- *Was wisst ihr über das Thema?*
- *Worauf seid ihr neugierig?*

Veranstaltet ein ▷ Brainstorming oder erstellt ein ▷ Cluster zum Thema. ▷ S. 294

Danielle Finkelstein: Das Glück liegt unter dem Skalpell ...

Herzlichen Glückwunsch, Sie wurden auserwählt! Der Jackpot heute: ein anderes Sie!

Kompletterneuerungen im deutschen Fernsehen haben Tradition. Während sich das Genie jedoch früher eher mit Klamotten und Fragen des Make-ups auseinandergesetzt hat, geht es den Kandidaten nun – im wahrsten Sinne des Wortes – an die Substanz.

Gezählt sind die Tage der schiefen Nasen, der überflüssigen Fettpölsterchen oder des Hängebusens, denn die TV-Sender haben diesen Problemzonen der kollektiven[1] Selbstwahrnehmung den Krieg erklärt. In Sendungen wie „The Swan" oder „Alles ist möglich" werden Menschen auserwählt und komplett ummodelliert, die – so heißt es – mit ihrem Aussehen dermaßen unzufrieden und unglücklich sind, dass sie kaum noch vor die Tür gehen, sich aber keinen plastischen[2] Eingriff leisten können.

Die Umwandlung des Kandidaten beinhaltet nicht nur eine ausgedehnte Schönheitsoperation, sondern auch eine Schulung in punkto Styling. Zusätzlich werden die Auserwählten dann auch noch auf die Couch des Psychologen geschickt, um ihnen den körperlichen Umbau mental[3] zu erleichtern. Sämtliche Kosten werden natürlich vom verantwortlichen Sender getragen.

Kaum hat sich der Trend der öffentlichen Schönheits-OPs[4] in Deutschland etabliert[5], erntet er schärfste Kritik. Ich sehe das anders. Offen gestanden, mich beeindrucken die Ergebnisse der chirurgischen[6] Nachhilfe. Nasenkorrekturen und Brustimplantate[7] sind doch mittlerweile fast so normal wie der Gang zum Bäcker .

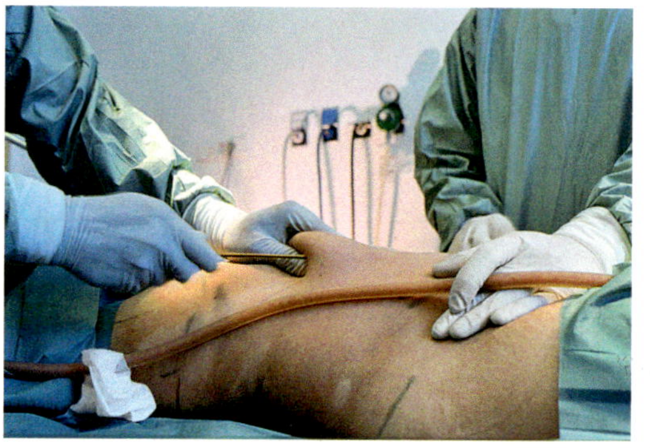

Und wenn jemand in der Mittagspause eine kleine BOTOX-BEHANDLUNG gegen seine Gesichtsfalten einschiebt, ist das heute auch nicht mehr der Rede wert.

Mir ist das ganze Gejammer über den „Schönheitswahn" schleierhaft. Als ob das Phänomen so neu wäre: Kosmetik- und Textilindustrie sorgen doch seit eh und je dafür, dass sich Schönheitsideale in jedermanns Bewusstsein regelrecht einbrennen. Mal Hand aufs Herz, wer träumte nicht davon, wie Heidi Klum oder Markus Schenkenberg auszusehen? Wird uns nicht überall suggeriert[8], Schönheit verspreche auch Erfolg? Und ist es nicht oft genug so?

Stars und Sternchen aus Film und Fernsehen haben es vorgemacht, Otto Normalverbraucher hat nachgezogen. Wieso also sollten Schönheits-OPs im Fernsehen verwerflich sein? Ich finde, es ist Zeit, einen längst vollzogenen Mentalitätswandel ganz unaufgeregt als solchen anzuerkennen. Manchmal liegt des Menschen Glück eben nicht auf der Straße, sondern unter dem Skalpell.

1 **kollektiv:** allgemein
2 **plastisch:** den Körper betreffend
3 **mental:** geistig
4 **OP:** Operation
5 **etablieren:** sich ausbreiten
6 **chirurgisch:** mit Hilfe einer Operation
7 **das Implantat:** fremdes Gewebeteil
8 **suggerieren:** eintrichtern

2 *a) Lest diesen Artikel.*

b) Wo habt ihr Verständnisschwierigkeiten?

- ☐ *Versteht ihr einzelne Wörter nicht? – Schlagt in Wörterbuch/Lexikon nach.*
- ☐ *Macht euch der Satzbau Schwierigkeiten? – Lest die Textstelle mehrmals. Unterstreicht (auf einer Folie) die wichtigsten Satzteile, die zusammengehören.*

3 *Für wen (= Adressat/inn/en) ist der Artikel geschrieben? Für*
- ☐ *Kinder und Jugendliche,*
- ☐ *Ärzt/e/innen,*
- ☐ *Rentner/innen,*
- ☐ *alle am Thema „Schönheits-OP" Interessierten.*

Begründet eure Meinung.

4 *Wie lautet die zentrale Aussage (These) des Artikels?*
- ☐ *Auch Heidi Klum und Markus Schenkenberg sind schönheitsoperiert.*
- ☐ *Der „Schönheitswahn" ist ein Phänomen unserer Tage.*
- ☐ *Die TV-Sender bezahlen nur die OP.*
- ☐ *Schönheitsoperationen können Menschen glücklich machen.*
- ☐ *Schönheitsoperationen im Fernsehen sind höchst problematisch.*

Belegt eure Entscheidung mit entsprechenden Textstellen.

5 *Man kann den Gedankengang eines Textes gut nachvollziehen, indem man die einzelnen Gedanken stichpunktartig notiert und mit Pfeilen in der richtigen Reihenfolge (Flussdiagramm) verbindet:*

Kompletterneuerungen im TV früher, heute
↓
Ummodellierungen für …

6 *Was ist eure Meinung über Schönheitschirurgie im Fernsehen?*
Schreibt dazu einen ▷ Zuschauer-Brief an einen Fernsehsender. ▷ S. 270

Ästhetische Chirurgie in Deutschland

Anzahl der Patienten, die sich im Jahr 2004 folgenden Operationen unterzogen haben:

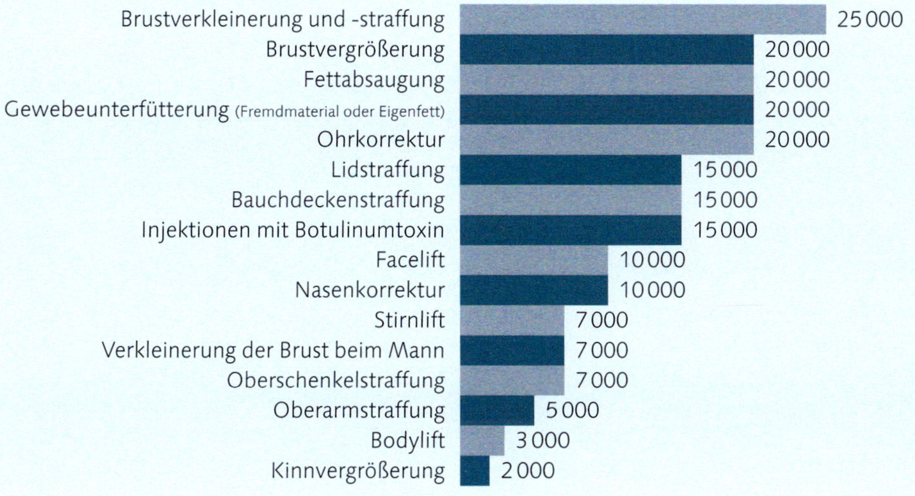

1 *Schaut euch dieses Balkendiagramm genau an.*
Klärt unbekannte Begriffe mit Hilfe von Nachschlagewerken.

2 *a) Welche der folgenden Aussagen zu dem Diagramm sind richtig/falsch?*
- ☐ *Brust-OPs wurden am häufigsten vorgenommen.*
- ☐ *Es wurden mehr Facelifts durchgeführt als Lidstraffungen.*
- ☐ *Oberarmstraffungen unterzogen sich 5 000 Männer.*
- ☐ *Die Grafik zeigt ausschließlich Ops aus Schönheitsgründen.*
- ☐ *Das Diagramm berücksichtigt keine Frauen.*

b) Korrigiert die Falschaussagen.

3 *Vergleicht den Artikel von D. Finkelstein mit dem Balkendiagramm:*
- ☐ *Was haben sie gemeinsam?*
- ☐ *Worin unterscheiden sie sich?*
- ☐ *Ergänzen/widersprechen sie einander?*

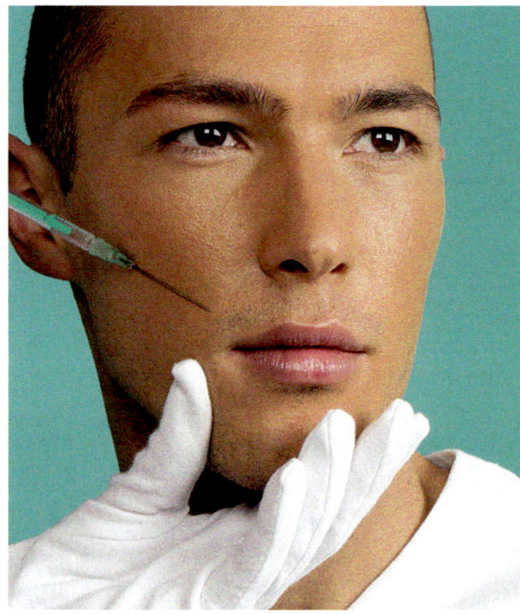

4 *Worin seht ihr die Vorzüge*
- ☐ *eines Textes?*
- ☐ *eines Diagramms?*

5 *„Machen Schönheitsoperationen glücklich?" Könnt ihr diese Frage mit Hilfe des Finkelstein-Artikels und des Diagramms beantworten?*

a) Was möchtet ihr selbst noch zu dem Thema wissen? Notiert eure Fragen.

b) Überlegt, bei wem/wo ihr Antworten bekommen könnt.

ARBEITSTECHNIK TEXTE ERSCHLIESSEN UND AUSWERTEN

Vor dem Lesen
- ☐ Was wisst ihr bereits über das Thema?
- ☐ Was möchtet ihr erfahren?
- ☐ Notiert eure Kenntnisse und Fragen. (▷ Cluster, Mind-Map) ▷ S. 294

Während des Lesens
- ☐ Klärt schwierige Wörter und Textstellen durch Nachschlagen und wiederholtes, gliederndes Lesen.
- ☐ Unterstreicht wichtige Wörter (Schlüsselwörter) und Formulierungen.
- ☐ Gliedert den Text in kleinere **Sinnabschnitte** mit einem ganz bestimmten Gedanken oder Thema.
- ☐ Fasst den Inhalt jedes Sinnabschnitts in einer Überschrift oder einem Satz zusammen.
- ☐ Prüft, ob ihr den Gedankengang des Textes in Form einer Tabelle, einer Zeichnung anschaulich machen könnt.

Nach dem Lesen
- ☐ Schreibt die zentrale Aussage des Textes kurz und mit eigenen Worten auf.
- ☐ Notiert Fragen und Probleme, die euch unklar geblieben sind.
- ☐ Bewertet den Text kritisch, geht auf seine Vorzüge und Mängel ein.

13.2 Supermodels – Testaufgaben selbst entwerfen

Mark lebt nach einem Streit mit seinem Vater als Obdachloser in London. Bei eisiger Kälte arbeitet er in Soho als Zeitungsverkäufer, bis ihm jemand die Visitenkarte einer Agentur gibt ...

Die „anderen" waren alle umwerfend gut aussehende Mädchen. *Und das wussten sie auch genau.* Ich erregte einiges Aufsehen. Ein richtiger Primitivling mitten unter ihnen. Plötzlich fühlte ich mich furchtbar massig und männlich und total fehl am Platz. Ich fuhr mir mit einem Finger übers Kinn – rasieren hätte vielleicht nicht geschadet. Ein kurzer Blick auf meine Fingernägel bestätigte mir, dass sie einige leichte Trauerränder hatten. Ich drapierte mich auf einem freien Sofa, das heißt, ich machte mich so breit wie möglich, damit niemand anders neben mir sitzen konnte, und hoffte, wenigstens die Tatsache verbergen zu können, dass ich seit Tagen nicht geduscht hatte. Aber schon bald verloren die Mädchen jegliches Interesse an mir und konzentrierten sich darauf, sich gegenseitig auszustechen, also schnappte ich mir eine Zeitschrift und tat so, als würde ich lesen.

Die beiden Mädchen mir gegenüber waren in ein Gespräch über ihre Haare vertieft. Es haut mich immer wieder um, dass Frauen auf so viele Adjektive für etwas kommen können, was praktisch zur Basisausstattung der Menschheit gehört. Sie hatten schon „strähnig", „kraus", „duftig", „arm an Volumen, Glanz und Elastizität" durch. Und jetzt überprüften sie gegenseitig, ob sie Spliss hatten. Sie wirkten wie Schimpansen im Zoo.

Obwohl ich in meiner Zeitschrift las, hatte ich das unangenehme Gefühl, dass ein Mädchen mir gegenüber mich ständig anguckte.

Ich funkelte sie kurz an. Verdammt noch mal, ich hatte genauso das Recht, hier zu sein, wie sie. Sie lächelte verlegen und beugte sich wieder über ihr Buch. Der hatte ich's gezeigt. Hinter meiner Zeitschrift versteckt, warf ich noch einen Blick auf sie. Sie war wirklich hübsch. Nicht auf eine so offensichtliche Art wie die anderen, denn mit Lippenstift und Nagellack hatte sie wohl weniger im Sinn. Ihre Lippen bewegten sich – als würde sie leise etwas aufsagen oder auswendig lernen. Als sie dann wieder zu mir rübersah und mich dabei erwischte, dass ich sie anstarrte, schaute sie mir ganz offen in die Augen. Nicht flirtend, nicht so, als würde sie mich als Frischfleisch betrachten ...

„Brauchst du das *ganze* Sofa für dich allein?" Eine Stimme mit amerikanischem Akzent unterbrach mich in meinen Gedanken. Eine Blonde stand vor mir. „Oder könntest du vielleicht einen Tick rutschen?"

Ich machte ihr Platz und sie setzte sich hin, als würde ihr der ganze Laden gehören. Sie holte eine Zigarette aus der Handtasche, zündete sie an und blies den Rauch voll in meine Richtung. Kein „bitte", kein „danke" – typisch affektiertes Model.

Was studierte das Mädchen mir gegenüber eigentlich so eifrig? Ihre Haare fielen ihr immer wieder über die aufgeschlagene Seite. Es waren wellige, glänzende Haare in einem ganz leuchtenden Kastanienbraun. Ich legte mein Kinn in die Hand, tat so, als würde ich mich auf die Sofalehne stützen, und versuchte dabei einen Blick auf den Umschlag zu erhaschen.

Sie nahm das Buch an die Brust, weil sie jemanden vorbeilassen musste. Es war Shakespeare – ausgerechnet. In dem Moment trafen sich unsere Blicke. Sie lächelte mich direkt an. Zumindest *glaubte* ich das. Moment – hatte ich das Gesicht nicht schon mal gesehen? Ja, genau, während meines oberpeinlichen Auftritts bei der letzten Agentur. Jetzt erinnerte ich mich wieder an sie – sie hatte bei der Szene als Einzige mitfühlend gegrinst. Ja, das musste sie gewesen sein ...

Ich rückte ein Stück zu ihr auf.

„Hab ich dich nicht bei *M for Model* gesehen?“, fragte ich.

Sie nickte. „Machst du auch die Runde?“

Ich musste jetzt irgendwas Positives sagen, also fing ich damit an, dass ich nicht auf Modeln angewiesen wäre.

„Ich hab noch andere Quellen.“

„Zum Beispiel?“

Das war brenzlig. „Man könnte sagen, ich mache in Medien. Zeitschriften, du weißt schon.“ Sie sah aus, als wäre sie beeindruckt. Aber bevor sie nachhaken konnte, brachte ich das Gespräch auf sie. Anscheinend war sie Schauspielschülerin – deshalb also der Shakespeare. Sie wollte für die Rolle der Julia vorsprechen. So, wie sie darüber redete, hörte es sich an, als würde sie glatt in die Luft fliegen, wenn sie die Rolle nicht kriegte. Schon allein das bedeutete einen ziemlichen Kontrast zu dem hirntoten Weibergequatsche aus der anderen Ecke.

„Ich könnte dich abhören, wenn du willst“, sagte ich. Es war eine grandiose Ablenkung.

Sie hieß Zoë. Das zumindest erfuhr ich, als sie zum Schreibtisch gerufen wurde. Für ein Mädchen war sie wirklich was Besonderes. Okay, das klingt vielleicht ein bisschen mackerhaft, aber so meine ich es nicht: Sie war eben nicht einfach ein Mädchen, nicht einfach ein weibliches Wesen – jedenfalls nicht so wie die weiblichen Wesen, die ich bisher kennen gelernt hatte. Sie hatte etwas an sich, das mich direkt ansprach, so etwas wie eine direkte Linie von Seele zu Seele, auch wenn sich das vielleicht komisch anhört. Schon möglich, dass auch der Shakespeare abgefärbt hat, die Nähe durch den geflüsterten Dialog. Aber vielleicht war es auch mehr. Ich hab nie besonders viel von Shakespeare gehalten. Er war nur Stoff, mit dem wir in der Schule zwangsernährt wurden, muffig, überholt – lauter Jungs, die Mädchenrollen spielen, und Kerle, die in Strumpfhosen rumtänzeln. Aber Zoë ließ den alten Knacker klingen, als würde er über das reden, was einem auch heute passiert. Zoë Montenaro. Selbst ihr Name hatte einen besonderen Rhythmus. Zoë – Zoë Montenaro.

1 *Lest diesen Romanauszug.*
a) Tauscht eure Meinung darüber aus: interessant, einseitig ...?
b) Wie wirkt die Hauptfigur Mark auf euch: sympathisch, unsicher ...?
c) Wie werden die „Mädchen“ beschrieben?

2 *Aus welcher ▷ Perspektive wird hier geschrieben? Welche Wirkung hat das?* ▷ S. 288

3 *Warum befindet sich Mark in der Agentur?*
- ☐ *Mark ist der hübschen Zoë gefolgt und will sie kennen lernen.*
- ☐ *Mark ist nach mehreren Tagen der Rumtreibens zufällig dort gelandet.*
- ☐ *Mark möchte sich als Model bei der Agentur vorstellen.*
- ☐ *Mark produziert eine Zeitschrift und sucht geeignete Models.*

Nur eine der vier Antworten ist richtig: welche?

Eine solche Aufgabe heißt

> **Multiple-Choice-Aufgabe** („Auswahl"-Aufgabe)
> Sie bietet mehrere Antworten/Lösungen an, von denen in der Regel nur **eine** richtig ist.

4 *„Welche der folgenden Aussagen über MODELS trifft zu?"*
a) Formuliert vier Aussagen über den Romanauszug, von denen nur ***eine*** *richtig ist.*
b) Testet eure MC-Aufgabe, indem ihr sie von einer anderen Gruppe beantworten lasst.

5 *Wählt euch einen beliebigen Text aus dem Deutschbuch und formuliert eine Multiple-Choice-Aufgabe mit mehreren Lösungsmöglichkeiten dazu.*

6

	Richtig	Falsch
Zoë liest das Buch eines italienischen Autors.	☐	☐
Mark kommt sich vor wie unter Schimpansen im Zoo.	☐	☐
Die männlichen Models erregen Aufsehen in der Agentur.	☐	☐
Mark ist von Shakespeare begeistert.	☐	☐

Welche dieser Aussagen trifft zu, welche nicht?

> Bei einer **Richtig-Falsch-Aufgabe** müsst ihr entscheiden, ob mehrere Aussagen zutreffen oder nicht; ob sie aus einem Text zu entnehmen sind oder nicht.
>
> Oft hängt die Entscheidung für „richtig" oder „falsch" nur von einem einzigen Wort oder einer kleinen Formulierung ab. Lest deshalb sehr genau!

7 *a) Formuliert eine Richtig-Falsch-Aufgabe mit falschen und richtigen Aussagen zu einem Text (z. B. von S. 252 oder S. 248 f.; möglich auch zum Diagramm auf S. 253).*
b) Testet die Aufgaben untereinander.

Barbie beim Gesundheits-Check

Gerret von Nordheim, Benedikt Borchers

Barbie findet sich in jedem Mädchenzimmer durchschnittlich sieben Mal, ihr Bekanntheitsgrad beträgt nahezu 100 Prozent. Als Alternative zu den Babypuppen der fünfziger Jahre konzipiert[1], sollten die ersten Barbies ein neues Frauenbild verkörpern. […]

Das moderne Schlankheitsideal findet sich in den Proportionen von Barbie bis ins Unnatürliche übersteigert: Große Oberweite, schmale Taille, lange Beine. Zahlreiche medizinische Untersuchungen haben belegt, wie unwahrscheinlich es ist, dass ein Frauenkörper die Maße der Barbiepuppe aufweist. Die Wissenschaftler Pedersen und Markee etwa errechneten, dass ein lebensgroßes Modell der Puppe zwischen 1,88 m und 2,26 m groß sein würde. […] Kann ein Mensch mit Barbies Proportionen überhaupt normal leben? Im Universitätsklinikum Köln wurde eine lebensgroße Barbie von drei Medizinern untersucht.

Arthrose und Bandscheibenvorfall

Der Orthopäde[2] vom Kölner Uniklinikum kommt zu dem Schluss, dass Barbie mit einer ganzen Reihe von orthopädischen Problemen zu kämpfen hätte. Allein ihre Vorliebe für hochhackige Schuhe würde ihr in der Realität zum Verhängnis werden. Durch die unnatürliche Fußstellung drohe Barbies Füßen ein abgespreizter Zeh […]. Der Arzt diagnostiziert[3] außerdem auf Grund der unproportionalen Körpermaße Fehlstellungen in Knie- und Hüftgelenk. Langfristig käme es dadurch zu Knorpelschäden (Arthrose). Diese Fehlstellung führe außerdem vermehrt zu Hohlkreuzhaltung und erhöhe dadurch die Gefahr eines Bandscheibenvorfalls.

Eingeschränkte Funktion der Organe und Atemnot

Dem Internisten[4] fällt seine Diagnose ebenfalls leicht: Die extrem schmale Taille biete kaum genügend Platz für die Organe. Diese wären wahrscheinlich gestaucht und könnten als Folge in ihrer Funktion eingeschränkt sein. […] Eine Frau mit dem Aussehen der Puppe bekäme wahrscheinlich schlecht Luft.

Unfruchtbarkeit und Osteoporose

Auch für die Gynäkologin[5] am Uniklinikum Köln ist der Fall klar: Barbie ist zu dünn. Sie würde zu wenig weibliche Geschlechtshormone produzieren, da ihr dazu schlicht ausreichend Fettgewebe fehle. Folge sei das Ausbleiben der Regel und des Eisprungs, sie wäre also unfruchtbar. Des Weiteren führe Hormonmangel zu einer verringerten Produktion von Knochenmark und damit zu Osteoporose[6].

Eindeutige Diagnose

Eine Frau mit Barbies Proportionen würde für ihr Aussehen einen hohen Preis zahlen müssen. […] Doch haben die Barbies den Mädchen, die mit ihnen spielen, etwas voraus: Sie sind nur 32 Zentimeter groß, aus Kunststoff, nicht lebendig – sie können dem Schönheitsideal genügen, auch ohne dafür zu leiden.

1 **konzipieren:** entwickeln
2 **Orthopäde:** Arzt für die Bewegungsorgane
3 **diagnostizieren:** ermitteln
4 **der Internist:** Arzt für innere Krankheiten
5 **der Gynäkologe:** Arzt für Frauenkrankheiten
6 **die Osteoporose:** Knochenkrankheit

1 *Findet ihr es als Junge oder Mädchen sinnvoll, in Aussehen, Kleidung, Auftreten bestimmten Vorbildern oder Idealen zu folgen? Diskutiert darüber.*

A Die Wissenschaftler Pedersen und Markee errechneten, …	1 …, dass Barbie schmerzende Füße hätte und ihr ein Bandscheibenvorfall drohte.
B Der Orthopäde kommt zu dem Schluss, …	2 …, weil sie viel zu dünn ist und daher ihr Körper zu wenig Hormone bildet.
C Der Internist diagnostiziert Atemnot, …	3 …., dass ein lebensgroßes Modell der Puppe zwischen 1,88 und 2,26 m groß sein würde.
D Barbie wäre unfruchtbar und müsste mit Osteoporose rechnen, …	4 …., weil sie eine Wespentaille hat, die keine Bauchatmung zulässt.

2 *Bildet sinnvolle Satzgefüge, die mit dem Inhalt des Barbie-Artikels übereinstimmen.*

! Bei einer **Zuordnungs-Aufgabe** (auch **Matching-Aufgabe;** auf Englisch *to match* „zusammenpassen") müsst ihr aus einer Menge von Wörtern, Satzteilen oder Sätzen zusammengehörende Paare bilden.

3 *a) Zerlegt Sätze aus dem Barbie-Artikel in zwei Teile. Ändert ihre Reihenfolge.*
b) Lasst die Satz-Teile von einer Test-Gruppe wieder richtig zuordnen.

4 *a) Sucht Wort-Paare im Barbie-Artikel, die eng zusammengehören:*
konzipieren – entwickeln   Arthrose – Bandscheibenvorfall …
b) Verändert die Reihenfolge. Lasst eine Test-Gruppe die richtigen Paare zuordnen.
TIPP: *Solche Übungen könnt ihr mit vielen Texten im Deutschbuch durchführen.*

Hier ein weiterer Aufgaben-Typ, um das Textverständnis zu überprüfen:

Barbies Vorliebe für ◎ Schuhe würde in der Realität zu gravierenden ◎ Problemen führen. Durch die ◎ Fußstellung drohten Barbie ◎ Zehen.

orthopädisch
unnatürlich
hochhackig
abgespreizt

5 *Füllt die Satzlücken mit den passenden Wörtern aus dem Wortspeicher.*

! Bei einer **Einsetz-Aufgabe** müsst ihr passende Wörter in einen lückenhaften Satz oder Text einsetzen.
- Einfach ist das, wenn die passenden Wortformen in einem Wortspeicher stehen.
- Schwieriger ist es, wenn ihr die Wörter aus dem Wortspeicher in die richtige Satzform bringen (= „beugen", „flektieren") müsst.
- Am schwierigsten ist es, wenn ihr selbst die Lücken-Wörter finden müsst.

6 *a) Bildet mit Hilfe des Barbie-Artikels – ihr könnt aber auch viele andere Texte im „Deutschbuch“ dafür verwenden – Einsetz-Aufgaben mit Lückentexten und Wortspeichern.*
b) Lasst eure Einsetz-Aufgabe durch eine Test-Gruppe bearbeiten.

Der letzte Aufgaben-Typ zur Überprüfung des Textverständnisses ist die „Kurzantwort-Aufgabe“:

> **!**
> Die **Kurzantwort-Aufgabe** verlangt eine selbstständig formulierte Antwort auf die Frage zu einem Text.
> Antwortet mit einem Argument und so kurz und knapp wie möglich; aber immer in vollständigen Sätzen und direkt auf den Text bezogen:
> **Frage:** „Ist es gefährlich, wenn junge Mädchen dem von Barbie vorgeführten Schönheitsideal nacheifern?
> **Mögliche Kurzantwort:** *Es ist gefährlich, da verschiedene medizinische Untersuchungen nachweisen, dass es zu starken gesundheitlichen Beeinträchtigungen führen kann.*

7 ***Frage:*** *„Wieso würde Barbie in lebendiger Ausführung häufig in Ohnmacht fallen?“*
Gebt eine ***Kurzantwort*** *auf diese Frage.*

8 *a) Stellt eine Frage zu dem Barbie-Artikel, die sich eindeutig und klar aus dem Text beantworten lässt.*
b) Lasst eine Test-Gruppe die Kurzantwort zu eurer Frage aufschreiben.

Auf den Seiten 257–260 habt ihr mit
- ☐ Multiple-Choice-Aufgabe
- ☐ Richtig-Falsch-Aufgabe
- ☐ Zuordnungs-Aufgabe
- ☐ Einsetz-Aufgabe
- ☐ Kurzantwort-Aufgabe

verschiedene Aufgabentypen („Aufgabenformate“) kennen gelernt und trainiert, die ihr selbst in Klassenarbeiten und Lernstandstests beherrschen müsst.

9 *Hier hat jemand auf einer Skala festgehalten, wie gut bzw. schlecht er/sie mit den verschiedenen Aufgaben zurechtkommt:*

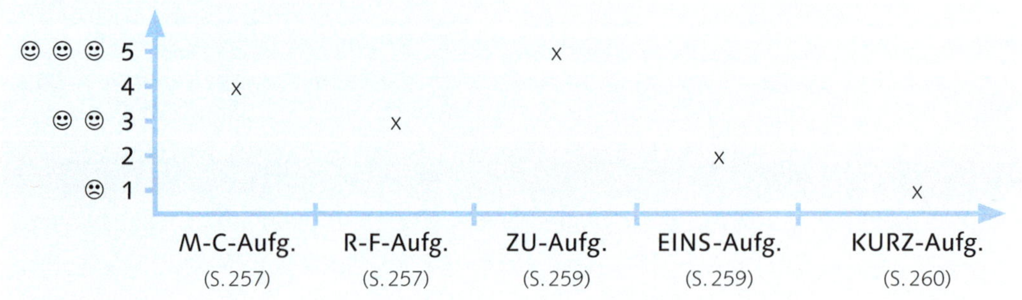

a) Welche Aufgaben-Stärken bzw. -Schwächen hat diese/r Schüler/in?
b) Und wie ist das bei euch? Trainiert eure Aufgaben-Schwächen!

Jochen Siemens: Helena blickt nach vorn

Sie war eines jener Models, die man nur beim Vornamen nannte. Mit 38 ist Helena Christensen im wahren Leben angekommen: als ***single mom*** *und Unternehmerin*

Von Helena Christensen kann man nur erzählen, wenn man sachlich bleibt.

Für das Sinnliche hat sie selbst gesorgt, damals, Anfang der 90er, als sie zum ersten Mal die Laufstege der Pariser Modenschauen betrat. Als sie noch kaum einer kannte und sie sich bei Chanel in die Schlange der Wartenden stellte und sich nicht vorzudrängeln traute, „weil ich doch da arbeiten muss". Da war sie 22. Tochter einer peruanischen Mutter und eines dänischen Vaters, aufgewachsen in der hippiesken Luft Kopenhagens und vier Jahre zuvor zur „Miss Denmark" gekürt, ein Titel, mit dem die meisten irgendwann bei Autohauseröffnungen und Brückeneinweihungen auftreten, bevor sie vergessen werden. Bei Helena war das anders, irgendwie plumpste jeder, der sie sah, in ihren Blick, und wie das so ist, fragte sie irgendwann ein Agent in einer Disco, ob sie nicht Model werden wollte.

Damals war das noch ein frisch geborenes Zauberwort, auf den Laufstegen in Paris und Mailand formierte sich gerade die Riege der Supermodels aus Cindy Crawford, Tatjana Patitz und Claudia Schiffer. Da hineinzukommen konnte tatsächlich über Nacht passieren und bei Helena war es ein Cover für die britische *Vogue*. Es folgten ein paar Anrufe aus Paris und auf einmal lief sie neben Crawford und Campbell. […]

Das Theaterhafte der Supermodel-Jahre hatte sie schnell durchschaut und sich eine Schizophrenie antrainiert, die in dem Irrsinn Modewelt lebensrettend ist. „Das war dieser Glamour-Kult. Ich lebte hinter Push-ups, falschen Wimpern und tonnenweise Make-up. In der Presse stand immer, wir seien Luxuswesen, aber in Wahrheit war alles Show. Ich mochte das, weil das nicht ich war. Ich habe das gespielt." Man hört solche Sätze oft von Models. „Je mehr man mich sichtbar macht, umso unsichtbarer werde ich", hat Kate Moss mal gesagt.

Helena Christensens Maske ist die der größten Versuchung. Auf den Runways sah man immer wieder diese Wucht, mit der die Supermodels ihre Schönheit ausgossen, ihre kühlen Gesichter, ihre Blicke, die so gar nichts verrieten. Nur bei Helena war der Blick anders. Ein Versprechen vielleicht. Ein Moment der Tiefe in dieser glatten Welt. Oder auch ein Funken Ironie, wenn sie über diese 20 Meter Laufsteg in einem 30.000 Euro teuren Kleid spazierte. Sie konnte jedem Kleid mit einem Blick Sehnsucht geben. Sie lächelt. „Ich bin nach Helena von Troja benannt, einst schönste Frau der Welt, deren Schönheit sogar einen Krieg auslöste. Das bringt Verantwortung mit sich." Und Macht. Ihr erotischer, beinahe pophistorischer Auftritt in Chris Isaaks Video „Wicked Game" katapultierte den Song in die Charts und brachte dem Video drei MTV-Awards ein. Aber es waren auch einsame Jahre. Studios, Flugzeuge und Hotelzimmer werden zum Dauerwohnsitz. Freundschaften werden so flüchtig wie die Gespräche, die man führt. Und Menschen, die einen verstehen, werden seltener. „Mal sagen sie dir, dass du für einen Job nicht gut genug aussiehst, tags darauf jubeln irgendwelche […], wie großartig du bist. Da kann man nur lachen."

Mitte der 90er trifft sie einen, der so lebt wie sie, einen Rockstar, Michael Hutchence von INXS. Vier Jahre bleiben sie ein Paar oder das, was man in dieser Welt ein Paar nennt. Sie sehen sich, wenn ihre Termine sich kreuzen. Von Hochzeit ist die Rede, Helena kauft sich ein Brautkleid und Michael sagt ihr, dass er schon weitergezogen ist. Zu Paula Yates. Man kann sich nicht vorstellen, dass ein Mann eine Frau wie Helena verlässt, aber in einer Welt, in der alle schön sind, zählt Schönheit eben wenig. […]

10 *a) Entwickelt zu diesem Text Aufgaben nach einem der fünf Aufgabentypen (-formaten) der Seiten 257–260.*

b) Testet die Aufgaben gruppenweise untereinander.

13.3 Bin ich schön? – Lesetraining

Ob wir im Zug sitzen und im Vorbeifahren Werbeplakate lesen, den Fahrplan an der Haltestelle studieren oder das mitgebrachte Buch im Flugzeug lesen – immer lesen wir anders, haben wir andere Lesestrategien, verfolgen wir unterschiedliche Leseziele:

LESESTRATEGIE

1 gezieltes Lesen

2 überfliegendes Lesen

3 intensives Lesen

LESEZIEL

A Ziel des Lesens ist es, sich genau und ausführlich mit dem Textinhalt auseinanderzusetzen, sodass man ihn vollständig beherrscht.

B Ziel des Lesens ist es, dem Text bestimmte Einzelinformationen zu entnehmen.

C Ziel des Lesens ist es, sich einen groben Überblick über einen Text zu verschaffen, um zu sehen, ob er Antworten auf bestimmte Fragen enthält.

1 *Ordnet jeder Lesestrategie das entsprechende Leseziel zu.*

2 *Nennt Situationen, in denen ihr die verschiedenen Leseziele verfolgt.*

3 *Man liest auch, um dem Alltag zu entfliehen.*
Wie könnte man die dazu passende Lesestrategie nennen?

Schönheit per Mausklick? – Gezieltes Lesen

Jörg Isert: Im digitalen Jungbrunnen

Hollywood-Stars werden am Computer optimiert. Das Ergebnis: geschönte Schönheit

„LOLA gilt als bester Schönheitschirurg der Filmindustrie. Dank unserer Arbeit haben Stars jünger, dünner, muskulöser, älter, dicker, fitter, größer und kleiner gewirkt. Wir entfernen Narben, Gesichtshaare, Pickel, Falten, Grübchen und Muttermale. Wir machen Körper fester, Beine länger, Gesichter jünger, Brüste voller, Wangenknochen höher, Augen blauer und Haut glatter. Gleichzeitig stellen wir sicher, dass alles realistisch und überzeugend wirkt." (Eigenwerbung der Firma Lola VFX)

Die besten Schönheitschirurgen Hollywoods arbeiten im Verborgenen. Ihre Operationsräume befinden sich im dritten Stock eines Gebäudes in Santa Monica's Second Street in Los Angeles; sie sind nur über einen separaten Eingang erreichbar, denn die Kunden von Lola VFX wünschen vor allem eins: Diskretion. Den prominenten Klienten verpassen die Lola-Leute ein perfektes Äußeres, schmerzfrei und für die Ewigkeit. Lola VFX ist nach eigenen Angaben „Hollywoods größtes Geheimnis". Die fünfzehn Lola-Spezialisten operieren im Grenzbereich; sie kommen überall da ins Spiel, wo Skalpell, Botox und Silikon nicht mehr viel ausrichten können. Ihre Hilfsmittel sind Tastaturen, Monitore, Software; sie optimieren Filmstars per Mausklick. [...]

Was früher nur in Modezeitschriften üblich war,

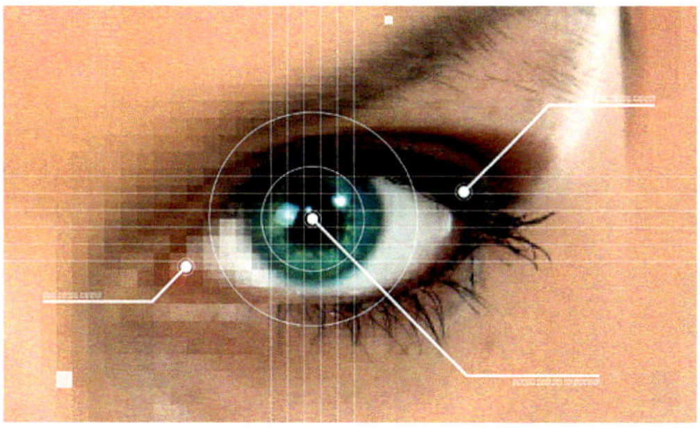

gibt es inzwischen auch in der Filmindustrie: Es wird gemogelt ohne Ende. „Den Trend, Models auf Fotos schöner zu retuschieren, gibt es schon lange", sagt Thomas Nittmann; der 35-Jährige mit den deutschen Vorfahren ist der Chef von Lola VFX. „In den 1980ern begann man dann Popstars in Musikvideos zu verschönern, mit einfachen Mitteln": Man ließ die Aufnahmen mit digitaler Hilfe verwaschen erscheinen. „Für Filmproduktionen war das aber zu wenig", so Nittmann. Sein Geschäftspartner Greg Strause hat Britney Spears' Akne verschwinden lassen und Jennifer Lopez' Hintern verkleinert. […]

Über die Arbeit von Lola zu sprechen ist schwierig. Sobald es um konkrete Projekte geht, wird Nittmann einsilbig. Welcher Star will schon, dass die Öffentlichkeit erfährt, dass er sein perfektes Aussehen digitaler Technik verdankt? „Das ist ein sehr sensibler Bereich", meint Nittmann. Häufig tauche der Name seiner Firma nicht einmal im Filmabspann auf. Selbst viele Schauspieler wissen nicht, dass sie „gelolat" wurden. […]

Pamela Anderson zum Beispiel. Die zog jüngst für einen Werbespot noch mal den „Baywatch"-Badeanzug an. „Es ist, als wäre die Zeit stehen geblieben", schrieb eine Zeitung. Tatsächlich wurde die 40-Jährige aber digital verjüngt, um auszusehen wie in alten „Baywatch"-Folgen. […]

Doch wird der Durchschnittsbürger nicht immer stärker unter Druck gesetzt durch Schönheitsmaßstäbe à la Lola? „Film ist eine Illusion. Wir ermöglichen es Regisseuren, ihre Vision umzusetzen. Wir helfen Studios, ein besseres Produkt auf den Markt zu bringen. Ich kann nichts Schlechtes daran finden", meint Nittmann – und schränkt ein: „Es ist sicher keine wünschenswerte Entwicklung, wenn immer mehr Menschen Filmfiguren als ihre Rollenmodelle wählen." […]

1 *a) Wer findet als Erste/r die folgenden Wörter im Text? Nennt die Zeile:*

Diskretion — retuschieren — Software — Illusion

b) Versucht die Wörter aus dem Textzusammenhang zu erklären.

2 *a) Sucht gezielt nach folgenden Informationen in dem Artikel:*

- ☐ *Wer oder was ist LOLA?*
- ☐ *Mit welchen Instrumenten wird im „digitalen Jungbrunnen" gearbeitet?*
- ☐ *Wo arbeiten die digitalen Schönheitschirurgen?*
- ☐ *Warum wurde Pamela Anderson digital verjüngt?*

b) Erklärt, wie ihr vorgegangen seid, um die Fragen zu beantworten. Wie war eure Lesestrategie?

ARBEITSTECHNIK GEZIELTES LESEN

Mit dieser Lesestrategie sucht man in einem Text nach ganz bestimmten Bezeichnungen und Informationen. Dazu verschafft man sich zunächst einen Überblick. Bei einem längeren Text hilft oft schon das Überfliegen der Absatz-Anfänge. Anschließend gilt es, die überfliegend ausgewählten Abschnitte gezielt auszuwerten.

3 *„Doch wird der Durchschnittsbürger nicht immer stärker unter Druck gesetzt durch Schönheitsmaßstäbe à la Lola?" (Z. 57 ff.) Was ist eure Antwort auf diese Frage?*

Vor dem Spiegel – Intensives Lesen

Doris Dörrie

Bin ich schön?

Mein Vater hat meiner Mutter verboten zu fragen.
Aber jedes Mal, wenn eine Frau im Bikini an uns vorbeigeht, sehe ich, wie die Wörter sich in den Mund meiner Mutter drängen, mit aller Macht herauswollen und wie sie versucht, sie herunterzuschlucken, die Zähne zusammenbeißt und die Lippen aufeinanderpresst. Ich brauche dann nur noch bis zehn zu zählen, und schon höre ich meine Mutter sagen: Sagt mir die Wahrheit: Ist mein Hintern so fett wie bei der da? Sind meine Beine auch so voller Dellen? Sehe ich aus wie die da? Bin ich hübscher? Oder hässlicher? Genauso? Ich will es nur wissen. Sagt es mir. Ich bin nicht beleidigt. Bestimmt nicht. Ich will nur wissen, woran ich bin.
Lucy, stöhnt mein Vater, bitte.
[...]
Ich bin alt, sagt meine Mutter. Mein Vater seufzt.
Versprecht mir, dass ihr mir sagt, wenn ich anfange, im Bikini unmöglich auszusehen. Der Körper meiner Mutter ist seltsam. Sie hat schlanke Arme und Beine, aber einen dicken Bauch, der wie ein Polster auf ihr draufsitzt und nie richtig braun wird, weiße Streifen durchziehen ihn wie Flüsse. Er ist hässlich, aber manchmal würde ich ihn gern berühren, er wirkt so weich und empfindlich.
Ich hasse meinen Bauch, sagt meine Mutter. Ich kann machen, was ich will, er geht nicht weg, das hat man nun vom Kinderkriegen. Wenn sie ihn so hasste, warum zeigt sie ihn allen Leuten? Ich frage mich, wie sie es fertigbringt, so herumzulaufen. Warum trägt sie nicht einen Badeanzug oder ein Strandkleid? Warum will sie ihren Bauch unbedingt in die Sonne halten? Jeden Tag gehen wir an den Strand, und jeden Tag sehe ich ihren Bauch. [...]
Im Motel stehe ich in meinem hellblauen Bikini vorm Spiegel, das Oberteil liegt flach auf meinen taubeneigroßen Brüsten, eine gerade Linie geht von meinen Achseln bis zu meinen Füßen. Ich bin dünn, meine Rippen stehen hervor, die klassische Bügelbrettfigur, aber mir gefällt sie. Ich möchte nicht anders sein. Meine Haut ist weich und hellbraun wie Vollmilchschokolade. Ich streiche über meinen flachen, harten Bauch. Wenn ich mich vorbeuge, werden die dünnen Hautfältchen schwarz. Meine Beine sind lang und gerade. Ich sehe gut aus. Ich lächle mich im Spiegel an, meine Zähne leuchten weiß in meinem braungebrannten Gesicht, meine Augen wirken blauer als sonst. Hätte ich eine Bitex-Brille, wäre ich richtig schön. [...]

1) Mutters Ängste
Warum verboten?
= Ich-Erzählerin!
M. vergleicht sich mit anderen F.
? Wieso „Dellen"?
!

Randnotizen und Anmerkungen sind z. B.
- Zwischenüberschriften
- Worterklärungen
- Fragen
- Zusammenfassungen
- Hervorhebungen mit _ ! ?

Bitte solche Randnotizen und Anmerkungen sparsam verwenden!

Du sollst dich nicht dauernd mit anderen vergleichen, ermahnt mich meine Mutter. Wenn alle Bitex-Brillen haben, heißt das noch lange nicht, dass du unbedingt auch eine brauchst. Frag dich, welche Wünsche wirklich aus deinem Herzen kommen und welche dir von der Werbung eingeredet werden. Haben, haben, haben – das macht nicht glücklich.

Um von dieser Geschichte eine gute **Inhaltsangabe** machen zu können, muss man sie intensiv lesen. Für den ersten Absatz hat das schon jemand gemacht.

1 *Beschreibt, mit welchen Mitteln der Beginn der Erzählung „intensiv gelesen" wurde.*

2 *a) Kopiert „Bin ich schön?".*
Lest die Geschichte intensiv, markiert und macht Randnotizen.
b) Vergleicht eure Notizen untereinander: Was erscheint euch gut, was eher ungünstig?

ARBEITSTECHNIK INTENSIVES LESEN

Mit dieser Lesestrategie erarbeitet man sich alle wesentlichen Informationen eines Textes. Dazu
- liest man ihn mehrmals konzentriert,
- markiert Wichtiges (Schlüsselwörter),
- klärt Unbekanntes,
- macht Randnotizen.

3 *a) Fasst den ▷ Inhalt von „Bin ich schön?" zusammen* ▷ S. 271
b) Vergleicht eure Ergebnisse. Überarbeitet sie, wenn nötig.

4 *„Du sollst dich nicht dauernd mit anderen vergleichen", ermahnt die Mutter ihre Tochter (Z. 40).*
Was würdet ihr darauf an Stelle der Tochter antworten?

Überfliegendes Lesen – Für ein Autorenporträt

Ihr sollt ein Autorenporträt von Doris Dörrie anfertigen. Dazu müsst ihr unterschiedliche Materialien heranziehen. Bei der Suche (z. B. im Internet) druckt ihr nicht sofort alle Texte aus, sondern **überfliegt** sie im Blick auf die Verwendbarkeit für das Porträt.

1 *Entscheidet, ob der folgende Text sich für ein Autorenporträt eignet. Geht so vor:*
a) Ihr habt 15 Sekunden für das erste Lesen Zeit. Der/Die Partner/in stoppt die Zeit.
b) Notiert, was ihr nach dieser Lesezeit behalten habt.

Malte Hagener: Doris Dörrie

Doris Dörrie wird am 26. Mai *1955 in Hannover* als Tochter eines Arztes geboren.
Nach dem Abitur an einem humanistischen Gymnasium *1973 zweijähriger Aufenthalt in den USA.* Sie absolviert ein Schauspiel- und Filmstudium am Drama Department der University of the Pacific in Stockton (Kalifornien) und studiert anschließend an der New School of Social Research in New York. Daneben arbeitet sie in Cafés und als Filmvorführerin im Goethe-House New York.
Nach ihrer Rückkehr in die *Bundesrepublik 1975* beginnt Dörrie das Studium an der Hochschule für Fernsehen und Film, München (HFFM), daneben schreibt sie Filmkritiken für die *Süddeutsche Zeitung.*
Gemeinsam mit Wolfgang Berndt dreht Dörrie *1976 den Dokumentarfilm* „Ob's stürmt oder schneit", ein einfühlsames Porträt der in einem fränkischen Dorf arbeitenden Kinobesitzerin Maria Stadler. *1978 realisiert sie mit „Der erste Walzer"* ihren Abschlussfilm an der HFFM, eine unsentimentale Geschichte über zwei Jugendliche, deren Schwierigkeiten mit der Arbeitswelt, den ersten Erfahrungen eines gemeinsamen Lebens.
Bereits diese beiden frühen Filme erreichen bei Kino- und Fernsehaufführungen ein größeres Publikum.

2 *Befragt die erfolgreichsten Schnell-Leser/innen: Wie seid ihr vorgegangen?*

ARBEITSTECHNIK ÜBERFLIEGENDES LESEN

Bei dieser Lesestrategie liest man nicht Satz für Satz, sondern lässt die Augen wie ein Segelflugzeug über den Text fliegen und erfasst Abschnitte, Überschriften und Hervorhebungen.
Der schnell schweifende Blick nimmt vor allem Nomen wahr und „scannt" in Sekundenschnelle die gesuchten Ziel- oder Schlüsselwörter.
Langsames Lesen springt von Wort zu Wort, überfliegendes Lesen erfasst mehrere Wörter in einem einzigen „Blicksprung".

TIPP

Gleitet mit dem Finger oder einem Bleistift gleichmäßig die Textzeilen entlang und versucht in demselben Tempo zu lesen.

WÖRTERLISTE

▷ S. 298

Model	Agentur	Strategie	markieren
Kosmetik	Format	Multiple-Choice	operieren
Chirurgie	Diagnose	intensiv	korrigieren

ORIENTIERUNGSWISSEN

1 Sprechen – Zuhören – Schreiben

1.1 Deutsch und seine Varianten

Mündlicher und schriftlicher Sprachgebrauch

Mündlicher und schriftlicher Sprachgebrauch unterscheiden sich vor allem in Satzbau, Tempus und Ausdrucksmöglichkeiten.

- Der Satzbau ist im **mündlichen Sprachgebrauch** in der Regel einfacher und kürzer. Häufiger werden Sätze abgebrochen, wenn der Sprecher/die Sprecherin merkt, dass das Gegenüber verstanden hat, worum es geht.
  Die Gesprächspartner haben überdies die Möglichkeit, mit Gesten, dem Gesichtsausdruck und der Betonung ihre Äußerungen zu begleiten.
  Vergangenes wird im mündlichen Sprachgebrauch häufig durch die Verwendung des ▷ **Perfekts** ausgedrückt. ▷ S. 277
- Im **schriftlichen Sprachgebrauch** kommt es vor allem auf den exakten und eindeutigen Ausdruck an, da man im Zweifelsfall ja nicht nachfragen kann. Die Sätze sind meist umfangreicher und müssen logisch widerspruchsfrei aufgebaut sein.
  Vergangenes wird im schriftlichen Sprachgebrauch in der Regel durch das ▷ **Präteritum** ausgedrückt. ▷ S. 277

Standardsprache, Umgangssprache und mehr

Die **Standardsprache** (Hochsprache, Schriftsprache) ist die allgemein verbindliche Form einer Sprache, wie sie in der Öffentlichkeit – vor allem in den Medien – gebraucht wird.

- Der alltägliche mündliche Sprachgebrauch – die **Umgangssprache** – orientiert sich an der Standardsprache, wendet ihre Regeln und Normen aber nicht streng an. Typisch für die Umgangssprache sind kurze und einfache, oft auch unvollständige Sätze und Wortformen.
- Landschaftliche Sprachformen bezeichnet man als ▷ **Dialekte** (Mundarten). ▷ S. 129
  Dazu zählen z. B. Alemannisch, Schwäbisch, Bairisch, Sächsisch, Pfälzisch.
- Die besondere Ausdrucksweise junger Leute wird als **Jugendsprache** bezeichnet.
- **Fachsprachen** enthalten besondere Wörter – oft sind es ▷ Fremdwörter – ▷ S. 228, 245
  und Formulierungen, die typisch für bestimmte Berufsgruppen sind (z. B. Richter/innen, Ärzte/Ärztinnen).

1.2 Miteinander sprechen

In Rollen adressatengerecht sprechen und handeln

▷ S. 65 ff.

Unser Sprechen und Verhalten im Gespräch hängt von der **Rolle** ab, die wir einnehmen: Kind – Eltern; Schüler/in – Lehrer/in; Kunde – Verkäufer/in; Angestellte/r – Chef/in. Weder beim Sprechen noch im Verhalten darf man „aus der Rolle fallen".

Adressatengerechtes Sprechen bedeutet,
- eine angemessene Anrede für den/die Gesprächspartner/in zu finden,
- ihnen höflich und freundlich zu begegnen,
- sich einer respektvollen Sprache nicht nur bei Wünschen oder Fragen zu bedienen,
- sondern die Achtung auch durch Gesten auszudrücken,
- durch Zuhören und durch Ausredenlassen.

Mit vielen Äußerungen sagt man nicht nur etwas, man **handelt** auch und **beeinflusst** sein Gegenüber: *Philipp: Mensch, Cedric ... Du bist doch viel größer und stärker als ich.* Das ist nicht nur eine Aussage, sondern auch ein Kompliment: Damit soll Cedric geschmeichelt, er soll günstig gestimmt werden.

Der Imperativ (Aufforderung/Befehl) ist die direkteste Form der sprachlichen Beeinflussung: *Mach Platz! – Kommt her! Müll runterbringen!*

Gesprächs- und Diskussionsregeln

▷ S. 27 ff.

Zu einer **Diskussion** gehört eine Frage, bei der man unterschiedliche Ansichten und Argumente vertreten kann. Das Ziel der Diskussion ist es, möglichst eine gemeinsame Lösung zu finden.
- Jemand übernimmt die Gesprächsführung.
- Er/Sie merkt sich die Reihenfolge der Meldungen und erteilt das Wort.
- Wir melden uns per Handzeichen, wenn wir etwas sagen möchten.
- Wir sprechen erst, wenn wir dran sind, und fallen niemandem ins Wort.
- Wir äußern uns nur zu dem Thema, um das es geht.
- Wir hören den anderen Gesprächsteilnehmenden aufmerksam zu.
- Wir respektieren ihre Meinung.
- Wir achten auf eine Sprechweise, die dem Thema angemessen ist.

Argumentieren

▷ S. 27 ff.

In einem Gespräch, einer Diskussion überzeugt man am besten mit **Argumentieren.** Dazu gehören
- eine **Behauptung** (These): *„Fremdsprachenlernen ist empfehlenswert."*
- eine **Begründung** (Argument): *„Fremdsprachen erweitern den persönlichen Horizont."*
- ein **Beispiel** (Beleg): *„Das merkt man nicht nur im Ausland: Man versteht auch ausländische Filme, Rundfunkbeiträge und kann ein Buch im Original lesen."*

1.3 Brief, Bewerbung, Lebenslauf, E-Mail schreiben

Persönlicher Brief

Briefkopf
Jeder Brief trägt rechts oben das Datum, an dem er geschrieben wurde. Meist wird auch der betreffende Ort genannt. Zwischen Orts- und Datumsangabe steht ein Komma.

*Köln, den 15. 08. 2****

Liebe Anna!
Wir haben schöne Ferien verbracht ...

Es grüßt dich herzlich
deine Senay

Anrede

Nach der Anrede in Briefen kann man

ein Komma setzen,	ein Ausrufezeichen setzen,
danach schreibt man klein weiter.	danach schreibt man groß weiter.

*Bergheim, den 30. August 20***

Lieber Herr Meier,
leider sind unsere Ferien schon zu Ende.
Wir danken für Ihre guten Reisetipps ...

Mit herzlichen Grüßen
Ihre Familie Fischer

Das Anredepronomen **Sie** für eine Person, die man siezt, muss man in allen Formen großschreiben *(Ihnen, Ihr* usw.).
Das Anredepronomen **du/ihr** und seine verschiedenen Formen *(dir, dich; euer, euch* usw.) schreibt man klein; kann sie aber auch großschreiben *(Du, Dir, Dich; Euer, Euch* usw.), wenn man besonders höflich sein möchte.

Offizieller Brief

Offizielle Briefe schreibt man z. B. bei Anfragen, Anträgen, Entschuldigungen, Beschwerden. Sie richten sich an Amtspersonen (z. B. den Schuldirektor, die Bürgermeisterin) oder an Einrichtungen und Leute, die man nicht persönlich kennt (z. B. an die Tourist-Information in einer anderen Stadt oder an eine Zeitungsredaktion).
Deshalb hält man sich strenger als im persönlichen Brief an bestimmte Regeln:

- Wenn man nicht weiß, wer den Brief bearbeitet, verwendet man die Anrede *Sehr geehrte Damen und Herren,* und schreibt nach dem Komma klein.
- Man verwendet die Anredepronomen der Höflichkeitsform (*Sie, Ihnen* usw.). Sie werden großgeschrieben.
- Man bringt sein Anliegen genau, aber knapp und sachlich vor.
- Das Schriftbild ist ordentlich, die Seitenaufteilung übersichtlich. Dazu verwendet man in der Regel den PC.
- Der Brief wird handschriftlich unterschrieben:

Name des Absenders
Straße und Hausnummer
PLZ und Ort

Ort, Datum

Name des Empfängers
Straße und Hausnummer
PLZ und Ort

Betreff *(in Stichworten angeben)*

Sehr geehrte Frau …, // *(oder:)* Sehr geehrter Herr …, // *(oder:)*
Sehr geehrte Damen und Herren,
Es folgt der übersichtlich gegliederte Brieftext.

Mit freundlichen Grüßen

Unterschrift

Leserbrief

▷ S. 168

Ein **Leserbrief** ist die persönliche Stellungnahme zu einem Artikel/Thema in der Zeitung.

- In der **Einleitung** wird knapp gesagt, worauf man sich bezieht. Man kann auch schon kurz seine Meinung zum Thema sagen (ohne Begründung).
- Im **Hauptteil** nennt man seine Argumente – Gründe – Beispiele. Das wichtigste Argument steht wirkungsvoll am Schluss. Führt auch Argumente aus dem Zeitungsartikel an,
  ... um ihnen zuzustimmen;
  ... um ihnen zu widersprechen (mit Gegenargumenten).
- Zum **Schluss** nennt man klar seinen eigenen Standpunkt zum Thema.
- Zur **Form** des Leserbriefs:
  Die **Betreffzeile** nennt den Zeitungsartikel, auf den man eingeht.
  Meinung, Gründe, Beispiele werden durch passende „Gelenkwörter" (und ▷ Kommas) verbunden: ▷ S. 287
  einerseits - andererseits; zuerst - dann - anschließend - zum Schluss
  denn - aber - sondern - da - weil - dass - obwohl - trotzdem - während - deshalb
- Der **Unterschrift** kann man Alter und Beruf hinzufügen.

Zu **Bewerbung, Lebenslauf** und **E-Mail** ▷ S. 231, S. 234, S. 79 f.

1.4 Inhalte zusammenfassen

▷ S. 111

Gibt man den Inhalt einer Geschichte, eines Gedichts, einer Reportage wieder,
- nennt man in der **Einleitung** Titel, Textsorte, Autor/in, Erscheinungsort/-datum und das Thema (die Kernaussage).
- Im **Hauptteil** fasst man knapp und mit eigenen Worten die wichtigsten Informationen zusammen; orientiert an den Sinnabschnitten.
- Die **Sprache** ist sachlich und enthält keine persönliche Meinungsäußerung. Wörtliche Rede und Zitate werden ▷ indirekt wiedergegeben. ▷ S. 278
  Die Zusammenfassung steht im Präsens.

1.5 Berichten

▷ S. 14

Wer berichtet,
- stellt den Ablauf des Geschehens möglichst vollständig dar.
- Nur Wichtiges wird aufgenommen. Nebensächliches lässt man weg.
- Dabei beantwortet der Bericht folgende W-Fragen:
  - **Wann** geschah es?
  - **Was** geschah?
  - **Wer** war beteiligt?
  - **Warum** geschah es?
  - **Wo** geschah es?
  - **Wie** geschah es?
  - **Welche** Folgen hatte es?
- Der Bericht steht gewöhnlich im Präteritum.
- Seine Sprache ist sachlich. Gefühle bleiben unberücksichtigt.
- Die ▷ wörtliche Rede gehört nicht in einen Bericht. ▷ S. 287
  Sie wird in ▷ indirekter Rede wiedergegeben. ▷ S. 278
- Im Allgemeinen enthält der Bericht keine persönliche Meinung.

Zu **Zeitungs**- und **Reisebericht** ▷ S. 293

1.6 Beschreiben

▷ S. 47

Mit welchen Einzelheiten und mit welchen Worten man etwas beschreibt, hängt einmal vom **Zweck** der Beschreibung ab (z. B. Verlustanzeigen, Gebrauchsanweisung), dann von den **Adressaten,** an die man sich wendet (z. B. Gleichaltrige, Erwachsene, Bekannte, Fremde). Beschreibungen werden im Präsens abgefasst.

Einen **Gegenstand** beschreibt man mit allen wichtigen Teilen
- nach Form und Größe *(lang und spitz ...);*
- nach Material, Eigenschaften, Farben *(aus schwerem Stoff ...);*
- nach seinem Zweck *(für zwei Personen ...).*

Am besten beginnt man die Beschreibung mit dem wichtigsten oder auffälligsten Bestandteil.

Einen **Vorgang** beschreibt ihr am besten so:
- Nennt alle benötigten Materialien.
- Zählt alle wichtigen Schritte in der richtigen Reihenfolge knapp und sachlich auf.
- Erklärt die Vorgänge. Warum muss etwas so gemacht werden, wie ihr es beschreibt?
- Fachbegriffe, die nicht jede/r kennt, müsst ihr kurz erläutern.

Eine **Personenbeschreibung**
- beginnt man mit allgemeinen Angaben zu Geschlecht und Alter (und Beruf).
- Anschließend werden Körper(teile), Kleidung und besondere Merkmale der Person möglichst genau wiedergegeben; am besten vom Kopf zu den Füßen.
- Zum Schluss kann die Wirkung der Person beschrieben werden.

Zur **Figurenbeschreibung** ▷ S. 103

Eine **Bildbeschreibung**
- leitet man ein mit Angaben zu Künstler/in, Titel und Entstehungsdatum.
- Im Hauptteil geht man zuerst auf das Wichtigste im Vordergrund/Zentrum des Bildes ein. Dann folgen stufenweise – Vorder-, Mittel-, Hintergrund; rechts, links – wichtige Einzelheiten.
- Zum Schluss geht man auf den Gesamteindruck des Bildes ein, z. B. seine farbliche Gestaltung.

1.7 Eine Argumentation verfassen

▷ S. 35 ff.

Eine schriftliche Stellungnahme zu einem Sachverhalt gliedert sich so:
- Die **Einleitung**
  - beschreibt das Thema und seine Bedeutung.
  - erläutert die Fragestellung.
  - stellt einen aktuellen Bezug her.
- Der **Hauptteil**
  - formuliert klar die eigene Meinung/**These** zum Thema.
  - führt **Argumente** für die These nach ihrer Wichtigkeit auf.
  - stützt die Argumente mit **Beispielen.**
  - kann einen Einwand, ein **Gegenargument** enthalten, das aber entkräftet wird.
- Der **Schluss**
  - dient dem Zusammenfassen der Ergebnisse.
  - enthält ein abschließendes Urteil.
  - kann einen Ausblick, einen Appell, eine Mahnung enthalten.

1.8 Einen literarischen Text untersuchen

Die schriftliche Untersuchung (Interpretation) eines literarischen Textes hat folgende Form:

- Die **Einleitung** nennt Textsorte, Titel, Autor/in und Thema des Textes.
- Der **Hauptteil** beginnt mit einer ▷ Inhaltsangabe. ▷ S. 271
  Anschließend geht ihr auf Besonderheiten im Verhalten der Figuren und der Handlung ein. Erwähnt auch, was euch an Wortwahl, Satzbau und der Redeweise der Figuren auffällt. Belegt die typischen Merkmale der Textsorte – z. B. Kurzgeschichte, Ballade mit passenden Textbeispielen.
- Zum **Schluss** fasst ihr die Hauptaussage des Textes zusammen und äußert dazu eure begründete Meinung.

Zur Untersuchung von **Kurzgeschichten** und **Gedichten** ▷ S. 92, 127

1.9 Erzählen

Ein Erlebnis erzählen ▷ S. 47 ff.

Eine fesselnde Erzählung braucht einen sinnvollen **Aufbau:**
- Wenn die **Einleitung** neugierig gemacht hat,
- muss der **Hauptteil** wie in einer Fieberkurve die Spannung steigern, bis zum Höhepunkt.
- Am **Schluss** klingt das Geschehen aus.

Eine schriftliche Erzählung steht im ▷ Präteritum. An einer besonders spannenden Stelle – etwa dem Höhepunkt – kann man ins ▷ Präsens wechseln. ▷ S. 277

Nacherzählen

Eine Geschichte nacherzählen bedeutet,
- den Inhalt und die Handlung in allen wichtigen Punkten wiederzugeben;
- besonders den Höhepunkt.
- Nebensächlichkeiten darf man weglassen. Auch wörtliche Reden kann man zusammenfassen.
- Statt Wörter und Wendungen der Vorlage zu übernehmen, sollte man mit eigenen Worten schreiben.
- Dabei darf man aber die Reihenfolge nicht verändern.
- Auch das ▷ Tempus der Vorlage behält man bei. ▷ S. 277

Schildern ▷ S. 52 ff.

Schildern heißt mit Worten „malen“: die Außenwelt nicht nüchtern beschreiben, sondern so wiedergeben, dass sie unsere Gedanken, unsere Gefühle, die Fantasie beschäftigt.
Dazu dienen ▷ sprachliche Bilder (Metaphern) und ▷ Vergleiche, ▷ S. 280
Fragen und Ausrufe, Aufzählungen und ▷ wörtliche Rede. ▷ S. 287

2 Nachdenken über Sprache

2.1 Wortarten

Wortarten im Überblick

▷ S. 183 ff.

Wortarten

flektierbar (durch Beugung veränderbar)

deklinierbar
- Nomen *(das Auto, des Autos)*
- Artikel *(der, dem, den)*
- Pronomen *(du, dir, dich)*
- Adjektiv *(schnell, schneller)*

konjugierbar
- Verb *(essen, ich esse, sie isst)*

nicht flektierbar (unveränderbar)
- Präposition *(auf, nach)*
- Konjunktion *(und, weil)*
- Adverb *(gestern, dort)*
- Interjektion *(Pfui!, Oh!, Hoppla!)*

Nomen

▷ S. 184

Die meisten Wörter in unserer Sprache sind Nomen (Hauptwörter).
Sie bezeichnen
- Personen und Eigennamen: *Schüler, Lehrerin, Metan, Lena*
- andere Lebewesen: *Delfin, Baum*
- Gegenstände: *Schreibtisch, Kassettenrekorder*
- Gedanken, Gefühle: *Traum, Freundschaft, Mut, Freude*

Nomen werden immer ▷ **großgeschrieben.** ▷ S. 286

- **Genus**
  Jedes Nomen hat ein grammatisches Geschlecht, das Genus. Man erkennt es an seinem Begleiter, dem Artikel:
  - **Maskulinum** (männlich): ***der*** *Löffel,* ***der*** *Mann*
  - **Femininum** (weiblich): ***die*** *Gabel,* ***die*** *Frau*
  - **Neutrum** (sächlich): ***das*** *Messer,* ***das*** *Kind*

  Das grammatische Geschlecht muss mit dem natürlichen Geschlecht nicht übereinstimmen: *das Mädchen* ist grammatisch ein Neutrum, natürlich aber weiblich.
- **Numerus**
  Nomen haben einen Numerus (Anzahl):
  - **Singular** (Einzahl): *das Kind*
  - **Plural** (Mehrzahl): *die Kinder*

- **Kasus**
  Im Satz nimmt das Nomen unterschiedliche Formen an, es steht in einem bestimmten Fall (Kasus). Dieser Kasus ist meist an der Endung und dem Begleiter des Nomens zu erkennen. Er kann mit bestimmten Fragen ermittelt werden:

Das Kind *liest.*	– ***Wer/Was*** *liest?*	– **Nominativ** (1. Fall)
Die Eltern ***des Kindes*** *sind verreist.*	– ***Wessen*** *Eltern ...?*	– **Genitiv** (2. Fall)
Ich bringe ***dem Kind*** *ein Buch.*	– ***Wem*** *bringe ...?*	– **Dativ** (3. Fall)
Ich besuche ***das Kind.***	– ***Wen/Was*** *besuche ...?*	– **Akkusativ** (4. Fall)

Wenn man ein Nomen in einem Satz im richtigen Kasus verwendet, nennt man das **deklinieren** (beugen).

Adjektive

Adjektive (Eigenschaftswörter) beschreiben Personen, Tiere, Gegenstände genauer und nennen ihre Eigenschaften: *ein* ***neues*** *Bett, das* ***schwarze*** *Halsband, mit* ***grünen*** *Augen*

Adjektive lassen sich – bis auf Ausnahmen wie z. B. *einzig* oder *tot* – steigern:

- Normalerweise benutzt man die Grundform des Adjektivs, den **Positiv:**
  Mein Opa ist ***alt.***
- Will man zwei Dinge oder Personen miteinander vergleichen, gebraucht man häufig den **Komparativ:**
  Melanie ist ***älter*** *als (*nicht ~~*wie*~~*) Anne.*
- Bei Vergleichen zwischen mehreren Dingen oder Personen kann man mit dem **Superlativ** noch weiter steigern:
  Von den drei Schwestern ist Maria ***am ältesten.***

Pronomen

▷ S. 184 f.

Pronomen (Fürwörter, Stellvertreter) vertreten oder begleiten Nomen, z. B.:

- **Personalpronomen** (persönliches Fürwort):
  ich, du, er/sie/es, wir, ihr, sie
  *Gestern spielten die Kinder/****sie*** *auf dem Schulhof.*
- **Possessivpronomen** (besitzanzeigende Fürwörter):
  mein, dein, sein/ihr, unser, euer, ihr – Sie haben ***ihre*** *Jacken und Mäntel ausgezogen.*
- **Demonstrativpronomen** (hinweisende Fürwörter):
  betontes *der, die, das; diese, jener, dasjenige*
  Die *da ist gut! –* ***Dieses*** *ist richtig,* ***jenes*** *ist falsch.*
- **Indefinitpronomen** (unbestimmte Fürwörter):
  man, jemand, keine/r, einige, etwas – ***Keiner*** *kann* ***etwas*** *dagegen sagen.*
- **Relativpronomen:** ▷ S. 216
  der, die, das (am Beginn eines Relativsatzes) – *Das Auto,* ***das*** *um die Ecke biegt, ist ...*

Adverbien

▷ S. 190

Adverbien (Umstandswörter; *das Adverb*) geben an,
- **wann** etwas geschieht (temporal): *heute, bald*
- **warum** (kausal): *deshalb, nämlich*
- **wo** (lokal): *hier, draußen*
- **wie** (modal): *gern, leider*

Präpositionen

Präpositionen (Verhältniswörter) wie *in, auf, bei, wegen* geben die Verhältnisse an zwischen Gegenständen und Personen. Sie bestimmen den ▷ Kasus des Nomen/ Pronomen, bei dem sie stehen: ▷ S. 275

Bei *dem Regen bleibe ich.* (Dativ) ***Wegen*** *des Regens bleibe ich.* (Genitiv)

Konjunktionen

- Nebenordnende Konjunktionen (Bindewörter) wie *und, oder, aber* verbinden Wörter und Sätze:
  Autos ***und*** *Schiffe* ***oder*** *auch Fahrräder sind Fortbewegungsmittel.*
  Dieser Sommer ist schön, ***aber*** *der letzte war noch schöner.*
- Unterordnende Konjunktionen (Bindewörter) wie *dass, weil, obwohl* verbinden Haupt- und ▷ Nebensätze: ▷ S. 206 ff.
  Ich wünsche mir, ***dass*** *du kommst.*

Konjunktionen geht ein **Komma** voraus; nur bei *und*, bei *oder* und *sowie* kann es fehlen.

Verben

▷ S. 185 ff.

Verben (Zeitwörter, Tätigkeitswörter) geben an, was jemand **tut** *(gehen)* oder was **geschieht** *(regnen).*
Wenn wir Verben in Sätzen verwenden, bilden wir aus dem **Infinitiv** (Grundform) die **Personalform:** *gehen* → *Er geht. Wir gehen.*
Dies nennt man **konjugieren** (beugen).

Weitere Formen des Verbs sind das **Partizip I/Präsens** *(geh**end**, sing**end**, lach**end**)* und das **Partizip II/Perfekt** *(**ge**gang**en**, **ge**lach**t**).*

Die Aufforderungsform des Verbs ist der **Imperativ.** Er kann an einzelne oder an mehrere Personen gerichtet sein: *Geh(e)! – Geht!*
Achte auf die richtige Form: *geben* → *Gib! sehen* → *Sieh! essen* → *Iss!*

Tempus

▷ S. 185 ff.

Verben bilden verschiedene *Zeitformen:*

- Verben im **Präsens** sagen,
  - was gerade geschieht: *Der Forscher **holt** eine Gesteinsprobe vom Meeresboden.*
  - was immer geschieht: *Solche Proben **enthalten** Nachrichten aus der Vergangenheit.*
  - was in der Zukunft geschieht: *Bald **veröffentlicht** er seine Ergebnisse.*
- Verben im **Präteritum** und **Perfekt** sagen,
  - was vor der Gegenwart geschehen ist:
    *Der Forscher untersucht eine Fundstelle, die er Tage vorher **entdeckte/entdeckt hat.***
  - In der gesprochenen Sprache wird überwiegend das **Perfekt** benutzt, in der geschriebenen Sprache das **Präteritum.**
- Verben im **Plusquamperfekt** beziehen sich auf Ereignisse ***vor*** einem vergangenen Geschehen (im Präteritum):
  *1715 **erfand*** (=Präteritum) *man die erste „Tauchtonne". Aber bereits lange vorher, im Altertum, **hatten** Taucher verschiedene Hilfsmittel **ausprobiert*** (=Plusquamperfekt).
- Verben im **Futur** sagen, was in der Zukunft geschieht:
  *Nächstes Jahr **werden** wir an die See **fahren.***

Präsens	Präteritum	Perfekt	Plusquamperfekt	Futur
ich trage	*ich trug*	*ich habe getragen*	*ich hatte getragen*	*ich werde tragen*
du trägst	*du trugst*	*du hast getragen*	*du hattest getragen*	*du wirst tragen*
er trägt	*sie trug*	*er hat getragen*	*sie hatte getragen*	*er wird tragen*
wir tragen	*wir trugen*	*wir haben getragen*	*wir hatten getragen*	*wir werden tragen*
ihr tragt	*ihr trugt*	*ihr habt getragen*	*ihr hattet getragen*	*ihr werdet tragen*
sie tragen	*sie trugen*	*sie haben getragen*	*sie hatten getragen*	*sie werden tragen*
ich reise	*ich reiste*	*ich bin gereist*	*ich war gereist*	*ich werde reisen*
du reist	*du reistest*	*du bist gereist*	*du warst gereist*	*du wirst reisen*
er reist	*sie reiste*	*er ist gereist*	*sie war gereist*	*er wird reisen*
wir reisen	*wir reisten*	*wir sind gereist*	*wir waren gereist*	*wir werden reisen*
ihr reist	*ihr reistet*	*ihr seid gereist*	*ihr wart gereist*	*ihr werdet reisen*
sie reisen	*sie reisten*	*sie sind gereist*	*sie waren gereist*	*sie werden reisen*

Aktiv und Passiv

▷ S. 188 ff.

In Sätzen, in denen das Subjekt etwas tut, steht das Prädikat im **Aktiv.**
Es wird mit der Personalform des Verbs gebildet:
*Brunnenarbeiter **entdeckten** Pompeji Jahrhunderte nach seinem Untergang.*

Sätze, in denen mit dem Subjekt etwas geschieht, haben ein Prädikat im **Passiv,** das mit *werden* + Verb im **Partizip Perfekt** gebildet wird:
*Pompeji **wird** erst Jahrhunderte nach seinem Untergang durch/von Brunnenarbeiter/n **entdeckt.***
Die Handelnden/Täter können mit den ▷ Präpositionen *durch* oder *von* hinzugefügt werden.

▷ S. 276

Indikativ (Wirklichkeitsform) und **Konjunktiv** (Möglichkeitsform) sind Verbformen,
- die Wirkliches ausdrücken (= Indikativ): *Er **kommt** heute.*
- die Mögliches ausdrücken (= Konjunktiv I): *Sie sagen, er **komme** heute.*
- die Gewünschtes, nur Vorgestelltes ausdrücken (= Konjunktiv II): *Wenn ich reich **wäre**, **reiste** ich um die Welt.*

Am häufigsten erscheint der Konjunktiv in der **indirekten Rede:** ▷ S. 197 ff.

Indikativ	**Konjunktiv**
„Ich brauche neue Jeans."	*Sie sagt, sie **brauche** neue Jeans.*
	*Sie sagt, dass sie neue Jeans **brauche**.*

(Bei der indirekten Rede in einem ***dass***-Satz kann das Verb auch im Indikativ stehen: *Sie sagt, **dass** sie neue Jeans brauche/braucht.*)
Oft unterscheiden sich die Formen von Indikativ und Konjunktiv nicht; dann benutzt man den **Konjunktiv II** oder ***würde:***

Indikativ	**Konjunktiv I**	**Konjunktiv II**	***würde*-Umschreibung**
*„Wir **denken** gar nicht daran!"*	*Sie sagen, sie **denken** gar nicht daran.*	*Sie sagen, sie **dächten** gar nicht daran.*	*Sie sagen, sie **würden** gar nicht daran denken.*
ich denke	*ich denke*	*ich dächte*	*ich würde denken*
du denkst	*du denkest*	*du dächtest*	*du würdest denken*
er/sie/es denkt	*er/sie/es denke*	*er/sie/es dächte*	*er/sie/es würde denken*
wir denken	*wir denken*	*wir dächten*	*wir würden denken*
ihr denkt	*ihr denket*	*ihr dächtet*	*ihr würdet denken*
sie denken	*sie denken*	*sie dächten*	*sie würden denken*

Die **Modalverben** *können, sollen, müssen, dürfen, wollen, mögen* treten zu anderen Verben und verändern („modifizieren") ihre Bedeutung und Satzstellung: ▷ S. 199 f.
*Gäste parken auf Platz C. – Gäste **können** auf Platz C parken.*

- *können* = Möglichkeit
- *sollen* = Empfehlung
- *müssen* = Gebot
- *dürfen* = Erlaubnis

2.2 Wortbildung, Wortbedeutung

Ableitungen

Mit Vorsilben **(Präfixen)** und Nachsilben **(Suffixen)** kann man von vorhandenen Wörtern neue ableiten:
- neue **Verben** mit den Suffixen *-(e)n, -eln, -ieren: mail**en**, skat**en**, witz**eln**, programm**ieren***

- neue **Adjektive** mit den Suffixen *-ig, -bar, -lich, -sam, -isch: sahn**ig**, ess**bar**, kind**lich**, wunder**sam**, türk**isch***
- neue **Nomen** mit den Suffixen *-in, -nis, -chen, -heit, -keit, -ung, -schaft, -tum: Astronaut**in**, Finster**nis**, Kätz**chen**, Dumm**heit**, Wirklich**keit**, Dröhn**ung**, Wander**schaft**, Alter**tum***
- neue Wörter mit den Präfixen *ur-, un-, ver-, ent-, be-: **ur**alt, **ur**komisch, **un**cool, **un**klar, **ver**froren, **ent**decken, **be**quatschen*

Zusammensetzungen

Verschiedene Wörter kann man so zusammensetzen, dass das letzte Wort – das Grundwort – vom vorangehenden Wort – dem Bestimmungswort – näher bestimmt wird:

Bestimmungswort		Grundwort		Zusammensetzung
Apfel	+	*der Baum*	→	*der Apfelbaum*
flach	+	*die Zange*	→	*die Flachzange*
Butter	+	*weich*	→	*butterweich*
quietschen	+	*grün*	→	*quietschgrün*

Das Grundwort bestimmt die Wortart und die Groß- oder Kleinschreibung der ganzen Zusammensetzung.

Wortfamilie

Inhaltlich miteinander verwandte Wörter werden in ihrem Kern, dem **Wortstamm,** meist gleich oder ganz ähnlich geschrieben:
Raub, Räuber, räuberisch, rauben, Raubtier
lehren, Lehrling, Lehrer, gelehrt
Maus, mausen, Mäuschen, mausgrau, mäuschenstill
fahren, Gefährt, Fahrrad, Fähre

Kannst du ein Wort nicht schreiben, richte dich nach der Schreibung eines verwandten Wortes.

Wortfeld

Wörter mit ähnlicher Bedeutung bilden ein **Wortfeld:**
***klein:** winzig, zwergenhaft, gering ...*
***schön:** prächtig, bezaubernd, schick ...*
***frech:** dreist, flegelhaft, patzig ...*

Mit Wörtern aus einem Wortfeld kann man seine Sätze abwechslungsreich und treffend formulieren.

Ober- und Unterbegriffe

Ein Oberbegriff fasst mehrere Gegenstände oder Eigenschaften zusammen, die wichtige Gemeinsamkeiten haben:

		Fahrrad			**Oberbegriff**
Rennrad	Mountainbike	Trekkingrad	Cityrad	...	**Unterbegriffe**

Synonyme, Antonyme

▷ S. 76

Für das Fremdwort „Respekt“ kann man je nach Situation Wörter wie „Achtung“, „Bewunderung“, „gutes Benehmen“ einsetzen. „Respekt“ und „Achtung“ sind mehr oder weniger bedeutungsgleich **(synonym),** sie sind **Synonyme** *(das Synonym).*

Dagegen nennt man Wörter mit gegensätzlicher Bedeutung wie „Respektlosigkeit“, „Verachtung“ **antonym,** es sind **Antonyme** zu „Respekt“ und „Achtung“ *(das Antonym).*

Vergleich, Metapher, Personifizierung

- Bei einem **Vergleich** wird Verschiedenes durch *wie* miteinander verknüpft:
  *So rot und gold **wie** Feuerschein*
  steht nun der Wald am Hügel.
- Bei einer **Metapher,** einem sprachlichen Bild, wird Verschiedenes ohne vergleichendes ***wie*** miteinander verknüpft: *In dem Meer der goldenen Stoppeln ...*
- Bei der **Personifizierung** wird ein Gegenstand, ein Begriff vermenschlicht, wird zur Person: *Der Himmel weint. Die Angst riss ihm die Augen weit auf und presste ihn zu Boden.*

Fremdwörter

▷ S. 228, 245

Fremdwörter heißen die Wörter, die aus einer anderen Sprache ins Deutsche übernommen wurden.

- Viele behalten ihre fremde Schreibung und Aussprache weitgehend bei:
  Soap, Software, Spaghetti, Chips ...
  Andere passen sich der deutschen Sprache an: *Büro, Frisör, uncool, abchecken ...*

Viele Fremdwörter kann man an ihren **Suffixen** und **Präfixen** erkennen:

- **Nomen** haben die Suffixe ***-(t)ion, -eur, -age, -ie:*** *Konstruk**tion**, Mont**eur**, Blam**age**, Industr**ie***
- Viele **Verben** haben das Suffix ***-ieren:*** *inform**ieren**, diskut**ieren***
- **Adjektive** enden oft auf ***-iv*** *oder* ***-(i)ell:*** *intens**iv**, finanz**iell**, aktu**ell***
- Auch **Präfixe** *wie* ***in-, inter-, mono-, uni-, ex-*** verweisen auf ein Fremdwort:
  ***in**offiziell, **inter**kulturell, **mono**gam, **uni**sono, **Ex**pedition*
- Fremdwörter gibt es in ▷ Fachsprachen *(Romantik, Konjunktiv, addieren),* ▷ S. 267
  in der Alltagssprache *(Ticket, Fitnesscenter, joggen),* der Jugendsprache *(chillen, straight, Loser, stylisch).*

2.3 Sätze und Satzglieder

Satzglieder im Überblick

▷ S. 201 ff.

Am nächsten Sonntag	*schenkt*	*Ninja*	*ihrem Freund*	*eine CD.*
adverbiale Bestimmung	Prädikat	Subjekt	Dativobjekt	Akkusativobjekt

Satz

Wenn du mit der **Umstellprobe** die Satzteile umstellst, bleiben die Satzglieder immer zusammen:

Ninja	*schenkt*	*ihrem Freund*	*am nächsten Sonntag*	*eine CD.*
Ihrem Freund	*schenkt*	*Ninja*	*am nächsten Sonntag*	*eine CD.*
Eine CD	*schenkt*	*Ninja*	*ihrem Freund*	*am nächsten Sonntag.*

Subjekt, Prädikat und Objekte

- Das **Prädikat** wird mit einem gebeugten Verb (Personalform) gebildet. Die Personalform steht im Aussagesatz an zweiter Stelle und kann mit *„Was **geschieht**?“* – *„Was **tut/tun** …?“* erfragt werden: *Der Drachen **steigt** schnell hoch.*
  *Der Drachen **ist** schnell hoch**gestiegen.*** Was **tut** …?
- Das Satzglied, nach dem man mit ***Wer?*** + ***Prädikat*** fragt, heißt **Subjekt:**
  ***Der Drachen** steigt hoch.* **Wer** steigt hoch?
- Das Satzglied, nach dem man mit ***Wen?*** oder ***Was?*** + ***Prädikat*** fragt, heißt **Akkusativobjekt:** *Ich lasse heute meinen **Drachen** steigen.* **Wen/Was** lasse ich …?
- Das Satzglied, nach dem man mit ***Wem?*** + ***Prädikat*** fragt, heißt **Dativobjekt:**
  *Alle schauen meinem schönen **Drachen** nach.* **Wem** schauen …?
- Das Satzglied, nach dem man mit ***Wessen?*** + ***Prädikat*** fragt, heißt **Genitivobjekt:**
  *Eine heftige Windbö bemächtigt sich meines **Drachens.*** **Wessen** bemächtigt …?

Zu **Präpositionalobjekt** und **Prädikativ** ▷ S. 202 f.

Adverbiale Bestimmungen

▷ S. 204 ff.

Adverbiale Bestimmungen (Umstandsbestimmungen) geben die Umstände eines Geschehens an:
***Am nächsten Sonntag** schenkt Ninja ihrem Freund eine CD.* **Wann …?** Adverbiale Bestimmung **der Zeit** (auch: Wie lange …?)

Zum Geburtstag *schenkt Ninja ihrem Freund eine CD.*	**Warum ...?** Adverbiale Bestimmung **des Grundes**
Ganz im Geheimen *schenkt Ninja ihrem Freund eine CD.*	**Wie ...?** Adverbiale Bestimmung **der Art und Weise**
An der Haustür *steckt sie ihm das Geschenk zu.*	**Wo ...?** Adverbiale Bestimmung **des Ortes**

Attribute

▷ S. 213 ff.

Nomen werden durch Attribute näher bestimmt. Sie haben verschiedene Formen und stehen vor oder nach ihrem Bezugswort:

ein ***spannendes*** *Buch*

ein Roman ***der Jugendbuchautorin***

ein Buch ***mit Gespenstergeschichten***

Mit J. K. Rowling, ***der Verfasserin von „Harry Potter“,*** *spricht heute ...*

Das Buch, ***das ich gelesen habe,*** *ist spannend.*

Satzarten

▷ S. 206 ff.

Ein **Hauptsatz** ist selbstständig. Die Personalform des Verbs steht an zweiter Stelle:
Artus ***ruft*** *die Ritter seiner Tafelrunde an den Hof.*

Mehrere Hauptsätze können zu einer **Satzreihe** verbunden werden, zwischen denen Kommas stehen: *König Artus ruft die Ritter an seinen Hof, sie werden nach dem Heiligen Gral suchen (,) und manche Abenteuer warten auf sie.*
Vor *und* und *oder* kann das Komma weggelassen werden.

Ein **Satzgefüge** besteht aus einem selbstständigen Hauptsatz und einem abhängigen Nebensatz:

Satzgefüge

Hauptsatz	Nebensatz
König Artus ***besteigt*** *den Thron,*	***nachdem*** *er das Schwert Excalibur* ***erhalten hat.***

Personalform des Verbs – Komma – Konjunktion – Personalform des Verbs

Der **Nebensatz** wird durch Komma abgetrennt, beginnt meist mit einer Konjunktion *(weil, als, nachdem, wenn, dass, sodass, damit ...)* und endet mit der Personalform des Verbs.

Ein Nebensatz, der ein vorangehendes Nomen (Pronomen) näher bestimmt und mit einem Relativpronomen *(der, die, das)* beginnt, heißt ▷ **Relativsatz:** ▷ S. 216
König Artus versammelt alle Ritter, ***die*** *den Gral suchen sollen.*
Relativsatz

Nebensätze an der Stelle der Satzglieder Subjekt, Objekt und adverbiale Bestimmung heißen auch „Gliedsätze“. ▷ S. 206, 211

3 Rechtschreiben

3.1 Tipps zum Rechtschreiben

▷ S. 217 ff.

Im Wörterbuch nachschlagen
Du kannst Fehler vermeiden, wenn du bei Zweifeln über die richtige Schreibweise im Rechtschreibwörterbuch nachsiehst.
Beachte dabei:
- Verben sind im Wörterbuch unter der **Grundform** (Infinitiv) verzeichnet: *schiebst* → ***schieben***
- Bei ▷ zusammengesetzten Nomen muss man manchmal mehrmals nachschlagen, z. B. *Vanillepudding* unter *Vanille* und *Pudding*. ▷ S. 279
- Auch bei einem ▷ **Fremdwort** sollte man mehrmals unter verschiedenen möglichen Schreibungen nachschlagen, wenn man nicht gleich Erfolg hat. ▷ S. 229

Mit einem Fehlerbogen arbeiten ▷ S. 218
Der Fehlerbogen besteht aus einer Liste mit den häufigsten Fehlerarten.
Damit kannst du feststellen,
- wo du die meisten Fehler machst und
- wo du besonders üben musst.

Mit einer Rechtschreibkartei üben ▷ S. 221
Auf die Vorderseite einer Karteikarte schreibst du
- eine bestimmte Fehlerart,
- eine Regel, einen Tipp zur Fehlervermeidung.

Auf der Rückseite trägst du Beispielwörter ein.

Mit einer Wörterliste üben ▷ S. 298

Die Rechtschreibprüfung am PC ▷ S. 222

Artikelprobe ▷ S. 286
Pluralprobe
Wörter, vor die du einen Artikel und die du in den Plural setzen kannst, schreibe groß; es sind Nomen:
s/Stück → ***das** Stück, **Stücke***
e/Erste → ***die** Erste, die **Ersten***

Nachsilbenprobe ▷ S. 224
- Wörter mit den Nachsilben (Suffixen) ***-ig, -bar, -sam, -lich, -isch*** sind Adjektive und werden kleingeschrieben.
- Wörter mit den Nachsilben (Suffixen) ***-heit, -keit, -nis, -schaft, -ung, -tum, -in*** sind Nomen und werden großgeschrieben.

Verlängerungsprobe (gleich klingende Konsonanten) ▷ S. 224
Am Wortende klingen ***b*** und ***p*** gleich: *gel*◎

Ebenso ist es mit ***g*** und ***k*** (*Sie*◎) und ***d*** und ***t*** (*Hel*◎).

Erst wenn du die Wörter um eine Endung **verlängerst** und deutlich sprichst, hörst du, welchen Buchstaben du schreiben musst:
gel◎ – *gel**be***   *Sie*◎ – *Sie**ge***   *Hel*◎ – *Hel**den***

Ableitungsprobe ▷ S. 225
Wenn du nicht sicher bist, ob ein Wort mit ***ä*** oder mit ***e*** geschrieben wird, suche ein verwandtes Wort mit ***a***. Findest du eins, schreibe mit ***ä:***
St◎*ngel* → *Stange* → *Stängel*

Dasselbe gilt für ***äu:*** *r*◎*umen* → *Raum* → *räumen*

3.2 Regeln

Doppelkonsonanten bei kurzen Vokalen

Nach **betontem kurzem Vokal** folgen fast immer zwei Konsonanten.
- ◻ In den meisten Fällen kann man sie beim Hören gut unterscheiden:
  Ende, Topf, Karte, denken, Hunger, Samt, fremd, halten, kalt
- ◻ Hört man nur einen Konsonanten, wird der beim Schreiben meist **verdoppelt:**
  knabbern, Pudding, Koffer, Bagger, Ball, schwimmen, Brunnen, Suppe, irren
- ◻ Auch der s-Laut wird nach kurzem Vokal meist verdoppelt:
  Wasser, blass, Nässe

Es gibt zwei Ausnahmen:
- ◻ ***k*** wird nach kurzem Vokal nicht verdoppelt, sondern zu ***ck:***
  backen, Stück
- ◻ ***z*** wird nach kurzem Vokal nicht verdoppelt, sondern zu ***tz:***
  blitzen, Spitze

Dehnungszeichen bei langen Vokalen

Für **langes *a, e, o, u*** gilt:
- ◻ Manchmal folgt ein ***h:***
  Bahn, Mehl, hohl, Ruhm
- ◻ In einigen Wörtern wird der lange Vokal verdoppelt:
  Haare, Paar, Saal, Beere, Fee, Beet, Tee, Kaffee, Meer, Boot, Zoo, doof
- ◻ Meistens sind die langen Vokale ***a, e, o, u*** aber gar nicht besonders gekennzeichnet:
  Haken, lesen, Regen, Hof, rufen

Ein Sonderfall ist das **lange *i*:**

- Die meisten Wörter mit langem ***i*** werden mit ***ie*** geschrieben:
  Kies, Wiese, kriechen, Tier, lieb, hier, viel, vielleicht, ziemlich
- Nur in den Pronomen *ihm/ihn/ihr* wird das lange ***i*** als ***ih*** geschrieben:
  *Wir schenken **ihm** ein Buch und **ihr** eine CD.*
- Sehr selten sind Wörter mit ***ieh:***
  zieht, flieht, geliehen, stiehlt, befiehlt, sieht, geschieht
- In **Fremdwörtern** wird langes ***i*** oft mit einfachem ***i*** geschrieben:
  Maschine, Bleistiftmine, Apfelsine, Ski, Rosine, Klima, Motiv, Stil

Der s-Laut

▷ S. 227

Stimmhaftes *s* wird immer ***s*** geschrieben:
Riese, rasen, Hose, Bluse

Stimmloses *s*
- wird nach **langem Vokal** und **Diphthong** *(ei, eu, au, äu)* meist ***ß*** geschrieben:
  ich saß, wir stoßen, genießen, Ruß – heiß, scheußlich, außen, ich weiß, äußerlich
- Nach **kurzem** Vokal steht meist ***ss:***
  ich muss, Fluss, Kuss, ich schoss, wir wissen

Im Zweifelsfall: Wörterbuch benutzen!
Besonders bei schwierigen Verben steht in den meisten Wörterbüchern nicht nur der Infinitiv, sondern es werden auch gebeugte Formen angeführt.

dass **oder *das*?**

▷ S. 228

Wer unsicher ist, ob er nach einem Komma den Nebensatz mit ***dass*** oder ***das*** beginnen soll, macht am besten die ***welches*****-Probe:**

(1) *Es ist ein tolles Lexikon, da◎ ich sehr empfehle.*

↑ **welches**

(2) *Mir gefällt an dem Lexikon, da◎ es seltene Abbildungen enthält.*

↑ ~~**welches**~~

Wenn die ***welches***-Probe klappt – wie in Beispiel (1) –, handelt es sich um das ▷ Relativpronomen ***das.***

▷ S. 216

Misslingt die ***welches***-Probe – wie in Beispiel (2) –, liegt die Konjunktion ***dass*** vor.

Groß oder klein?

Artikelprobe – Pluralprobe
Ein Wort, dem man einen Artikel voranstellen kann oder zu dem es einen Plural gibt, ist ein **Nomen** und wird **großgeschrieben:**

*Dieses Jahr fuhren wir ans **m/M**eer.*	→ ***das** Meer, **die** Meere*
*Vom **m/M**orgen bis zum*	→ ***der** Morgen, **die** Morgen*
***a/A**bend lagen wir am Strand.*	→ ***der** Abend, **die** Abende*

Groß schreibt man
- Satzanfänge und Nomen:
  der Apfel, die Liebe, eine Stimme, die Sorgen
- alle Wörter auf ***-heit, -keit, -nis, -tum, -schaft, -ung, -in, -ion:***
  Schönheit, Süßigkeit, Ereignis, Eigentum, Gesellschaft, Endung, Freundin, Stadion
- alle Verben, die durch Artikel oder andere Begleitwörter zum Nomen werden (▷ Nominalisierung): ▷ S. 235
  ***das** Gehen, **dein** Zögern, **beim** (bei **dem**) Singen*
- alle Adjektive, die durch Artikel oder andere Begleitwörter zum Nomen werden (▷ Nominalisierung): ▷ S. 235
  ***das** Gute, **die** Größte, **viel** Neues, **nichts** Echtes*
- alle ▷ Zusammensetzungen, die mit einem Nomen enden: ▷ S. 279
  *Lach**pulver**, Viel**fraß**, Klein**kind***

Klein schreibt man
- Wörter auf ***-ig, -isch, -lich, -sam, -bar.*** Es sind Adjektive:
  *eif**rig**, dieb**isch**, wirk**lich**, wirk**sam**, les**bar***
- alle Zusammensetzungen, die mit einem Adjektiv enden:
  *rost**frei**, kinder**freundlich**, kugel**sicher***
- Adjektive im Superlativ mit ***am:***
  ***am** schönsten, **am** besten, **am** lautesten*

Zeitangaben, die Nomen sind, werden großgeschrieben. ▷ S. 238

Sie können Begleiter haben:
- Artikel: ***der** Abend, **ein** Nachmittag*
- Präposition: ***über** Nacht, **bis** Sonntagabend, **am** Vormittag*
- Pronomen: ***jeden** Nachmittag, **diesen** Mittwochmorgen*
- Adjektiv: ***letzten** Sonntag*

Doppelte **Tageszeiten** schreibt man so:
heute Abend, gestern Nacht, morgen Mittag

Andere Zeitangaben werden kleingeschrieben:
- *zeitweise, gestern, heute, wochenlang*
- besonders wenn sie auf ***-s*** enden: *morgen**s**, mittag**s**, sonntagmorgen**s***

Getrennt oder zusammen?

▷ S. 233

Die **Getrenntschreibung** ist in der deutschen Rechtschreibung die Regel, besonders bei Verben:

- Nomen + Verb: *Rad fahren, Eis essen, Staub saugen*
- Verb + Verb: *sitzen bleiben, liegen lassen, kennen lernen*
- Adjektiv/Partizip + Verb: *tief schlafen, gespannt zuhören*
- Wort + ***sein:*** *müde sein, zusammen sein, hier sein*

Im Zweifelsfall: Wörterbuch benutzen!

Straßennamen

▷ S. 232

- aus zwei Wörtern – auch Namen – schreibt man zusammen: *Brunnengasse, Katharinasteig, Schillerpfad*
- aus unterschiedlichen Wörtern und von Ortsnamen abgeleitet mit ***-er*** schreibt man getrennt: *Auf der Halde, Am Alten Kloster, Stuttgarter Platz*
- aus mehrteiligen Namen haben Bindestriche: *Astrid-Lindgren-Straße, Von-Trotta-Passage*

Zeichensetzung

Aufzählungen und Satzreihen

▷ S. 207

- Zwischen den Teilen einer **Aufzählung** stehen **Kommas,** aber nicht, wenn sie durch ***und*** bzw. ***oder*** verbunden sind:
  Der Papierbumerang fliegt, ohne Teller, Tassen, Gläser ***oder*** *Fensterscheiben kaputt zu machen.*
- Das gilt auch für aufgezählte Sätze (Satzreihen); aber hier *kann* man vor ***und*** bzw. ***oder*** ein Komma setzen:
  Heute hat es geregnet, gestern schien die Sonne (,) ***und*** *was wird morgen für ein Wetter sein?*

Satzgefüge

▷ S. 207

Haupt-, Neben- und Infinitivsätze werden durch Kommas getrennt:
Ich skate fast jeden Tag, weil es mir Riesenspaß macht.
Mein Skateboard, das mir meine Tante geschenkt hat, muss einiges aushalten!
Ich achte beim Skaten darauf, Fußgänger nicht zu stören.

Wörtliche (direkte) **Rede**

- Was jemand redet und denkt, steht in **Anführungszeichen;** voraus geht ein Doppelpunkt:
  Ich sagte kurz: ***„****Red schon!****“*** *– Mir ging durch den Kopf:* ***„*** *Was hat der gerade gesagt?****“***
- Steht der Begleitsatz in der Mitte oder nach der wörtlichen Rede, wird er durch Komma abgetrennt. Dabei verliert ein Aussagesatz den Schlusspunkt! Fragezeichen und Ausrufezeichen bleiben stehen:
  „Hilal“, fragte ich, „hilfst du mir?“ – „Ich muss noch lernen“, antwortete sie.
  „Wie lange denn noch?“, war meine Frage. – „Stör mich jetzt nicht!“, rief sie.

4 Lesen – Umgang mit Texten und Medien

4.1 Erzählende Literatur

▷ S. 18 ff., 54 ff., 81 ff., 99 ff.

Wer erzählt?

- **Autor/in** und **Erzähler/in** einer Geschichte dürfen nicht miteinander verwechselt werden: Erzählt werden kann z. B. aus der **Perspektive** (dem Blickwinkel) eines Mädchens; der Autor der ganzen Geschichte ist aber vielleicht ein Mann.
- In einer **Ich-Erzählung** ist der Erzähler oder die Erzählerin selbst in das Geschehen verwickelt; sie schildern die Ereignisse aus ihrer persönlichen Sichtweise **(Ich-Perspektive):**
  Herr Singer – welch passender Name für einen Musiklehrer! So dachte ***ich,*** *als uns zu Beginn des 8. Schuljahrs der Neue vorgestellt wurde.* ***Ich*** *hatte in den Sommerferien fleißig geübt, denn* ***ich*** *wollte unbedingt an einem Talentwettbewerb teilnehmen.*
- **Personales Erzählen** geschieht auch aus der **Perspektive** einer bestimmten Person, nur nicht so nah wie bei der Ich-Erzählung:
  Maya hatte sich den ganzen Sommer mit großem Eifer auf den Talentwettbewerb vorbereitet. Davon erhoffte sie sich Ruhm und Reichtum. Eine Schwierigkeit gab es aber für sie: die Empfehlungen von Erwachsenen! Aber Maya hoffte auf Herrn Singer, ihren neuen Musiklehrer …
- **Auktoriales** („allwissendes") **Erzählen** geht nicht nur von einer Figur aus, sondern hat alle Personen und das ganze Geschehen im Blick:
  Mit einer Ausdauer und Leidenschaft, die wohl nur wenige ihrer Altersgenossen aufbringen, hatte Maya sich auf den Talentwettbewerb vorbereitet. Es ging um die Casting-Show eines mächtigen Privatsenders, der am Leid vieler und an dem Erfolg weniger bestens verdiente. Maya war sich ihres Talentes sicher, es fehlten ihr jedoch noch einige Empfehlungen Erwachsener. Da sie noch nicht wusste, welch kritische Einstellung ihr neuer Musiklehrer …

Wie wird erzählt?

Eine Erzählung kann sich auf die Wiedergabe der **äußeren Handlung** beschränken, auf die **Außensicht** der Figuren:
Er stemmte sich aus seinem Sessel heraus und ließ langsam den Zigarillo vom linken in den rechten Mundwinkel wandern. Dann umrundete er seinen Schreibtisch und klopfte dem Untergebenen herablassend auf die Schulter.

Eine Erzählung kann neben der Schilderung der äußeren Handlung auch die **Innensicht** der Figuren bieten, die **innere Handlung,** Gefühle, Ängste, Wünsche:
Für Mick sind diese Buchstaben wie fremde, böse Soldaten, die sich zwischen ihm und der Geschichte aufbauen. Sie haben die Grenze aus schwarzem Stacheldraht aufgebaut und lassen ihn nicht in diese Welt, in der es so viel Spaß und Freude zu geben scheint. Er hasst sie, weil sie ihm nichts erzählen …

Die innere Handlung lässt sich sehr gut mit dem **inneren Monolog** wiedergeben, den unausgesprochenen Wünschen, Gefühlen und Gedanken einer Figur in der 1. Person Singular:
Behindert! Sie hat behindert gesagt! Vor allen anderen! Es hört sich so an, als müsste ich dankbar sein, dass ich in diesem Klassenzimmer sitzen dürfte ...

Figurenkonstellation

▷ S. 106, 145

Will man die Figuren in einer Erzählung (einem Film, einer Talkshow, einem Theaterstück) verstehen, ist es interessant zu fragen:
In welchem Verhältnis stehen sie zueinander **(Figurenkonstellation)**?
Dazu kann man ein Schaubild zeichnen:

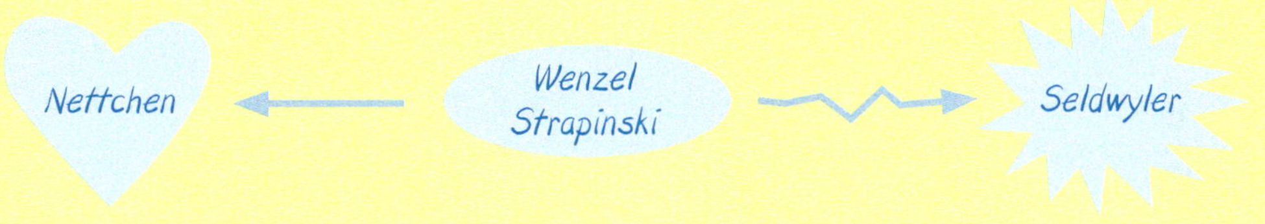

Kurzgeschichte

▷ S. 81 ff.

Eine typische **Kurzgeschichte** (englisch *short story*)
- beleuchtet blitzlichtartig einen wichtigen Abschnitt im Leben eines Menschen.
- Ein einzelnes Geschehen („eine unerhörte Begebenheit") wird in den Mittelpunkt gestellt.
- Die Handelnden sind „Alltagsmenschen", Wortwahl und Satzbau einfach.
- Der Anfang ist unvermittelt („ein Sprung mitten hinein ins Geschehen").
- Der Schluss ist offen und fordert die Lesenden auf, selbst über ein Ende und eine „Lösung" nachzudenken.

Novelle

▷ S. 114

Die **Novelle** (zu ital. *novella* „kleine Neuigkeit") erzählt von einem ungewöhnlichen Ereignis, das die Hauptfigur/en in Verwicklungen und Konflikte stürzt. Ein Höhepunkt bringt die Wende und führt rasch zu Lösung und Schluss.

Roman

▷ S. 54 ff.

Als **Roman** bezeichnet man eine sehr umfangreiche Geschichte, die oft eine längere Zeit umfasst und von mehreren Personen und ihren vielfältigen Erlebnissen erzählt.

4.2 Gedichte

▷ S. 117 ff.

- Die Zeilen eines Gedichts heißen **Verse,** seine Abschnitte nennt man **Strophen.**
- Ein wichtiges Gestaltungsmittel von Gedichten ist der **Reim:**

Der Mond ist aufge*gangen,*	a	Paarreim
Die goldnen Sternlein *prangen*	a	
Am Himmel hell und *klar;*	b	umarmender Reim
Der Wald steht schwarz und *schweiget,*	c	
Und aus den Wiesen *steiget*	c	
der weiße Nebel wunder*bar.*	b	
Ich segle stolz in blauer *Höh*	a	Kreuzreim
und lache auf euch *nieder.*	b	
Wenn ich die Welt von oben *seh,*	a	
freut mich das Dasein *wieder.*	b	

- Das Besondere an einer Gedichtzeile ist das **Metrum,** die gleichmäßige Folge von betonten und unbetonten Silben:
  - der **Trochäus** (x́ x): Hat der alte Hexenmeister ...
    x́ x x́ x x́ x x́ x
  - der **Jambus** (x x́): Der Mond ist aufgegangen ...
    x x́ x x́ x x́ x
  - der **Daktylus** (x́ x x): Krachen und Heulen und berstende Nacht ...
    x́ x x x́ x x x́ x x x́

Das lyrische Ich ▷ S. 122

In vielen Gedichten spricht ein „Ich" über seine Wünsche und Gefühle: Dieses „Ich" darf nicht mit dem Autor/der Autorin verwechselt werden!
Also **nicht:**
Der Autor von „Meine Stadt" findet ...
Sondern:
Das lyrische Ich in dem Gedicht „Meine Stadt" von J. Reding ist der Meinung ...

Josef Reding

Meine Stadt

Meine Stadt ist oft
schmutzig;
aber mein kleiner Bruder
ist es auch
und ich mag ihn.

Ballade

▷ S. 22

Eine Ballade ist ein Gedicht mit einer spannenden Geschichte und einem dramatischen Höhepunkt. Die auftretenden Figuren reden oft wie auf einer Theaterbühne miteinander. Die Ballade ist also eine Mischform aus Gedicht, Erzählung und Theaterstück.
Ist das Geschehen besonders sensationell und endet – wie die Fabel – mit einer „Lehre" (Moral), spricht man von einer **Moritat.**

Sonett

▷ S. 127

Das **Sonett** ist eine Gedichtform aus zwei vierzeiligen Strophen („Quartetten") und zwei dreizeiligen Strophen („Terzetten") mit regelmäßiger Betonung (▷ Jambus). ▷ S. 290
Häufig, aber nicht immer, gibt es zwischen den Quartetten und Terzetten einen gedanklich-inhaltlichen Einschnitt, eine Veränderung.

Song

▷ S. 122

Der **Song** ist ein modernes Lied mit musikalischer Begleitung und oft herausforderndem, kritischem Inhalt. Stilistisch weicht der Song von der Schriftsprache ab und nähert sich der Alltags- und Jugendsprache.

4.3 Drama/Theater

▷ S. 135 ff.

Ein **Drama** (griech. *„Handlung")* oder Schauspiel besteht aus Gesprächen und Handlungen mehrerer Figuren auf einer Theaterbühne. Dabei sprechen die Darsteller/innen nicht nur ihren Text, sie gebrauchen ihren ganzen Körper, um Gefühlen und Stimmungen Ausdruck zu verleihen.

- Es gibt auch eine Form von Theater, bei der ganz auf Worte verzichtet und nur mit dem Gesichtsausdruck (mit der „Mimik"), der Körperhaltung und -bewegung (mit der „Gestik") gespielt wird: die **Pantomime.**
- Viele Theaterstücke haben eine traurige, oft sogar tödliche Handlung und werden deshalb **Trauerspiel** (Tragödie) genannt. Theaterstücke mit lustigem Inhalt und komischen Dialogen heißen **Lustspiel** (Komödie). ▷ S. 151
- **Rolle:** Gestalt oder Figur, die ein/e Schauspieler/in auf der Bühne verkörpert (z. B. Rolle des Bösewichts, der Königin).
- **Dialog:** Gespräch zwischen den Figuren auf der Bühne. Ein Selbstgespräch auf der Bühne nennt man **Monolog.**
- Die meisten Theaterstücke sind in drei oder fünf „Kapitel" untergliedert, die so genannten **Akte.** Jeder Akt besteht aus mehreren **Szenen.**
- **Prolog:** Vorspiel, Einleitung. Im Prolog und ersten Akt lernt das Publikum die Hauptfiguren und die Ausgangssituation kennen, die **Exposition.** ▷ S. 136
- **Regieanweisung:** Anweisung des Theaterautors oder der -leitung, wie eine bestimmte Szene gespielt werden soll. Neben dem Redetext hilft sie den Spielenden, sich die Personen und das Geschehen besser vorzustellen.
- **Requisit:** Besonderer Gegenstand, besonderes Kleidungsstück für eine Rolle.
- **Soufflieren** bedeutet, einem/r Schauspieler/in während der Aufführung den vergessenen Text vorzusagen.
- **Improvisieren** bedeutet, nicht einen auswendig gelernten Text zu spielen, sondern sich in einer bestimmten Situation einen Text und ein Verhalten spontan auszudenken. ▷ S. 148

4.4 Film und Werbung

Film

▷ S. 180 ff.

Im Unterschied zu einem Buch von einem/r einzigen Autor/in ist ein Film eine Gemeinschaftsarbeit vieler: Regisseur/in, Drehbuchautor/in, Kameraleute, Schauspieler/innen usw.

- Die Handlung wird in bewegte **Bilder** und **Dialoge** umgesetzt, mit einem schnelleren oder langsameren Tempo.
- Dabei spielen **Musik** und **Geräusche** eine wichtige Rolle.
- Mit der **Einstellung** (Detail – nah – groß ...) und **Perspektive** der Kamera (Normal-/ Frosch-/Vogelperspektive) werden besondere Wirkungen erzielt.
- Der **Schnitt** des Filmmaterials und die anschließende **Montage** der einzelnen Szenen in Verbindung mit (Gesprächs-)Ton und Musik machen den besonderen Charakter eines Films aus.

Werbung

▷ S. 171 ff.

Werbung hat die Absicht, eine bestimmte Personen- oder Zielgruppe zum Kauf eines Produktes anzuregen.
Ihre Strategie nach der **AIDA-Formel**
Attention – Aufmerksamkeit hervorrufen
Interest – Interesse wecken
Desire – (Besitz-)Wunsch herausfordern
Action – (Kauf-)Aktion auslösen
verfolgt die Werbung mit auffälligen optischen (z. B. Fotos, Videoclips), akustischen (Stimmen, Geräusche, Musik) und textlichen Elementen (Slogan).

4.5 Zeitung

▷ S. 153 ff.

Aufbau und Grundelemente

- Zeitungsredaktionen und Zeitungen sind in verschiedene inhaltliche Abteilungen oder **Ressorts** eingeteilt (z. B. Politik – Wirtschaft – Kultur/Feuilleton – Sport – Lokales – Aus aller Welt). ▷ S. 157
- Die Bestandteile einer Zeitungsseite – Texte, Über-/Unterschriften, Schriftarten/ -größen, Abbildungen, Farben – haben entsprechend ihrer Wichtigkeit eine bestimmte Anordnung, Größe und Farbigkeit (ein **Layout**). ▷ S. 159
- Viele Zeitungsartikel sind nach dem **Lead-Stil** („Das Wichtigste zuerst!") aufgebaut: Schlagzeile – zusammenfassender Vorspann – Haupttext – Zusatzinformationen.
- Die Artikel in Zeitungen und Zeitschriften lassen sich in zwei große Gruppen einteilen:
  informierende Artikel,
  meinungsäußernde Artikel.

Informierende Zeitungstexte

▷ S. 161

- **Die Nachricht/Meldung**
  Ein Bericht von wenigen Zeilen.
- **Der Bericht**
  Ein Sachtext, der – im Präteritum – in erster Linie der Information über einen Vorgang, ein Ereignis u. Ä. dient. Der/die Berichtende unterlässt persönliche Wertungen und beschränkt sich auf die klare und möglichst genaue Darstellung des Geschehens.

  Für Hintergrundinformationen kann auch das Präsens verwendet werden.

Meinungsäußernde Zeitungstexte

- **Der Kommentar** ▷ S. 162
  Eine persönliche Stellungnahme zu einem Ereignis, die ausdrückliche Bewertung eines Geschehens.
- **Die Glosse**
  Ein kurzer, witziger, ironischer oder bissiger Kommentar.
- **Der Leitartikel**
  Der wichtigste Kommentar in einer Zeitung, meist auf der Titelseite abgedruckt.
- **Die Rezension/Kritik**
  Die persönliche, kritische Bewertung eines Buches, eines Theaterstücks, eines Films.
- **Das Porträt**
  Die Beschreibung einer Person mit einer Würdigung ihrer kritischen und liebenswerten Eigenschaften.
- **Das Interview** ▷ S. 164
  Ein Wort für Wort wiedergegebenes Gespräch mit einer Person über ihr Leben, ihre Ansichten und Wünsche; oder mit Experten über ein bestimmtes Thema, ein besonderes Ereignis.
- **Die Reportage** ▷ S. 165
  Anders als ein nüchterner Bericht will sie nicht nur informieren, sondern auch unterhalten und das Geschehen möglichst unmittelbar miterleben lassen.
  Ein/e Reporter/in **berichtet** ausführlich über ein Ereignis; **informiert** sachlich und genau, auch über Hintergründe des Geschehens; **zitiert** Betroffene wörtlich; **schildert** anschaulich, sodass beim Lesen Bilder im Kopf entstehen; **bewertet** und **kommentiert** das Ereignis.
- **Der Reisebericht**
  Sein **berichtender Teil** gibt die wichtigsten Punkte des Geschehens wieder, indem er die ▷ W-Fragen beantwortet. ▷ S. 166
  In den **schildernden** Teilen eines Reiseberichts wird die erlebte Stimmung wiedergegeben, werden Gedanken und Gefühle geäußert. Das Gesehene wird nicht nur sachlich dargestellt, sondern persönlich bewertet.

5 Arbeitstechniken und Methoden

Das Brainstorming

- Beim Brainstorming sammelt ihr wahllos alle Begriffe und Gedanken, die euch zu einem Thema einfallen, auf einzelnen Zetteln oder an der Tafel.
- Es gibt kein „richtig“ und kein „falsch“, alle Einfälle sind erlaubt.
- Erst ganz am Ende ordnet ihr sie nach einheitlichen Gesichtspunkten.

Der Cluster

Ein Cluster (engl. „Haufen, Menge, Traube“) ist eine geordnete Menge von Stichworten zu einem Thema.

- Schreibt das Thema in die Mitte eines Blattes und kreist es ein.
- Alle Stichworte, die euch dazu einfallen, schreibt in lockerem Abstand um diesen Mittelpunkt herum auf und kreist sie ebenfalls ein.
- Wie hängen die Stichworte mit dem Thema und wie hängen sie untereinander zusammen? Verdeutlicht ihre Beziehungen durch Verbindungsstriche.

Die Mind-Map

In einer Mind-Map (engl. „Denk-/Gedächtnis-Landkarte“) werden alle Ideen und Gedanken, die man zu einem Thema, einem Projekt zusammengetragen hat, übersichtlich geordnet:

- Das Thema steht in der Mitte.
- Alle Gedanken, Gesichtspunkte und Arbeitsschritte werden so um das zentrale Thema angeordnet, dass eine Reihenfolge und Gliederung sichtbar wird.
- Verbindet die einzelnen Punkte durch Haupt- und Nebenlinien miteinander.
- Verseht die Verbindungslinien mit erläuternden Worten.
- Arbeitet mit verschiedenen Farben.
- Fügt verdeutlichende Piktogramme hinzu.

Lesestrategie und -methoden

Texte, die uns in Büchern, Zeitschriften, auf Werbeplakaten oder im Internet begegnen, haben ganz unterschiedliche Inhalte, Zwecke und Umfänge. Sie wollen auch unterschiedlich gelesen werden. Hier drei **Lesestrategien**[1]:

1 Überfliegendes Lesen ▷ S. 266

Der gesamte Text wird schnell „überflogen“, um

- Thema und Inhalt im Allgemeinen zu verstehen,
- Gliederung und Aufbau grob zu erfassen.

1 **die Strategie:** beste Handlungsweise für ein bestimmtes Ziel

2 Gezieltes Lesen ▷ S. 263
Einzelne interessierende Textstellen werden genau gelesen, das Übrige bleibt unberücksichtigt oder wird nur überflogen.

3 Intensives Lesen ▷ S. 265
- Der ganze Text wird ausführlich gelesen,
- und zwar nicht nur einmal;
- wichtige Stellen und Schlüsselwörter werden markiert,
- Randnotizen hinzugefügt.

Die Fünf-Schritt-Lesemethode

1. Schritt

Überfliegendes Lesen
- Um welches Thema geht es?
- Wie ist der Text aufgebaut und gegliedert?
- Was sagt die Überschrift aus?
- Welche Besonderheiten fallen auf?

2. Schritt

Fragen
... zu eurer Lesehaltung:
- Was wisst ihr schon über das Thema?
- Was möchtet ihr von dem Text erfahren?
- Gibt es eine Aufgabenstellung zu dem Text?
- Wofür möchtet ihr die Informationen des Textes verwenden?

... zum Text:
- Um welche Sorte von Text handelt es sich?
- W-Fragen:
  Wer? – Was? – Wann? – Wo? – Wie? – Warum?

3. Schritt

Intensiv lesen und auswerten
- Lesetempo an den Schwierigkeitsgrad des Textes anpassen.
- Wichtige Textstellen und Wörter unterstreichen/markieren – höchstens 10 %; verschiedenfarbige Stifte verwenden.
- Schwierige Abschnitte und Wörter kennzeichnen, klären und nachschlagen.
- Was sagt die Überschrift/der Titel über den Inhalt aus?
- Haltet wichtige Schlüsselwörter fest (z. B. in einer ▷ Mind-Map). ▷ S. 294

4. Schritt

Sinnabschnitte zusammenfassen

- Wie ist der Text inhaltlich gegliedert (Abschnitte, Absätze, Strophen ...)?
- Fasst den Inhalt der einzelnen Sinnabschnitte in einem Satz oder in Stichworten zusammen.

5. Schritt

Inhalt wiedergeben

- Gebt den Inhalt des Textes zusammenhängend wieder. ▷ S. 271
- Ihr könnt dazu auch einen ▷ Cluster oder eine ▷ Mind-Map anlegen. ▷ S. 294
- Schreibt eine abschließende Bewertung, eine Stellungnahme oder eigene Überlegungen zum Text.

Selbst geschriebene Texte überarbeiten

Selbst verfasste Texte sollte man vor der „Reinschrift" überarbeiten und verbessern. Das kann man allein erledigen; z. B. mit folgenden „Proben":

- Durch die **Umstellprobe** lassen sich immer gleiche Satzanfänge vermeiden. Zum Beispiel kann man die wichtigste Aussage an den Satzanfang stellen:
  Wieder einmal musste Opa Schmitz neulich mit dem Zug fahren.
  Neulich musste Opa Schmitz wieder einmal mit dem Zug fahren.

- Mit der **Weglassprobe** kann man umständliche Formulierungen, unnötige Wörter und Wiederholungen streichen. Anschließend prüft man, ob der Text noch verständlich ist:
  Aber warum sagst du mir das denn nicht? Morgen will ich ~~aber~~ auch ins Kino!
  Hier ist das zweite ***aber*** überflüssig.

- Wörter, die sich häufig wiederholen, lassen sich mit der **Ersatzprobe** ersetzen:
  Ich kenne ein kniffliges Spiel. Das Spiel kommt aus Indien.
  Es →

  Eure Texte werden dadurch besser und verständlicher.

- Wer etwas erzählt oder berichtet, vergisst manchmal, dass die Zuhörenden ja nicht dabei waren, und lässt Wichtiges weg.
  Mit der **Erweiterungsprobe** kann man prüfen, ob eine Aussage genau genug ist:

Ich wünsche mir ein Buch!

Wann?	***Von wem?***	***Worüber?***
zum Geburtstag	*von meinem Freund*	*über Astronomie*

Um einen selbst geschriebenen Text zu überarbeiten, könnt ihr auch fremde Hilfe in Anspruch nehmen:

Die Schreibkonferenz

- Bildet Kleingruppen von drei bis vier Schüler/inne/n und setzt euch an einem Gruppentisch zusammen.
- Einigt euch darauf, wer bei der Überarbeitung auf welche der folgenden „Prüfpunkte" achtet (höchstens drei).

Inhalt
Verstehe ich, worum es geht?
Was ist mir unverständlich?
Passt die Überschrift gut zum Text?

Aufbau
Bereitet die Einleitung den folgenden Text gut vor: Wer? – Was? – Wo? – Wann?
Steht alles in der richtigen Reihenfolge?
Gibt es einen passenden Schluss?

Sprache
Werden die Sätze abwechslungsreich eingeleitet?
Wo können Wiederholungen ersetzt oder weggelassen werden?
Sind die Verben und Adjektive lebendig und anschaulich?
Wird beim Erzählen die ▷ wörtliche/direkte Rede verwendet? ▷ S. 287

Nun beginnt die eigentliche Schreibkonferenz:

- Jemand liest seinen Text – auf einem Blatt mit breitem Korrekturrand – einmal vollständig vor. Die anderen hören aufmerksam zu.
- Die Zuhörer/innen sagen, was ihnen gefallen hat. Wem etwas unklar ist, der fragt nach.
- Anschließend wird der Text Satz für Satz vorgelesen. Die Zuhörenden beraten und machen Vorschläge. Die Autorin/Der Autor macht sich Notizen.
- Mit Hilfe der Notizen wird der Text überarbeitet und ins Reine geschrieben.
- Überprüft anschließend noch einmal die Rechtschreibung mit dem Wörterbuch.
- Tauscht die Rollen, damit jede/jeder einmal beraten wird.

Der Ton macht die Musik:

- Achtet darauf, dass eure Vorschläge **unterstützend, anregend** und **hilfreich** sind.
- Vereinbart ▷ **Gesprächsregeln** und achtet auf ihre Einhaltung. ▷ S. 268
- Bringt eure Vorschläge in der **Ich-Form** oder in der **Frage-Form** vor: *„Ich würde die Überschrift ...", „Was meint ihr dazu?"*
- Wenn ihr keinen Vorschlag habt, fragt nach, ob dem Autor/der Autorin selbst eine Verbesserung einfällt.
- Der Autor/Die Autorin darf nachfragen.
- Sie/Er muss sich nicht verteidigen.
  Nur was ihr/ihm von den Vorschlägen nützlich erscheint, wird eingearbeitet.

Eine andere Form, einen selbst geschriebenen Text gemeinsam zu überarbeiten, ist

Die Leselupe
Vier Schüler/innen bilden eine Gruppe und überarbeiten gegenseitig ihre Texte nach den Gesichtspunkten:
- Das gefällt mir gut: ...
- Hier fällt mir auf: ...
- Hier habe ich eine Frage: ...
- Das stört mich: ...
- Mein Tipp/Vorschlag: ...

Mit Wörterlisten üben

Im „Deutschbuch" findet ihr – meist am Ende eines Kapitels – Listen mit ausgewählten Wörtern, Fachbegriffen und Fremdwörtern, deren Rechtschreibung und Anwendung ihr euch mit folgenden Übungen einprägen könnt:

1 Wörter trennen
Schreibt die Wörter mit der richtigen Silbentrennung ab. Schlagt im Zweifelsfall im Wörterbuch nach.

Kon | flik | te, Pro | b | le | me, Selbst | be | wusst | sein

2 Auf die Suffixe achten ▷ S. 278
Schreibt die Wörter mit besonderen Suffixen heraus und sucht weitere Beispiele dafür:
- Nomen auf *-ung, -heit, -keit, -ion, -tät ...*
- Adjektive auf *-isch, -lich, -ig, -al ...*

3 Pluralprobe und Artikelprobe anwenden ▷ S. 286
Welche Wörter könnt ihr in den Plural setzen; welche mit einem Artikel/Begleiter versehen? Sie werden als Nomen immer großgeschrieben:
Missverständnis – die Missverständnisse, Anruf – seine Anrufe
Bildet Sätze mit den Beispielen.

4 Nominalisierte Verben und Adjektive beachten ▷ S. 286
Verben und Adjektive mit einem Artikel/Begleitwort werden großgeschrieben:
das Wichtigste, etwas Merkwürdiges, lautes Rufen, der Lange ...
Bildet Sätze mit den Beispielen.

5 Wortfamilien bilden ▷ S. 279
Sucht zu einem Wort so viele Verwandte wie möglich und markiert den übereinstimmenden Wortstamm:
anständig, Anstand, anstandslos ...
Im Wörterbuch findet ihr weitere Beispiele.

6 Die Schreibung mit einer Regel begründen
Welche Wörter in der Liste werden nach derselben Rechtschreibregel geschrieben?
Wie lautet die Regel?
Informiert euch dazu auf Seite 284 ff.
Diese Aufgabe könnt ihr gut in Partner- oder Gruppenarbeit erledigen.

7 Wortbedeutungen erklären
Was bedeuten die Wörter in der Liste; besonders die Fremd- und Fachwörter?
Schlagt in einem Wörterbuch oder Lexikon nach.

8 Fremd- und Fachwörter richtig verwenden
Verwendet die Wörter in Sätzen.
Wer kann einen zusammenhängenden Text mit ihnen schreiben?

Redaktion	Information	Meinung	Journalist
Schlagzeile	Interview	Layout	
Spalte			

*Die Klasse 7c besuchte in der letzten Woche die **Redaktion** der „Bergischen Neuesten Nachrichten". Dabei konnten die Schülerinnen und Schüler ein **Interview** mit den **Journalisten** über die Arbeit in einer Tageszeitung führen. Die **Informationen** ...*

Portfolio

▷ S. 9 ff.

Das Portfolio (zu ital. *portafoglio* „Blättermäppchen") ist eine Mappe mit eigenen und fremden Texten und Materialien zu einem Thema wie z. B. „Heldentum". Dazu kommen
- Bewertungen dieser Materialien,
- Hinweise, wie diese beschafft wurden.

Inhalt
- ein Deckblatt, das zum Thema passt
- ein Inhaltsverzeichnis
- selbst geschriebene Texte über „Held/inn/en" (nach Pflicht- und Wahlaufgaben), z. B. Beschreibungen von Menschen, Gegenständen, Bildern, Vorgängen ...
- fremde Text(auszüg)e mit ▷ Quellenangaben ▷ S. 300
- Fotos, Schaubilder, Tabellen und andere Abbildungen
- Empfehlungen von Büchern, Filmen, Musik ...
- wichtige (Internet-)Adressen
- ...
- Bringt die Materialien in eine sinnvolle Reihenfolge und nummeriert alle Seiten.

Bewertung
Die Materialien könnt ihr
- selbst bewerten,
- von Klassenkamerad/inn/en in einem „Mitschülerbogen",
- von euren Eltern in einem „Elternbogen"

bewerten lassen.

Lern- und Arbeitshinweise
Haltet fest,
- mit welchen Techniken und Methoden ihr während der Portfolio-Arbeit erfolgreich wart;
- wo Schwierigkeiten aufgetreten sind;
- was besser gemacht werden kann.

Plakat und Flyer

- Plakat und Flyer sind nicht nur zum **Lesen,** sondern auch zum **Anschauen** von schönen Schriften, interessanten Fotos, übersichtlichen Tabellen, gut gegliederten Texten.
- Weniger ist mehr: Zu viele Farben und Schriftarten verwirren!
- Hebt besonders die Überschrift und die Unterüberschriften durch die **Schriftgröße** hervor.
- Achtet auf ein ausgewogenes Verhältnis zwischen Text und Bildern.
- Beachtet die unterschiedliche Wirkung von **Farben** (Rot = Signalfarbe) und ihre Lesbarkeit aus der Ferne (blasse Farben = geringe Fernwirkung).
- Ergänzt bei Abbildungen und Schaubildern erklärende Beschriftungen.
- Der **Flyer** („Flugblatt", Handzettel) bietet mehr Platz als das Plakat für zusätzliche Informationen, Adressen, Termine usw.
- Stimmt Texte und Abbildungen genau auf eure Adressat/inn/en ab.
- Für Computerfans: Der PC und sein Textverarbeitungsprogramm („Publisher") sind sehr nützlich beim Anfertigen von Plakat und Flyer.

Zitate und Quellen

In einem ▷ Leserbrief, einem Aufsatz über eine ▷ Kurzgeschichte oder ein ▷ Gedicht ist es sinnvoll, wichtige Textstellen wortwörtlich wiederzugeben (zu **zitieren**):

▷ S. 270, 92
▷ S. 127

Gottfried Kellers Novelle „Kleider machen Leute" beginnt mit den Worten: „An einem unfreundlichen Novembertage wanderte ein armes Schneiderlein auf der Landstraße nach Goldach (...)." (S. 100)

Dabei bedeutet *(...)*, dass ein Satzteil weggelassen wurde.

In der zweiten Strophe von E. Kästners „Besuch vom Lande" heißt es: „Sie möchten am liebsten zu Hause sein./Und finden Berlin zu laut." (V. 9/10)

Dabei bedeutet der Schrägstrich */* das Ende des Verses, der Gedichtzeile; *V.* bedeutet „Vers".

Übernehmt ihr in euer ▷ Portfolio einen guten Zeitungsartikel, einen Buchauszug oder einen Text aus dem Internet, müsst ihr die Fundstelle, die **Quelle**, genau angeben:

▷ S. 299

Soester Anzeiger, 14. 03. 2007, S. 5
Sabriye Tenberken: Mein Weg führt nach Tibet. Köln 2000, S. 15–17
http://soester-tafel.de/presse/2007/sa071213.html; 14. 02. 2008

Recherchieren

▷ S. 11

Entscheidend für ein gutes Portfolio, ein Kurzreferat oder einen überzeugenden Vortrag ist die gezielte Suche, die **Recherche** (zu franz. *rechercher*, „[wieder] suchen"), nach geeigneten Materialien: Büchern, (Zeitungs-) Artikeln, Zahlenmaterial, Tabellen, Abbildungen

- bei Expert/inn/en: Lehrer/inne/n, Eltern, Verwandten, Bekannten;
- bei öffentlichen Einrichtungen und Ämtern wie Kirche, Jugendamt, Touristinformation;
- in Schul- und Stadtbibliotheken, in Buchhandlungen;
- in gedruckten und elektronischen Lexika (Wikipedia, lexikon.meyers.de, www.wissen.de)
- im Internet über Suchmaschinen wie *Google, Altavista, Blindekuh, Helleskoepfchen, Geolino;*
  Achtung: Das Problem bei Internet-Informationen ist (neben der großen Menge) vor allem die Qualität: Wer ist der/die Autor/in? Vorsicht bei unbekannten oder gar ungenannten Verfassern! Sprecht mit eurem/r Lehrer/in darüber.

Zitiert und gebt die ▷ Quelle genau an. ▷ S. 300

Die Arbeitstechniken auf einen Blick

Gibt es heute noch Helden? (S. 9)

Tanja Mairhofer: „... Für mich schon. Alle, die sich für Arme einsetzen."

Kristina Dunker

Helden der City (S. 25)

[...] die anderen, das merke ich erst jetzt, sind endlich aufgestanden. Hendrik, Olli und Mone, sie stehen hinter uns im Gang und Hendrik sagt mit zitternder Stimme: „Entweder ihr lasst sie los und zieht Leine oder wir gehen wirklich zur Polizei."
Einen Moment ist die Spannung unerträglich, sie werden sich niemals von uns vertreiben lassen, denke ich, nicht von uns Vierzehnjährigen, sie werden gleich anfangen zu lachen und uns einen nach dem anderen gegen die S-Bahn-Wände klatschen, aber da ertönt wieder das helle Fiepen der Türen, es ist die Station vorm Hauptbahnhof und der eine, offenbar der Anführer, der, der direkt vor mir steht, gibt den anderen mit dem Kopf ein kurzes Zeichen und sie lassen das Mädchen los und huschen aus der Bahn. [...]

Respekt (S. 73)

griechisch, (Ki)suaheli, arabisch, russisch,
finnisch, Tamil, englisch/französisch/
niederländisch/rumänisch; ungarisch
chinesisch, spanisch, türkisch, Hindi
italienisch, hebräisch, serbisch, kurdisch

Tanja Zimmermann

Sommerschnee (S. 95)

Erst dann bemerke ich den kleinen, zusammengefalteten Zettel an der Wand. Ja, es tut dir leid, wirklich leid, dass du Vera wiedergetroffen hast: Ich soll es mir gutgehen lassen. Richtig gutgehen lassen soll ich es mir! ...
Die brennende Zigarette hinterlässt Wunden auf meiner Hand. Das Rattern der vorbeifahrenden Laster, das Kindergeschrei, Hundegebell und das laut aufgedrehte Radio von gegenüber verschwimmen zu einem nervtötenden, Angst einjagenden Einheitsgeräusch, meine Augen nehmen nur noch die gröbsten Umrisse wahr. Wie eine alte Frau gehe ich den endlos langen Weg zur Haltestelle, meine Füße sind nass und kalt in den durchweichten Stiefeln. Ein glatzköpfiger Mann pfeift hinter mir her, bietet mir sein Zimmer und sich an.
Verschüchtert stehe ich in der Ecke neben dem Fahrplan, mein Gesicht spiegelt sich in der Scheibe. Wann kommt endlich diese elende Straßenbahn?

„Kleider machen Leute" (S. 99)

Die Prominenten sind
Victoria Beckham, Sängerin;
Thomas Gottschalk, Showmaster;
Robbie Williams, Sänger;
die englische Königin Elisabeth II.;
der Schweizer Schriftsteller Gottfried Keller.

Trude Herr

Meine Stadt (S. 129)

Grau die Stadt und grau ist der Strom,
Blut ist rot und alt ist der Dom,
Menschen krümmen sich elend in Not,
Prunk und Absturz, im Dreck liegt Brot.

In dieser Stadt gibt es Gute und Schlechte,
Schwache und Starke, mit kräftigen Muskeln,
Arme und Reiche und Linke und Rechte,
der eine ist brav, der andre schlau.

Wir feiern die Feste unserer Vaterstadt,
Karneval feiern sogar schon unsere Kinder,
wir sind im Feiern noch immer die Besten,
das mit der Heiterkeit nehmen wir ernst.

Kinder sind frech, und Kinder haben Glück,
schlimm ist die Stadt, doch ich komm zurück,
viel ist nicht in Ordnung, und das hab ich satt,
ich vermiss nur die Leute aus der Stadt.

Ob süß oder bitter, du musst überleben,
gut oder schlecht, es ist meine Stadt.

Zauberhafter Harry (S. 158)

- ☐ Harry Potter and the deathly hallows (Hauptartikel, Spalte links)
- ☐ J. K. Rowling studierte Französisch (Artikel unten, Spalte zwei).
- ☐ Zu C. Binns vergleicht die Meldung links unten.
- ☐ 600 000 Bände werden geliefert (Meldung links oben).
- ☐ Wichtige Bezugsperson in Band 3: Sirius Black (s. Spalte 2 von „Die sieben Jahre ...")

Bertolt Brecht

Wenn die Haifische Menschen wären (S. 196)

„Wenn die Haifische Menschen wären", fragte Herrn K. die kleine Tochter seiner Wirtin, „wären sie dann netter zu den kleinen Fischen?" „Sicher", sagte er. „Wenn die Haifische Menschen wären, würden sie im Meer für die kleinen Fische gewaltige Kästen bauen lassen, mit allerhand Nahrung drin, sowohl Pflanzen als auch Tierzeug. Sie würden sorgen, daß die Kästen immer frisches Wasser hätten, und sie würden überhaupt allerhand sanitäre Maßnahmen treffen. Wenn zum Beispiel ein Fischlein sich die Flosse verletzen würde, dann würde ihm sogleich ein Verband gemacht, damit es den Haifischen nicht wegstürbe vor der Zeit. Damit die Fischlein nicht trübsinnig würden, gäbe es ab und zu große Wasserfeste; denn lustige Fischlein schmecken besser als trübsinnige. Es gäbe natürlich auch Schulen in den großen Kästen. In diesen Schulen würden die Fischlein lernen, wie man in den Rachen der Haifische schwimmt. Sie würden zum Beispiel Geographie brauchen, damit sie die großen Haifische, die faul irgendwo liegen, finden könnten. [...] R

Gwen Stefani

Reiches Mädchen (S. 196)

Wenn ich ein reiches Mädchen wäre,
Sieh mal, dann hätte ich alles Geld der Welt, wenn ich ein wohlhabendes Mädchen wäre,
Könnte niemand mich auf die Probe stellen, mich beeindrucken, mein Geldvorrat ginge nie zur Neige,
Denn ich hätte alles Geld der Welt, wenn ich ein wohlhabendes Mädchen wäre.

Stell dir vor, was das Geld bringen könnte.
Ich würde alles kaufen,
Den Vivienne-Westwood-Laden ausräumen
In meinem Galliano-Kleid.
Nein, ich hätte nicht nur einen Hut,
Und wenn ich könnte, eine Hollywood-Villa.
Buch mir bitte einen 1.-Klasse-Flug zu meinem schicken Haus in London.

Alle Reichtümer, mein Schatz, bedeuten nichts.
Alle Reichtümer, mein Schatz, bringen dir nicht, was deine Liebe dir bringen kann.
Alle Reichtümer, mein Schatz, bedeuten nichts.
Ich brauche keinen anderen Schatz.
Deine Liebe ist besser als Gold – und ich weiß das.

S. 9 o. l.: Bettina Flitner/Misereor – © Misereor, **u. l.:** picture-alliance/dpa/dpaweb, **u. 2. v. l.:** Gedenkstätte Deutscher Widerstand, Berlin; **u. 2. v. r.:** picture-alliance/dpa – Bildarchiv;
S. 9 u. r., 10: UNICEF Deutschland
S. 11: www.ryanswell.ca / Ryan's Well Foundation, Canada
S. 12, 27, 29, 30, 48, 61, 64, 65, 68, 96, 97, 155, 169, 170, 234: Thomas Schulz, Berlin
S. 13, 15, 99 m., 99 u. l., 129, 196, 211, 247 o. r.: picture-alliance/dpa
S. 14: Tao Cinemathek/Cinetext
S. 22, 239 u. l.: akg-images
S. 24: aus: Kristina Dunker, Helden der City © 2002 Arena Verlag GmbH, Würzburg
S. 26: Stiftung Schüler Helfen Leben, Berlin
S. 36, 132 m., 192 (alle), 199, 218, 239 o., 244: Corel Library
S. 35, 39: www.gutdrauf.net/Bundeszentrale für gesundheitliche Aufklärung, Köln
S. 37: picture-alliance/dpa/dpaweb
S. 38: Bildmaschine.de/Michaela Begsteiger
S. 47 o. l.: Axel M. Mosler/VISUM; **o. r.:** Denkou Images; **u. l.:** A1PIX/JPP; **m. r., 117 l.:** Caro/Sorge; **u. r.:** Bernd Schurf, Stommeln
S. 52: picture-alliance/Jazzarchiv
S. 53, 63: Sabine Matthäus, Rahden-Varl
S. 54: Mikael Engström, Steppo. Voll die Krise. Aus dem Schwedischen von Birgitta Kicherer © 2006 Carl Hanser Verlag, München
S. 58: John Marsden, Winter. Übersetzt von Jacqueline Csuss, TB, Carlsen Verlag/ © Formlabor
S. 66: Jochen Till, Zugeinander © 2005 by Ravensburger Buchverlag Otto Maier GmbH Ravensburg
S. 71: Michael Ende, Momo © 1973 by Thienemann Verlag (Thienemann Verlag GmbH), Stuttgart – Wien
S. 73: Kampagnengestaltung und Konzept: foersterin, Dortmund
S. 74: ullstein bild – Roth
S. 76: © Dietmar Gust, Berlin
S. 78: Peter Himsel/Intro
S. 81 o. l.: Martin Lengemann/Intro; **o. r.:** ullstein bild – AP; **u. l.:** ullstein bild – Rosemarie Clausen; **u. r.:** ullstein bild – Klar
S. 99 o. l., 177, 266: picture-alliance/Sven Simon;
S. 99 o. r., 152 o. l.: picture-alliance/dpa – Fotoreport;
S. 99 u. r., 243: picture-alliance/akg-images
S. 117 m.: ullstein bild – ecopix; **r.:** Rolf Nobel/VISUM
S. 118: ullstein bild
S. 119: picture-alliance/dpa – Report
S. 121: ullstein bild – s. e. t.
S. 124: ullstein bild – Imagebroker.net
S. 126: picture-alliance/newscom
S. 130: Andrea Reeg/Visum
S. 132 o.: Caro/Muhs; **u.:** picture-alliance/Bildagentur Huber
S. 135: Interfoto, München
S. 137, 140, 143, 146, 149, 151 o.: Thalia-Theater/© Arno Declair, Hamburg
S. 138: bpk/SBB/Ruth Schacht
S. 151 u.: plainpicture/Mira
152 o. r.: Cinetext; **u. l.:** bpk; **u. r.:** Gerhard Thie, Hille
S. 158 o.: PA/KPA; **m., u.:** DPA
S. 166: © NEUE WEGE FÜR JUNGS
S. 167: photothek
S. 168: © SES – Senior Experten Service
S. 171 l.: NIKE Deutschland/Mindshare; **o. m.:** Pringels/Schröder und Schrömbs Public Relations PR GmbH; **r.:** Scholz & Friends, Berlin
S. 172: Nintento
S. 174: TANDEM Fotografie Thomas Geiger
S. 175: IKEA/Werbeagentur Jung von Matt (Hamburg)
S. 178: Solo Film/Cinetext
S. 180: © PUBLICIS Frankfurt GmbH/Renault Deutschland AG
S. 183: ullstein bild – AKG Pressedienst
S. 187: © Kristy-Anne Glubish/Design Pics/Corbis
S. 190: Christoph Papsch
S. 191: picture-alliance/Photoshot
S. 193: UNITED ARTISTS/ALBUM/AKG
S. 197: blickwinkel/P. Royer
S. 200: ullstein bild – sinopictures/Brigitte
S. 201: Peter Schwindt, Justin Time – Verrat in Florenz © 2003 Loewe Verlag GmbH, Bindlach
S. 203: Margaret Peterson Haddix: Schattenkinder © für das Cover unter Verwendung eines Fotos von Jan Roeder: 2002 Deutscher Taschenbuch Verlag, München
S. 207: Marion Zimmer Bradley: Nebel von Avalon, Fischer TB
S. 209: ecopix Fotoagentur
S. 210: Illustrationen von Sabine Wilharm © Carlsen Verlag GmbH, Hamburg 2007 aus: J. K. Rowling, Harry Potter und die Heiligtümer des Todes
S. 212: Cornelia Funke: Tintenherz, Dressler Verlag 2003
S. 213: Cornelia Funke: Tintentod, Dressler Verlag 2007
S. 214: Jules Verne: 20 000 Meilen unter dem Meer © Ueberreuter 2007
S. 216: Katherine Paterson: Die Brücke von Terabithia; Ravensburger Buchverlag/Buena Vista Pictures Marketing and Walden Media LCC/Disney
S. 217 o.: ddp-Archiv/Thomas Lohnes; **u. l.:** Heinrich-von-Kleist-Schule, Bochum; **u. r.:** Günther Einecke
S. 222: picture-alliance/ZB/dpa – Bildfunk
S. 223: Stefan Boness/Ipon
S. 224: Axel Leschinski
S. 226: Siemens-Pressebild, Siemens AG München/Berlin
S. 227: picture-alliance/Wissen Media Verlag
S. 237: Gustavo Alabiso/VISUM
S. 239 u. r.: picture-alliance/dpa Bilderdienste
S. 241, 242: picture-alliance/ZB – Fotoreport
S. 245: picture-alliance/dpa/dpaweb – Fotoreport
S. 246: picture-alliance/ZB
S. 247 o. l.: E. Junge,; **u.:** © Prof. Dr. Frithjof Voss Stiftung – Stiftung für Geographie
S. 248, 250: Francois Lelord: Hectors Reise oder die Suche nach dem Glück © der deutschen Ausgabe 2004 Piper Verlag GmbH, München
S. 252: A1PIX/BIS
S. 254: Kay Blaschke/STOCK 4B
S. 255: Chloe Rayban, Models – Auf dem Weg zum Ruhm, erschienen im C. Bertelsmann Kinder- und Jugendbuch Verlag, München in der Verlagsgruppe Random House
S. 256: picture-alliance/dpa/dpaweb – Report
S. 258: Achim Sass/Westend 61
S. 263: © Bildagentur-online

Nicht in allen Fällen war es möglich, die Rechteinhaber der Abbildungen ausfindig zu machen. Berechtigte Ansprüche werden im Rahmen der üblichen Vereinbarungen abgegolten.

ARNEMANN, ANDREAS
77 Auch über Gefühle wird offen gesprochen – Interview
aus: Frankfurter Rundschau v. 17. 11. 2007

BIERMANN, WOLF (*1936)
22 Briefträger William L. Moore aus Baltimore
aus: Die Drahtharfe. Balladen Gedichte Lieder. Verlag Kiepenheuer & Witsch, Köln 1977, S. 28–31

BORCHERT, WOLFGANG (1921–1947)
84 Nachts schlafen die Ratten doch
aus: Das Gesamtwerk. Rowohlt Verlag, Reinbek 1959

BÖTTCHER, BAS (*1974)
74 Respekt dem Respekt
aus: Text und © Bas Böttcher, Volk und Wissen Verlag, Berlin, 2003

BRECHT, BERTOLT (1898–1956)
195 Wenn die Haifische Menschen wären (Auszug)
aus: Geschichten vom Herrn Keuner. Erste vollständige Ausgabe aller 121 Geschichten. Suhrkamp Verlag, Frankfurt a. M. 2006, S. 85

DÖRRIE, DORIS (*1955)
264 Bin ich schön?
aus: Bin ich schön? Erzählband. Diogenes Verlag, Zürich 1994

DREWS, ELISKA/GEESE, MALEEN
164 Juhu, wir sind alle Reporter beim Abendblatt!
aus: http://www.abendblatt.de/daten/2006/03/02/539324.html (07. 05. 2008)

DUNKER, KRISTINA (*1973)
24 Helden der City
25 Helden der City
aus: Helden der City. Arena Verlag, Würzburg 1999, S. 90–98

EL-ALWANI, NADIA
197 Durchstarten mit Erfolg – Ein Interview
nach: http://www.vobaworld.de/wir_fuer_sie/presse-center/pressespiegel_2007/07-aug_mission_zukunft.html (23. 08. 2007)

ENDE, MICHAEL (1929–1995)
71 Momo
aus: Momo. Thienemann Verlag, Stuttgart 1973, S. 15–16

ENGSTRÖM, MIKAEL (*1961)
54 Steppo – Voll die Krise
54 Steppo – Voll die Krise
55 Steppo – Voll die Krise
57 Steppo – Voll die Krise
aus: Steppo. Voll die Krise. Carl Hanser Verlag, München u. Wien 2006, S. 12, 98–99, 163–165, 194

FIEDLER, ANJA
224 Meine Tipps fürs Klima
aus: Kölner Stadt-Anzeiger Magazin v. 17. 04. 2007

FINKELSTEIN, DANIELLE
252 Das Glück liegt unter dem Skalpell ...
aus: http://www.ksta.de/artikel.jsp?id.=1096374365344 (09. 10. 2004)

FRANCK, JULIA (*1970)
82 Streuselschnecke
aus: Bauchlandung. Geschichten zum Anfassen. DuMont Verlag, Köln 2000

FUNKE, CORNELIA (*1958)
212 Staubfinger
aus: Tintenherz. Cecilie Dressler Verlag GmbH & Co. KG, Hamburg 2003, S. 9–12

GARBE, BURCKHARD (*1941)
133 statt planung
aus: Wem gehört die Stadt? Hg. v. Wolfgang Bittner. Bert Schlender Verlag, Göttingen 1974, S. 15

GELLNER, TORSTEN
177 Werbung auf leisen Sohlen
aus: http://www.dw-world.de/dw/article/0,2144,1604750,00.html (07. 05. 2008)

GOMRINGER, EUGEN (*1925)
133 cars and cars
aus: konstellationen. Ideogramme. Stundenbuch. Philipp Reclam Verlag, Stuttgart 1983

GRIMBERG, STEFFEN
161 Hallo, kleines Blatt
aus: http://www.taz.de/index.php?id=archivseite&dig=2007/05/31/a0203&type=98 (07. 05. 2008)

HAAG, GOTTLOB (*1926)
130 Lait
aus: Lait, Verlag J.P. Peter, Gebr. Holstein in Rothenburg

HADDIX, MARGRET PETERSON (*1964)
204 Schattenkinder (1)
205 Schattenkinder (2)
205 Schattenkinder (3)
206 Schattenkinder (4)
aus: Schattenkinder. Deutscher Taschenbuch Verlag, München 2000, S. 19, 64, 64

HAGENER, MALTE
266 Doris Dörrie
aus: http://www.cinegraph.de/lexikon/Doerrie_Doris/biografie.html (07. 05. 2008)

HEMINGWAY, ERNEST (1899–1961)
89 Ein Tag Warten
aus: http://fhh.hamburg.de/stadt/Aktuell/behoerden/bildung-sport/service/abschlusspruefungen/pruefung-hauptschule/Deutsch-Hauptschule,property=source.pdf (07. 05. 2008), S. 7–8

HERR, TRUDE (1927–1991)
129 Ming Stadt
aus: http://www.magistrix.de/lyrics/Trude%20Herr/Ming-Stadt-146973.html (07. 05. 2008)

HURST, HARALD (*1945)
130 Leut
aus: Deß i net lach! Edition G. Braun, Verlag G. Braun, Karlsruhe 1993, S. 31

IDEAL
121 Berlin
Komponistin und Texterin: Annette Humpe © 1980 P.O.E.M. Musikverlag Klaus D. Mueller, Berlin

ISERT, JÖRG
262 Im digitalen Jungbrunnen
aus: http://www.berlinonline.de/berliner-zeitung/archiv/.bin/dump.fcgi/2007/0802/feuilleton/0003/index.html (07. 05. 2008)

KALÉKO, MASCHA (1912–1975)
126 Windowshopping
aus: In meinen Träumen läutet es Sturm. Deutscher Taschenbuch Verlag, München 1977, S. 54
132 Frau Wegerich
aus: Die paar leuchtenden Jahre. 3. Aufl. Deutscher Taschenbuch Verlag, München 2004, S. 69 f.

KAMINER, WLADIMIR (*1967)
87 Schönhauser Allee im Regen
aus: Schönhauser Allee im Regen. Goldmann Verlag, München 2001

KÄSTNER, ERICH (1904–1974)
118 Besuch vom Lande
aus: Erich Kästner für Erwachsene. Ausgewählte Schriften. Atrium, Zürich 1983, 196

KELLER, GOTTFRIED (1819–1890)
100 Kleider machen Leute
104 Kleider machen Leute
107 Kleider machen Leute
109 Kleider machen Leute
112 Kleider machen Leute
115 Kleider machen Leute
aus: Kleider machen Leute. Mit einem Kommentar von Peter Villwock. Suhrkamp, Frankfurt a. M. 2005

KEMPER, SWENJA
237 Von wegen „Hallo wach"!
nach: Kölner Stadt-Anzeiger v. 09. 08. 2007

KÜHN, JOHANNES (*1934)
119 Stadtbesucher
aus: Städte. Verse. Hg. v. Axel Kutsch. Landpresse, Weilerswist 2002, S. 38

LELORD, FRANÇOIS (*1953)
248 Hectors Reise oder die Suche nach dem Glück
aus: Hectors Reise oder die Suche nach dem Glück. Piper, München 2004, S. 118–122

Unbekannte/Unbenannte Autoren

183 Hermes, der griechische Götterbote ...
nach: http://www.abenteuer-philosophie.com/artikel/ 104_artikelo8_und_ewig_spielt_der_mensch.pdf (Text: Helmut Knoblauch) (11.12.2007)

185 Fußball auf Japanisch
nach: Sport Chronik. 5000 Jahre Sportgeschichte. Sportverlag, Berlin 2000, S. 17, 21

188 Senet – ein Brettspiel für Könige
nach: Brettspiele aus aller Welt neu entdeckt. Theo Hartogh. Falken Verlag, Uslar 2000, S. 10 f.

190 Kuhschwanz – nicht nur für Tierfreunde!
nach: Die große Humboldt Enzyklopädie der Würfelspiele. Hg. v. Hugo Kastner. Humboldt, Hannover 2007, S. 79

193 Wenn ich einmal reich wär
aus: Anatevka. Textbuch. Text v. Jerry Bock und Joseph Stein. Verlag Jugend und Volk, Wien/München

194 Der traurige Konjunktiv
aus: Der Dativ ist dem Genitiv sein Tod, Folge 2. Bastian Sick. Kiepenheuer & Witsch, Köln 2005, S. 77

198 Die Zeitschrift „Familienwelt“ ...
nach: http://www.familienpass-hamburg.de/data/magazin/artikel.php?useSpr=&IDD=1174402572 (25.08.2007)

201 Fassungslos betrachten Justin und Fanny ... (Klappentext)
aus: Justin Time. Verrat in Florenz. Peter Schwindt. Loewe Verlag, Bindlach 2005

203 Seine Welt ist der Dachboden (Klappentext)
aus: Schattenkinder. Margret Peterson Haddix. Deutscher Taschenbuch Verlag, München 2000

206 Jede Generation erzählt ... (Klappentext)
aus: Die Nebel von Avalon. Marion Zimmer Bradley. 27. Aufl. Fischer (Tb), Frankfurt a. M. 2000

209 Jugendbücher werden zu „All-Age“-Bestsellern
nach: http://www.monstersandcritics.de/artikel/200743/article_36400.php/Jugendb%C3%BCcher-werden-zu-All-Age-Bestsellern (07.05.2008)

213 Zwei Jahre sind eine lange Zeit!
aus: Damit Lesen Spaß macht. buchjournal, Nr. 4/2007, S. 100

218 Flug zum Mars dauert zehn Monate
aus: Kölner Stadt-Anzeiger v. 06.08.2007

222 Ökologisches Energiesparen
nach: Stefan Küper, aus: Westdeutsche Zeitung v. 11.11.2006

223 Nähen war gestern
nach: 365 Ideen aus Deutschland, die jeder kennen sollte. DuMont, Berlin 2007

225 Metall blau, Geld orange
aus: Faszination Wissen. Das große Buch der Technik. Ravensburger Buchverlag, Ravensburg 1999

226 Ein Stift, der lesen kann
aus: Bild der Wissenschaft Nr. 3/1999, S. 51, DVA Stuttgart

227 Röntgenblitze am Stadtrand
aus: Siemens-Technik-Akademie 9./10.06.2007

237 Reif für die Ausbildung?
aus: Frankfurter Rundschau v. 08.09.2007, Sonderveröffentlichung: Berufsrundschau

241 Das Internet als Klimakiller (1)

242 Das Internet als Klimakiller (2)
nach: http://www.welt.de/webwelt/article1203605/Das_Internet_ist_der_wahre_Klimakiller.html (07.05.2008)

243 Wolfskinder
aus: GEOWISSEN, Nr. 40, 2007, S. 51 ff.

244 Jede Pflanzenart öffnet und schließt ...
aus: Kölner Stadt-Anzeiger Magazin v. 13.08.2007

246 Was macht ein/e Eletroniker/in?
aus: http://www.bmwi.de/BMWi/Navigation/Ausbildung-und-Beruf/ausbildungsberufe,did=68708.html (08.05.2008)

253 Ästhetische Chirurgie in Deutschland
aus: FOCUS 33 / 2007; S. 68

Nicht in allen Fällen war es möglich, die Rechteinhaber ausfindig zu machen. Berechtigte Ansprüche werden im Rahmen der üblichen Vereinbarungen abgegolten.

A

B

C

D

E

F

G

Teile einiger Kapitel dieses Bandes wurden erarbeitet von Gerd Brenner, Ulrich Campe, Günter Einecke, Dietrich Erlach, Karlheinz und Margret Fingerhut, Heinz Gierlich, Cordula Grunow, Mireille Hoppen, Rolf Kauffeldt, Hans Jürgen Kolvenbach, Markus Langner, Monika Lenkaitis, Angela Mielke, Kerstin Muth und Norbert Pabelick.

Frau Kerstin Brocher-Schulz und Herr Gerald Freytag (Hannover), Frau Beate Karl und Frau Alexandra Lange (Berlin) haben den Band gelesen und wertvolle Hinweise gegeben.

Redaktion: Otmar Käge
Bildrecherche: Cathérine Lau , Eireen Junge
Illustrationen: Sabine Comes (S. 56 ff., 204 ff.), Klaus Ensikat (S. 18 ff., 127), Gerhard Lahr (S. 208), Ursula Lautenschläger (S. 136, 188 ff.), Klaus Müller (S. 67 ff., 186, 194 f., 240, 262), Nina Pagalies (S. 82 ff., 120, 133), Bianca Schaalburg (S. 100 ff.)
Layoutkonzept und Umschlaggestaltung: Katharina Wolff (Foto: Thomas Schulz, Illustration: Maja Bohn)
Layout und technische Umsetzung: werkstatt für gebrauchsgrafik, Berlin

www.cornelsen.de

Dieses Werk berücksichtigt die Regeln der reformierten Rechtschreibung und Zeichensetzung.
Bei den mit [R] gekennzeichneten Texten haben die Rechteinhaber einer Anpassung widersprochen.

1. Auflage, 1. Druck 2009

Alle Drucke dieser Auflage sind inhaltlich unverändert
und können im Unterricht nebeneinander verwendet werden.

Druck: CS-Druck CornelsenStürtz, Berlin

ISBN 978-3-06-060799-0

Inhalt gedruckt auf säurefreiem Papier aus nachhaltiger Forstwirtschaft.

RASSISMUS

COURAGE

SCHÜLER HELFEN LEBEN